U0116088

三玄四書系列

易經心註

——心靈與白話註解

鄭錠堅 著

謹以此書
紀念一位重大的朋友
我的《易經》老師
德簡書院院長王鎮華先生
（一九四六～二○二○）
素履願往真豪傑
人間再無王鎮華

易言開闔天人卦，乾乾終日六龍遊；
大人虎變唯心革，群小鼠竄卻暴走。
哀哀世道賢作狗，舉國雙標良為寇；
世亂寥落徒拼湊，靈心遇蹇須低頭；
兩票滔天無已時，人間鬼域當住口。
謙者能勞綿裡剛，鳴豫有悔樂中憂；
正位凝命一心鷗，已事遄往補宇宙。
剝極而復七日得，虎降豹兮王氣收；
世困大人能出困，井冽寒泉中心守。
雷震蘇蘇何方道，兌海悠悠幾處舟，
浩瀚心事輕彈劍，無中生有翻天手，
睽違人我順以聽，道言三易萬里州！

——〈易道行〉

三玄四書心註總序

我想去拜訪這七位「老」朋友……

從來沒有想過，原來自己的一生是一個讀經人生。

年輕時代，自詡是一個寫詩的文藝青年，怎麼可能會發展出一個讀經人生？

從小就鍾情小說，一直到現在，仍然沒有忘懷小說寫作，怎麼可能會發展一個讀經人生？

後來學奧修，學占星學，自己的氣質很新時代啊，怎麼可能會發展一個讀經人生？

哪怕跟兩位敬愛的老師學經書多年，不管怎麼說也沒有將自己的人生定位為一個純粹的讀經人生啊？

但，奇怪的是：沒有想，卻一直這麼做！從很年輕時就開始讀經，一直讀得很來勁、很爽、很有滋味、很對位、很有感覺……也許，我不只血液裡流淌著經書文化，我的心靈基因編碼也是屬於中國經書的吧。

原來，真正深刻的事情不是由於頭腦的主張，而是來自靈魂的認同。

三年前，機緣巧合，好幾個方面的朋友不約而同讓我講《易經》。《易經》？我沒在怕，我《易經》的根底還算打得紮實，讀了許多年，一直在大學講授「易經與人生」。結果三年間，一講就講了三遍，講出了完整度更高的心得。講完《易經》，他們又要我講《老子》？老實說，當時我的心裡有點猶豫。《老子》講過一次，只有一次，而且是二十幾年前在某大學的中文系，之後就沒有教過這部經書了。雖然自覺跟老子的緣分很深，也寫過一部搞笑版的老子，但怎麼說也是很多年沒進行正式教學了。沒想

到，這一次重讀與執教，讓我很深很深的跳進了老子的世界，無我者的世界！深深跳進了「無」之風眼，深深觸發了「玄」的律動！這讓我生出了，信心！也許可以……

　　年輕時代，易、老、孔、莊、學、庸……都有涉獵，這是「幼功」，經歷三十幾年的人生磨洗，到了耳順之年，發現，可以「收功」了嗎？赫然發現，心耳聽見了經書的古老呼喚！

　　原來，經書與許多深厚的生命學問一樣，不是用頭腦去讀的，甚至不只是用心去讀的，而是憑藉人生閱歷去與經書對話的。

　　原來，經書不是要講死道理，經書就在討論你、我活生生的人生。

　　原來，當人長大了、成熟了、心對了，讀經書就會讀得順理成章、游刃中節。

　　原來，讀經是一種歷「煉」──煉心、煉氣、煉個性、煉內在、煉氣度、煉胸襟、煉清淨、煉仁慈、煉有為、煉無為、煉本心、煉人生……

　　原來，讀經不只是讀經，讀經正是一個修煉心性的古老途徑。

　　於是，心裡油然升起了一個計畫：關於「三玄四書」的計畫。

　　在有生之年，誠心正意的與這七部老書，對話一遍。

《周易》用象，包羅萬象。

《老子》講道，無中生道。

《莊子》說故事，寓言裡有著宗師帝王，渾沌逍遙。

　　這是三玄。四書呢？

《論語》情話深深。

《孟子》說理迫人。

學、庸建立兩個文化架構。

《大學》的架構由小而大。

《中庸》的架構由天而人。

　　這個讀經計畫需要多久呢？十年吧？七十之前，好好跟這七位老朋友打交道，這一生，就夠「本」了。《論語》說：「君子務本，本立而道生……」

　　這就是我的「三玄四書」的讀經計畫。

　　但，來自老子的提醒：訂好計畫，接著呢，就把計畫，忘了吧。原來計畫是用來忘卻與打破的，忘記忘卻計畫，計畫反而會成為一種障礙，計畫不需要一直揹著，將生命的能量還歸志趣與熱情，因為志趣與熱情比計畫靠譜、自然與真實。人生需要鵬飛鴻圖，更需要無為忘機，事實上，生命的真相就是一個當下一個當下的覺知與行動。孔老夫子所說的發憤忘食——興奮到，忘記吃飯了，是為了當下的行動，是為了志趣與熱情，而不是為了計畫。計畫嘛，想過就好了，管它的，人生的事兒，本來就難說得緊。再者，計畫像果實，果實的成熟需要火候與時間，多想是不會有幫助的，等成熟的那一天到了，就自然落果了。

二〇二〇年一月一日

目次

第三章　需訟晉明夷 ……………………………………… 77

第四章　師比同人大有 …………………………………… 111

導論

心靈的易經

《易經》是一本生命大書，我希望本書也是一本大註解。

希望同時照顧到易經、傳、卦、文、意、象、學、行……方方面面的整理與討論。

一段四年的旅行

從二〇一七年的春天開始，踏上了一趟四年的旅行，《易經》的旅行。

退職後師生之間一直醞釀著開講《易經》，很高興在天命耳順之間，終於成真。只是沒想到竟然在四年內將《易經》講了三遍！——易經一班在竹南，易經二班和老學生以及易經三班與新朋友在臺北，真的完全沒預想到有這樣的因緣在等著，人生真是一個一直隱藏著各種可能的劇場。

大約有一年的光景，三個班的講學時間是重疊的，在最高峰的時期，常常在一週內講三個甚至四個卦！為了將每一個卦完整講述與記憶不至混淆，所以每一週每一個卦的閱讀與沉澱，其實真像在練功。對這三個班，我有一個說法：一班磨刀，二班試刀，三班運刀。而不管磨、試、運，我都是誠心正意去做的。講著講著，講出了純熟，講出了火候，講出了心得，講出了深刻，講出了《易經》的中心思想，講出了生命的覺知與蛻變。講到後來，覺得一個卦一個卦的講下來，變得很難講得不好，大概是講瘋魔了！這樣密集的《易經》旅行，日後的人生大約也不容易遇上。在旅行行將結束的日子，我祝願，停下步，回過頭，對這四年的易道旅行，對文化的老祖宗，深深至意低頭！

　　《易經》這本老書太大了！大到不忍心太快翻完，大到不忍心太快教畢！事實上，在一個人一生的閱讀史中，其實不是每一部書都需要逐字閱讀、篇篇細嚼的，《易經》顯然是需要的一部。是的，「源頭性文化」、「混沌性文化」常常是讀不完、寫不完、也說不完的；讀經，其實就是一個與真理本體、文化傳統、自己的心對話的過程。

　　《易經》之所以大，因為它是一門「複雜哲學」，六十四卦縱橫開闔論人生；它是一門「對話哲學」，通過六十四個人生問題與天人、內外、出入、往來對話；它是一門「整體哲學」，天道、無的功夫、自性、天命、行動哲學、生命成長、磁性中心、入世功夫⋯⋯都在這本老書裡一再出現；它是一門「修煉哲學」，《易經》不只要讀，還要品、參、修、行、煉，內在工作，講究火候；最後，它當然是一門「回到自己的哲學」，回到自己、牧養自己、工作自己、要求自己、造就自己、蛻變自己、轉化自己，才是生命圓融的轉變，周易的正途。

想寫一本易讀但深入、生動而活潑的《易經》註解

　　說明一下這本書的體例。

　　基本上，這是一本《易經》六十四卦的註解，白話文註解。也就是說，筆者嘗試寫出一本好用易懂的《易經》註解，為了避免落入一般古書註解的枯燥，所以行文與體例盡量用生動活潑的方式進行。至於討論的「卦序」，則是依據「綜」與「錯」兩種卦與卦之間的關係整合，或四卦一組，或二卦一組，將六十四卦分成二十組進行註解與解析。而每一組卦的註解與解析都分成六個部分：

一、每一卦的白話文標題
二、每一卦的前言與簡介
三、卦、爻辭經傳的白話註解
四、佳句、語錄
五、這一組卦的總整理
六、這一組卦相關的文章

　　第一部分「每一卦的白話文標題」，希望盡量做到提綱挈領，讓讀者一目了然，譬如：乾卦是「六十四卦的理想卦」、坤卦是「六十四卦的現實卦」、夬卦是「六十四卦的攤牌卦」、姤卦是「六十四卦的小人卦」、咸卦是「六十四卦的感性卦」、恆卦是「六十四卦的理性卦」、漸卦是「六十四卦的主動卦」、歸妹卦是「六十四卦的被動卦」等等。

　　第二部分「每一卦的前言與簡介」，等於是關於六十四卦的六十四篇小品文章。

　　第三部分「卦、爻辭經傳的白話註解」是這本書最主要的結構，內容主要有三方面的來源——多年前聽王鎮華老師易經課的筆記為基底，其他家的註釋為旁證，自己的讀易心得為核心。至於每一卦行文的次第，都是：卦辭經、傳原文＋基礎資料（主題、卦象、卦性為主）＋卦辭經、傳的註解＋爻辭經、傳原文＋爻辭經、傳的註解＋小結。

　　第四部分則是「佳句、語錄」，在每一卦的註解之後，將該卦註解內容中精采的句子摘要出來。如果不習慣閱讀大量文字的讀者，先去閱讀精要的佳句，也可能萃取該卦的精華。

　　跟著第五部分是「這一組卦的總整理」，等於是二十組易卦的最後報表與摘要。

　　最後第六部分就是「這一組卦相關的文章」，二十組易卦，每一組註解的後面都有若干篇附文，就是筆者閱讀與教授《易經》的心得整理，也

許其中藏著別開生面的見解。統計了一下，本書總共收錄了六十五篇易卦附文。

　　註解完經文六十四卦，本書也同時註解了傳文《繫辭傳》與《說卦傳》。《繫辭傳》的內容有許多深刻的生命意見，至於在《說卦傳》的註解中，最特別的是其中的一個「八卦表」以及「八卦人格分析」的性格型態分析技法。

　　本書的附錄也是言之有物的，主要可以分成五個部分：

一、一篇關於「綜與錯」二十個《周易》劇場的文章。

二、一篇關於「《周易》筆法」的長文。

三、一篇關於「《周易》群象世界的哲思」的長文。

四、幾篇關於「《周易》占卜的原理、操作與實例」的文章。

五、一篇講題為〈談幾個重要的功夫：生命基地、磁性中心、自愛 4.0 與天空的教育〉的演講稿。

　　第一部分是二十個「綜錯劇場」：陰陽分合二十回——「乾坤：天上人間，就是從這裡開始！」、「屯蒙革鼎：一個人的成熟是正向推動個體與集體的核心力量」、「需訟晉明夷：內在工作充滿彈性與穿透」、「師比同人大有：一個人和這個世界的關係與連結」、「小畜履謙豫：四純卦」、「泰否：對反、轉折總是硬道理」、「隨蠱：潮流的盲目與傳統的沉重」、「臨觀遯大壯：知行合一，進退一如」、「噬嗑賁困井：明確與模糊，困難與心靈」、「剝復夬姤：關於陽退、陽復、陰盡、陰生的四個卦」、「无妄大畜萃升：生命成長的動因與後續」、「頤大過：吃飽飽與頂硬上」、「習坎離：危險與光明都是不一定的」、「咸恆損益：情、理、減、加」、「家人睽蹇解：和諧與分裂、路難與解難的辯證關係」、「震艮巽兌：《易經》

版本的火土風水」、「漸歸妹：主動有序與被動見微」、「豐旅渙節：豐富、貧乏、拼命、節制」、「中孚小過：正反互含的兩個心卦」、「既濟未濟：完成與未完成的對話」等等。

　　第二部分「《周易》筆法」，討論了《易經》的寫法與體例，當然也關係到老書的思路與思想。這一篇長文的視角比較特別，代表了筆者教授《易經》的心得。文章內容共整理出《易經》的九項筆法，分別是：「名義相背法」、「卦上爻下法」、「陽貴陰賤法」、「無主詞句法」、「六位時乘法」、「重複性句法」、「微言法」、「卦象多重法」、「劇場跳躍法」。

　　第三部分「《周易》群象世界的哲思」，也是一篇視角特殊的長文，研究的主題就是《易經》的「象」。「象」是《易經》的核心，《易經》就是一本即象言理的老書。象有點類似詩的筆法，但詩以言情，象以說理，象與詩一樣具有強大的穿透力，但世界觀更深刻。這篇長文的內容分為「動物的象」、「植物的象」、「景物的象」、「器物的象」、「人物的象」、「人體的象」等六類的象進行分析。

　　第四部分是「幾篇關於「《周易》占卜的原理、操作與實例」的文章，關於「易占」的形上世界與形下世界，都有談到了。

　　第五部分是一篇講題為〈談幾個重要的功夫：生命基地、磁性中心、自愛 4.0 與天空的教育〉，在臺東大學的演講稿，內容不限圍在某一個卦，而是討論了幾個《周易》的中心思想，筆者的個人感受，覺得談得頗有力道與庶民化。

　　下面這段話是筆者一位朋友的鼓勵，感覺頗為接近寫作這本《易經心注——心靈與白話註解》的心情：

　　　　看到你的自述，理解了你幾近自虐式筆耕的能量出處，以寫作為家真是豪語；文字的跳躍是你外在瘋狂與內在覺察交鋒的替現，

每一篇文章都是生命的一次脫殼。可以這麼說嗎？

君子一言，寸心相知。當然，還有許多朋友支援的動力，讓我奮力完成一本易讀但深入、生動而活潑的《易經》註解，白話註解與心靈註解。

白話文與內在性

在這一節，想說說心底話：我到底想寫一本怎麼樣的《易經》註本。也就是這本《易經心註——心靈與白話註解》，究竟是一部怎麼樣的書？

先行提出一些筆者對「易學」的看法，下列是五種研究《易經》的途徑與流派：

一、心性派：這是筆者的新分類——就是《易經》內在、成長、修行問題的探討。

二、義理派：這是傳統分類——就是所謂易學中的宋學派，研究《易經》哲學。

三、術數派：這是傳統分類——就是所謂易學中的漢學派，研究《易經》占算。

四、結構派：這是老內容新標題——特著重六十四卦的結構問題。

五、方術派：這是老內容新標題——將《易經》用在醫道、武術、奇門等等的研究。

而我的《易經》是：百分之五十五心性派＋百分之四十義理派＋百分之五結構派。

也就是說，我的易學學風大約是百分之五十五談《易經》的真理途徑，百分之四十談傳統哲學，至於《易經》的結構問題，稍有提及，但說

得不多，主要是「綜」與「錯」的問題。

　　其實從書名就可以看出端倪了。所謂《易經心註》，心的意思就是指向核心易經、心靈易經、內在易經、學道易經、修行易經、真理易經的內容向度；其實，筆者真正要整理的，就是易經式的內在生命工作。在這個方面，由於筆者同時是《易經》與奧修的弟子，所以這部《心註》的內容，實在不無將兩個真理傳統整合的嘗試。事實上，這兩個偉大的傳統之間存在著頗多深層對話的空間。

　　至於副標題《心靈與白話註解》，就明顯表達了這本書深層與表層的兩個方向——心性，與白話。將《易經》深邃的內涵，用平易的文字表達；將典雅的文言文世界，用有溫度的白話文表達；將父祖輩的深厚傳統，用兒孫們的活活潑潑表達；將深入的心靈，用淺出的語言表達！希望呈現在學易者跟前的，是一本優質、深刻而白話的《易經》註本。

　　最後說明一下我的「白話文精神」。對我來說，白話文是一種表達策略或態度，而不只是一種文法，合乎下面四個標準的，就是筆者所謂的白話文：

一、現代使用的語言才稱為白話文。
二、深入淺出的語言才稱為白話文。
三、庶民聽得懂的語言才稱為白話文。
四、對方聽得懂的語言才稱為白話文。

　　事實上，關於文言與白話，實質意義是古典語言與當代語言、傳統文化與現代應用的關係，所以：文言文是祖宗，白話文是孫子；沒了祖宗孫子就真的只是孫子，沒有孫子祖宗總不能直接復活。也就是說，繼承了文言血脈的白話文，其實是一種含藏了整體文化靈魂的表達方式。

回首來時路

回首學易三十年，嘗試整理一些舊時心跡：

三十歲，從軍旅回來，奉老師之召，到合江街聽《易經》課。那應該是老師辦德簡書院的第一年，也是老師第一次的《易經》講學。當時的我不知道，這是一個重大的師恩與天眷。

約兩年後，三十二歲《易經》課結業，完成了生平的第一次《易經》筆記。

約三十五歲，開始在大學講授「易經與人生」，一教二十年。

二〇一七，五十七歲，在竹南開設了《易經》一班，跟著接連在臺北開設二班、三班，將六十四卦結結實實的講了三遍！也同時一一講說了〈彖傳〉、〈象傳〉、〈繫辭傳〉、〈說卦傳〉、易占等內容。等於從五十七歲到六十一歲的四年，是我的學易新紀元，四年間，瘋狂的授易、讀易、註易、解易。

沒想到，二〇二〇，我六十歲，我親愛的《易經》老師德簡書院王鎮華院長辭世。

二〇二一的六月，臺灣新冠疫情的嚴峻期間，這本《易經心註》完成初稿。

鎮華老師去世後，我才意識到，我聽的是老師的第一次《易經》課，在後來的幾十年間，鎮華老師接連講了十幾次《易經》，後來的王氏易，我已經沒去了解了。易道如天，各行一邊，我的《易經》，已經跟老師的系統不一樣了。但，從師門的血脈走來，同至百慮，同殊分合，同異互生，或同或異，其實難說得很。鎮華老師走後，我寫了很多篇悼念文章，也許一年多後的這本《易經心註》，是對老師的最後禮敬吧。

——二〇二一年六月二十九日完稿於疫情期間的家中

第一章
乾坤

乾：六十四卦的理想卦

　　乾卦是陽剛的生命元氣，乾卦是日出草叢的平旦光氣，乾卦是不止歇的生命學習，乾卦是四卦德皆備。乾卦是潛伏的小龍，乾卦是現身的人龍，乾卦是一個從晨曦忙到黃昏的君子，乾卦是躍躍欲試的魚龍，乾卦是騰空的飛龍，但稍沒留神乾卦也可以變成因高傲而後悔的老龍。當然，乾卦最終要我們成長為不需要頭兒與老大、同時平等對待人己的王龍！

䷀ 乾下乾上

乾，元亨利貞。

《象》曰：大哉乾元，萬物資始，乃統天。雲行雨施，品物流形，大明
　　　　終始，六位時成。時乘六龍以御天，乾道變化，各正性命，
　　　　保合大和，乃利貞。首出庶物，萬國咸寧。

《象》曰：天行健，君子以自強不息。

《文言》曰：元者善之長也，亨者嘉之會也，利者義之和也，貞者事之幹
　　　　　　也。君子體仁足以長人，嘉會足以合禮，利物足以和義，貞
　　　　　　固足以幹事，君子行此四德者，故曰：乾，元亨利貞。

《雜卦》曰：乾剛坤柔。

相關資料

主題：人生總藍圖的理想面。

◉ 乾行坤凝。

　　乾，不斷創生的力量；坤，不斷凝聚的力量。

　　乾創生到哪裡，坤就凝聚到哪裡。

　　乾就是生命，坤就是乾留下的紀錄。

　　整個中國文化都在講「陰陽調」。孤陰不生，孤陽不長。

　　但乾坤不是絕對二分的，是有層次而相對的──無限者乾，天地是坤；天乾，地坤；生物是乾，土地是坤；人乾物坤；男乾女坤；男努力時乾，偷懶時坤；女縝密時乾，封閉時坤；宇宙大爆炸是乾，黑洞是坤；生命力是乾，身體是坤──坤包乾。

◉ 乾：乾字，左半「日出草叢」，右半「平旦光氣」。

◉ **卦象＋卦性：**「天」行「健」。

　　健，韌力，持久力。

　　老天爺非常剛健，老天爺不會休息，老天爺停半分鐘地球就受不了。

卦辭經文註釋

四卦德：四種品格的力量。

◉ 元／大／壯大人格──不要小鼻子小眼睛。

　　──鎮華老師講課，「大」的標準：1.天人地兼顧。2.知常容變，顧整有始。3.無為無形，有情有信。反過來就是工商社會。

　　元：善之長，君子體仁足以長人。

◉亨／通／溝通能力──人與人之間通不通是很重要的。

　　──鎮華老師「通」的標準：1.王道一貫。2.近者悅服，遠者
　　來之。

　　亨：嘉之會，嘉會足以合禮。

◉利／利／長遠利益──長遠利益 vs 短視近利。

　　──鎮華老師「利」的標準：長遠的利益。

　　利：義之和，利物足以和義。

◉貞／正／真正利益──潛力得到發揮，卻不用自己的正批評他人
的正。

　　──鎮華老師「正」的標準：1.正道自治，不以治人。2.屈伸
　　之道。

　　貞：事之幹也，貞固足以幹事。

◉不斷學習的生命狀態，就是完美人格。

卦辭傳文註釋

・大明終始：大明，不是普通的明白。終始，不是始終。

・保合太和：太和，整體的和諧。

・貞者，事之幹：樹幹→負重→承擔→幹！有些概念與字義古與今是剛好
相反的。

爻辭經傳註釋

初九，潛龍勿用。

《象》曰：潛龍勿用，陽在下也。

《文言》曰：遯世无悶，不見是而无悶。

　　　　　確乎其不可拔。

- 龍：1.願意面對變化。2.君德，成為「大人」的本質。
- 潛龍：躲起來的龍。
- 勿用：1.反浪費（儲備力量）。2.反危險（避免受傷）。
- 陽在下：陽剛的力量不夠充沛。
- 遯世无悶，不見是而无悶：不見是，不被肯定。

　　　　──鎮華老師：「成長沒有替代品，成長是安慰自己的唯一靈藥。」
- 確乎其不可拔：指人格的穩定性與獨立性。

九二，見龍在田，利見大人。

《　象　》曰：見龍在田，德施普也。

《文言》曰：見龍在田，天下文明。

- 在田：1.在耕耘。耕耘什麼？耕耘其德。2.指民間領袖。
- 大人：高位的人。
- 天下文明：一個人的努力，可以光照天下。

九三，君子終日乾乾，夕惕若厲，无咎。

《　象　》曰：終日乾乾，反復道也。

《文言》曰：修辭立其誠。

- 終日乾乾：嚴格訓練自己──進德修業（兩個方向，內在與外在）。
　　　　步入社會前的最後一個階段。
- 夕惕：一直到黃昏都很警惕。
- 若厲：好像很嚴重。
- 反復道也：反復都是「真理」。
- 修辭立其誠──鎮華老師：「文字就是生命，語言就是人格，不打絲毫折扣。」

・《潛夫論‧本訓篇》：「言行，君子所以動天地，可不慎乎？」

九四，或躍在淵，无咎。

《象》曰：或躍在淵，進无咎也。

《文言》曰：上下无常非為邪，進退无恆非離群。

　　　　　　或躍在淵，自試也。

　　　　　　或躍在淵，乾道乃革。

・「或」是一個關鍵字。

　　或是不定辭，深意是「建議」或許可以躍在淵，但決定權還是在每個生命行
　者，《易經》只是建議。

　　經書也只是建議與討論，而不是規定與指導。

・剛出社會，劍試新鋒。

　　鯉魚跳龍門，跳過就是龍，跳不過摔下來還是一條鯉魚。跟初九不同了。

・上下无常非為邪，進退无恆非離群：一定有更深刻的理由。

・自試：考驗自己。

・乾道乃革：生命道路的一大劇變。

九五，飛龍在天，利見大人。

《象》曰：飛龍在天，大人造也。

《文言》曰：九五曰飛龍在天，利見大人，何謂也？子曰：同聲相應，同
　　　　　　氣相求，水流濕，火就燥，雲從龍，風從虎，聖人作而萬物
　　　　　　覩，本乎天者，親上，本乎地者，親下，則各從其類也。

・飛龍：成德者。

・在天：居尊位。

・利見大人：只有一個原則——識才於野。

　　九二的大人指高位者，九五的大人指才德之士。

・《文言》在講有情心靈的感應。

上九，亢龍有悔。

《象》曰：亢龍有悔，盈不可久也。

- 窮高曰亢，姿態太高曰亢，自以為了不起曰亢。
- 自用自滿的會後悔。
- 老了要退，退在「養老」。

　　古代的養老是將經驗深厚的老前輩養在教育機關（太學）。
- 盈不可久：自我膨脹不可能撐久。

用九，見群龍无首，吉。

《象》曰：用九，天德不可為首也。

- 无首：《尚書》：「不偏不黨，王道蕩蕩。」

　　大家都是尊貴的一條龍，不需要頭兒與老大的真正平等。

　　真正的太平世。共產主義在中國文化的源頭。

　　每個人都有自己的道路與主體性，生命成長沒有權威，沒有誰能替代誰。

　　莊子：「萬竅怒吼。」

小結

　　初爻：潛龍。

　　二爻：人龍。

　　三爻：勤龍。

　　四爻：魚龍。

　　五爻：飛龍。

　　上爻：亢龍。

　　用爻：群龍无首。

乾卦語錄

➤不斷學習的生命狀態，就是完美人格。

➤成長沒有替代品，成長是安慰自己的唯一靈藥。

—— 鎮華老師

➤每個人都有自己的道路與主體性，生命成長沒有權威，沒有誰能替代誰。

坤：六十四卦的現實卦

　　坤卦建議成長者回到生命基地、不要落入習慣、接地氣、整合經驗、沒完沒了的行動學習⋯⋯這是一個常常被乾卦掩蓋光亮的大地之卦。

☷☷ 坤上坤下

　　坤，元亨，利牝馬之貞。君子有攸往，先迷後得主，利西南得朋，東北喪朋，安貞吉。

《象》曰：至哉坤元，萬物資生，乃順承天。坤厚載物，德合无疆，含弘光大，品物咸亨。牝馬地類，行地无疆，柔順利貞。君子攸行，先迷失道，後順得常。西南得朋，乃與類行，東北喪朋，乃終有慶。安貞之吉，應地无疆。

《象》曰：地勢坤，君子以厚德載物。

《文言》曰：坤，至柔而動也剛，至靜而德方，後得主而有常，含萬物而化光。坤道其順乎，承天而時行。

《雜卦》曰：乾剛坤柔。

相關資料

　　主題：人生總藍圖的現實面。

　　⊙ **卦象＋卦性**：「地」勢「坤」

　　　　大地是默默的背負一切，真正讓人感動的不是人間的財富，而是大地。

◉《雜卦》的柔，是坤的特性之一——柔、順、靜、漸、厚、正。

卦辭經文註釋

◉坤卦也是四卦德皆備，不過比較曲折。下面是坤卦卦辭的四點整理。

◉牝馬：1.母馬。2.性順。3.在下。4.健行。默默做事的行動力。（第一點）

◉君子有攸往：君子有自覺的人生方向。（第二點）

◉先迷後得主：從迷失學習覺知——由反而正。（第三點）

◉利西南得朋，東北喪朋：回到生命基地——初心、天命、潛能、熟悉的地方。（第四點）

　　生命基地的兩個解釋——覺知，與覺知的方便工具。

　　這一句也可以從歷史角度解釋——西南是周，東北是商，就是內陸文明與海洋文明的鬥爭。

卦辭傳文註釋

·大哉乾元，至哉坤元：乾大，坤一點也不小。

　　至，到也，到位，落地。——理想要落實、實踐、行動。

　　至是厲害的字。飛箭著地。指生命的穿透力

·德合无疆：經驗的整合是沒完沒了的。

·行地无疆：行動的無窮潛力是沒完沒了的。

·應地无疆：接地氣的課題也是沒完沒了的。

　　每代人都有每代人的課題、文字、語言、氣氛。

　　以古代今也是一種偷懶。

‧先迷失道，後順得常：失道，失去方向。常，常道，真理。

‧至柔而動也剛：柔累積夠，陽剛的力量湧現。

‧至靜而德方：靜累積夠，人生的原則確立。

‧承天而時行：承天，承乾。時行，掌握時機發動。

爻辭經傳註釋

初六，履霜，堅冰至。

《象》曰：履霜堅冰，陰始凝也。馴致其道，至堅冰也。

‧潛龍勿用與履霜堅冰至。——內外
　　——鎮華老師：「一片陰柔景象。」「這句話最能流露生命現象。變化細微，日積月累，待你發現，人物皆非。」
　　國外朋友的經驗——冰上有雪霜，一步一雪坑。

‧「漸積」之道。
　　所謂其來有「漸」，人生好事壞事，莫不如此。

六二，直方大，不習，无不利。

《象》曰：六二之動，直以方也。不習无不利，地道光也。

‧見龍在田，利見大人與直方大，不習，无不利。——外內

‧彎累積夠，變直（正直／人品正直）。
　　圓累積夠，成方（原則／方向分明）。
　　小累積夠，立大（宏觀／格局寬大）。
　　——積德有成。陰柔型的成長道路。

‧不習：不執著，不僵化，不陷於慣性。
　　小程子：「不習，謂其自然。」
　　習慣是覺知的大敵，痛苦卻是覺知的好夥伴。

・從初六的漸道積德至「直方大」＋「不習慣」。

六三，含章可貞，或從王事，无成有終。

《象》曰：含章可貞，以時發也；或從王事，知光大也。

・君子終日乾乾，夕惕若厲與含章可貞，或從王事。──小大
・含章：章，美也。含章，飽含豐美的生命本質。
・王事：王道事業。
・无成有終：真正的大事，譬如人類文明大工程，是累世累代的持續努力，凡一輩
　子可以做完的，都不是真正的大事。
　　　事業沒有完成的一日，但每代人的壽命都有終止的一天。
・《文言傳》說這種持續性的努力是：「地道也，妻道也，臣道也。」──大地之母，
　幕後英雄，老二哲學。

六四，括囊，无咎无譽。

《象》曰：括囊无咎，慎不害也。

・或躍在淵與括囊无咎无譽。──矛盾
・括囊：收束袋口。意思是不要隨便講話。
・外王初階，感受到整個時代的壓力。
　　　「慎」、「謹」的精神。
　　　與或躍在淵的冒險精神剛好相反。

六五，黃裳，元吉。

《象》曰：黃裳元吉，文在中也。

・飛龍在天與黃裳。──互補
・黃裳：黃，中色。裳，下服。
　　　中而下，中而謙──生命的真美。

・文在中：形式、文采不在表面而已，要 1.深植內心。2.準確。

上六，龍戰于野，其血玄黃。

《象》曰：龍戰于野，其道窮也。

・亢龍有悔與龍戰于野。──互補
・龍戰于野：

  1. 兩個不同體系的人交戰（與另一個有成的人不溝通）。

      例如：蔣介石與張學良、兩岸、十字軍東征。

  2. 上六與初六交戰（跟年輕人不溝通）。

      例如：《神鵰俠侶》中的黃蓉與楊過。

  3. 自己的坤與乾交戰（自己跟自己不溝通）。

      例如：歐陽鋒、郭靖都有過這個經驗。

・陰性的人「老」了，容易固執。另一種形式的「亢龍有悔」。

用六，利永貞。

《象》曰：用六永貞，以大終也。

・見群龍无首與利永貞。──陽陰
・陽剛最怕傲慢高亢，所以原則在「无首」。
  陰柔最怕偏邪軟骨，所以原則在「永貞」。

      積極：尊重他人與堅持正道。

      消極：避免老大心態與軟骨症。

      用陽用陰的大原則。

・以大終：以大的精神結束。

小結

初爻：漸積之道。

二爻：不習之道。

三爻：王事之道。

四爻：慎謹之道。

五爻：中謙之道。

上爻：融通之道。

用爻：堅持成長。

坤卦語錄

➤至就是到位，指生命的穿透力，如飛箭著地。

➤德合无疆，行地无疆，應地无疆：經驗的整合是沒完沒了的，行動的無窮潛力是沒完沒了的，接地氣的課題也是沒完沒了的。

➤習慣是覺知的大敵，痛苦卻是覺知的好夥伴。

第一組：乾坤

周易總綱：宇宙人生相對相成的基本力

乾	坤
陽剛	陰柔
潛是一條龍	坤是千里馬
雜卦：乾剛	雜卦：坤柔
元亨利貞	元亨，利牝馬之貞
龍：開創性、變化／天上之物	母馬：性柔順／在下而健行
无首	永貞
大哉乾元，萬物資始，乃統天	至哉坤元，萬物資生，乃順承天
天行健，君子以自強不息	地勢坤，君子以厚德載物

☰⟷☷

錯：對反／互動

中國文化的統一場論

乾與坤是《周易》的總綱卦、基本原理卦。乾與坤，可視為宇宙人生兩種相對相成的基本力，這也是中國先民的大統一場論。中國人用乾坤原理解釋宇宙人生，在二卦裡，有整體天道的說明，有人生總藍圖的展開。乾坤一元，二卦合觀，還是回到最高的「乾元」。

附文一
易有三義的面面俱到

　　這是一個老說法，筆者嘗試給予新意思。

　　這是流傳自漢朝《易緯・乾鑿度》斷簡殘篇的說法，是解釋易學精神很好的一個理論。漢朝人其實有很迷信與狂妄的民族性，就是「碰轟」了，他們說前代有「六經」，我們大漢創立「六緯」，用緯書文化比美前代的經書文化，這就是漢朝人的雄圖。但，狂妄是經不起時間考驗的，今日「六緯」都沒有流傳了，剩下斷簡殘篇的易有三義，倒是一個詮釋《易經》很好的說法。

　　所謂「易有三義」，就是：1.不易→2.簡易→3.變易。

　　真理有變化繁複的一面，真理有平易近人的一面，真理也有亙古不變的一面。

　　理解易有三義，可以從正、反兩個「理序」。

　　第一個，從不易到變易：指從整而不二的絕對真理演變到複雜無比的人間世道。這是「本體論」的說法。

　　第二個，從變易到不易：通過千變萬化的人間萬象，歸納成多元而簡約的成長心得，藉以掌握真理世界。這是「功夫論」的說法。

　　事實上，易有三義是一個涵蓋面很廣，穿透力很強，照亮了很多根本性問題的理論軟體，下面的文字將一層一層論析「三義」的含義。

　　首先，用一個文言文的代表字，不易就是「道」、簡易就是「德」、變易就是「象」。道就是終極真理，道可道，非常道，道是超越語言文字層次的，道有時候也稱作「理」。德就是人生心得，真正的德是千人千

面，不是一條鞭法的。象就是現象，有時候也會用「氣」，氣就是能量或磁場，而不管是現象還是能量，當然是變易不居的。

接下來用一句白話文代表三義。不易的道是「終極真理，可久可大」，可久指時間，可大指空間，就是貫穿時空的超穩定結構。簡易的德是「生命心得，平易可從」，就是指人生的實踐心得，人生要從成長與行動去掌握，不能從理解與知識去掌握，因為行動才是解決人生問題的最佳答案，知識不是，而且從複雜的人生歸納成珍貴的心得藉以直面真理的國度，所以簡易才是樞紐與關鍵。最後是變易的象指「人生現象，千變萬化」，但簡易的實踐與心得就要落在這裡展開。

翻譯成英文就是 The Book of Tao，The Book of Easy，The Book of Change。《易經》同時是道之書，容易之書，變化之書。

在文化學術定位上，不易是修學真理的「宗教層次」，簡易是原理原則的「哲學層次」，變易是現象研究的「科學層次」。

再來用一個科學的觀點來說三義，就是「渾沌學」。變易就是研究「紊流」現象的 Chaos，W.海森堡的臨終遺言：「紊流難於相對論。」渾沌學家發現紊流（意思是混亂的流動，水流流動、金融發展、動物繁衍、人類行為……紊流的現象比比皆是）才是真正高深而普遍的科學模型，所謂渾沌的意思：宇宙人生，根本是亂七八糟的。簡易就是 Order out of Chaos，渾沌學家也漸漸發現在亂七八糟的模型裡，隱隱出現深層的秩序與可尋的脈絡。最後不易就是 Order to Truth，從秩序看到真理，這句英文卻是筆者的推想，而不是當前渾沌學家的研究成果了。

從「首出庶物」（文明的第一因）的視野，「變易的科學層次」的提出是西方文明的首出庶物，「簡易的哲學層次」的著重是中國文明的首出庶物，「不易的宗教層次」的開發是佛教文明的首出庶物。換一個說法，西方是「知學」，知識之學，中國是「行學」，行動之學，佛教是「心學」，心性之學。這就是三大文明的首出庶物。

繼續說下來，不易的宗教學習幫助人「成道」，成道者佛，可成佛了就不一定「回來了」。變易的科學分析幫助人「成功」，但只有成功而缺乏內在工作的可能只是小人。所以簡易還是「橋梁」，簡易的人生心得幫助人「成熟」，成熟者成聖成賢，而內在成熟了讓我們不至於是小人，而愈成熟也讓我們愈有可能成佛成道。也就是說，不易是「成道」，簡易是「成熟」，變易是「成功」，分別是成佛之道，成熟之道與成功之道。

　　再多說一點：不易說的是「真理」，簡易說的是「成熟」，變易說的是「人生」。如果不易說的是一個「形而上」的世界，變易說的是一個「形而下」的世界，那簡易說的就是一個「形而中」的內在世界。從佛學來說，不易是「空邊」，變易是「有邊」，簡易就是「不落空有二邊」。不易談「天道」，變易談「人道」，簡易談「中道」。

　　簡易真的是一個 bridge。不易是一個「合」的世界、不二的世界，變易是一個「分」的世界、分析的世界，而簡易就是「穿透」，從分析的世界穿透到合一的世界。也可以說，不易是天（正力），變易是地（反力），簡易是人（中和力）。天人地，三才之道，人生心得與功夫永遠是關鍵的穿透與橋梁。

　　易有三義，告訴我們易學是從立體、從三個層面，而不是從平面、從一個層面去掌握生命。非常靈活、深刻、複雜的去理解世界、解釋人生、契近真理。這是理解《易經》很好的一個理論，也是檢查人生很好的一個座標。

　　其中「簡易」是一個橋梁——從人道貫通天地之道，從實踐心得掌握真理學習與擁抱人生變化，從成熟連結成道與成功，從行動整合腦袋與心靈，從德貫通理氣，從生活歲月的浸潤琢磨穿透分合陰陽。

三易表──三才之道

不易	簡易	變易
➤ 本體論		
◄ 功夫論		
道（理）／終極真理	德／生命心得	象（氣）／人生現象
終極真理，可大可久	生命心得，平易可從	人生現象，千變萬化
The Book of Tao	The Book of Easy	The Book of Change
宗教層	哲學層	科學層
宗教層次的首出庶物	哲學層次的首出庶物	科學層次的首出庶物
心學：心性之學／佛教文明	行學：行動之學／中國文明	知學：知識之學／西方文明
Chaos	Order out of Chaos	Order to Truth
成佛之道	成熟之道	成功之道
合的世界／合一的世界	橋梁的世界／穿透的世界	分的世界／分析的世界
天道／正力	人道／中和力	地道／反力
從人道貫通天地之道 從實踐心得掌握真理學習與擁抱人生變化 從成熟連結成道與成功 從行動整合頭腦與心靈 從德貫通理氣 從生活歲月的浸潤琢磨穿透陰陽		

附文二
關於「簡易／簡單」的人生策略

人生、生命、修行，都是可以很簡單的。

一直覺得《易經·繫辭傳》這段話是講「簡易哲學」最好的一段經文，下面作一點簡單的翻譯：

乾道成男，坤道成女：乾是男性能量，坤是女性能量。

乾知大始，坤作成物：乾是壯大展開的能量，坤是物質化的作用。

乾以易知，坤以簡能；易則易知，簡則易從：真正的乾坤是很容易了解
　　與運作的。

易知則有親，易從則有功；有親則可久，有功則可大；可久則賢人之
　　德，可大則賢人之業：那是時間與空間的簡易，那是內涵與功業
　　的簡易。

易簡則天下之理得矣：「簡易哲學」是最好的人生策略。

某日心血來潮，發現半生的學問與成長的要領總結起來，不超過二十
個字就可以說完了！

　　　無為、覺知、活在當下、一體性、行動、遊戲……

講完了！原來生命真的可以很簡單！

所以科幻小說《三體Ⅱ》是說得對的：「不要輕視簡單，簡單意味著

堅固。」我們常常做事不是做得不夠複雜，而是做得不夠簡單。簡單、簡易往往意味著功力、火候與智慧。

這份簡單的體悟也可能跟退職後的心情有關——好多年了，從未感到時間變得那麼慢與悠久，時間彷彿變得很夠用，也好久沒感到那麼沒壓力了，人也感到可以放心的過得慵懶一點，日子的流動趨緩了，思路變單純了，心不用那麼雜，裝一堆雜七雜八的事。哈！其實我並不排斥以前生活的衝撞與激發，但這段時間的質感至少認認真真的教會了我一件事：

原來人生、生命、修行，是可以過得很簡單的。

簡單，也許是一種更高階的人生策略。

——二〇一五年八月二日

附文三
人生六個階段的主題與應用
——《易經》六爻的時位思想

六爻的時位思想與主題

　　跟鎮華老師學習《易經》的時位思想很多年了，到了二〇一八年年初，終於有了稍稍完整的整理。

　　簡單的說，所謂時位思想，就是指《易經》六爻，將人生分成六個階段，而各有不同的主題、含義、定位、實踐與應用。老師說古代的理想是「德與位進」——內在成熟與社會地位的合一，而今日的實情卻常常是「德位分離」——內在成熟與社會地位的分裂。白話文就是壞人在高位，好人在民間。好，先行看看六爻（六個人生階段）的時與位。

初爻：保守階段／養志階段

　　老師教言：全性保真，不宜過早「用世」。

　　筆者認為生命初階最重要的事兒是保有「元氣」。天生的元氣是很重要的，它可能是一生的方便法門，也可以稱為初心或天命。天生的元氣不須要被教育，它會自然生成，所以只須要保護它，而不是打壓、禁止甚至摧毀。譬如：不讓你的孩子在牆壁上塗鴉，甚至責罵，你可能毀掉一個畢卡索；當你對著孩子咆哮，只因為他在馬桶裡指揮船隊，你可能破壞了一

個哥倫布；又或者在你侮辱或譏諷你的孩子盡讀一些有的沒有的「閒書」時，也許你正在謀殺一位大學問家。元氣是先天功，是生命中最敏感的部分，是老天爺在你身上安排好的工作與天賦，在自然成長的過程中，我們會在不太晚的年齡即發現它、看見它，如果萬一（其實非常有可能，在現實的世界裡）它被破壞與壓制，生命就很有可能從此進入沒有船舵與羅盤的黑暗汪洋。

二爻：內聖階段／民間領袖

　　老師教言：結交志士，儲信在民。

　　第二個人生階段最重要的事情是共學的「師友」。內聖就是自愛，《易經》的二爻象徵在野領袖或民間賢達，這個階段的主題是學習，所以找到「師友」，找到屬於自己的共學團體或靈魂夥伴是幸福而關鍵的。在一生中，有一段社團、師友、從師、修學、思考人生、累積學問、談天說地、共學共遊的學問歲月，是深刻而動人的，這是為往後的人生長路打下的心靈根基。

三爻：砥礪階段／刻苦階段

　　老師教言：進德修業，嚴格訓練自己。遯世無悶，不見是而無悶。

　　第三個人生階段的主題是「刻苦」。人生需要有一段日子讓自己刻苦，嚴格磨練自己的學問以及各方面的能力，打下堅實的功力與功底。不要對自己好，不需要掌聲，不要管別人肯不肯定，只需要，功力。事實上，不管是身體工作（身）、學問工作（心）、還是修行工作（靈），都是可以累積功力的，而且「功力」是一個有生命的東西，一樣會成、住、壞、空，功力愈紮實，可以使用的時間愈久。一個有功力的人生，才是實

打實的實學人生。

四爻：冒險階段／闖蕩階段／臣位

老師教言：劍試新鋒，自進自試。

這一個人生階段須要的是「冒險」。所謂「十年磨一劍」，這個時候，人比較成熟了，有了根基，有了功力，有過歷練，有些資源，皮也比較厚了。是時候可以拼一拼、闖一闖、試試身手、冒險冒險了。而且冒險的主題不在成敗，不管成或敗都會留下深厚的經驗與智慧，所以冒險的主題不是輸贏，而是成熟。人生須要一段冒險的歲月，給自己與世界一個機會，讓他朝回想不會後悔，對得住自己的良知，不會討厭自己。

五爻：外王階段／在朝領袖／君位

老師教言：識才於野。

在領袖階段，最重要的關鍵字是「人才」，其實更準確的說法是「賢才」——賢指內在，才屬外在，賢是德性，才指才氣。《易經》的五爻是君位，是他愛（外王）階段，是領袖階段，到了這個階段，要做的事兒就更簡單了，中國文化的領導哲學或管理哲學只有一個重點，就是，人才。在民間尋找人才、發現人才、信任人才、起用人才，這就是老師說的「識才於野」，這是一個好的領袖唯一要做的事，找到人才之後，一個成熟的王者就可以閒閒沒大事，無為理天下了。

上爻：傳道階段／教育階段

老師教言：從事業退到教育的「養老」觀念。

　　人生的最後一個階段的主題是「教育」。就是晚年當從事業退到教育，將一生真實的經驗傳遞下去，這是古代真正「養老」的觀念，所謂國之大老，古代養老養在太學（教育機關），今之養老養在養老院（等死機關），意義是完全不一樣的。尤其是深厚的生命傳統一定要「講」下去，書是死的，人才是活的，有時候在某一代沒有傳人，法脈就斷了。

關鍵字面面觀

　　這就是《易經》建議的六個人生階段，各有不同的關鍵字，分別是：

初──元氣
二──師友
三──刻苦
四──冒險
五──賢才
上──教育

這就是《易經》六個人生原則──時位思想。

再看看六個人生原則的不同稱法：

元氣即「天命」。
師友重「傳統」。
刻苦見「功力」。
冒險為「成熟」。
賢才定「政統」。

　　教育傳「道統」。

接著是六個人生原則的重點做法：

　　元氣不需要教育，只需要保護。
　　師友不需要嚴格，只需要共遊。
　　刻苦不能是強迫，而必須自發。
　　冒險不在乎輸贏，重點在成熟。
　　人才不需要管理，只需要信任。
　　教育不能被規劃，必須有尊重。

相反的，如果六個人生原則喪失，將會：

　　元氣不保，失樂園。
　　缺少師友，學不深。
　　不經刻苦，缺功力。
　　沒冒過險，落遺憾。
　　少了賢才，國不寧。
　　沒有傳承，法脈斷。

時位思想的不同切入角度及應用

　　但《易傳》提出「不可以為典要，為變所適」的學易要領，就是說讀易用易，必須心田一片活潑覺知，行事能夠靈活變動，所以文章最後，舉出下列四種狀態，說說六個人生原則的真實應用：

（一）從人生階段思考

從人生階段思考，基本上，「元氣」是孩提時代或青春世代的主題。「師友」是大學時代前後的重點。一般來說，「刻苦」是三十上下會經歷的下苦功的日子吧。「冒險」的人生？四十左右吧。等當到一個部門、單位、機構、公司、企業甚至國家的「領袖」，大約是五、六十左右的年紀。最後「教育」的傳遞經驗，就是六、七十以後的黃昏歲月了。

問題是上文所說的「不可以為典要，為變所適」，人生的主題與重點有時候不是那麼整齊的。

（二）從生命變動思考

人生是變動不定的。一個人隨時有可能跨越一個以上的階段與主題，或者並不照著這六個人生階段的理序進行。譬如：一個人是有可能同時奮身在「刻苦」與「冒險」的人生狀態，這是一段充滿挑戰的日子吧。又像：一個經歷了「冒險」經驗的行者，當然有可能回到「師友」的遊學重新充電。總之，這六個人生原則是參考，你的真實人生如何定位？為變所適。

（三）從學易階段思考

再從學《易經》的理序思考。剛開始學易，當然需要培養好讀經的元氣，基本功要夠紮實。接著自然是從師的日子與師友的共學了。再來當然需要一段刻苦砥礪學問的功夫，才可能卓然有成。再接下來就是「選擇」了。如果直接將讀易所得的學問進入學術、教育、傳承的場域，這就是繞過四（臣位）、五（君位）而進入上（教育）的道路，就是不走政統路線而選擇道統路線，這也是孔子的人生模式。因為孔子在政統、功業停留的時間很短，他當了魯國的大司寇（有點類似今天的司法部長）之後，沒幾天就殺掉孔子口中「小人中的傑雄」的少正卯，又在夾谷之盟中逼退了齊

國的進犯，於是把魯國的一群政客嚇壞了：這個叫孔丘的傢伙是來玩真的！原來政客們都有默契是集體來玩假、鬧虛、行騙的，現在突然跑來一個說真話做實事的，那咱們不都變成小人了！（小人的本領之一就是精擅集體自我催眠：自己不是小人！所以最討厭有人來破壞催眠狀態。）眾人皆醉「他」獨醒，這個不識時務醒著的，還是讓他趕快滾蛋吧。於是當了大司寇沒幾天的孔子就被迫去周遊列國了，但沒有人聽他那一套，過程中還幾度差點死掉，帶著一群弟子為了文化理想奮不顧身的奔行天下，筆者常說這是中國文化第一次的文化浪漫長征。周遊列國之後，年老的孔子回到魯國，修訂六經，設壇講學，就是讓一生的風霜與豐富，回歸教育的傳承。所以孔子被稱為「素王」——無冕的王者，沒有四、五爻沒有建立人間功業的王者。相對於周文王、武王、周公父子則是「聖王」，意思是這幾位既是內在成熟的聖人，也是建立功業的王者，是掌握最高權力的人，也是內在成熟度最高的人，當然，周文王最後回到六十四卦的演繹，也是將一生的經驗落在上爻所說的文化傳承了。所以這是一個選擇，從下卦直接進入上爻，或者是經歷四、五，最後才上。

（四）從失落課題思考

最後，想想這六個人生階段與原則的主題，你有沒有缺少了或「失落」了哪一個？這一點是重要的。因為心靈失落的功課，以後總是要償還與補足的。你失落了你的元氣或初心嗎？這可能就是你一生若有所失的原因，趕快把失落的天命尋回來吧。少年時代，你沒有過過美好的「學」的經驗嗎？這可能就是許多朋友事業有成，年長之後，回過頭去尋師訪友、重新學習的內在渴望。缺了嚴格鍛鍊自己的刻苦歲月，心裡總是容易發虛，老覺得自己不夠紮實。如果人生沒冒險過，沒有曾經無私的拋下私欲與顧慮去拼一拼，午夜夢回或晚年反思，搞不好會忍不住氣自己或討厭自己，這也是許多人常常用嘻皮笑臉或圓滑討好來掩飾內在懦弱的真正理

由。從《易經》設計的角度，沒當過領袖或者沒負過完全的責任，人生經驗總是缺了那麼一塊，其實這正是想創業或想當老闆最深層的原因。最後，傳遞一生的所學與經驗也是重要的，這是整理自己一生的最好ending，也是留給人間的最後美好。

《易經》六爻的時位思想，就是要建立一個全方位的整體人生模型。思考一下，你在哪個階段？你真實的人生定位如何？你的人生選擇是什麼？你又是否有漏掉哪一個階段的生命功課？

從兩句《易傳》再說說元氣與教育

文章最後，說說兩句很強的《易傳》，是關於初爻的發現元氣與上爻的教育階段。

第一句話出自乾卦的〈彖傳〉：「首出庶物，萬國咸寧。」這句易傳本意是講文明的第一因，譬如中國文化的「德」，西方文化的「智」，又譬如儒家文化的「行」，佛學文化的「心」，就是所謂首出庶物，The First Being，或稱為文明的第一因，這個第一因一旦開始，即決定了該文明地區從此以後的性格、道路與發展方向。文明的第一因確立了，從此在歷史的長河裡不管如何改朝換代（萬國），都有了清楚確然的歷史方向（咸寧）。事實上，這句易傳落在個體的生命成長，也是意義重大啊！──只要找到初心，我們這一生就寧靜安然了；只要首出庶物，我們這一生就明明白白了；只要發現 The First Being，我們這一生就知所適從了；只要保住元氣，我們這一生就不缺勇氣了；只要找到真正熱愛與想做的事兒，我們這一生就自由了。好個「首出庶物，萬國咸寧」！

第二句話同樣出自乾卦〈彖傳〉：「大明終始，六位時成。」大明就是壯大的明白，不是普普通通的小明，那，到底明白了什麼呢？就是明白了「終始之道」。是的，是終始，不是始終。意思就是：終是始的開展，

ending 是 beginning 的開展，一個先行者在上爻的教育傳承可以是許許多多後來者在初爻的發現元氣的開展，也就是說，自己的成熟可以是許多人成長的開展啊！上爻是終，初爻是始，用成熟的終開啟清純的始，這就是《易經》文化的終始之道。我認為這就是《易經》版本的輪迴思想。佛學的輪迴講心識的不可斷絕與流轉遷移，《易經》的輪迴卻是講文化大業的不可斷絕與流轉遷移！一個是心學的輪迴，一個是行學的輪迴；一個是生命性的輪迴，一個是文化性的輪迴；一個證明了內裡乾坤的不可思議，一個證明了外在世界的道在人間。好個「大明終始，六位時成」！明白了終始之道，人生的六個階段就可能成就了。可見成熟與傳承，是終始之道的一個關鍵樞紐。

附文四

《易經》漫談
──六乾坤與三无疆

　　乾坤是大卦，是基本卦，是原理卦，是總綱卦。乾坤是人生總圖，乾坤相對相成，「一陰一陽之謂道。」這是怎麼說都說不完的兩個卦，下面略談六點乾坤的相對性。

（一）乾天坤地

　　這是真理與人間的相對性。

　　乾是無限的真理，坤是有限的人間；真理給與人間以意義，人間讓出真理的舞臺；無限讓有限深刻，有限讓無限展現。

（二）乾父坤母

　　這是理想與現實的相對性。

　　乾是父德，坤是母德；父德的深層意義是指理想性的教育，母德的深層意義是指現實性的教育；父親教導孩子責任，母親給與孩子愛；父親負責喚醒孩子理想的靈魂，母親負責教導孩子生存的能耐；但父德的教育主要是通過身教，母德的教育就是沒有保留的愛與慈。

（三）乾龍坤馬

　　這是飛揚與沉實的相對性。

　　乾卦的卦象是天上的龍，坤卦的卦象是地上奔行的母馬；乾卦飛揚，

坤卦沉實；乾卦高明，坤卦精細；龍飛九霄，母馬健行；所以龍象徵天上
的王者，母馬象徵人間的行動家；龍又比喻變化，母馬象徵實踐；乾坤合
德，所以龍馬精神，就是乾坤精神，每個人都是一條尊貴的龍（完美人
格），每個人又都是一匹力行的母馬（行動人格）。《詩經》上說「鳶飛戾
天，魚躍於淵」，也是鷹揚魚躍，一高昂，一深潛，乾坤合德的象徵。

（四）乾剛坤柔

這是陽剛與陰柔的相對性。

乾德剛強，坤德柔軟；剛強，是因為戰勝自己，柔軟，是指待人的身
段；剛強其實是內在的成熟，柔軟指成熟之後的開放；所以陽剛是內在性
的，陰柔是外在性的；乾剛坤柔，其實就是指乾內坤外。

（五）乾行坤凝

這是開創與凝聚的相對性。

乾行坤凝，行是運作，凝指凝聚；乾是開創力，坤是凝聚力；乾一直
開創，坤一直凝聚；乾開創到哪裡，坤就凝聚到哪裡；乾德時時爆發，坤
德著著收斂；所以乾德開闊，坤德沉潛；如果說乾是生命力，坤就是紀
錄；乾是文化（當下開創），坤就是文明（紀錄輝煌）；乾是文化，坤即
歷史；乾是每個生命當下的創而不留，坤就是各種形式的紀錄與存留。

（六）乾大坤至

這是格局恢宏與的生命穿透的相對性。

〈象傳〉說大哉乾元，至哉坤元；乾大，坤一點也不小；乾大，坤
至；乾恢宏，坤穿透；乾指文化格局的恢宏，心靈的恢宏，理想性的恢
宏，坤則指生命力的到位，生命力的落實，生命力的行動；「大」的古字
形就是畫一個人正面站著，氣象寬廣的樣子，至的古字形則是一個很厲害

的象形文，畫出飛箭著地的畫面，意思是指生命的穿透力，所以至就是到也，到位，落地；乾大坤至，道的理想很壯大，但需要人間的穿透與落實。

事實上，乾坤合德就是全人性的奧義，是一個怎麼詮釋都詮釋不完的生命課題。

接下來說說坤德的三個「无疆」。

這三個「无疆」是出自坤卦的〈彖傳〉：「德合无疆／行地无疆／應地无疆」。

「德合无疆」的意思是經驗的整合是沒完沒了的。人的一生其實就是在不斷的整合經驗，整合得愈激烈、愈複雜、愈成功，就愈會是一個有學問與成熟的人。懷德海說：「兩種學說的交鋒不是一場災難，而是一個好機會。」

「行地无疆」指行動的無窮潛力是沒完沒了的，行動的學習也是沒完沒了的。人的行動能耐沒有框限，行動往往是人生最直接最清楚的答案，行動的學習與智慧也是一場終身的富饒。

「應地无疆」是說接地氣的課題也是沒完沒了的。每代人都有每代人的課題、文字、語言、氣氛，以古代今其實是一種偷懶。對筆者來說，說話、寫作一定要用白話與白話文，古文化與文言文當然要學習，但表達一定要用現代人的語言。對筆者來說，做學問、談學問一定要堅持「淺」，淺是一種堅持，一種風格，一種學風，一種自我要求。對筆者來說，談傳統學問，一定要讓人感動與明白，淺，接地氣，事實上就是一種氣氛與力量。

經驗的整合是沒完沒了的，行動的力量是沒完沒了的，接地氣的自我要求也是沒完沒了的。三個无疆，三個沒完沒了，就是沒有皇帝的「萬壽無疆」。歷史已經充分證明，皇帝的萬壽無疆與沒完沒了事實上是很容易一下子的，就完了。

第二章
屯蒙革鼎

屯：六十四卦的初心卦

　　屯卦，一個關於青春的夢、初心、純真的熱情、生命初始基地的一個卦。所謂「初心」，也許就是指一個生命最原始的純真與夢，一份最樸素與不會多想什麼的熱情，一種最擅長的天賦與能耐，或者一件最單純想做的事兒。初心是一個奮不顧身的義無反顧，初心是一腔熱血燃燒的少年情懷，初心是一種無須多想的內在奮悅，初心是一個生命歸屬的心靈故鄉。可初心容易出現一個問題──當我們年紀漸長往往會將這股單純的強大遺失了，因為我們的怯懦、膽小、世故、妥協、軟弱、屈服……我們背叛了自己的初心。所以屯卦六爻就是要告訴我們，在不同的人生階段與狀態重拾初心的智慧與要領：1.培養、2.等待、3.學習、4.行動、5.保護、6.尋回。從「卦象」來說，屯卦沒有統一的象，卻用了豐富的「畫面」──大石頭壓著小草、十年不嫁的老女、生命獵鹿人、迷霧森林、森林導師、油燈的微明、排場盛大的馬隊裡的飲泣──真是卦象萬千的初心畫圖。

䷂ 震下坎上

屯，元亨利貞，勿用，有攸往，利建侯。

《彖》曰：屯，剛柔始交而難生，動乎險中，大亨，貞。雷雨之動滿盈，天造草昧，宜建侯而不寧。

《 象 》曰：雲雷屯，君子以經綸。

《序卦》曰：屯者，盈也。屯者，物之始生也。

《雜卦》曰：屯見而不失其居。

相關資料

主題：初生、初心、新生命、第一次。

◉ **卦象：**雲雷相交——天上有雲雨，地中有震動，生命蠢動萌吐的意象。

◉ **卦性：**動而險——生命蠢蠢欲動，但生命的誕生是一件很危險的事。

◉《序卦》說盈，飽滿的生命狀態。

◉《雜卦》說不失其居，居什麼？居「養」，居「正」。正就是不斷邁向真理的行動力。

卦辭經文註釋

◉ 屯字，初苗想突破地面，很艱難的樣子。

◉《易經》很小心處理初始的生命，乾坤是原理卦，從乾坤到屯，《易經》正式昭告它對人生的看法：「屯（艱難的人生），元亨利貞。」五個字，就說明了它的信仰。

◉ 生命開始的初心，飽滿酣暢，人生的第一度和諧。——元亨利貞。

◉ 但嫩，不宜用世。先培養大格局，不要急著上陣。——勿用。

◉ 但自然有方向（三歲定八十），有王侯氣象。——有攸往，利建侯。

卦辭傳文註釋

· 《彖》點出「難」、「險」、「草創蒙昧」。

　　　不寧，新生的生命力是停不下的。

· 《象傳》點出人文教化，用新生命的精神規劃天下。

爻辭經傳註釋

初九，磐桓，利居貞，利建侯。

《象》曰：雖磐桓，志行正也。以貴下賤，大得民也。

· 磐桓：1、大石頭壓著小草。2、大石巨木。
· 不急著動，站好立場，重點是「養」。
· 《象傳》解釋磐桓不是放棄，志行仍正──生命成長。

六二，屯如邅如，乘馬班如，匪寇。婚媾，女子貞不字，十年乃字。

《象》曰：六二之難，乘剛也。十年乃字，反常也。

· 邅如：徘徊前進。
· 馬就是乾，陽剛生命力。
· 班如：排場。
· 匪寇：本來陽剛的生命力現在變得要搞排場！虛榮了！當然會被搶。
· 貞不字：守貞不嫁。古代女子出嫁取字。所謂「待字閨中」。
· 十年乃字：不要急著想嫁，要能夠面對生命的獨特與寂寞。
· 二爻的兩個比喻，重點是「勿用」與「等待」。
· 《象傳》說「六二之難」，在「乘剛」──生命暴露在滾滾紅塵，失樂園了，變剛

硬了，要恢復柔軟酣暢的生命狀態，重回人生的「第二度和諧」，要十年的漫長時間。（十年是《易經》的時間上限，永遠留給人機會。）

六三，即鹿无虞，惟入于林中。君子幾，不如舍，往吝。

《象》曰：即鹿无虞，以從禽也。君子舍之，往吝窮也。

- 即鹿：逐鹿。年輕生命躍躍欲試。

　　鹿，生命之鹿，指初心。
- 虞：山澤之官──良師、引路人、人生森林與獵鹿人的指導者。
- 追逐生命之鹿，但缺乏良師的指導，迷失在人生的迷霧森林中，君子要知幾（動之微），當機立斷的捨棄，退出來，繼續追逐，窮途末路。
- 要有老師，不要固執錯誤。

　　這一爻的重點是「文化學習」──文化學習是第二義，天賦純真是第一義。

六四，乘馬班如，求婚媾，往吉，无不利。

《象》曰：求而往明也。

- 比較成熟，可以出發了。力量比較壯大才可以擺出姿態，主動與人握手。
- 這一爻的重點是「行動」。
- 往明，繼續出發，會明。

九五，屯其膏，小貞吉，大貞凶。

《象》曰：屯其膏，施未光也。

- 這時生命累積的實力像脂膏（易燃，易耗），小小的正用是好的，太過頂正就不妙了。（怎麼說都是屯卦。）
- 這一爻的重點在「領袖要能夠保護年輕人的初心」。

上六，乘馬班如，泣血漣如。

《象傳》曰：泣血漣如，何可長也。

・「班如」有兩個微妙的解釋：1、排場。2、《左傳》稱脫離行列的馬為班馬。不聽話的馬——不聽內心真實的聲音。

　　　兩個解釋，殊途同歸。

・不管是愛搞排場，跟不聽話亂來，下場都是流血流淚流不完。

・初心對人生晚年來說還是重要的，老了不要搞排場，要懂得——老人成嫩仔、復歸於嬰兒、回返太極。

小結

　　初爻：培養初心。

　　二爻：等待初心。

　　三爻：學習初心。

　　四爻：行動初心。

　　五爻：保護初心。

　　上爻：尋回初心。

屯卦語錄

➤初始生命飽滿、純粹、清新、可能無窮。但要被保護。

蒙：六十四卦的師徒卦

蒙卦就是養虎成材。

蒙卦講一種東方文化很特殊的人際關係：師生。

老師是山下的泉水，但飽飲山泉之後，繼續登山就是自個兒的事了。生命其實是很危險的東西，蒙卦說可以停靠在老師的懷抱。老師希望幫助學生回歸一個天真的孩子，也期待自己教出一隻山中猛虎。

☷ 坎下艮上

蒙，亨。匪我求童蒙，童蒙求我。初筮，告，再三，瀆，瀆則不告。利貞。

《彖》曰：蒙，山下有險，險而止蒙。蒙，亨，以亨行時中也。匪我求童蒙，童蒙求我，志應也。初筮告，以剛中也。再三瀆，瀆則不告，瀆蒙也。蒙以養正，聖功也。

《象》曰：山下出泉，蒙。君子以果行育德。

《序卦》曰：蒙者，蒙也，物之稚也。

《雜卦》曰：蒙雜而著。

相關資料

主題：《易經》的教育概論

⊙**卦象**：山下出泉──養生萬物，養蒙的意思。

登山者在山下飽飲，代表傳統教養，但要繼續登山，就完全是自個兒的事了。

從卦象就可以看出──

1.下卦從老師的立場講話／教學。

2.上卦從學生的立場講話／自學。

◉ **卦性**：險而止──生命其實是一個危險的東西，讓他停止在文化的環境與老師的懷抱。

◉ 釋：幼禾也。

◉ 雜而著：成長的學習既繁雜又有一貫的主題。

　　　　雜──廣度學習／生活能力／生存的學習。

　　　　著──深度學習／生命主題／意義的學習。

卦辭經文註釋

教育基本原則

1. 自發性──匪我求童蒙，童蒙求我

　　不是老師求學生接受教育，而是學生求老師教他呀！這是基本態度，一個學生如果不去主動求教老師，就代表他還沒準備好，本身沒準備好的學生是怎麼學都不會學好的。深層理由就是尊重學習者的「自發性」，自發性的時機未到，老師硬要教，學生抗拒學，教了也學不會。相反的，懂得尊重生命成長的自然節拍，等到自發性出現了，學生主動問，老師再用心教，學習的效果才真會給力。所以當老師的不要擾亂學生的學習節奏，從這個角度看，老師的立場應該是被動的，真正的老師只教準備好、要求學的學生。

　　這裡隱含了兩個尊重：（1）尊重成長的自然節拍。（2）尊重

經典。

《禮記》:「善待問者如撞鐘。叩之以小者則小鳴,叩之以大者則大鳴。待其從容,然後發其聲。」你不去敲鐘,鐘是不會有聲音的。

王船山《周易內傳》:「禮有來學而無往教。」

2. 實踐性──初筮,告;再三,瀆,瀆則不告。

老師要注意培養學生的「行動力」。行動力是學習、教育的主題,老師要讓學生能夠自己行動,不可以養成學生的依賴。就像占卜的原理一樣,第一次問,就將生命建議告訴來問卜的人(初筮,告),如果一直問,同樣的問題問到第三次,問者本身完全偷懶不行動,不負起自己的責任,那就是一種對生命成長的褻瀆了,這樣的話,就不要再告訴問卜者的答案了,以免求教變成依賴或軟弱(再三,瀆,瀆則不告)。

3 正當性──利貞。

教育要有正大的方向,蒙以養正。

卦辭傳文註釋

· 山下有險:山下有險,登山又難。
· 志應:師生的志氣相呼應。
· 剛中:年輕生命都有一股剛強的英氣。
· 果行:教者要有告或不告的果斷。

爻辭經傳註釋

初六，發蒙。利用刑人，用說桎梏，以往，吝。

《象》曰：利用刑人，以正法也。

・桎梏：枷鎖，限制。
・發蒙階段，初教兩項禁忌：1.不能用處罰，打沒有用。──利用刑人。2.不能講理論，六爻都沒有言教位置。──用說桎梏。（相對的是身教：做給他看。）

九二，包蒙，吉。納婦吉，子克家。

《象》曰：子克家，剛柔節也。

・包蒙階段──包蒙就是以柔克剛，包容年輕生命的莽撞剛強。
　　　像成熟的男子能持家，娶媳婦。
・剛柔節：學生剛開始都有一股剛強之氣，要包容他、調節他。

六三，勿用取女，見金夫，不有躬，无攸利。

《象》曰：勿用取女，行不順也。

・取女：娶媳婦。
　　　金夫：金石一般剛強的男子。
　　　躬：自我。
　　　无攸利：沒有長遠利益。
・勿用取女──不要吞沒學生人格。
　　　教學生不要像娶小媳婦。
　　　小心不要毀掉學生的主動性與主體性。
　　　教育的最終目的是自學。

六四，困蒙，吝。

《象》曰：困蒙之吝，獨遠實也。

· 困蒙階段──離開老師，開始獨學的不知何取何從。

六五，童蒙，吉。

《象》曰：童蒙之吉，順以巽也。

· 童蒙階段──像小孩子一般天真柔軟，成熟的童蒙。
　　孟子：「大人者不失其赤子之心。」

上九，擊蒙，不利為寇，利禦寇。

《象》曰：利用禦寇，上下順也。

· 擊蒙階段──終於擊破蒙昧，出師啦！影響他人能力還不足，自己的方向與定見
　卻已清晰。
　　蘇菲之路：「除非你最後以我為靶，否則便不能學成。」
　　電影《臥虎藏龍》李慕白：「既為師徒，就當以性命相見。」
　　我：養虎成材──要讓學生成為山中猛虎，不要將學生訓練成籠中的小貓
　咪；當老師的不用怕養虎為患，身教者要做的就是養虎成材。是的！教育就是要
　培養出一隻山中猛虎，虎嘯蒼林，震驚百里。

小結

　　初爻：發蒙（啟蒙學生）
　　二爻：包蒙（包容學生）
　　三爻：勿用取女（不要破壞學生主體性）
　　四爻：困蒙（離開老師）

五爻：童蒙（開始成熟）

上爻：擊蒙（卓然有成）

蒙卦語錄

➤生命是一個危險的東西，讓他停止在文化的港口與老師的懷抱。

➤養虎成材——要讓學生成為山中猛虎，不要將學生訓練成籠中的
小貓咪；老師不用怕養虎為患，身教者要做的就是養虎成材。是
的！教育就是要培養出山中猛虎，虎嘯蒼林，震驚百里。

➤教者的被動是靠譜的王道。
「做給你看」，身教，是最能「做」的事兒。
說太多有時是失敗的教育策略。

➤行動永遠是學習的主題。

➤不要忘記學習真理是所有教育的初衷。

➤當學生來問問題，當孩子找你談事兒，其實他們是在說：「老師／
爸／媽，我準備好了，開始上課吧。」教者最好是被動的，教室的
門永遠應該由學生打開。
不敲鐘，鐘是沉默的。

革：六十四卦的革命卦

革命是殘忍的，革命是質地的蛻變，革命也是明亮的引領。革命要沉得住氣，革命要有計畫與程序，而且，革命最鋒利的刀鋒要指向自己！革卦說革命者要成長成一頭威皇赫赫的猛虎，要蛻變成一隻沉著敏捷的獵豹，其實不管虎變豹變，刀鋒返向，革命就是一場內在乾坤的烽火連天。

䷰ 離下兌上

革，巳日乃孚，元亨利貞，悔亡。

《彖》曰：革，水火相息，二女同居，其志不相得曰革。巳日乃孚，革而信之，文明以說，大亨以正，革而當，其悔乃亡。天地革而四時成，湯武革命，順乎天而應乎人，革之時大矣哉。

《象》曰：澤中有火，革。君子以治曆明時。

《雜卦》曰：革，去故也。

相關資料

主題：革命、改革。

《說文解字》：「獸皮治去其毛曰革。革，更也。」

革字就是獸皮張於架上的形狀。

一樣的質地，但經歷轉變成為完全不同的狀態，象徵革命有同有異。而且剝皮必然是血淋淋的過程，革命不是玩家家的。耶穌說：「不要以為我來是帶和平到世上來的；我並沒有帶來和平，

而是帶來刀劍。」（馬太福音）

　　但刀劍可以指向外界，也可以指向自己──內在革命與社會革命的因果性。

◉ **卦象：**

1.水火相侵──澤向下流，火勢上升，水火相侵，一片混亂，該革命了。（革命的需要）

2.王船山《周易內傳》：「革者治皮之事，漬諸澤而加之火上，內去其膜，外治其毛，使堅韌而成用。」（革命的過程）

3.澤中有火──在茫茫大海中有人高舉火炬，帶頭革命的方向。（革命的意義）

◉ **卦性：** 明而悅──革命是光明喜悅的能量。

卦辭經文註釋

・巳日：乾卦，巳時，太陽高升，成熟的意象。

　孚：孵也。信也。

　巳日乃孚：等到成功之日，才能昭信天下。

・卦辭先警告革命的嚴重性，過程會備受壓力、疑慮、批判、攻擊、挫折、傷害。

　　革命的漫長要等到最後成功的一天才算數。

・王弼：「夫民可以習常，難與適變；可與樂成，難與慮始。」

卦辭傳文註釋

・水火相息，二女同居：水火相熄，同性相拒。不整合的兩個象。

爻辭經傳註釋

初九，鞏用黃牛之革。

《象》曰：鞏用黃牛，不可以有為也。

· 鞏：手持皮革的繩索很精準的綁起來。
· 好好將自己綁起來培養實力。
　　先學會一身好功夫，才夠格談革命。

六二，巳日乃革之，征吉，无咎。

《象》曰：巳日革之，行有嘉也。

· 咎：《說文》：「災也。從人各，各者相違也。」人際無法協調，是人禍。
· 時機成熟才能動手，這個時機大舉行動才是好的，才沒問題。

九三，征，凶；貞，厲。革言三就，有孚。

《象》曰：革言三就，又何之矣。

· 動手冒險，凶；守正不動，也危險。
· 革命要經過漫長（三）的階段才有成就。
· 搞革命，不容易！

九四，悔亡，有孚，改命吉。

《象》曰：改命之吉，信志也。

· 改命：換招牌，換顆心。
· 改革累積到一定程度，堅持改革到沒有後悔。
· 信志：生命方向的延伸。

九五，大人虎變，未占有孚。

《象》曰：大人虎變，其文炳也。

・虎：威皇恢弘，動靜合宜。
・大人虎變：從革命家蛻變成大德者。從外在革命進入內在革命。
・未占有孚：心的占卜是最大的占卜。

上六，君子豹變，小人革面。征，凶；居貞，吉。

《象》曰：君子豹變，其文蔚也；小人革面，順以從君也。

・內在革命與面子工程。生命蛻變與做個樣子。──君子豹變，小人革面。
　豹比虎好像差一點，君子比大人差一點，因為革命成功反而要收斂，歷史上革命一
　成功即腐敗的例子太多了。這就是「降虎為豹」的智慧。
　成德者變化如豹，文采斑斕（比虎差一點）；老百姓改換面目，以順時政。
　革命初成，征伐冒進，會危險；守正養息，就對了。如：法國大革命、辛亥革命……
　都是如此。

小結

　　初爻：先不要亂動。
　　二爻：時機成熟才動手。
　　三爻：革命歷程漫長又崎嶇。
　　四爻：換顆心，才算成。
　　五爻：從革命家蛻變成大德者。
　　上爻：收斂是革命成功後的王道。

革卦語錄

➤剝皮必然是血淋淋的過程,革命不是玩家家。耶穌說:「不要以為
我來是帶和平到世上來的;我並沒有帶來和平,而是帶來刀劍。」
但刀劍可以指向外界,也可以指向自己──內在革命與社會革命
的因果性。

➤大人虎變──從革命家蛻變成大德者,從外在革命進入內在革
命。

➤君子豹變,大人虎變,不管釋放的是哪一頭心靈猛獸,真正的革
命都是一場內在生命的烽火連天!

➤老虎是不輕易發動的。大政治家才懂得收斂王氣。

➤「降虎為豹」就是為了「收斂王氣」,這是更浩瀚壯闊的和光同
塵,放低了姿態,收住了力量,藏掖著鋒芒,騰出了空間,模糊
了成熟,顧全了大局。這一讓、一收、一退、一降,即清楚說明
了王者的成熟,常常表現為一種隱藏自我式的謙恭氣象。

鼎：六十四卦的管理卦

治國要倒掉敗壞的舊習，要破格起用賢才，要表現實力。但實力表現太過，又會搞得處處衝突，沒安生飯吃，狼狽不堪！所以順理眾人乃至治理國家，最高的境界表現在陰陽調和到舉重若輕的功力與火候。所謂四兩撥千斤，關鍵在「撥」，那是多少智慧與修養的「剛柔相節」。

䷱ 巽下離上

鼎，元吉，亨。

《彖》曰：鼎，象也。以木巽火，亨飪也。聖人亨以享上帝，而大亨以養聖賢。巽而耳目聰明，柔進而上行，得中而應乎剛，是以元亨。

《象》曰：木上有火，鼎。君子以正位凝命。

《雜卦》曰：鼎，取新也。

相關資料

主題：建國、治國。

《說文解字》：「鼎，三足兩耳，和五味之寶器也。」

鼎從食器→祭器→禮器。

鼎是建國神器，成語有所謂問鼎天下。

　1.用烹煮的意象比喻建國，治理國家就像煮好一鍋肉。

　2.烹煮以祀天（自然）、養賢（人文）──立國兩大原則。

◉ **卦象：**火下有風（木）──燃燒烹煮的畫面。
◉ **卦性：**入明──建國了，必須進入透明化的政治運作，所有權謀
　手段都得放下。

卦辭經文註釋

◉ 鼎要大才穩。
　　建國，格局要大，才好（元吉），人事要暢通（亨）。
　　立國兩大原則。

卦辭傳文註解

◉ 以木巽火，亨飪也：把木頭放進火中，烹飪的意象。
◉ 柔進而上行，得中而應乎剛：指六五。
◉ 凝命：凝神待命。
　　更好的解釋，指靈性成長的內化、「結晶化」或「磁性中心」
　形成。成熟的具象化、凝結的過程。

爻辭經傳註釋

初六，鼎顛趾，利出否，得妾以其子，无咎。

《象》曰：鼎顛趾，未悖也。利出否，以從貴也。

・鼎顛趾：鼎倒過來。
・否：陳腐食物。
・得妾以其子：妾非正位，仍以為得，是因為妾有賢子，母以子貴。

- 立國首務在招賢，有兩件事要做：
  1. 倒掉陋習陳規，去舊才能招賢。
  2. 破格起用。
- 三國中的「三顧茅廬」——劉關張打了半輩子爛仗打不出個所以然，就是「蜀漢公司」的管理出問題了，所以要聘新 CEO 諸葛亮出馬管理，顛鼎出否，再起爐灶。而且諸葛出山時僅二十八歲，算是老董劉備的破格起用。
- 新創或重組公司的剔除陋規與小人，騰出空間，破格起用，真正的賢才才能進來。

九二，鼎有實，我仇有疾，不我能即，吉。

《象》曰：鼎有實，慎所之也。我仇有疾，終无尤也。

- 仇：敵對派系。
- 有疾：疾視，有意見。
- 不我能即：即是接近。拿我沒辦法。
- 九二是實力原則。

　　各方面條件成熟，可以煮一「鼎」好菜了，只要實力夠，敵人也拿我沒辦法。
- 慎所之：謹慎使用實力。
- 三國故事中的「蜀漢高峰」——諸葛劍試新鋒，乍敗曹仁，又力推連吳抗曹政策，取得赤壁大勝，得荊州，取兩川，就是「蜀漢公司」的展現實力階段。
- 公司要展現實力，或老闆要展現強勢領導與管理魄力，這是必須做的，讓敵對派系不敢輕舉妄動。

九三，鼎耳革，其行塞，雉膏不食。方雨虧悔，終吉。

《象》曰：鼎耳革，失其義也。

- 鼎耳革：鼎耳損壞。
- 其行塞：無法搬運。食物剛煮好，鼎腹太燙，熱不可舉。
- 雉膏不食：吃不到美味的嫩雞肉。

- 方雨虧悔：適時下雨，鼎身降溫，可以搬動，就沒有後悔了。
- 九二立剛是好的，但不能一直堅持實力，會開始行不通。

  《易林》：「鼎易其耳，熱不可舉。大路壅塞，旅人心苦。」
- 三國的「關羽失荊州」──在巔峰時期的蜀漢，因為關羽的剛愎自用，決策粗糙，兩面作戰，被魏吳夾擊，兵敗身死，丟失荊州，讓「蜀漢公司」狠狠栽了一個大跟斗，就是「鼎耳革，其行塞」的歷史教訓吧。
- 適度展現實力是需要的，但老闆太強勢不懂收斂，造成公司上下層的衝突，開始行不通了，老闆與員工都沒好果子吃。

九四，鼎折足，覆公餗，其形渥，凶。

《象》曰：覆公餗，信如何也。

- 覆公餗：餗，鼎中食。打翻了公用的糧食。
- 其形渥：厚厚的流了滿地。
- 繼續持剛頂正，不懂善用各方面的組織、人事、意見、條件，剛愎自用，整個局面都搞砸鍋了。
- 三國故事的「彝陵大敗」──劉關張三兄弟中，最靠譜的反而是表面魯莽的張飛，相對的，二哥不像話，丟了荊州，等於造成後來諸葛亮六出祁山無寸土之功的結構性傷害（失去了最寶貴的糧食運輸路線），跟著大哥也好不到哪裡去，劉備這次連諸葛亮的話都不聽了，親伐東吳，造成彝陵大敗，國力大損，本來如日中天的「蜀漢公司」江河日下，這就是「鼎折足」的慘痛與狼狽。
- 這個老闆執迷不悟，繼續剛愎自用與迷信實力，造成結構性的傷害，連公司根基都動搖。

六五，鼎黃耳，金鉉，利貞。

《象》曰：鼎黃耳，中以為實也。

- 黃：中色。黃銅，比較有彈性。

- 金鉉：金也是銅。如：十二金人。鉉，穿兩耳所以舉鼎之物。就是指銅做的鼎鉉。
- 終於覺悟，居尊位用柔道。

    善用各方面條件，顯出尊貴和平的局面。

    但正仍然是要堅持的原則。

- 本來參照鼎卦易理，接下爛攤子的諸葛亮應該用柔道治國，止息干戈，休養國力，重組「蜀漢公司」才對。可在真實的歷史脈絡中，蜀漢沒這樣的條件，因為蜀小魏大。曹魏的土地、人口、經濟、軍事、國力都是蜀漢的七、八倍以上，蜀漢沒條件與曹魏長期對峙，因為最後一定是大公司兼拼小公司的局面。所以欠缺歷史條件支持的諸葛孔明只能選擇以攻為守、持續用剛的軍事策略，因為不打，最後一定是死路一條，勉力一打，反正輸了也是死，萬一打贏了，那就是絕地求生的大翻盤策略成功了！所以在三國的故事中，「蜀漢公司」就沒機會執行鼎卦六五、上九的「剛柔相節」了。
- 這個強勢老闆終於學乖了，重組公司，放下身段，修補與下屬的關係，管理策略變得柔軟了。

上九，鼎玉鉉，大吉，无不利。

《象》曰：玉鉉在上，剛柔節也。

- 剛柔相濟，建國大成。
- 輕靈精巧的玉鉉竟能挑起厚重的鼎！

    力量用到化境了！陰陽的精巧結合——剛柔節。

    恰到好處。舉重若輕。

- 有些修補與下屬關係的話語與做法，老闆不見得方便出面，改由德高望重的大老或顧問出馬調停，反而取得更好的剛柔調節的溝通效果，這就是上爻的時位意義。

小結

    初爻：除舊納賢。

二爻：展現實力。

三爻：濫用實力。

四爻：體系崩潰。

五爻：公司重組。

上爻：請動大老。

鼎卦語錄

▶《易經》鼎卦說治國就是煮好一鍋肉，文火武火的火候要調節好。
老子則說治大國要像煎小魚。
　　——重點不同：前者的重點是剛與柔的調控，後者的重點是無
　　　　為。
▶輕靈精巧的玉鉉能挑起厚重的鼎！力量用到化境了！
　　——陰陽的精巧結合就是剛柔節。
▶鼎卦揭示了一個使用力量的秘密：用力量要用到舉重若輕、恰到
　好處、剛柔相節的化境。力量的使用才從暴力升格為藝術。
　　——這是做事、修養、治學、管理、創作、表演的通用原則。

第二組：屯蒙革鼎

尚德革命論──大人虎變，未占有孚

屯：初生	初生是飽滿而有方向的。	雜卦：屯見而不失其居。
		序卦：屯者，盈也；屯者，物之始生也。
蒙：教育	成長是亂七八糟又清楚顯著的。	雜卦：蒙雜而著。
		序卦：蒙者，蒙也，物之穉也。
革：革命	革命是先革自己的命。	雜卦：革，去故也。
鼎：建國	治理國家，就是煮好一鍋肉。	雜卦：鼎，取新也。

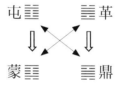

屯☷☳　　☱☲革

⇓　　　⇓

蒙☷☵　　☴☲鼎

⇩ 綜：發展　　從屯到蒙：從初生到接受教育。

　　　　　　從革到鼎：從革命到建國。

↘ 錯：旁通／推擴　從屯到鼎：個人初生旁通群體、國家的初生。

　　　　　　　　從蒙到革：一個人的內在革命旁通一個時代、社會的外在革命。

尚德革命論

　　從個人說，屯、蒙、革、鼎四卦講的是一個人從出生、教育到改革自己成大鼎一樣尊貴、厚重的人格氣象的歷程。原來《易經》的時位是隨著修德而進退，所謂「革命、改命」也要從修德上講。中國人講的革命不只指政治的轉變，更指生命徹底的修煉與振拔，要革他人的命，先得革自己的命。「尚德革命論」要這樣理解才得真義。如果從一個民族或社會的改革上講，必須先有屯蒙的基礎去談革鼎，才是真正的運動，而不是一逞私欲、荼炭生靈。

附文一
屯卦，一個關於「初心與青春的夢」的易卦

　　這是一個關於青春的夢、初心、純真的熱情、生命初始基地的一個卦。一般而言，《易經》六十四卦的第三卦屯卦的主題是「出生」，討論各種形式的出生；但在竹南社區大學的易經課上，我想換一個角度談屯卦六爻：不同人生階段與生命初心的對話。

　　所謂「初心」，也許就是指一個生命最原始的純真夢，一份最樸素與不會多想什麼的熱情，一種最擅長的天賦與能耐，或者一件最單純想做的事兒。初心是一個奮不顧身的義無反顧，初心是一腔熱血燃燒的少年情懷，初心是一種無須多想的內在奮悅，初心是一個生命歸屬的心靈故鄉。可初心容易出現一個問題——當我們年紀漸長，往往會將這股單純的強大遺失或失落了，因為我們的怯懦、膽小、世故、妥協、軟弱、屈服……我們背叛了自己的初心。所以屯卦六爻就是要告訴我們，在不同人生階段與狀態重拾初心的智慧與要領。

人生初階：束養初心

　　青春的夢未遠，但初心的能量要懂得珍惜、仗養。束縛不是為了限制，而是不讓珍貴的能量外溢；束縛不是為了禁錮，而是集中火力在初心的育養；束縛不是為了束縛，而是為了發展更大的自由。這就是束養。像拿大石頭壓著野草好讓土壤的養分全力供給樹木的生長，像年輕人嚴格自

律也是為了某種能力的茁壯，又像束縛住新生嬰兒不讓亂動同樣是為了將珍貴的初始能量轉移到嬰兒感覺世界的訓練上。總之，這個階段的初心未曾遺落，所以最重要的事就是「養」。

迷失年代：等待初心

在滾滾紅塵日久，初心迷失了。不要再追逐人生表面的風光與繁華，因為那是無根的追逐，在迷失的年代裡最重要的，就是等待——等待初心。初心的失落都那麼久了，總要花一段時間去沉澱、反思、整理、修養、內觀與切磋吧，逐漸的，就聽見初心步履的聲音，愈來愈接近，愈來愈清晰……這段等待的時間有多長呢？隨便說，就十年左右的歲月人生吧！其實人生擁有這麼一段成長與等待的時期是幸福的。《易經》的比喻是古代女子守貞不嫁，靜待十年才遇到良人（初心的象徵），等到出閣的那一天，夫家才為女子取一個完整的（名）字（古代女子出嫁才取字，所謂「待字閨中」，象徵一個完整的自我）。意思就是，經過漫長的學習，終於等到初心的回返，真正的生命身分才得到最終的確認。

生命嚴重迷航：需要引路人

如果是更嚴重的生命迷航，距離生命的首發，更嚴重的偏離航道，那就不只是等待十年那麼簡單了。追逐生命之鹿（也是初心的象徵），結果迷失在人生的迷霧森林之中，這時候就需要虞人（山澤之官）的指點與引領。所以更嚴重的迷失，《易經》提醒我們：老師或引路人的必須。這時要尋回初心變得更間接了，要經歷縝密的文化學習與師傅教授。

人生窮途：初心就是行動

　　如果一個人失落初心已經更久、更深、更無望呢？難道還要花更多時間去尋回她嗎？十年？二十年？三十年？還有那個命嗎？我的老天！在這裡，《易經》出現了一個耐人尋味的重大轉折。原來六四爻是屯卦最吉的一爻，而這爻代表的，卻是人生走到末路窮途，所謂初心已成了遙遠的夢，生命意義的殘破已然到了明天走不下去的地步！那，怎麼辦？《易經》的強大，就在這個關鍵的當口，它直接說──沒怎麼辦，直接，行動。原來當人生末路窮途，初心就是行動啊！說沒有用了，等待也沒有意義了，漫長的學習也不必了，因為這位末路窮途人已經學很久了，痛苦就是最好的學習。痛苦就是初心的呼喚，愈強大的痛苦，愈強大的呼喚。事實上，初心本來就不在外頭啊，初心本來就是我們每個人心靈深處的一個夢啊，而痛苦就是最強而有力的召喚能量，所以就直接的叫起她、召喚她、實踐她、行動她、做她。《易經》，真妙！最痛苦的一爻就是最強大的一爻，最痛苦的一爻就是最吉利的一爻。原來在最困頓的人生暗夜裡，初心已經變得無法迴避、不得假借，我們就擁抱她、行動她、做她，就對了，初心變成了中國文化中最珍貴的行動哲學。是的！初心，就是行動，行動初心。

領袖階段：珍惜初心

　　到了更成熟的人生階段了，你可能是各個領域的領袖或主管了，在這個階段，《易經》的論述相對比較簡單，就是當頭兒的，最重要的是要懂得保護、珍惜你的年輕人、你的學生、你的部屬、你的晚輩的初心，因為她可是你的公司甚至國家未來的元氣與夢想。珍惜她、正用她，而不要耗盡她、傷害她。寶愛年輕的初心！

人生晚景：保有初心

初心對年老的階段同樣重要。粵語俗諺說：「老人成嫩仔。」老子說：「復歸於嬰兒。」相反的說，人生晚景，最怕的就是還在擺闊、充排場、追逐繁華，屯卦評論說：這樣就流血流淚流不完了！對晚年人生來說，初心就是最初始的樸素與純真、生活簡單化與生命的減法。讓人生的最後回到最初的夢吧！圓圈的終點與始點原來是同一點。

這就是屯卦，一個關於初心的卦，一個關於理想的遺落、逐夢、「做」夢、圓夢的一卦。好箇，初心！

──竹南社區大學講《易》紀實

二〇一七年四月十七日

附文二

《易經·蒙卦》關於身教者的三階段
──教育就是要培養出一隻山中猛虎！

六十四卦中蒙卦的主題是啟蒙，是《易經》的教育概論。其中內卦是談一個身教者三個階段的教法：

1　初教禁忌

初教的兩項禁忌──不能用處罰（打沒有用），不能講道理（理論不會感動人，蒙卦六爻都沒有言教位置，真正能感動人的是身教者的熱情與堅持、心靈與行動、格範與內涵）。

2　以柔克剛

第二個階段，能夠包容年輕學生的魯莽剛強，也就是身教者的以柔克剛。一定會有這麼一個階段考驗老師的胸懷，得面對年輕孩子的跋扈無禮。其實，愈是早期不聽話、剛強、愛搗蛋的學生，愈有可能是日後有出息的學生。

3　養虎成材

但慢慢的學生折服了，早些時候那個剛強的孩子變得聽話了，這時候

成熟的老師就會敏感的注意到一個新問題──得小心不要破壞學生的主動性，不要吞沒學生人格，不要把學生教成小媳婦，不要訓練出順民或乖乖牌，跟隨老師的只是乖學生，有自己的主意與看法的才有可能是好學生。要讓學生成為山中猛虎，不要將學生訓練成籠中的小貓咪；當老師的不用怕養虎為患，身教者要做的就是養虎成才。是的！教育就是要培養出一隻山中猛虎，虎嘯蒼林，震驚百里。

附文三
最美好的教師節禮物

　　對一個老師來說，最美好的禮物就是一個「出走」的學生，成熟的學生，成熟的出走。

　　學生就是「學習生命」，好！老師跟你們一道。下面是易卦「三蒙」：

一、困蒙：剛離開老師，你們也許會感到困頓徬徨

二、童蒙：繼續向前，有一日你們會進入第二度的天真，成熟的天真，不容易受傷的天真。你們終將成為一個成熟的「孩子」。

三、擊蒙：這時候，輕輕敲破蒙昧，鞠躬轉身，離開老師，完成了一個美好的成熟出走。他朝再遇，你我將是兩個對望的山峰，悠然相見，怡然一笑。

附文四

奮不顧身的老師們，看看《易經·革卦》

這兩句「革卦」的話送給我的大學同學，一位「神奇」教育家朋友──她為了孩子終年奔波，她為了奔波落得胃潰瘍，她為了照顧別人的孩子常常忘記照顧自己的孩子……下面的《易經》也同時送給天下為教育奔走的「神奇」教育家：

「鞏用黃牛之革。」鞏是皮帶，黃指中正的心靈。有時候用自我控制的心力量將自己牢牢綁住，不讓自己做過多的事，這是真正的自性革命。

「君子豹變，小人革面。」小人只能改頭換面，君子卻蛻變自我，讓自己成長得仿如美麗的花豹，動靜合宜，優雅迅猛兼具。

靜，有時是更深刻的動；養，是為了更覺知的放。

附文五
說一個讀革卦的心得

　　《易經》其實可以分為內在的《易經》與外在的《易經》，雖然內外的界線常常是模糊的，但這個「視野」還是不失為一個很好的參考座標。從內、外在的角度看革卦，從初爻到四爻是講外在性革命的步步為艱，到了五爻即轉向內在革命的「大人虎變」——革命家成長為大德者。但，到上爻，又很微妙的由內轉外。很少《易經》註家會注意到這個「微妙的由內轉外」，怎麼說呢？原來從五爻的虎德下降到上爻的豹德，表面來看是能量變弱了，位階變低了，豹變不如虎變啊？君子也明顯不及大人啊！事實上，這一個轉折表現的正是《易經》版本的「和光同塵」！因為革命初成，是最敏感的時刻，處理稍有滑失，革命成果即付東流，加上每個革命領袖基本上都是草莽英雄，如果都搶著當老虎（頭兒），反而容易引起群虎爭鋒的局面，所謂一山不能容二虎，何況是群虎呢！所以革卦的大德者刻意的「降虎為豹」，就是自覺的「收斂王氣」啊！放低了姿態，收住了力量，藏掖著鋒芒，讓出了空間，也就是說，降虎為豹是更壯闊的和光同塵，收住了王氣，顧全了大局。

　　沒有直接在文字上說出來，而是將道理隱藏在時位思想的轉折之中（一般來說五爻是君位，上爻是大老），這正是《易經》不著文字的微言大義。

附文六

說「凝命」與磁性中心

　　這是一個很多年前學習過、目睹過、感受過、體驗過、最後證明了的……觀念與功夫，凝命。這個概念典出《易經·鼎卦》的《象傳》，在二〇一八年的年頭，筆者在師徒班講了一次最完整的鼎卦，靈機觸動，就趁機寫下來吧。

　　凝命是一項內在性的功夫，放在鼎卦的內容，意義是特殊的。因為鼎卦的主題是建國或治國，所以是一個有明顯外在性、外王性、社會化傾向的卦，而「凝命」可以說是整個鼎卦經傳裡最樞紐的內在功夫，一個外在性的卦裡的一個內在性功夫。

　　《象傳》的原文是：「木上有火，鼎，君子以正位凝命。」原來整體的表達是「正位凝命」，凝命只是一半的觀念，所以先行看看整個觀念的含意。

　　「正位」就是俗話說的做什麼像什麼，做好所在位置上該做好的事；那，「凝命」就是天命凝聚在身，在那個位置上就該有那個位置的高度與成熟了。正位就是坐好自己的人生位置，凝命就是培養內在的生命成熟。所以正位是外在性觀念與成長，凝命是內在性觀念與成長。正位是社會性成就，凝命是內在性成熟。也就是說，正位凝命是一外一內兩個方面的條件。什麼樣的條件？當然是作為一個領袖的條件。

　　是的，因為鼎卦就是一個談建國與治國的卦，所以《象傳》所說的「正位凝命」就是指當一個領袖或王者的內外兩面。當然，已經是王者之位了，那一個正位的王者要具備什麼樣的天命凝聚呢？關鍵觀念還是在凝命，問題是：凝命的深層意義到底是什麼呢？

　　淺層的解釋，凝命就是凝神待命，但更深層的解釋，就是指一種內在德命凝聚與成長的變化過程。又稱為內在生命的「結晶化」，或許是新興宗教「第四道」所說的「磁性中心」。所謂凝命、結晶化、磁性中心，就是一個成長者不斷累積各方面各層次的生命學習，如：學《易經》、學佛、習四書、讀老莊、讀哲學、學藝術、閱讀科普、練習禪坐、做靜心、學拳、學氣功、做呼吸、學命理、學占星、學相學與占卜……甚至是更內在生命的學習，像：與自己一項根源性的壞脾氣戰鬥甚至將之轉化、超越先天性格的限制、尋找到生命早期的創傷並將之治療、學習自我了解、行動哲學、痛苦智慧、學習愛情、修補與內在父母的關係……等等。日積月累，這個成長者的生命內部即會發生具體的質變與結晶化，就像地殼下的熔鑄、變動、撞擊、壓迫而漸漸形成鑽石，而內在的生命鑽石會具體成形，然後愈長愈大、愈長愈大……大到一定程度，超過了臨界值，生命鑽石就會對外界發出能量與磁力，這就是磁性中心出現了！愈接近的人愈會感應到這樣一份成熟的生命磁場，結晶體愈大，生命磁場愈強。中國有一句話說：「腹有詩書氣自華」，其實就是指用心讀書讓生命內在產生變化，形成了磁性中心，對外發出具體的人格魅力。而磁性中心的能量一發一收，感應到的人就會被磁性中心吸引過去，「從學」的現象就發生了，中國文化所謂「近悅遠來」（近者悅服而遠者來之）的現象，其實就是磁性中心在發揮作用。一個形成了磁性中心的成熟者，他不說話，只是看著你，就會感覺到他的人格影響力。磁性中心愈大，愈能感受到它的振動，從心靈、思想甚至物質的振動……當然，磁性中心是有生命、會變化的，如果磁性中心不夠茁壯，隨著疾病、老去、傲慢、怠惰……磁性中心也可能出現消磁的情形，如果磁性中心到了更高的臨界點持續成長不會消失，就是佛教所謂「不退轉」的境界了，據說只有大菩薩以上的程度才有不退轉的修養。我感受過、經歷過磁性中心真實的歷程，這個概念告訴我們：所謂內在修行或靈性成長是具體實存的生命變化。

　　還有一個問題。有學生問及「正位凝命」的先後問題。即像上文所說的，凝命是內在性學習，正位是外在性學習；凝命接近內聖、自愛、自我做工的生命學習，正位接近外王、他愛、幫助別人的生命學習；那，是不是完成凝命的內在工作，才能進入正位的社會服務呢？我想「正位凝命」是動詞，不是名詞，意思說這是一個生命轉化的動態過程，而不是一成不變的規格化作業。也就是說，不斷凝命到相當火候，可以正位了，正位工作感到不足，又回頭凝命，凝命，然後正位，正位，往上推進，再凝命，再正位，凝命，凝命，正位，正位……也就是說，內聖外王、凝命正位是一個互含變化、錯綜複雜的生命工作，它的行進，是沒有固定答案的。

附　曾昭旭老師的補充

　　錠堅詮釋得好，果然有靈感。

　　易經方法學的核心就是兩端一致。所以一說陽即涵陰，一說陰即已預設陽。論內聖必引申到外王，論外王必回歸到內聖。而且不是兩端互動仍是兩端，而是兩端涵攝本為一體，只是在歷程中互相發明……

第三章
需訟晉明夷

需：六十四卦的慾望卦

　　讀需卦讀了很多次了，熟能生悟，終於讀出了需卦九法──《易經》面對慾望的九個基本原則。九法就是：一、真實。二、面對但拉大來看。三、滿足要正當。四、等待。五、不加強。六、敬。七、聽。八、成熟的分寸。九、關乎大事。

　　九法中，大部分是「經」的洞見，其中也有「傳」的看法，六、七兩項主要就是「傳」提出的，也是比較少被注意到的兩點。有時候，也真不能小看《易傳》。敬，敬重誰？聽，聽什麼？當然，這兩者是相呼應的，敬重與敏聽，敬對聽對了，面對物質慾望的重重關隘，就可以做到流水行雲的信步閒庭了。

䷄ 乾下坎上

需，有孚，光亨，貞吉，利涉大川。

《象》曰：需，須也，險在前也。剛健而不陷，其義不困窮矣。需，有
　　　　　孚，光亨，貞吉，位乎天位，以正中也。利涉大川，往有功
　　　　　也。

《象》曰：雲上於天，需。君子以飲食宴樂。

《序卦》曰：需者，飲食之道也。

《雜卦》曰：需，不進也。

相關資料

主題：物質慾望，物質需要。

物質需要，用主觀的標準，可以得到快樂。用客觀的標準（比較），會有恨。

同理，做人生的選擇（科系、工作、生活、感情……），主體性做主是真實的，自己才會知道自己真正的需要與適合。迎合潮流就會產生痛苦與委屈了，因為主體性被壓抑，要做也做不好。

◉**卦象**：雲（水）在天上──雨未施。

雨沒下來，一個「等待」的意象。一個地球的物質就那麼多，面對物質分配要用敬慎、等待的態度，不要將物質的供應看得那麼順理成章。慾望的開發要慢慢來，要等待，慾望不要太早開發，否則內在的能力會短路。

王船山：「需緩而有待也。」緩，慾望的開發要慢慢來。

◉**卦性**：健而險──繼續挺進，會有危險。

◉《雜卦》的「不進」就是慾望的「不加強」──需卦的基本原則之一。

卦辭經文註釋

◉有孚：孚，信也。

物質的慾望是非常真實的，沒辦法不管它。它不能迴避，也不能壓抑，因為壓抑之後可能反彈的力道更大，渴求更兇。

◉光亨：光，廣也，大也。亨，通。從大處考慮才通。

　　《易經》處理慾望的態度與宗教的方法不同，許多宗教面對慾望用的是「隔離法」，《易經》用的是「面對法」，認為慾望一定要去面對，但必須將慾望的問題拉大來看，拉開來看，不能鑽進去看，要從整體人生的視野去考慮慾望的問題，也就是說慾望是人性的一部分，但不是全部，要承認它的存在，但不必讓它放大與加強。飲食男女的問題不能只是飲食男女的問題。

◉貞吉：慾望的滿足要正當，才好。

◉利涉大川：擺平慾望的問題是生命大事！

卦辭傳文註釋

· 須：屈萬里說「須，待也。」

· 險在前：指「坎上」。慾望的危險在前面等著你。

· 剛健而不陷：指「乾下」。慾望最怕是陷下去，不陷是大原則。

· 其義不困窮矣：慾望的滿足只要適當、有分寸（義），就不會陷入困境。

· 位乎天位：以終極的關懷看物質需要的問題。

· 以正中也：

　　正古文從「上」從「止」。止是腳趾的形狀。正就是走向、邁向一種向上的生命力量的狀態。生生不已的力量。

　　中是不管旗絮左偏右擺、左傾右傾，都不失去中道（旗桿）的力量。

· 綜合卦辭經傳的含義，慾望是：一、真實的。二、面對但拉大來看。三、正用。四、要等待。五、關乎大事。

爻辭經傳註釋

初九，需于郊，利用恆，无咎。

《象》曰：需于郊，不犯難行也。利用恆，无咎，未失常也。

・基本上，六條爻辭都在一貫說明「不加強」的態度與智慧。
　　慾望的一個特性就是愈陷愈深，小心慾望的滾雪球效應。
・《說文解字》：「距國百里為郊。」指慾望的滿足像在有一定距離的城外之地。
・保持距離，永續使用。
　　初爻還是順著生命的自然節拍。

九二，需于沙，小有言，終吉。

《象》曰：需于沙，衍在中也，雖小有言，以吉終也。

・稍稍加強，有點難行。
　　像走在沙灘上，有點難走，象徵慾望稍稍失控，人生開始出現些微的蹣跚與
　　難行。這時父母、家人、朋友會有點微詞，但餘地仍在，終究會吉。
・衍：推衍，延長。九二雖有陷溺，但剛健不失，空間還在。

九三，需于泥，致寇至。

《象》曰：需于泥，災在外也。自我致寇，敬慎不敗也。

・泥足深陷，災難來了。
　　「需于泥」就更嚴重了。對慾望的需求加強到像在泥路行走，愈陷愈深，到最
　　後寸步難行，兩腿爛泥。
・致寇至：自引外寇入侵。
・災在外也，自我致寇：放縱還合理化，其實災禍是自找的。

- 敬慎不敗：〈小象〉還是鼓勵人，只要「敬」，還是有希望。

    敬？敬誰？自敬，敬重自己。

    自愛→自重→自敬。

六四，需于血，出自穴。

《象》曰：需于血，順以聽也。

- 付出生命的代價，趕快爬出生命的苦穴與陷阱。

    物質慾望加強到付出生命的代價，流血、出血了。

    慾望到了六四，很嚴重了！

- 順以聽：這是很厲害的「回歸」。

    要解決「需于血」的危機，順應生命的本性，細聽天地的律動。

    順以聽，應初位──回想初始生命自然的節拍與需要，諦聽自然展開的律動。「聽」字用得好！由繁而靜，穿透種種扭曲與習染，進入初始狀態，捕捉自然律動。回歸覺知、敏感、純真的心去呼應自然。

    那顆心，那個聽，愈空無愈好。

九五，需于酒食，貞吉。

《象》曰：酒食貞吉，以中正也。

- 準確與分寸。

    一個成德者面對物質需要的狀態。

    五爻就是講面對物質慾望要恰如其分，像喝酒飲食，「唯酒無量，不及於亂」，少了不能盡興，多了會亂會傷身體，剛剛好就好。這一爻是在講內在的自制力。

上六，入于穴，有不速之客三人來，敬之終吉。

《象》曰：不速之客來，敬之終吉，雖不當位，未大失也。

- 速，召也。不速之客就是不召之客。

‧集體墮落。

又掉到苦穴裡,這次不只個人的沉淪,更是集體的墮落了。沉淪到慾望的苦穴中,自然會有酒肉朋友主動靠過來,而且不只一個(三代表很多),要下水,絕對少不了帶你墮落的朋友。到這步田地,被慾望牽著鼻子走,完全將縱慾合理化、集體化了。

‧還是回到「敬」,還是可以吉的。

‧另一解是指物慾橫流,非常時期,要起用不當位(體制外)的人解決問題,非常手段,有點冒險,兇猛了點。

小結 面對慾望

初爻:保持距離。

二爻:有點陷入。

三爻:泥足深陷。

四爻:嚴重代價。

五爻:成熟自制。

上爻:集體墮落。

需卦語錄

➤滿足與追尋,忠於自己的主體性,會得到幸福。

盲從潮流的標準,會得到委屈、痛苦與恨。

➤慾望的滿足要慢一點,年輕生命太早開發慾望,會造成內在生命

力的短路。

➤慾望是真實的。但靈性慾望的滿足與原始慾望的滿足是同樣真實

的,生存慾望只是慾望的一部分。

飲食男女的問題不能只是飲食男女的問題,要從全人性的宏觀去

看飲食男女,而不是鑽進去看。

➤自愛,自重,自敬。

要愛自己。怎麼愛?看重自己,看重自己強大的可能性與價值。

更好是敬重自己,深深了解自己是老天爺的神器與聖殿,這裡面

有無限的可能。所以生命的歷程就是一場內在生命的無限之戰。

那麼,糟蹋自己的嚴重,可以思過半矣。

➤魯迅說:時間就是金錢,時間就是生命。浪費別人的時間是謀財

害命,浪費自己的時間就是慢性自殺。

➤用空無之心、空性之耳去敏聽慾望痛苦的去脈來龍,與最初的那

一顆心。

➤成熟的慾望因為成熟的分寸。

成熟的分寸源自成熟的覺知。

訟：六十四卦的爭之卦

訟卦是一部鬥爭史，也是《易經》六十四卦的「爭勝學」。我想包含了訴訟官非、對抗惡勢力或兩個勢力相爭等等，都在訟卦的討論範圍。個人的感覺，蠻像一篇與一個被權臣把持的不義朝廷的古代抗爭紀錄。雖然是談鬥爭、紛爭的一卦，但除了九五爻，都勸人最好不要爭，除非壯大如九五，「爭」這件事，能免則免。可見《易經》對「爭」這件事，即便在「爭」之卦，也是非常謹慎處理的。

那麼，九五爻應該是訟卦的主爻了，但筆者認為更珍貴的卻是九四爻，因為這是訟卦最「內在工作」的一爻。筆者相信，從最深處去了解，《易經》始終是一部內在之書。

☰ 坎下乾上

訟，有孚，窒，惕中，吉，終凶。利見大人，不利涉大川。

《象》曰：訟，上剛下險，險而健，訟。訟有孚窒惕中吉，剛來而得中也。終凶，訟不可成也。利見大人，尚中正也。不利涉大川，入于淵也。

《象》曰：天與水違行，訟。君子以作事謀始。

《雜卦》曰：訟，不親也。

相關資料

主題：訴訟、紛爭、爭勝。

《說文解字》：「訟，爭也。……以手曰爭，以言曰訟。」

公之言，有公開討論的意思。如：廷議。

物質慾望（需卦）是人間紛爭（訟卦）的主要原因。

解決物質分配不均的方式有兩種，訴訟（文明的）與戰爭（暴力的）。

◉ **卦象**：天水相違──天氣上升，水性下流，志向相背，故興訟。

◉ **卦性**：險而健──訴訟的本質，危險而且持久。

　　險，指意氣之爭的危險。尤其因為古代官吏容易腐化，打官司會危險，就是勸人不要打官司。

◉ **不親**：打官司是不值得親近、鼓勵的事兒。

卦辭經文註釋

◉ 有孚：訴訟必須有事實根據，一定有真相（但不容易被發現），不能只逞口舌之利。

◉ 窒：人情物理，有所窒礙。

◉ 惕中，吉：惕，危機感。中，心靈。

　　內心如果能警惕，才好。

◉ 終凶：打到底，一定凶。案件最好不要糾纏，心勞力絀，贏了也凶。

◉ 利見大人：最好遇見包青天（而不是恐龍法官），有大德之人以斷訟。

◉ 不利涉大川：在訴訟過程不要另謀大事了。

卦辭傳文註釋

- 成:「訟不可成」,小程子說「成謂窮盡其事」。
- 入于淵:捲進訴訟的漩渦。
- 作事謀始:王弼說「无訟在於謀始」,事情剛發生是和解的最佳時機。

爻辭經傳註釋

初六,不永所事,小有言,終吉。

《象》曰:不永所事,訟不可長也。雖小有言,其辯明也。

- 不堅持訴訟,尋求妥協,小小誤會,結束最好。
     就是作事謀始的意思。脫身良機。
- 其辯明:剛開始還容易講清楚,不要陷下去。

九二,不克訟,歸而逋,其邑人三百戶,无眚。

《象》曰:不克訟,歸逋,竄也。自下訟上,患至掇也。

- 克:勝也。逋:竄逃。
- 看不慣在高位者的不當不義,拼一拼,但爭不過,辯論、官司都打不贏,趕快逃
  回來,家鄉有三百戶的勢力,才免禍。
    1.對抗現有勢力失敗,逃!2.有實力,有退路,才能跟權貴爭。
- 掇:拾取,自取。

六三,食舊德,貞厲,終吉。或從王事,无成。

《象》曰:食舊德,從上吉也。

- 乾脆繼承舊的俸祿(位不隨德進),太過頂正會危險,停止紛爭是好的。甚至也不

是王道事業收成的時候。

時機未到，止爭，守成。

九四，不克訟，復即命渝，安貞吉。

《象》曰：復即命渝，安貞不失也。

• 又爭輸了！利用外在挫敗回到內在工作。

復：回到天命、初心、生命基地。

渝：變化。命渝：變化氣質，又碰到凝命的觀念。

貞：就是正。安貞：安頓在生命成長。

這一爻又遇到一些《易經》的「中心思想」——復返、凝命、正。

借外在的無能為力回到內在的終日乾乾。

九五，訟，元吉。

《象》曰：訟元吉，以中正也。

• 以至剛中正之力，才能決訟。

可以打了，元：1.格局夠大。2.出發點要對。

不夠成熟不要「爭」，贏了也失去了自己。最好的例子如：陸劇《軍師聯盟》
與《虎嘯龍吟》講司馬懿一路黑化的故事。卦辭的「訟元吉」，司馬懿做到一部
分，沒做到一部分。

成熟才配擁有勝利的冠冕，不成熟而得勝，常常會因此失去更重要的東西。

唯一打贏的一爻。

• 楊樹達《周易古義》解釋訟卦引用《人物志・釋爭篇》：「是故君子之求勝也，以
推讓為利銳，以自修為棚櫓；靜則閉嘿泯之玄門，動則由恭順之通路。是以爭勝
而爭不形，敵服而怨不構。……夫何顯爭之有哉？彼顯爭者，必自以為賢人，而
人以為險閉者；實無險德，則無可毀之義；若信有險德，又可何與訟乎？險而與
之訟，是押兕而攖虎，其可乎？怒而害人亦必矣！」這一段厲害！體會「賢＝險」。

棚櫓：棚，居地，內聖；櫓，行舟之物，外王。

兕：母犀牛。

上九，或錫之鞶帶，終朝三褫之。

《象》曰：以訟受服，亦不足敬也。

・錫：賜。鞶帶：大帶子。褫：奪衣。

・打官司打到送你一條大帶子，但一個早上沒結束，被拿下來三次。

　　借官司紛爭竄上去，敵眾德薄，終不能持久。怎麼上去，就會怎麼下來。

　　打官司，打到底，不會充實。

小結

　　初爻：收。

　　二爻：跑。

　　三爻：守。

　　四爻：養。

　　五爻：打。

　　上爻：輸。

訟卦語錄

➤利用外在挫敗回到內在工作。借外在的無能為力回到內在的終日
　乾乾。

➤成熟才配擁有勝利的冠冕，不成熟而得勝，常常會因此失去更重
　要的東西。

➤原來，成熟不要輕易顯露。因為在社會上，成熟是要公開考試
　的，如果成熟者的成熟不夠壯大，考試沒通過，就要小心半桶水
　的成熟所造成的被傷害與傷害。因為很多人等著日出，結果，你
　回報失望。

晉：六十四卦的出頭卦

　　晉字的古文是兩支箭射向同一個標靶，象徵集中力量的進取。

　　六十四卦的晉卦就是一個講好人出頭的「盛世」卦，通常好看的戲都是悲劇，喜劇比較沒有市場，像晉卦的卦辭就簡單明瞭得有點無聊。

　　整理爻辭，倒是整理出晉卦的「四正三戒」，四正是「裕、正、信、果行」，三戒是「戒猶豫、戒貪欲、戒武鬥」。毫無疑問，三戒是提防內在生命力衰萎時容易掉入的陷阱，至於四正，有些是內在的力量，有些是外在的力量，分別指什麼意思呢？當然，對學習《易經》的行者來說，內外力量是一體不二的。

䷢ 坤下離上

晉，康侯用錫馬蕃庶，晝日三接。

《彖》曰：晉，進也。明出地上，順而麗乎大明，柔進而上行，是以康
　　　　　侯用錫馬蕃庶，晝日三接也。
《象》曰：明出地上，晉。君子以自昭明德。
《序卦》曰：晉者，進也。
《雜卦》曰：晉，晝也。

相關資料

　　主題：盛世。
　　晉，明朗的意象。盛世。
　　明夷，晦暗的意象。亂世。

晉的古文是「兩箭共射一靶」，意思是有目標的進取，而且是集中力量。

晉卦的一個生命建議：讓生命的每一支箭射在同一個點。一個成功的秘密：花五十年做同一件事。

⊙ **卦象**：明出地上──旭日東升的畫面。王者出現的氣象。

⊙ **卦性**：順明──隨順大明的力量。指道、大成熟者、明智的決定……

卦辭經文註釋

⊙ 康侯有二解：1、美稱。2、指康叔，周武王的小弟弟，周公攝政時封於衛。

⊙ 用：被寵用。

⊙ 錫馬蕃庶：錫，賜也。馬，車馬儀杖。蕃庶，繁多的百姓。
康侯受到賞賜的馬匹與百姓眾多。

⊙ 晝日三接：備受優遇，一日之間三度接見。

⊙ 卦辭就是講好人出頭的盛世。

卦辭傳文註釋

・自昭明德：自行煥發內在的心靈能量。
磁性中心的震動。
〈象傳〉指出成熟的內在工作始終是好人出頭的活水源頭。

爻辭經傳註釋

初六，晉如摧如，貞吉。罔孚，裕，无咎。

《象》曰：晉如摧如，獨行正也；裕无咎，未受命也。

・進取之初，受到挫折，守住正道的美好。也許別人信任感不夠，只要自己心智寬裕，就沒問題。

・這一爻特別點出了「裕」的內在能力。

　裕：心智寬厚，心寬無執，雖敗不傷。

　根源還是無我、不要求的內在能耐。

　　　《詩經》：「碩人之寬。」

　　　《賈子新書》：「包眾容易謂之裕。」最難是「容」易。

　　　小程子：「裕則无咎，君子處進退之道也。」「君子之於進退，或遲或速，唯義所當，未嘗不裕也。」

六二，晉如愁如，貞吉。受茲介福，于其王母。

《象》曰：受茲介福，以中正也。

・仍未得志，有點發愁，但身處盛世，沉住氣，守住成長的力量，會有好事發生的。

・介：大而分明。

・于其王母：1、母受其榮。2、指從六五的偏君得到獎勵。

六三，眾允，悔亡。

《象》曰：眾允之，志上行也。

・終於志與眾同，擁有群眾的信任。

　　　小程子：「古人曰，從眾謀，則合天心。」

　　　信的重要，生命能量的伸張。

九四，晉如鼫鼠，貞厲。

《象》曰：鼫鼠貞厲，位不當也。

・進取不能像大老鼠般鼠首猶豫（要果斷），以及不能有私欲——進取兩大禁忌。

　　　　九四開始腐敗了。

・另一解：鼫鼠指在上位盜用民資者。

六五，悔亡，失得勿恤，往吉，无不利。

《象》曰：失得勿恤，往有慶也。

・領袖的氣魄，不必後悔了，小得小失都不用擔心，大膽前行，勇於任事。這一爻
　在講「果行」。
・在不好的時代出頭是無恥，在好的時代不出頭是無能。──就是六五爻的意思。
・好人出頭，賢臣出世，以陰爻為好，才不會太高調。

上九，晉其角，維用伐邑，厲吉，无咎，貞吝。

《象》曰：維用伐邑，道未光也。

・晉其角：進取像角。崢嶸、牴觸、亢的意思。
・維用伐邑：征伐內部的城邑。
　　　　晉的力量被誤用到搞內鬥。
・厲吉：這是危險的吉。
・无咎，貞吝：即便无咎，正道（成長的道路）也是貧乏。
・進過頭了！
　　　　晉的外在化是使用武力的危險，晉的內在化就是「自昭明德」。
　　　　小程子：「剛極有強猛之過，晉極有躁急之失。」

小結

四正──裕、正、信、果行

　　裕：無障礙的心，源於自我的抽空。一種傾向內在的力量。
　　正：本書講正，一再說是一種奔向真理的成長力量。當然是傾向內在

的力量。

　　信：信是指內在力量或磁性中心發動、伸張所引起的震動。傾向外在的力量。

　　果行：源於內在成熟的決斷力與行動力。傾向外在的力量。

三戒——戒猶豫、戒貪欲、戒武鬥

　　戒猶豫：內在是空的，六神無主，即會被外在因素吸引得鼠首「多」端。

　　戒貪欲：進取會得到果實，內在不夠穩定，貪，就被誘發了。

　　戒武鬥：內在匱乏到極點，會出現一個人性的黑洞，就會從內在的進取變身成外在的掠奪。（例：女性的掠奪，男性的掠奪，就是愛情的掠奪與虛榮化，性的掠奪與鬥爭化。）如果這股掠奪的力量指向外部，還剩下一個進取的形式；如果指向內部，就只會是一場醜陋的爭權奪利了。

晉卦語錄

➤晉卦的一個生命建議：讓生命的每一支箭射在同一個點。一個成功的秘密：花五十年做同一件事。

➤成熟的內在工作始終是好人出頭的活水源頭。

➤內在是空的，六神無主，即會被外在因素吸引得鼠首「多」端。

➤內在匱乏到極點，會出現一個人性黑洞。這時候的進取會變成一個扭曲的存在——或者變成猙獰的外在掠奪，或者變成醜陋的內耗內鬥。

明夷：六十四卦的跑路卦

明夷卦有很濃厚商末周初之際革命抗爭的味道。

明夷卦講一個文明被黑暗勢力嚴重斲傷的浩劫與亂世。中國人最近的一次明夷亂世是從文化大革命、六四事件一直到現在還沒結束的「滅世工程」。

讀明夷卦，看到一幕幕惶惶不安、四方奔走、上下交征、天下紛亂的末世景象。內涵描述不同時位的人在亂世不同的應對之道──計畫好跑路的君子、知難而進的民間領袖、實力派的秘密行動、傷心放棄的有心人、裝瘋避禍的苦心人、還有終於授首的黑暗中樞。然而，愈強大的激流愈沖刷出金子的閃爍，在最恐怖的末日世代裡看到了最純粹的內在價值，就在明夷卦的……

䷣ 離下坤上

明夷，利艱貞。

《彖》曰：明入地中，明夷。內文明而外柔順，以蒙大難，文王以之。
　　　　利艱貞，晦其明也。內難而能正其志，箕子以之。

《象》曰：明入地中，明夷。君子以莅眾，用晦而明。

《序卦》曰：夷者，傷也。

《雜卦》曰：明夷，誅也。

相關資料

主題：亂世。

明，文化的光輝。夷，傷也。

小程子說晉卦是好老闆在位的「群賢並進」，明夷卦是昏庸領導掌權的「明者見傷」。

一個文化發展到極致，生命力開始衰萎。

⦿ **卦象**：明入地中——落日景象，明傷而隱，入地明滅。

⦿ **卦性**：明而順——在明夷的亂世，君子要懂得順道。

孔穎達《周易正義》：「闇主在上，明臣在下，不敢顯其明智。」

如：三國官渡戰後的袁紹殺田豐。

卦辭經文註釋

⦿ 末世中的態度，艱難＋守正。

⦿ 卦辭點出大原則：憂患意識＋生命成長。

卦辭傳文註釋

⦿ 內文明：離卦。

外柔順：坤卦。

⦿ 文王以之：以，用也。

《詩經·大雅》：「維此文王，小心翼翼。」

《史記·周本紀》記載崇侯虎在紂面前說西伯壞話——這個人「積善累德，諸侯歸之。」紂囚西伯於羑里，西伯於井中演繹六十四卦。周諸臣紛紛找哪裡的美女，哪裡的名馬等等奇奇怪怪

的東西獻紂王、通費仲。紂王大說：一物足以釋西伯，況其多
乎。赦之。賜弓矢斧鉞，使得征伐，還跟西伯說說壞話的是崇侯
虎。真是老糊塗！一、放虎歸山。二、臣下寒心。西伯回去獻洛
西之地，請紂廢炮烙之刑，紂許。這一招厲害！回去後，西伯
「陰」行善。古書中多有記載文王如何處明夷亂世之道。

· 晦其明：把明包起來。
· 內難：心裡很難。箕子明明很懂，卻裝瘋。
· 君子以莅眾，用晦而明：莅眾，臨眾。

　　不管政治或教育，要做到沒宰制性，要懂「退之道」，要懂無為哲
學，保留學生或百姓的活力、創發性、主體性與成長經驗。為而不宰，
教而不教。不顯其正，過正會形成壓力，又不失其正。

　　相反是太過精明的管理或教育，上下關係會緊張、猜疑、機詐、用
巧，造成上下不通，用明而晦。

爻辭經傳註釋

初九，明夷于飛，垂其翼。君子于行，三日不食。有攸往，
主人有言。

《象》曰：君子于行，義不食也。

· 亂世到了，還想用世，會像飛鳥中箭，斂翼藏鋒。君子受了教訓，計議了三天才
決定行止，吃飯也來不及，跑路也要有自覺的方向。但別人不懂，會有批評。
· 明夷卦初九的問題最多，亂世來了！大家怎麼辦？

　　不能用世是確定了，但一個君子面對文明末世，應該──趕快避難？謀定後
隱？怎麼隱？伯夷、太公、箕子、甚至後世的王國維，心態都不一樣。不管如何
進退，這一爻充分顯出末世降臨的倉皇不安。

- 這一爻很像講姜太公。
- 明夷于飛，垂其翼：有二解——1.大難將至，趕快飛掉，且悄悄的飛（垂其翼），不要聲張。2.亂世初臨，還想行道用世，會像飛鳥翅膀中箭受傷（垂其翼）。
- 君子于行，三日不食：有二解——1.立即走，官也不做了，飯也不吃了，遲了走不掉。君子知幾，走得開，走得有信心。2.君子謀定而行，走之前審慎計議三天，飯都沒時間吃。（王船山說此爻指太公。）
- 有攸往：不管走或謀，都有自覺的方向。
- 主人有言：誰是「主人」，有三說——1.指紂？不太通。2.指百姓。當時太公不行殷道，隱於渭水之濱，君子獨見，卻一大堆人有意見。3.指周文王。文王事實上很進取，對避世之人，會有意見。
- 義不食：1.來不及吃。2.不能昧著良心吃。

六二，明夷夷于左股，用拯馬壯，吉。

《象》曰：六二之吉，順以則也。

- 亂世中左大腿受傷，反而要進取，準備強大的生命力面對。
　　　　民間領袖比較有實力，準備反抗明夷時代的惡勢力。
- 這一爻很像指文王。
- 夷于左股：小程子與王船山都說左股不是常用的一側，意思指不是非常嚴重的傷勢。漢朝以前右主左次。
- 用拯：不要因一些些小傷就軟弱，反而要準備強大的生命力去拯救時代。
- 馬壯：像馬一般壯大的生命力。
- 則：更深層的生命原則。

九三，明夷于南狩，得其大首，不可疾貞。

《象》曰：南狩之志，乃得大也。

- 亂世之極，假裝狩獵，瞄準大目標，但還是不要著急動手。累積足夠的能量，準

備打破明夷的困局。

· 這一爻很像在說武王。

　　三應上，殺掉上六的紂。《雜卦》傳：「明夷，誅也。」一針見血。

· 南狩：所謂南面為王，南狩就是指帝王狩獵。

　　《說文解字》：「火田也。」又說：「冬獵為狩。」冬天可以放火燒田，驅趕野獸。武王以狩獵為名，陰行革命事業。是不是指歷史上有名的「盟津觀兵」？

· 大首：1.紂。2.大野豬頭。

· 不可疾貞：得國、改革要慢慢來，不要那麼快想打。兩種句讀──1.不可疾貞。 2.不可疾，貞。

　　東漢王充的《論衡》，記載周武王在盟津這個地方大會八百諸侯，諸侯爭著起鬨說：紂可伐也。武王卻潑冷水：汝等未知天命，殷三賢在，未可。後二年，比干墓乾，微子去，箕子囚。大會諸侯，卜之，卦象不吉，風雨暴至，群公盡懼。只有太公百無禁忌，說：枯骨死草，何得而知凶！打！牧野一戰克，紂王自焚而死。

六四，入于左腹，獲明夷之心，于出門庭。

《象》曰：入于左腹，獲心意也。

· 作為明夷之主的心腹，知道主子的陰暗之心，知道問題真正的嚴重性，傷心而去，離開門庭。

· 這一爻像說微子。

　　四爻臣位，微子曾為殷大臣。在亂世中，接近權力中心的君子，只好求去。

· 于：嗚呼的嗚。

六五，箕子之明夷，利貞。

《象》曰：箕子之貞，明不可息也。

· 箕子在明夷的亂世，內心守住成長，行為裝瘋避禍。

• 這一爻很清楚指箕子。

　　箕子地位很尷尬，佯狂為奴。

• 明不可息也：〈小象〉說得好！大生命（明）不可熄掉。

　　王船山說得極好：「君子雖際大難，可辱可死，而學道自其本務，一日未死，則不可息於一日。為己，非為人也。懷道以待訪，則訪不可必而道息矣。」說得真透徹！包含三個重點：1.學道是不可停止的本分工作。2.學道是為己之學。學道必須是內在工作。3.學道不能有目的性，否則會隨著目的生滅。細心檢查一下自己學道有沒有任何細微的目的，學習真理必須無為與純粹。

　　六五經文、〈象傳〉、王船山註加總起來提出一個學道「心」法：真理學習必須是一件很純粹的事，純粹得沒有任何動機與目標。

上六，不明晦，初登于天，後入于地。

《象》曰：初登于天，照四國也；後入于地，失則也。

• 在亂世不懂「用晦」，剛開始跩到天上去，最後掉到地上摔得死死的。

• 這一爻應該是講紂王。

　　中國人很懂得「用晦」，最後一爻指出紂的反證。紂不懂進退，只知開展。

　　小程子：「夫進之不已，必有所傷，理自然也。」

　　根據傅樂成《中國通史》指出：從甲骨文記載，紂王時代的制作、征伐、田獵、祭祀，莫不整齊嚴肅，很像一位英明之主，春秋時代的讀史者已經提出對紂王的懷疑，或許不像〈牧誓〉所說的昏暴。《左傳》記載「紂克東夷而殞其身」、「紂之百克而卒無後」，可以想見紂很好戰，造成國力虧損，民生凋敝，應該是軍國主義的毛病。而且在位六十三年，自殺時當在八十歲以上，老耄是可以想像的。

• 箕子是臣，置於六五；紂是君，卻在上六。

　　這就是春秋筆法或微言大義，也就是「不可以為典要，為變所適」的《易經》原則。

　　置紂於上六，暴而無位的意思。

• 失則：失去真理的原則。亂套了。

小結：明夷群像

初爻：跑路高手的明夷。

二爻：硬漢子的明夷。

三爻：幫派大哥的明夷。

四爻：玻璃心的明夷。

五爻：裝瘋子的明夷。

上爻：老番顛的明夷。

明夷卦語錄

➤愈強大的激流愈沖刷出金子的閃爍，在最恐怖的末日世代裡看到了最純粹的內在價值。

➤用晦而明：看似裝孬，實則蓬勃；表面精明，終將糊塗。

➤真理學習必須是一件很純粹的事，純粹得沒有任何動機與目標。

第三組：需訟晉明夷

盛衰問題，進退問題——明不可息也

需：物質需要	慾望問題，必須面對。	雜卦：需，不進也。
	不面對，會有愈陷愈深的危機。	序卦：需者，飲食之道也。
訟：訴訟官司	打官司是不被鼓勵的。	雜卦：訟，不親也。
晉：盛世	好人出頭，旭日初昇。	雜卦：晉，晝也。
		序卦：晉者，進也。
明夷：亂世	落日景象：憂患＋成長。	雜卦：明夷，誅也。
		序卦：夷者，傷也。

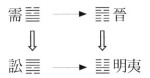

需 ☰☵ ⟶ ☲☷ 晉

⇓　　　⇓

訟 ☵☰ ⟶ ☷☲ 明夷

　⇓ 綜：發展　　從需到訟：物質、產業分配不均，發生爭端。

　　　　　　　　從晉到明夷：盛極而衰，由明照天下到大明受傷。

　⟶ 錯：發展　　從需到晉：成德者能恰當處理慾望問題，盛世降臨。

　　　　　　　　從訟到明夷：逐利到最高點，末日景象。

盛世衰世的原因與進退

　　盛、衰之世，似乎都與物質、慾望的處理有關。縱慾、逐利，必然會帶來一個悲慘的時代。

　　需是紛爭的原因，生命介入，開始晉（進取／光明）；光明受傷，即明夷，一個文明發展到極致，會失去生命力。

　　但不管盛世亂世，要進退得中，必須要有「大明」、「艱貞」的介入。

附文一
敬重與敏聽
──《易傳》告訴我們如何解決陷溺慾望的沉痛

正位凝命與敬重敏聽

剛寫完《易經・鼎卦》的「正位凝命」，其實應該是凝命正位──凝命描繪內在革命的具象化歷程，正位則是指外在性或社會性的人間事業，所以這是兩個內在、內聖、內在蛻變、心靈工程與外在、外王、社會改革、文明工程的概念，而且這一內一外的兩個概念是互相含攝的。接著，筆者又注意到「需卦」的「敬重與敏聽」，又是一對互含互動的生命概念。

背景說明──需卦

先說一點背景資料。需卦是《易經》六十四卦中談論慾望的一卦，需卦很精采，透過鮮活傳神的卦象來傳達陷溺慾望的痛楚與擁抱慾望的智慧。就因為「經」太高明了，於是「傳」的細膩就少被人提到。筆者曾整理出所謂需卦九法──面對物質慾望的九項智慧與功夫，其中二法就是「敬」與「聽」，都是《易傳》十翼中〈象傳〉的洞見，解決沉淪慾望的卓見真知。

談「敬重」

「敬」的提出是針對需卦九三爻的「需于泥，致寇至。」慾望的陷溺已然泥足深陷，生命的災難是自己找來的！是錢？色？成癮？酗酒？毒品？還是權力慾望？反正已經到泥足深陷，不能自拔的程度了。〈象傳〉提出的解法是「敬慎不敗也。」只要敬慎，就可以不敗、有救了。在這個地方，我改動了一個字：敬「重」。敬慎敬重，意思很接近。那，問題來了：敬什麼？敬重什麼？敬誰？怎麼敬？必須敬對了，才能從慾望的痛苦超拔出來。我想，這裡的敬是有層次的。

一般理解，最外圍的解釋，就是敬重客觀的社會制度與規範；再往內走，敬重他人，具體的敬重一個人，這也是對敬重的一般解釋；再往內走，其實最重要的是敬重自己啊！就是：自敬。人只要懂得敬重自己，生命就有重量，就自然不會在外面胡作非為了。但這是敬重最核心的意義嗎？還不是。更往內走，其實是要敬重自己的心啊！心靈是生命的軸，人生之舵，看重內在，內在穩定了，整個世界都會跟著日麗風和。但這還不是最核心的敬重，再再往內在走，最後也是最重要的敬重，是敬重心中最深處與最高處的「覺知」啊！那是最完整的敬重，那是最核心的敬重，那是最本體的敬重。敬重覺知，覺知浮現，一念靈明朗照濁世，自然有機會從慾望的痛楚中超拔出來。就像奧修所說的：「人在覺知中是不會犯錯的。」

所以敬重是有層次感的：敬外→敬人→自敬→敬心→敬覺性。

當然其中「自敬」是關鍵。我們拜佛拜菩薩，其實是拜自己，敬重自己。古人抱拳為禮，在禮敬對方的同時也是在禮敬自己。〈大學〉所說的「慎獨」，意思也是在敬重最純淨時刻的自己。筆者常常跟大學生講「自愛三部曲」的概念：自愛，愛自己，不傷害自己，還不夠；進一步要自重，看重自己，看重自己是一塊寶，看重自己的秉賦，看重自己的難得，

人懂得看重自己，就不會隨便浪費生命了；更往前一步的是自敬，敬重自己，敬重自己心中的覺性，因為那是，「神器」。是的，自愛→自重→自敬，此之謂自愛三部曲，原來人愛自己可以愛得那麼深刻，這跟自私是完全不同層次的。

說「敏聽」

對內，敬重自己；對外，敏聽。

〈象傳〉的原文是「順以聽」，是針對需卦六四爻「需于血，出自穴」而提出的解決法門。需卦六四爻的慾望陷溺又更加嚴重了，已經到了流血、付出生命代價的地步，《易經》就說趕快爬出生命的苦穴與陷阱吧。爬出的方法呢？〈象傳〉就說「順以聽」。

在這裡，同樣的，筆者增益了一個字，既是「順」聽，也是「敏」聽，不管順聽還是敏聽，意思就是：人在慾望沉淪的痛苦中，沉下氣來，一下子由繁入靜，回歸中心，覺知升起，順著身體與內心的痛苦，敏銳的傾聽身體上真實的痛苦與需求，敏銳的傾聽心靈裡深刻的悲辛與呼喚，甚至「聽」到生命問題最初與最深的答案，順聽敏聽到一路走來生命的愛與痛、沉淪與掙扎、徬徨與不甘的源頭與癥結。

原來慾望有吞噬力，痛苦有穿透力，覺知更有洞察力。

慾望的一個特性是會愈陷愈深、愈來愈嚴重、吞噬面愈來愈廣，到了一個臨界點就會發生痛苦了，痛到深處，覺知會自然升起，但這升起的契機可能很短暫，幾天？幾小時？幾個瞬間？關鍵時刻要能夠敏銳的捕抓覺知力的升起，然後穿透與洞照，就有望超脫沉淪慾望的糾纏牽絆了。

當然，這個聽，這個心，這個覺照，愈自然，愈細膩敏銳，愈空無，愈好。

這就是〈象傳〉順聽、敏聽的心功夫。

關鍵還是「覺知」

敬與聽，敬重與敏聽，一內一外的兩門功夫。敬重是向內性的，敏聽是延展性的；敬重從敬重自己一直探觸到覺性，敏聽從痛苦發生到覺知升起到尋繹到問題的脈絡與根源；覺性是敬重的最後，卻是敏聽的最初；所以由外而內，由內而外的兩門功夫，樞紐都是「覺知」啊！

覺知統合了這一內一外的功夫與概念：愈深入內在，外在的萌發愈是蠢動，外在的洞察愈準確，是基於內在的源頭愈清明；敬重自己，敬心，敬覺，覺知的耳朵豎起來了，張耳敏聽，就清楚分明的聽到這慾望之歌的愛痛悲歡……

從「凝命正位」寫到「敬重敏聽」，讓我愈加確認古老《易經》發現與實踐了太極陰陽這整體互含、傳神生動、動態變換的生命真理——由內而外、從外返內、內不是內、外不是外、內即是外，外即是內，即內即外、即外即內、內內外外、外外內內、內外外內、外內內外、內外互含、內外相生……很玄？是嗎？不玄，因為，這就是存在實相，人間滋味。

附文二
從《易經‧訟卦》與老子談到爭勝陰陽

讀「訟卦」，六十四卦的爭之卦，得到兩句話，第一句講轉入內在，第二句是從內在出發。第一句是講爭輸了怎麼辦，另一句卻說什麼人才有資格爭。這兩句話是：

借外在的無能為力回到內在的終日乾乾。[1]

唯成熟才配擁有爭勝的冠冕，不成熟而得勝，失去的常常是更重要的東西。

爭輸了讓我們轉入內在，內在成熟了，我們才擁有駕馭爭勝道路的能力與修養。因為成熟的人的爭不是為了贏，不是為了自己的勝敗，不是為了謀私，成熟者的爭是為了成熟，是為了愛，為別人，也是為自己。原來輸贏勝敗也是一體同源的。勝敗輸贏的退路與活路都在內在的成熟。也就是說，爭有輸贏兩面，這是陰陽，而內在的成熟，正是一元。

最後我們會發現，最高境界的爭是：不爭！不爭之爭！這就是大成熟者的爭。夫唯不爭，故天下莫能與之爭！沒有敵人，才能縱橫無敵。退出江湖，才能笑傲江湖。沒有爭心，才是正爭。不爭之爭，方為氣度寬廣縱橫無礙的「大」爭！

不爭與爭，是對立；不爭之爭，是整合。老子也是這樣處理對立性的：聰明才智是罪惡的，因為你的聰明才智坐實了許多人的笨蛋與平庸。美貌高挑是罪惡的，因為妳的美貌高挑讓別人自知長得抱歉與矮小。人品高尚是罪惡的，因為你的人品高尚證明了許多人的自卑與無恥。

---

1 「終日乾乾」是乾卦語，意思是：堅持不斷的陽剛奮發。

所以——收斂你的聰明才智，許多人才會因此放下壓力而騰出學習的動力與空間。謙虛妳的美貌高挑，妳的美貌高挑才會是受歡迎、不構成威脅的美貌高挑。隱藏你的人品高尚，因此壞人在你面前也不覺得自己是壞人然後他才有學好的可能。

也就是不要讓才學、美麗、品德對照與生產愚蠢、醜陋、沒品。取消「對立性」，收斂美好，美好才會得到真正的保存。

殺死你的才學、美麗與品德吧，殺死你的「爭」——因為繩子的一端先放手了，繩子的另一端也就無法拉了，人與人之間的拉据與張力也就消失了。先行讓自己不成為敵人，你就沒有了敵人。

老學還有一點很犀利的發現：賢＝險。因為你的賢能會引起別人的覬覦、嫉妒與倍感威脅，因為你讓許多人感到你是真正的對手，他們當然要防著你，他們當然將你列入黑名單，賢＝險！你的賢能產生了危險！對己，對人，都是。別人覺得你是危險的，所以你也將自己曝露在危險的氛圍中。至少在這樣的氛圍，你的賢能是無所用武之地的，因為沒有人會真心願意跟一個危險人物合作的。所以收斂你的賢能，是為了取消危險，取消對立性。賢與險，有一必有二，取消其一，其二就不存在了。失去一端，繩子的另一端就失去拉力了。學當一個「秘密賢者」，收斂你的賢能，不讓人知道的賢能才是真正的賢能，才是大賢。

斂翼藏鋒才能再露鋒芒。

不爭之爭，才是大爭！

但最後一點很重要的補充說明是：這篇文章講的是心性論，而不是陰謀論；講的是內在修養，而不是外在權謀。這是中國文化的毫釐之隔，必須回到內在工作，不爭才是心性的成熟，而不只是手段與權謀。

附文三
晉卦卦辭的秘密

　　當我們讀著晉卦卦辭面面相覷時，原來這裡面藏掖著時代破碎的深深悲涼……

　　本文與筆者其他的《易經》文章不太一樣，內容不是思想與心得的整理，而比較像是在說一個故事，更準確的說法是呈現一幕情境，有點「即事言理」的味道。

　　緣起是二〇一八年年頭在「易經班」上講到晉卦，晉卦的卦辭確實有點……費解：「晉，康侯用錫馬蕃庶，晝日三接。」一般來說，六十四卦就像六十四個人生問題的討論，而每卦卦辭就是該人生問題的原則性說明，通常卦辭的內容都是很原則、開闊而深刻的，但晉卦的卦辭有點不同，怎麼說呢？晉卦卦辭有點……廢話。

　　卦辭中的康侯有二解：一是泛指好的領袖或王侯，二是指周武王的小弟弟康叔，在周公時被分封衛國。不管康侯是誰，就是這個康侯被賞賜許多馬匹及百姓（馬力與人力是古代最珍貴的財富），而且備受禮遇，一個白天就被領導接見了三次。其實就是描繪了一個好人出頭的景象與畫面，然後……然後就好像沒說什麼了。

　　記得那天，我跟學生說晉卦的卦辭是比較弱的，好像沒講什麼，應該是有一個歷史故事的背景，但內容就是講好人出頭，然後似乎就沒講其他了？比起其他卦卦辭的宏大深遠，晉卦的卦辭也未免太簡略了吧？就在我問學生有沒有其他的靈感或想法，師徒兩造面面相覷之際，忽然一道閃電閃進心靈──晉卦不是講好人出頭的盛世嗎？如果在一個好的時代或國家，好人或賢才得到資源、獲得信任、備受重用，這不是一個很正常的情

境與畫面嗎？如果讓一個挪威、冰島、芬蘭……（合理進步的國家）的國民讀晉卦，讀到卦辭，搞不好他們會說：「這句話說得太理所當然的準確呀！」我忽然憬悟到：原來晉卦卦辭的簡單明瞭是因為一個好的時代不需要複雜，原來晉卦卦辭的看似廢話是因為這是一個盛世的理所當然，原來我們懷疑晉卦卦辭是因為我們對好的時代的陌生已久，原來晉卦卦辭沒有問題事實上真正有問題的是已經太習慣亂世與破碎的我們啊！

　　我們太習慣於不正常，我們事實上不太懂得什麼是正常，所以容易視正常為不正常，其實真正不正常的是我們這些亂世群生！我們在破碎的經驗中長大，幾乎沒經歷過什麼盛世的氣象，我們多的是好人不出頭的見聞、我們多的是不實心做事的政客、我們多的是懷才不遇的遭遇、我們多的是力不從心的正義、我們多的是竊居高位的小人印象、我們多的是無力回天的意冷心灰。所以我們會竊笑氣象恢弘，所以我們會懷疑中道直行，所以我們會不習慣正常，所以我們會不相信陽光！所以我們無法理解晉卦卦辭澄明朗朗的氣派，正因為我們在胸臆積存了太多的陰影！

　　想起那天在教室裡，從狐疑晉卦卦辭的直白無聊到領悟對盛世經驗的陌生無感的情境，真是百味雜陳，同時感到好笑、諷刺、振奮又沉痛。對我來說，彷彿上了活生生的一課：有些東西不是靠知識頭腦或聰明才智就能夠了解的，欠缺環境的教育與經驗，後天學起來即會倍感艱難。譬如，在沒有愛的環境中長大的孩子不懂得怎麼愛人，在戰鬥氛圍中長大的孩子不知道什麼是和平共存，在貧困中長大的孩子較難學會慷慨，在亂世中長大的我們也就難以理解盛世氣象的磊落坦蕩……

第四章
師比同人大有

師：六十四卦的群情卦

師卦是一個危險的卦。帶領群眾，群眾運動，當然危險！所以除了卦辭講「唯有成熟者才配『玩』群眾運動的遊戲」的基本原則外，師卦的其他內容幾乎都是在講帶領運動技術層面的問題，很明顯，這是一個外在性的卦。內容包括紀律的先決性，革命的隱身策略，運動的目標要具體，成熟的退場能力，多頭馬車的危險，以及革命成功提防小人攪局等等的策略運用。

䷆ 坎下坤上

師，貞，丈人吉，无咎。

《彖》曰：師，眾也，貞，正也。能以眾正，可以王矣。剛中而應，行
　　　　險而順，以此毒天下而民從之，吉又何咎矣。

《象》曰：地中有水，師。君子以容民畜眾。

《序卦》曰：師者，眾也。

《雜卦》曰：比樂師憂。

相關資料

主題：領眾，群眾問題，一個人面對一群人就是師。

師原指軍隊單位，二千五百人為一師。所以師卦內容講的是領眾的方法，領導統御的問題。

從卦體，一陽為眾陰之主，又不在君位，隱喻民間的王者「隱藏式」的領導群眾。

◉**卦象：**地中有水──聚眾之象，聚眾如蓄水。

◉**卦性：**行險而順──領軍、率眾必須行險，最重要是能順。

人一多必然危險，順是不得已的方法，但順什麼？資本主義也在順，順一個狹小的範圍但違背更本質的東西？順，牽涉到「領眾或順眾」的選擇──順人民內心深處真正的向背，而不是投群眾下流之所好。

◉《雜卦》說「師憂」：水一聚積就容易氾濫，人一多就不好控制，所以憂。

卦辭經文註釋

◉領眾行師，一定要正，大丈夫、有德者也認為是好的，才沒問題。

師道的首要原則：大德者才玩得起群眾運動。反例：六四事件？

兵凶眾危，卦辭只能緊緊扣住「成長」原則──正。

卦辭傳文註釋

・剛中：1.指九二。2.陽剛的心靈。

・毒天下：爭議的一個字。1.安天下。2.藥天下。

爻辭經傳註釋

初六，師出以律，否臧，凶。

《象》曰：師出以律，失律凶也。

・群眾運動首要條件——紀律。

　　紀律是最基本的，因為群眾是危險的。

・必須以律令行師率眾，做不好，糟透了！

・否：不。臧：善。

・例子：摩西帶領以色列人出紅海後第一件事就是頒定十誡，漢高祖攻入咸陽後第一件事也是約法三章。

九二，在師中，吉，无咎，王三錫命。

《象》曰：在師中吉，承天寵也；王三錫命，懷萬邦也。

・唯一的陽爻，指大人在野，運動領袖隱身在人群之中是好的，王者也會特加注意。兩點意思：

　1. 群眾領袖不必太早出頭、曝光，隱藏在群眾之中是最安全的。一旦現身就容易成了出頭鳥。

　2. 在野領袖打好民間基礎，王者也不得不重視。

・錫：賜也。

　　三錫命：《周禮・春官・大宗伯》：「壹命受職，再命受服，三命受位。」工作，職權，最後才是官位。

六三，師或輿尸，凶。

《象》曰：師或輿尸，大无功也。

・運動不要搞造神或個人崇拜。

群眾運動中不要搞那麼多名堂、意識型態。

群眾運動要目標明確，實事求是。

- 尸主：古代為死人立的牌位，又稱為木主、神主、終主。最古用有血脈的小朋友，後來改用神主牌。

六四，師左次，无咎。

《象》曰：左次无咎，未失常也。

- 群眾運動要有退場、控制的機制與能力。

群眾一動用，要能控制，能進能退。不然，運動變成暴民。

群眾能夠退回來止息，才沒問題。

- 左：古代兵家尚右，故以左為退。
- 次：《左傳》莊公三年：「凡師一宿為舍，再宿為信，過信為次。」所以次是完全按兵不動狀態。

六五，田有禽，利執言，无咎。長子帥師，弟子輿尸，貞凶。

《象》曰：長子帥師，以中行也；弟子輿尸，使不當也。

- 群眾運動忌諱多頭馬車。

田獵打到猛禽，最重要是掌握話語權，才沒問題。如果長子率領部隊，又派其他兒子當「主」，號令不一，正，危險了。

號令統一，才有收穫；多頭馬車，即使正也凶。

- 《易經》的「田有禽」、「田无禽」是一個常用的象。

田：生命的田野。禽：人生「兇猛」的目標。

上六，大君有命，開國承家，小人勿用。

《象》曰：大君有命，以正功也；小人勿用，必亂邦也。

- 師之極：群眾運動當有浩瀚的氣象，但革命成功提防小人攪局。

．大君：大指德，君指位。

．命：「凝命」的觀念。

．小人勿用：國父革命成功同鄉舊識紛紛求官，法國大革命成功立馬腐敗，推翻了
　強秦義軍內部迅速分裂……例子太多了。

小結

初爻：紀律為先。

二爻：藏身群眾。

三爻：不搞迷信。

四爻：控場能力。

五爻：號令統一。

上爻：提防小人。

師卦語錄

➤水多容易氾濫，人多容易失控。

➤只有真正成熟的人才「玩」得起群眾運動。

比：六十四卦的愛情卦

　　談比卦，自然聯想到孔子的「仁」。因為比與仁，都是兩個人。孔子透過一生的言行告訴我們：在兩個人之間可以發現最高真理。比卦卻說人間最真實的愛就是一個人跟隨另一個人。從這裡可以充分看到中國文化的本質，終極的真理與真愛，不過是如此實實在在、平平常常的人間氣象。

　　但跟隨之道大矣哉！不管是愛情還是其他人間情分，本質上都是真心相隨。當然，比卦的內容不全是講愛情，但如果六十四卦要選一個「愛情卦」，那就是比卦了。但比卦談愛情、談親愛、談相隨談得浩瀚深邃，真是中國式愛情哲學的老祖宗。而這個老祖宗告訴我們的其中一點是：愛不只是一種感覺，更是發自心靈的行動，與坦蕩開放的自由。

䷇ 坤下坎上

比，吉。原筮，元永貞，无咎。不寧方來，後夫凶。

《彖》曰：比，吉也。比，輔也，下順從也。原筮，元永貞，无咎，以
　　　　　剛中也。不寧方來，上下應也。後夫凶，其道窮也。
《象》曰：地上有水，比。先王以建萬國，親諸侯。
《序卦》曰：比者，比也。
《雜卦》曰：比樂師憂。

相關資料

　　主題：親愛，人際關係，一個人面對一個人就是比。
　　　《說文解字》：「比，密也。」

比的小篆字形就是一個人跟著另一個人。

比，人間最親密的關係就是一個人跟隨另一個人。

仁，孔子說最高生命的真理就發生在兩個人之間。

所以比也有「認同」的意思——認同領袖、尋找領袖、認同老師、認同賢者。

⊙ **卦象**：地上有水——水土相親。

⊙ **卦性**：順而險——人跟人交往要順，但太順、太接近，又開始有危險。

⊙ 《雜卦》說「比樂」：人跟喜歡的人在一起會很快樂，但快樂中隱藏著危險。

卦辭經文註釋

⊙ 比，吉，原筮：與人親愛，是好的，但親愛要有根源性的考量，因為人間親愛，容易陷溺。

　　原是動詞，探源的意思，回到本質的狀態。

　　原筮，根源性的筮（考量）。

　　小程子：「筮謂占決卜度，非謂以筮龜也。」

⊙ 元永貞：

　　元是大，與始。人的交往，格局要大。

　　永貞，不離開學習真理的道路。人間交好容易忘記這一點。

　　孔子說「愛人以德」。

⊙ 不寧方來：不寧因為在尋找王者或老師？

　　方：1.並也。2.國的意思。

　　不寧方來，萬民蠢動。愛的磁性甚至可以讓萬民蠢動。這個磁性中心也未免太大了吧！

⊙後夫凶：一般死老百姓隱身群眾，知識分子剛愎自用，因為頑固，
讓自己跟不上追隨成熟者的氛圍。成為後夫，生命的反應太慢了。

　　跟迷信差之毫釐。

　　老子卻會等後夫，所謂「和光同塵」。

⊙比卦指出人與人交往的大原則：

　　1.根源性考量。不要「陷」。

　　2.格局要大。

　　3.抓住成長原則。

　　4.要有積極行動。

卦辭傳文註釋

·比，輔也：人間親愛是生命成長的輔助。

　　孔子說「君子以文會友，以友輔仁。」一個成長者用文化交友，用
友道幫助學習真理。

　　「輔仁」才是主題。

·剛中：內心陽剛。

·先王以建萬國，親諸侯：親愛是大事業的肇端與基礎。

爻辭經傳註釋

初六，有孚比之，无咎；有孚盈缶，終來有它，吉。

《象》曰：比之初六，有它吉也。

·誠信是親比的靈魂，誠信甚至可以感動有私心者。

　　有誠信的親愛，當然沒問題；誠信裝滿了整個心的容器，連有私心者也終被

感召，當然是好的。

· 有孚盈缶：小程子：「缶，質素之器。」質樸承載著誠信。

· 它：毒蛇。私心就是內在的毒蛇。

六二，比之自內，貞吉。

《象》曰：比之自內，不自失也。

· 內心的親比。

真愛必然是發自內在的，不是發自情緒，這是正確的，因為是成長原則，不是情緒原則。

六三，比之匪人。

《象》曰：比之匪人，不亦傷乎。

· 親近錯人了。

就是所謂遇人不淑，認錯人了，上下爻皆陰，沒有陽剛的東西。

六四，外比之貞，吉。

《象》曰：外比於賢，以從上也。

· 親近對了人。

在社會上誘惑更多，更要懂得親近成長道路、賢者、對的人。

相對：外貌、才氣都是不可靠的。外貌可能是假象，才氣可以是災難。

九五，顯比，王用三驅，失前禽。邑人不誡，吉。

《象》曰：顯比之吉，位正中也；舍逆取順，失前禽也；邑人不誡，上使中也。

· 真愛不是屈從，不是單向，不是勉強，情投才意合，是開放與自願。

- 顯明正大的比。像王者圍獵，用三驅之法（只圍三面，前開一路），就讓最前方強壯的鳥獸跑掉吧（失前禽，只取來者）。又像面對自己城邑的人（自己人，親近的人）也不訓誡，等他自動自發的比（尊重主體性）。
- 顯：日中見絲——清楚分明，沒陰影，公開，在陽光下。

    顯比：無私的愛，磊落的愛。
- 舍逆取順：尊重彼此的主體性，這是蒙卦原則。
- 上使中：在上位者必須使用中道、心靈。

上六，比之无首，凶。

《象》曰：比之无首，无所終也。

- 无首——愛到沒有原則，愛到沒腦袋，是陷溺與危險。

    比之極，容易濫情。

小結

初爻：真誠感人的愛。

二爻：內在心靈的愛。

三爻：對象錯誤的愛。

四爻：成長道路的愛。

五爻：自由開放的愛。

上爻：失去原則的愛。

比卦語錄

➤愛與自由是一雙筷子的關係。

而運筷的，是理性之手。

➤在愛情裡，凡不看清楚自己的，不移動自己的，都是未及格的愛

之行者。

➤愛的定義是：情不自禁卻沒有要求的對你好。

➤在愛情裡，外貌、才氣都是不靠譜的東西。

外貌可能是假象，才氣可以是災難。

➤有私心者因為自己的內在匱乏而喜歡靠近成熟者，會一直給對方

出考題，成熟者一一考過了，就會被信任、追隨。如果成熟者的

成熟不夠大，「考試」沒過，就會被攻擊與怨懟。有點相同又不全

一樣，女生刁難男生，其實也是一場成熟考試。

➤愛情不是情緒原則，愛情是成長原則。

孔子說：愛人以德。

➤愛不應該是單行道，愛不是屈從，愛不是勉強。情投，才能意

合。愛必須是開放與自由。

➤君子愈經歷愛情愈君子，小人愈擁抱愛情愈小人。

不要相信愛情，那就相信成熟吧。

美麗的愛情必須用成熟灌溉。

同人：六十四卦的一體性卦

同人卦就是《易經》的一體性卦或太極卦。

同人卦讓我聯想到佛家所謂的同體大悲，而同人卦的說法則是同人于野。同體大悲講內在的證量，同人于野指外境的修為；所以清楚看到佛家與中國兩個傳統，一個是心性學，一個是人間道；一個講心體的成熟，一個指人間的考驗；但內外當然是互相含攝的，外沒有內是無根，內沒有外是虛境；沒有通過外的考驗內可能是不真實的，缺少內的根底外也可能只是誤會一場。

同人卦告訴我們，人性在最大的範圍與最深的地方都是相同的，但落到人間世，善與人同，就有許多變相了，而其中最深邃最感人的變相就是九……

☰ 離下乾上

同人于野，亨。利涉大川，利君子貞。

《象》曰：同人，柔得位，得中而應乎乾，曰同人。同人曰同人于野，
　　　　亨，利涉大川，乾行也。文明以健，中正而應，君子正也，
　　　　唯君子為能通天下之志。

《象》曰：天與火，同人。君子以類族辨物。

《雜卦》曰：同人，親也。

相關資料

主題：善與人同，一體性，太極，合一經驗。

　　《繫辭傳》：「二人同心，其利斷金。」「同心之言，其臭如蘭。」
同心是力量展示，也是人格魅力。

　　同人的內涵是大同，不是資本主義或玩玩技巧的小同。如：蘋
果電腦。

◉ **卦象：**火與天同──火跟天都性向上，故同。

　　　　　日麗中天──大同之象，明照天下。

◉ **卦性：**文明以健──文明力量的持續挺進。

卦辭經文註釋

◉ 一個成長者在大自然中與人群同甘同苦同心同德。

◉ 同人于野，亨：同人到大野的範圍，可見真通。

　　　　城內曰國，城外百里曰郊，百里之外曰野。可見野是遙遠之
境域。

　　　　在家裡，在城內同人還不難，在最沒有邊界的範圍與不同背
景的人還能同人，可見真通。

　　　　同人的沒邊界是因為心靈的沒邊界。

　　　　在外叫同人于野，在內叫一體不二。

　　　　《老子》：「修之于國，其德乃豐；修之于天下，其德乃普。」

◉ 利涉大川：做大事要有同人的基礎。

◉ 利君子貞：同人稍一滑失容易變成討好群眾，易淪為術，資本主義
　　最愛利用，所以特提醒必須守住君子的成長道路與狀態──利君
　　子貞。

卦辭傳文註釋

· 乾行：陽剛生命的運轉。

· 唯君子為能通天下之志：只有積德者才懂得照顧他人的心。

　　照顧別人的心與能力，成熟的標準之一。

· 天與火，同人。君子以類族辨物：類，分類；辨，辨別。這是理性思維
　的能力。

　　同而後異──一體性在分析性的前面，成熟在理性的前面。

　　大《象》的「天與火同人，君子以類族辨物。」──《易傳》還是
　好厲害的！

　　這一句話講出了一個很重要的「理序」──

　　從生命開始→思考生命→信任生命。

　　從浪漫開始→學習愛情→回歸愛的行動，不是回歸理性。

　　一體性→分析性→一體性。

　　心靈經驗→理性思維→內在成熟。

　　覺知→頭腦→覺知。

　　良知→思辨→良知。

　　這個「理序」有兩點緊要的意思──

　　1. 要確認哪一個是「首出庶物」。

　　2. 要了知「理性、思辨、頭腦」永遠只是中途站。

爻辭經傳註釋

初九，同人于門，无咎。

《象》曰：出門同人，又誰咎也。

- 血氣方剛的同人。
- 年輕生命志高情真，沒有人我的隔閡。
　　　剛出門，志同道合。
- 无咎：剛出道不用怕吃虧，沒關係的。

六二，同人于宗，吝。

《象》曰：同人于宗，吝道也。

- 私心自用的同人。
- 稍年長開始有私心，只與同宗同黨同人，山頭主義，貧乏！
- 吝道：對「德」來說是貧乏的道路。

九三，伏戎于莽，升其高陵，三歲不興。

《象》曰：伏戎于莽，敵剛也；三歲不興，安行也。

- 天人交戰的同人。
- 埋伏武力在草莽之間，登高嶺觀望，三年遲遲不敢動手。
　　　想用武力同人（宰制他人），自己想想也不對，忍住不動手。
- 吞沒他人的生活叫專制，專制是自私的擴張，是最快也最假的人際溝通。

九四，乘其墉，弗克攻。吉。

《象》曰：乘其墉，義弗克也。其吉，則困而反則也。

- 敗裡求德的同人。
- 懸崖勒馬，放下刀子。攻不下反而是好的。
- 九三、九四好像是在講同人不能速成，不能硬來。如：專制、霸凌、處罰……
- 乘：攀登。墉：城牆。弗克攻：攻不下。
- 反則：返回常道。

九五，同人，先號咷而後笑，大師克相遇。

《象》曰：同人之先，以中直也；大師相遇，言相克也。

- 成熟之道的同人。
- 真正的同人一定是經歷大艱辛的先哭後笑，像群眾終於形成共識。

　　　真正同人之道是修養自己成大德，修身的過程歷盡艱辛，先哭後笑。真正的同人不是賣好、取寵，要經歷大艱辛的。
- 眼淚的力量。個人經驗：星座家族排列、拍全家福、德簡書院、老同學重逢……

　　　眼淚是同人卦的秘密答案。

　　　必須經歷過痛苦，才懂得同情；經歷了大痛苦，才會湧現一體性。
- 師：眾也。相遇：心相遇，共識形成。
- 同人之先，以中直也：以中直之道同人，不是討好他人。

上九，同人于郊，无悔。

《象》曰：同人于郊，志未得也。

- 小成境界的同人。
- 理想未圓滿、小康的同人。

　　　卦辭把理想設定在野，郊比野小。

小結

卦辭：終極境界的同人。

初爻：年輕赤誠的同人。

二爻：利益連結的同人。

三爻：武力霸凌的同人。

四爻：敗裡求德的同人。

五爻：心靈之淚的同人。

上爻：大政治家的同人。

同人卦語錄

➤同人相好的沒邊沒界，是因為內心修養到沒邊沒界。

➤同在異先：一體性在分析性的前面，無障礙的心在理性頭腦的前面。

➤吞沒他人的生活叫專制。

專制是自私的擴張，是最快也最假的人際溝通。

➤必須經歷痛苦，才懂得同情；必須經歷大痛苦，才可能湧現一體性。眼淚，正是同人卦的秘密答案。

大有：六十四卦的大時代卦

　　《易經》六十四卦出現過幾個「盛世」的卦，像晉卦講好人出頭，泰卦講一個通達的社會，但好像都不如大有卦那麼正面講一個美好時代的出現，好到「自天祐之，吉无不利」！上古真有出現過這麼一個壯盛美好的時代嗎？是淹沒在正史記載之外的遠古記憶？是周公掌政之下的制禮作樂？還是繼承周公餘緒的成康治世？大有，就是大有天下，緊接著境界那麼高的同人卦而來，可見真是一個內與外既大且美的時代。為歷史上這麼一段黃金歲月，大有卦定下了三個標準──大、通與文采。大能通天（真理），通者上則識賢（人文），下則順民（政治）；大而不通，未免不近人情；通而不大，可能仁柔文弱；兼得大通，再加上形式上的豐美精準（文采），就真的是一個見證了人類本性美好一面的黃金國度了！大有卦讓我聯想到唐宋的合體──格局恢宏，文采風流加上通達人情。大有三德，如果要排個先後，最常出現的是通吧，再來是大，最後才是文采──人間層面優先，真理層面隨後，最後才是精美形式的追求。

☰ 乾下離上

大有，元亨。

《彖》曰：大有，柔得尊位，大中而上下應之，曰大有。其德剛健而文
　　　　明，應乎天而時行，是以元亨。

《象》曰：火在天上，大有。君子以遏惡揚善，順天休命。

《雜卦》曰：大有，眾也。

相關資料

主題：大有天下，大大的富有，文明的黃金歲月。

同人之後大有，可以幹大事了。

大有接著同人，講「通」與「大」的問題，也有談到「文采」。

◉**卦象：**火在天上──日之所照，皆為所有，故曰大有。

日的高度更甚於同人。

◉**卦性：**健而明──陽剛挺進到天下文明。

◉《雜卦》說「眾」，事實上大有卦不只擁有質，還是一個有力量的時代。

卦辭經文註釋

◉大有的兩個條件──1.壯大（元），2.通達（亨）。

◉大而且真通，才稱得上大有。

卦辭傳文註釋

‧柔得尊位：指六五。

一個壯大豐富的時代，反而需要虛懷柔軟的領袖。

‧大中而上下應之：謙虛的人可以得到上下陽剛人物的支持。如：劉備、宋江……

‧應乎天而時行：德大而中。

應乎天，所以「大」；時行，所以「通」。

時行有兩解──1.鎮華老師說每一個人生階段都沒有辜負。2.應時發動。二說相通。

・君子以遏惡揚善，順天休命：遏，制止。——鎮華老師說程度沒說。但
　老師說「對好事不能肯定，對壞事不能指出」，都是勇氣萎縮。
　休，美也。

爻辭經傳註釋

初九，无交害，匪咎，艱則无咎。

《象》曰：大有初九，无交害也。

・大有之世，容易自滿，兩個忌諱——不交與文過。1.不與人群交往，2.過多的形式
　主義。
・无交害：不交於民，不通於賢，氣量狹小，在大有的時代，是一種傷害。
・匪咎：一般都說无咎，所以匪咎的匪，通文采斐然的斐。
　　　　匪咎就是過文，過度形式主義造成的災咎。
・艱：把事情看得「稍重」一些的態度。

九二，大車以載，有攸往，无咎。

《象》曰：大車以載，積中不敗也。

・一部「大車子」的比喻——「大」＋「通」。任重＋道遠。
　　　大車有所承載，自覺的出發，沒有問題。
・積中不敗：心靈累積德。
　　　失敗成功不是由人生決定的，是由心靈決定的。
　　　過得好是由成熟決定的，過得不好是由不成熟決定的。

九三，公用亨于天子，小人弗克。

《傳》曰：公用亨于天子，小人害也。

・大有的時代，賢者互相尊重。

王公通於天子，小人不能。

溝通是很重要的能耐與狀態。

·小人害也：小人發抖。

九四，匪其彭，无咎。

《象》曰：匪其彭，无咎，明辨晢也。

·力量夠大，根基夠厚，就不忌諱形式與文采了。

文采斐然丰茂，也沒關係。

·只有第四爻全然不收斂。

·彭：壯盛。

·明辨晢：心靈明朗的判斷。

六五，厥孚交如，威如，吉。

《象》曰：厥孚交如，信以發志也。威如之吉，易而无備也。

·誠信的力量大到可以交萬民、顯威德。

誠信自然產生的力量——信與威。

信，溝通的順暢與可靠。

威，進一步的信。不是擺擺姿態、身段而已，而是人格磁性中心的影響力。

·信以發志：誠信可以激發他人志氣。

·易而无備：易，更替。去邪不懼，任賢無疑。无備，人我彼此都不防備。

·這是主爻，大有之君。

上九，自天祐之，吉无不利。

《象》曰：大有上吉，自天祐也。

·大有之極：老天爺也幫一把。

·《繫辭傳》：「天之所助者，順也；人之所助者，信也。履信思乎順，又以尚賢者，

是以自天祐之，吉无不利。」

・深層意義：你跟百姓、賢人好好說話，老天爺就會跟你好好說話。

小結

卦辭：大＋通。

初爻：通＋文過。

二爻：大＋通。

三爻：通。

四爻：文。

五爻：通＋大。

上爻：通（天／賢）。

大有卦語錄

➤有時候不走進人群是一種傷害。

太多的禮貌與形式常常是不真誠。

➤大車以載，有攸往，无咎：

生命的大車，承載著人生的份量，自覺的出發，當然沒問題。

➤生命有一種不敗的可能，叫：成熟。

➤原來成功失敗不是由人生決定的，是由心靈決定的。

過得好是由成熟決定的，過得不好是由不成熟決定的。

➤溝通是很重要的能耐與狀態。

➤人跟人之間的誠信可以誠信到彼此都不防備。

人跟人之間的傷害也可能駭人聽聞到禽獸都自嘆弗如。

➤自天祐之，吉無不利：你跟朋友、賢者好好說話，老天爺就會跟

你好好說話。

第四組：師比同人大有

王道事業的本質與理想——大車以載，有攸往

師：群眾問題	行師，既憂且險。	雜卦：師憂。
		序卦：師者，眾也。
比：人際關係	親比，是既誠信又開放的跟隨。	雜卦：比樂。
		序卦：比者，比也。
同人：善與人同	同人是日在中天。	雜卦：同人，親也。
大有：大有天下	大有是日上於天。	雜卦：大有，眾也。

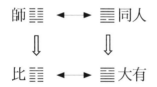

⇩ 綜：發展	從師到比：從領導群眾到尋找領袖。
	從同人到大有：善與人同，進一步大有天下。
◄► 錯：推擴	師與同人：一個人帶領一群人，一個人擁抱天下人。
旁通	比與大有：把朋友親比的問題推擴到整個天下的高度。

王道事業的本質與理想

　　領眾的關鍵在如何與人親比與認同領袖，比到相當程度，進一步達成同人的成熟，而在同人的根基上，就可以大有天下了。整體而言，這四卦是從技術、原理、應用、本質、現實，理想等各層面來談王道事業的建立，這是從一體不二到道行天下的宏大規模。

附文一
從《易經‧比卦》超強的「象」談愛的道路

　　《易經》不說理，頂多是談生命、講心得，更常用的表達方式是「象」，卦象。卦象常常是一種動物、一個畫面、一種情境、一個意象……象，沒有固定語言，往往情理交融，經驗知識兼具，左腦右腦並運，形成了獨特而深刻的易象世界。所以《易經》可以說是一種「象意文字」（不是象形，也不是意象）──因象達意，即象言理。或者可以說，《易經》的企圖是透過語言文字來超越語言文字的世界。《易經》的卦象往往強大而靈動，二〇一七年五月八日的《易經》課，我被「比卦」的卦象逗得笑了出來。

　　一般的說法，六十四卦中第八卦比卦是談愛、人際關係、尋找王者的一卦。但比卦要從卦名「比」這個字說起，卦名選「比」這個字就選得不同凡響。比，是畫兩個人的側面身形，一個在前一個在後，一個跟隨一個的象形文。所以今天用作「比較」的比字，原義反而是不比較，是跟隨──跟隨就是一種無我無為的不比較與甘心相從。跟隨其實是一種很美，也很普遍的經驗；試想想，在我們每個人的人際關係中，我們會跟隨他人，也會被他人跟隨，領頭人與跟隨者其實就是一大一小的關係。事實上每一對人際關係都要分清楚一個大小主從，分清楚了，人際之間即相安無事，這就是人與人之間的陰陽哲學。所以，這是一個關於跟隨之道的卦，一個關於人與人之間愛與友善的一個卦。那，《易經》用什麼「象」來說跟隨之道、愛的道路呢？

　　卦辭先行提出一個基本原則：人與人之間的友善相從要有「根源性考量」。什麼是「根源性考量」呢？比卦沒說，你說呢？話鋒一轉，卦辭開始設「象」了——人格的力量可以做到萬民蠢動，爭先跟隨的地步！（光是這個畫面就很夠瞧了。但我們生逢亂世，沒見過萬頭攢動跟隨大德者的畫面，萬頭攢動跟隨神棍的場面倒是見識過了。）

　　卦辭之後接著是六條爻辭。

　　比卦說年輕階段的愛與誠信可以裝滿滿滿的一罈子，這是愛之缶，將年輕的熱情形象化了。跟著又說年輕的赤誠甚至可以感動毒蛇！（感動毒蛇？這個卦象是什麼意思？自己想想吧。真是讓人哭笑不得的活龍活現。）

　　年紀稍長，在紅塵打滾數年，天真與熱情容易剝落，這個階段比卦就直接說：對人的愛與友善必須發自內心。直接了當，沒有屁話。（事實上，將「屁」與「話」連結在一起就是一種「象」的運用，所以「屁話」一詞，也是易教餘風？）

　　也許是到了三十前後的人生階段吧，離開天然的純真就更遠了，這時一個乾涸的心靈很希望得到充電或歸屬，但這也是危險的時刻，比卦直率的提出警告：小心跟錯人了！（筆者有一篇關於比卦的文章說過：跟錯朋友可能很麻煩，跟錯男女朋友可能很痛苦，跟錯老公或老婆可能半輩子就沒了，那跟錯神棍呢？更大條了！可能落入靈魂的長夜。）

　　到了社會化更深的中年歲月，比卦翻轉過來從正面定調：年紀不小了，必須跟隨「正」道才是好的。（正道是啥呢？有意義的人生、深刻的學習、成熟的老師、深厚的傳統、覺知的行動……）

　　比卦的五爻是指一個大德者的愛、成熟者的愛，用的「象」就更強了。比卦說成熟者的愛就是光明磊落、開放自由的愛。成熟的愛像日中見絲，清楚分明。（天呀！在大太陽下清清楚楚看見絲線線頭的毫末，這是怎樣想出來的畫面啊！）又像古代王者圍獵，用三驅之法，只取來者！

（王者圍獵，只圍三面，所謂網開一面，好讓優生的禽獸從前方逃走，保留山林的元氣，只捕抓老弱的或慌亂的獵物。這個畫面當然是比喻，其實深意是指王者的愛自由開放，絕不勉強他人，只張開雙臂擁抱向自己奔赴的「禽獸」！老天！這是哪門子的「象」！）

在這一爻裡，比卦最後說：成熟的愛，連身邊人、自己人，都不會板起臉孔教訓。愛是感動，不是教訓，教訓人、說道理，是沒有力量的，對妻子、孩子、學生、後進，都一樣。這個五爻的「象」真是活潑得驚人啊！

到了最後一爻，比卦卻說：如果愛與友善沒有原則，這是很凶險的事！愛是強大的力量，也隱藏了強大的危險。當然，濫情是愛的氾濫，濫情不是真愛。至於所謂原則，不同於教訓人、講道理，愛不教訓人，但愛是有原理原則的。譬如前幾爻所說的根源性考量、發自內心、自由開放、只愛來者……等等，都是愛的原理原則。愛是有原理，需要學習的；愛絕不是放縱，放縱會帶來災難；愛是覺知，覺知才有成長與分寸。

以上就是談人間的愛、友善與跟隨的比卦面面觀，給出的，主要不是愛之理，而是愛之象。

附文二
關於「同人／一體性」經驗的
《易經》同人卦

　　《易經》六十四卦的同人卦是一個大卦，一個陳義很高的卦；其實同人卦也是一個很心靈性、很宗教性的卦。中國文化是人間文化，一般來說很少談及宗教經驗或終極經驗的問題，但同人卦提到了，提法卻跟宗教路線不一樣。事實上同人卦的關鍵語很樸素，它只是說「同人」，這是一個很樸素的用語，意思就只是「跟別人一樣」，但這個「跟別人一樣」就是指終極的本體啊——人性中有一部分一直、總是、始終、老是跟所有人是一樣的，這就是「同人」的義涵，善與人同。另一個說法就是「一體性」，一體性就是：我＝你＝他＝妳＝她＝小花＝小黃＝大野狼＝三隻小豬＝小紅帽＝總統＝領導人＝乞丐＝街友＝天才＝白痴＝鋼鐵人＝蝙蝠俠＝神力女超人＝泥巴＝阿米巴原蟲＝小蝦米＝大鯨魚＝狗屎＝佛陀＝阿拉＝基督＝恐龍＝一塊石頭＝……一體性是生命的本質啊！個體只是頑固的假象。好！我們就來說說同人卦中關於「同人／一體性」的見地吧。

同人于野——沒有疆界的人間氣象！

　　這是「終極版」的同人。

　　關於一體性的生命經驗，我們常聽到的是佛教的說法，所謂「無緣大慈，同體大悲」，但在同人卦，我們找到《易經》版本或中國文化版本的「無緣大慈，同體大悲」，就是同人卦的「同人于野」。

　　野就是無邊無際的生命疆域。同人于野就是在生命的曠野中與天下人

吃大鍋飯、在篝火前同甘苦、沒有尊卑高低的籌謀大事、同心同德的直面朝天……這是何等沒有自我、沒有條框、沒有設限的大胸襟與大氣魄啊！好個「同人于野」，比起「無緣大慈，同體大悲」，更多了三分人間氣象。

　　《易經》補充說：我們做大事的必須要有點同人的素養與根基。

青春的同人，寂寞卻情真

　　這是「青春版」的同人。

　　一、年輕世代的同人是真心的，情真志高，熱血重義。

　　二、年輕世代的同人是寂寞的，理你的人不會多，但要耐得住孤獨，不要將同人妥協成討好。

想攻別人卻攻不下，《易經》說：讚！

　　這是「成長版」的同人。

　　其實這是針對「山寨三版」的假同人而說的，是指假同人失敗後得到珍貴的成長心得。想宰制他人卻失敗，《易經》說這反而是好的，留下了一線生機。像獨裁者宰制全國，結果留下了反動勢力，反而為國家保留了元氣。又像高壓的父母打小孩，遇到溫馴的孩子會打出一個終身的懦夫，相對的如果孩子叛逆，哪怕上下兩代一時決裂，卻留下了一個志氣未喪失的孩子，搞不好有真正「回家」的一日。朋友之間也是如此，如果其中一方玩控制遊戲，一個吃定另一個，這其實是假關係，但控制遊戲如果失敗，即便雙方一時破裂，反而留下了他日真正「相見」的可能。

　　宰制行動的失敗是好的，因為才有可能從宰制蛻變為成長。

眼淚與痛苦讓生命深刻與成熟，成熟是真正的同人

這是「成熟版」或「深刻版」的同人。

同人卦的九五爻講眼淚的力量，眼淚隱藏了強大而神秘的力量，原文是「先嚎咷而後笑」。眼淚可以洗滌靈魂，痛苦會讓生命深刻，沒有成熟的過程是不經歷大艱辛的；有了大艱辛，才有大成熟，這是大根基。什麼根基呢？當然就是同人的根基。《易經》說只有一個成熟者才能認出另一個成熟者，一座高峰才能看得清楚另一座高峰。如果本身不成熟，哪怕一個大德者從眼前走過，也只會視如路人。原來，成熟會讓兩座高峰相逢照面，同聲一笑。

所以九五爻所講的，也可以說是「痛苦智慧版」或「人格力量版」的同人。

但同人也有山寨版的，下文說的三種山寨版同人，其實就是指討好、結黨與專制。

小心同人變成商業或政治策略

這是「山寨一版」的同人。

同人容易淪為術——討好、賣乖、銷售的手段。像資本主義就常常利用人心深處的善良與想跟別人一樣的一體性的心理需求，將同人變成行銷策略，大同變成小同，同人變成商業，善於人同淪為商行天下。高竿的資本主義就是可以營造一種你不買它的產品就會變得落伍、很遜、不合群、不入流、甚至不道德的集體氛圍。所以《易經》特別說明同人只利於君子的正用，在商人或政客手中就容易變成工具了。

有目的性的同人，其實就是同「黨」

這是「山寨二版」的同人。

這一種假同人也可以稱為「小圈圈同人」，就是利用各種理由、藉口搞各式各樣的小圈圈，然後鞏固好小圈圈去打壓、鬥爭、排擠、攻訐、搞掉其他的小圈圈。這麼做的目的說穿了就是為了小圈圈內部的個人利益，成語就叫「黨同伐異」。這是人類很擅長、嫻熟、熱愛的競賽項目，當然是山寨版或欲望版的假同人。

最快、最假、最鴨霸的同人——專制

這是「山寨三版」的同人。

這一種同人很快，很快就取得對方的共識，達到同人的效果。因為這種同人是用打的、用硬的、用強的、用高壓的。這種同人在人心叫「控制欲」，在過程叫「宰制」，在形態上叫「專制」或「獨裁」。專制是欲望的擴張，是最快也最假的人際溝通。面對這種假同人，《易經》只提出一點提醒：hold 住、守住、觀望、拉住、控制住內心深處想宰制他人的欲望。

同人有真有假，四種真同人，三種山寨版，你經歷過幾種呢？

一、「終極版」的同人：同人于野。
二、「青春版」的同人：情真志高。
三、「成長版」的同人：敗裡求德。
四、「成熟版」或「深刻版」的同人：痛中生智。
五、「山寨一版」的同人：商業、政治的行銷。

六、「山寨二版」的同人：黨同伐異。

七、「山寨三版」的同人：專制、獨裁、鴨霸。

　　同人或一體性是人性深處的天然渴望，卻容易被利用為謀私營私的手段與工具。

附文三
略談大有三德與其中的「應」

　　《易經》六十四卦根據「綜」與「錯」兩種卦與卦之間的關係，進一步將六十四卦又往上歸納為二十組，也可以說，就是二十個《易經》大劇場。而本文要討論的就是第四個劇場，「師、比、同人、大有」。這是一組很深刻的卦，內容涉及許多真理與宗教的議題，這四卦的主題與向度，下文稍稍加以比較：

　　師卦談「群眾運動」，這是很危險的一卦。
　　比卦談「人際關係」，這是很基礎的一卦。
　　同人卦談「一體性」，這是很深邃的一卦。
　　大有卦談「大時代」，這是很漂亮的一卦。

　　四卦中，格局最大的就是大有卦，格局規模之大，大到大有天下。之所以說「漂亮」，因為這一卦的內容談一個很帥、很漂亮的盛世。《易經》六十四卦有幾個盛世的卦，但像晉卦談「好人出頭」，泰卦談一個「通達的時代」，好像都沒有大有卦談一個美好的時代好到「自天祐之，吉无不利」的程度。而且《易經》思想，一般都會「轉」，由吉轉凶，由凶轉吉，從盛轉衰，從衰轉盛──這是天地自然之理，生命本無定數。但大有卦不一樣！大有卦沒有轉！大有六爻，除了初爻算是小凶以外，就一直好好到最後一爻。這究竟是怎樣的一個盛世？我們先看看原文：

　　大有：元亨。
　　初九：无交害，匪咎，艱則无咎。

　　九二：大車以載，有攸往，无咎。
　　九三：公用亨于天子，小人弗克。
　　九四：匪其彭，无咎。
　　六五：厥孚交如，威如；吉。
　　上九：自天佑之，吉无不利。

　　整理大有的內容，理出「大有三德」，大概可以從中看出這一卦為何如此漂亮的一些端倪吧。所謂大有三德，就是：大、通與文采。這三德是什麼意思呢——

　　大能通天，所以是真理原則。又可以稱為神聖真理。
　　通達人心，通則是人性原則。又可以稱為世俗真理。
　　最後才是追求精美的形式與文采。

　　所以大有三德就是指一個盛世要做到的三個方面：真理層次、照顧人心與精緻生活。而這三德，在大有卦的六條爻辭則表現在精準深邃的「應」。
　　所謂「應」，是指一種易卦的內部結構——初應四，二應五，三應上。而初、三、五爻以陽爻為正位，二、四、上爻以陰爻為正位，也就是說，陰陽相應稱為「正應」。簡單的說，「應」的深層含義是不同人生階段、生命意義、成長主題、內外學習的相呼應與相發明。在大有卦，雖然不是正應，但串聯大有三德，卻也應得生動深刻。

一　初九與九四，文過與正文的相呼應

　　首先，初爻與四爻的「應」，是關於使用形式的超過與準確。
　　大有卦的初九爻提出「匪咎」的概念。一般《易經》的行文，都說无

咎，不曾說過匪咎；所以這裡匪咎的「匪」，不是「无、不或土匪」的意思，這裡用的是音訓，通文采斐然的「斐」。所以斐咎就是過文──形式、文采、精緻化等等使用的超過，也就是指過度的形式主義所造成的災難。例子很多，譬如：太多的禮貌常常是虛偽與不真誠，過多的規矩反而不見真心，太精緻的形式實則是欠缺了生活的血肉與溫度。當然，形式主義所造成的最大災難就是官僚主義，官僚主義癱瘓了整個國家的活力。文、文采、形式、精緻化這種東西，用得準確是優雅，用得超過就會變質成另一個層次的暴力了。對於這種種「過文」的弊病，大有卦提出的解決方法是「艱則无咎」。艱，就是把事情看得「稍重」一些的態度，形式必須有點重量，才是有生命力的存在。

初九是反，對應的九四則是正了。九四爻說「匪其彭，无咎。」同樣的，匪指文采，彭就是指文采風流的豐盛壯大！這一爻的意思是力量夠大了，根基夠厚了，生命夠成熟了，質地夠厚實了，就不用忌諱形式與文采的過度使用了。所以在一個深厚的時代，文采的斐然丰茂是沒關係的。質勝於文，先質後文，做人的重量先於生活的精緻，內容的紮實優於形式的精巧，這是古典傳統留下來的重大指標。大有卦第四爻就是講這一種根底深厚的全然不收斂。

形式，可以文過，也可能正用，關鍵在形式以外的東西。

二 九二與六五，大通與「超級」大通！

二爻與五爻的「應」，更逼顯出大有卦的主題。

先看九二爻。九二說：「大車以載，有攸往，无咎。」這一爻用的卦象就是一部「大車子」的比喻，很清楚了是不，正是比喻「大」＋「通」──格局心胸要大，有德自然路通；也就是所謂的任重＋道遠的含義了。這生命的大車，承載著人生的份量，自覺的出發，當然沒問題。大

與通，正是一個大有人生最重要的兩項品質。另外，這一爻的《象傳》有很好的註解：「積中不敗。」積中就是心靈累積內在的德性與成熟。《象傳》告訴我們，原來失敗成功不是由人生決定的，是由心靈決定的；過得好是由成熟決定的，過得不好是由不成熟決定的。是啊！生命有一種不敗的可能，叫：成熟。唯大成熟者兼具氣象恢宏的大以及溫情合理的通。

九二爻的大、通已經壯大成熟，但《易經》告訴我們生命成長有一個終極的可能——「超級」大通！六五說：「厥孚交如，威如，吉。」誠信的力量大到可以交萬民、顯威德！人格的氣象夠可觀了吧！內在的力量夠通透了吧！威，是內發自強大磁性中心的影響力，不是擺擺姿態、秀秀身段而已。

古老文化相信：內在成熟的大與通，可以壯闊到無邊無量的地步。

三　九三與上九，專談通——通賢與通天

三、上爻的「應」是關於「通」的上下呼應——通賢與通天，也就是通達感應的「人／天」兩面。

九三爻說：「公用亨于天子，小人弗克。」意思指大有的時代，賢者互相尊重。王公可以通於天子，小人不能。其實賢者相重是不容易做到的情境，必須成熟到相當火候，才能真實看到對方跟自己不一樣的美好。溝通不是一句口號，是很重要及不容易的能耐與修為。

九三通賢，上九進一步可以通天。上九爻說：「自天祐之，吉无不利！」大有之極，德能通天，連老天爺也幫一把！其實這個「自天祐之」，可以有更深刻的解釋——你跟朋友、賢人好好說話，老天爺就會跟你好好說話啊！因為跟朋友與賢者好好、用心、當真、誠懇、凝神、覺知的「說話」，即能在每一個當下學到深邃而整體的經驗與智慧，每一個當下片刻，都是真理的神奇恩典！重點就在我們能學到多少。所以上九爻的

深義，既是通天，也是通心，通向我心當下的覺知靈明。因為當下此心，即是天道展示，凝命在身。

「通」之義大矣哉！可以通向成熟，也可以通向覺知。

初與四的應講「文」──形式使用分「正」與「不正」，就是使用形式的準確與超過。

二與五的應講「大通」──真正的大分「體」與「用」，就是做人的格局與力量。

三與上的應講「通」──通的向度分「人」與「天」，通向賢者與通向真理。

這就是大有的三德三應。

附文四
大有卦的深層美善

《易經》六十四卦的大有卦，是大時代卦！是大吉卦！是盛世中的盛世卦！

一直跟這個卦不相應，恐怕是現代人的破碎經驗跟大有卦中所記載的豐盈經驗，相差太遠吧！但這幾年，教著教著，讀著讀著，開始讀出一些眉目與滋味。

大有卦的上九爻說：「自天祐之，吉无不利！」這是什麼情況？什麼局面可以好到「自天祐之，吉无不利！」大有之極，連老天爺也幫一把。事實上，這裡是有深層意義的，有一個微妙的轉折。

深層意義就是：你跟百姓、朋友、賢人好好說話，老天爺就會跟你好好說話。老天爺自然會告訴你更深刻的生命消息！

當你跟人們很柔軟、很溫和、很低姿態、很尊重對方、很互換主體性、很謙虛、很真誠的說話，老天爺就會跟你好好說話。

當你跟朋友很柔軟、很溫和、很低姿態、很尊重對方、很互換主體性、很謙虛、很真誠的說話，老天爺就會跟你好好說話。

當你跟老師、賢者、上師、前輩很柔軟、很溫和、很低姿態、很尊重對方、很互換主體性、很謙虛、很真誠的說話，老天爺就會跟你好好的說話啊！

知道為什麼嗎？這裡面的轉折就是：如果能夠這樣跟他人、朋友、老師說話，代表我們有一顆很純的心，一顆很純的心就是一顆很清淨的心，而一顆很清淨無為的心就可以聽到生命核心的聲音與指導啊！而本心的聲音與指導，事實上就是老天爺的聲音與指導，天人合德，天意＝本心！也

就是說，當我們的心善良、柔軟、純淨，我們即可以聽見最深邃也最終極的真理指導。

這就是「自天祐之，吉无不利」的深層意義。

而一個具備柔軟性、清淨心的君子，大有卦的《象傳》說：「君子以遏惡揚善，順天休命。」

遏惡是出手阻止不正確的人與事。

揚善是直率肯定正確的人與事。

鎮華老師說程度沒說。但老師說「對好事不能肯定，對壞事不能指出」，都是勇氣萎縮。我一直記著這兩句老師的話。

順天是順承天賦的覺知。

休命就是自覺的活好每一個美好的當下。當下就是最大的命運。

順天休命是一個大有君子的修為。

遏惡揚善是一個大有君子的仗義──當我們出手制止不正確的人與事，這是天地之間的大動作；當我們主動稱讚正確的人與事，這是天地之間的大動作！相反的，我們稍有失覺，沒有行動，就錯過了整個天與地。

記得！當我們善待他人、好好跟人說話時，老天爺就開始深刻的教導我們了。記得！當我們挺身遏惡揚善時，我們在做著天與地的行動。

第五章
小畜履謙豫

小畜：六十四卦的自愛（內聖）卦

　　小畜、履、謙、豫，這是一組「純卦」——單純討論學道或成長的歷程。第一站是小畜，讓生命從自愛出發。

　　小畜是一個談修身養德、工作內在的卦，而一個人對自己好最聰明的辦法，莫若讓自己長大成熟，所以，小畜卦是六十四卦的自愛卦。事實上，筆者覺得這是一個很美、很浪漫的卦！好好的愛自己，勇敢的了解自己，溫柔的擁抱自己，用心的灌溉自己……跟自己好好談一場成長的戀愛，這不是一個很浪漫的生命經驗嗎？小畜卦從卦辭的「密雲不雨」開始，到上九爻的「既雨既處」結束，好一場愛的甘霖，徘徊在自愛與他愛之間的雨中舞步。

☰ 乾下巽上

小畜，亨，密雲不雨，自我西郊。

《彖》曰：小畜，柔得位，而上下應之，曰小畜。健而巽，剛中而志
　　　　　行，乃亨。密雲不雨，尚往也；自我西郊，施未行也。
《象》曰：風行天上，小畜。君子以懿文德。
《雜卦》曰：小畜，寡也。

相關資料

主題：養德，小小的養德，內在工作，內聖，自愛。

⦿ 畜就是蓄，1.止義。2.養義。──停下腳步好好仗養內在的能力與成熟。

　　大畜是碰到現實上的挫敗，退回來內在的工作；小畜的動機不太一樣，是感到自己太剛硬，退回來自我調整。

　　大畜是人生歷練之後的回返充電，小畜指初步的修養，格局較小。

　　另一解：六四是小人而竊居臣位，諸陽不得進，故退而小畜。

⦿ **卦象**：風行天上──有動作，沒結果，也是密雲不雨的意思。

　　沒有大開展，只能養德，有事無成。

⦿ **卦性**：順健──大畜「止健」，能把剛健的生命力停下來；小畜只能「順健」，用柔軟的能量，讓剛強的生命力不致過度發展。

卦辭經文註釋

⦿ 生命成長的工作，當然是人生的通路。但德基未廣，有累積，未有結果，只好回到生命的基地。

⦿ 密雲不雨：已然修養到漫天雨雲，但仍未落下成熟的甘霖。

⦿ 自我西郊：周文化是西北文化。

　　自我西郊是一個象，比喻獨自回到屬於自己的生命基地養德修業。

⦿ 下面是拙著《易經要你好看》的一段話：「心靈的天空含水量充沛，雨雲密佈，但他愛的雨滴就是下不下來，生命成長的工作未做完啊，耐住性子，回到生命的基地吧，愛不是衝動，愛必須是自然

的成熟與滂沱。」

卦辭傳文註釋

・懿文德：懿，美也。文，人文底蘊。德，內在成熟。

　　似乎也沒有大畜「君子以多識前言往行，以畜其德」的氣魄大。

爻辭經傳註釋

初九，復自道，何其咎，吉。

《象》曰：復自道，其義吉也。

・回返一條主體性的路。
・回到自己內心的路，尊重每個生命的主體性與獨特性。
・愛自己，就是去發現生命獨一無二、自己跟別人不一樣的地方。

九二，牽復，吉。

《象》曰：牽復在中，亦不自失也。

・生命復原的力道受到剛強性情的牽絆。
　　在自覺與不自覺之間牽制掙扎。
・在中：還是心靈做判斷，不是一味被牽著鼻子走。

九三，輿說輻，夫妻反目。

《象》曰：夫妻反目，不能正室也。

・生命成長的搖擺掙扎──車子的輪軸脫落了（無法前行）＋夫妻反目（內心交戰）。

九二、九三傳神描寫修道人的內心矛盾。

- 夫妻反目：一方面想專心於內在工作，一方面又不甘寂寞。內心的矛盾與交戰。
  比之大畜「輿說輹，中无尤也」，顯然不及。

六四，有孚，血去，惕出，无咎。

《象》曰：有孚惕出，上合志也。

- 生命成長到誠信出現，雖然付出嚴重代價，警號排除，過於陽剛的氣質變化了，
  沒問題了。
- 這爻主要是講內在生命地雷的拆除。

九五，有孚攣如，富以其鄰。

《象》曰：有孚攣如，不獨富也。

- 生命的誠信連結友朋，內在的豐富澤及鄰人。
  養德有成。
- 攣：繫也，連也。
- 以：及也。
- 不獨富：生命的豐富與人分享。

上九，既雨既處，尚得載。婦貞厲，月幾望，君子征凶。

《象》曰：既雨既處，德積載也；君子征凶，有所疑也。

- 小畜的人生就是幫幫他人，又停一停（既雨既處）。
  《易經要你好看》的一段話：「到了最後一爻說：『既雨既處，尚德載』，自愛
  的工作做得有點成績囉。成長有了小成，終於下雨了（下雨是幫助他人的象徵），
  不再是『密雲不雨』，但仍然未圓滿，這個雨下一下（既雨），又停一停（既處），
  所以不要亂來，仍然要以養德為最重要的生命工作（尚德載），德是心靈的糧食
  呀！『既雨既處』說明了很真實的狀態，小畜卦忠告成長者好事要一點一點的做，

又要懂得見好就收，但也不要忘記是時候該把步伐踏上人世間了。將愛的能量釋放出去，再回來沉澱休養，將愛的能量釋放出去，再回來沉澱休養……人生嘛，就是走走停停囉，愛人不要忘記自愛，愛自己愛飽了又想幫助別人……小畜卦，講真話，不說大話，好個既雨既處，時雨時晴，既化身千萬愛的雨滴，也不要忘記成為溫暖自己的春陽。」

‧雖然正，只是婦人（柔道）的正，還是不穩。又像月亮接近十五，還沒圓滿，君子如果有太大的動作，凶。

‧處，停止。幾，近也。

‧有所疑：德未圓滿，自信不夠。

‧征凶：（他）愛的災難。指未成熟的愛的災難。

小結

卦辭：回到內聖的基地。

初爻：自己的「道」，自己走。

二爻：內聖工作的擺盪。

三爻：內心交戰。

四爻：下猛藥。

五爻：邁向外王。

上爻：悠遊在內聖外王的自如進退之中。

小畜卦語錄

➤每個生命都有獨一無二的部分，愛自己，就是找到自己跟他人不一樣的地方。

➤回到生命的基地吧，愛不是衝動，愛必須是自然的成熟與滂沱。

➤既雨既處，時雨時晴的人生：

　既化身千萬愛的雨滴，也不要忘記成為溫暖自己的春陽。

履：六十四卦的他愛（外王）卦

　　四個「純卦」的第二站，履卦。繼小畜卦的自愛與內聖，履卦的內容理當緊接著談他愛與外王，但，在真實的內容上，履卦的界線並不是那麼清楚。事實上履卦的主題是「行動」，這是六十四卦的行動卦，但履卦的卦、爻辭，有談外王的行動，也有談內聖的行動，有壯大的行動，有寂寞的行動，有莽撞的行動，有威力的行動，有心靈的行動，也有教育的行動。大概就是我們一直以來所論述的：內聖外王是一體互動的，自愛他愛是綜錯含攝的，人間行腳，本來就不是那麼容易分得清內外自他。從知識（西方）返歸心靈（佛道），再從心靈落為行動（儒家），儒學本來就是這三大人類文化方向中的行動哲學。履，這一隻行動的鞋子，儒家文化穿了兩、三千年了。

䷉ 兌下乾上

履虎尾，不咥人，亨。

《彖》曰：履，柔履剛也。說而應乎乾，是以履虎尾，不咥人，亨。剛
　　　　中正，履帝位而不疚，光明也。
《象》曰：上天下澤，履。君子以辯上下，定民志。
《雜卦》曰：履，不處也。

相關資料

　　主題：實踐，行動，生命成長，外王，他愛。
　　◉1. 本義──鞋子→行走→實踐、行動→學道、生命成長。

2.履，禮也。禮就是行動的意思。

　　王弼：「履道尚謙。」由履而謙，到達行動的終極境界。

　　不足反而是最高修養。而謙卦的基礎在履。

◉**卦象**：上天下澤──一個美好的意象，行動就是上通天命，下澤萬民。

　　從某個意義來說，好好面對自己的成長，已經是做好事。

　　閃躲自己，等於埋下一個地雷。

　　讓自己更均衡、寧靜，為這個紛亂的世間增加一分均衡、寧靜。何況行動、學道本身有更深刻、純粹的意義──明不可息。

◉**卦性**：悅而健──成長的道路是充滿喜悅的，但走這條路需要有點耐力。

　　修行須是鐵漢。

　　曾國藩：「君子無日不憂，無日不樂，憂以終身，樂以終身。」

卦辭經文註釋

◉踩老虎尾巴，老虎卻不咬人，這條成長的路是可能通的。

　　實踐的路會愈走愈壯大，批評權貴，因為面對的是自己的充實與成長，所以不會去威脅當權者的利益，老虎也不會吃掉你。這就是履的精神。

◉比摸老虎屁股更厲害。

卦辭傳文註釋

·柔履剛：柔指六三，剛指上爻。

柔軟的心靈走一條剛健的路。

自我要求，表面看來是柔弱的。

· 說而應乎乾：用生命深處的快樂與上天對話。

· 君子以辯上下，定民志：以「德」分辨上下尊卑，確立民間方向。

「位隨德進」的觀念，德是上臺下臺的根本標準，尊卑也是指德位高低。

生命的根本是平等的，但人間的成熟是有高低先後的。

· 履，不處也：行動的主題在成長，不在事業，不居其功，不處其位。

老子：「生而不有，為而不恃，長而不宰，是謂玄德。」

不處的精神，九二、九四發揮得很好，六三是反證。

爻辭經傳註釋

初九，素履往，无咎。

《象》曰：素履之往，獨行願也。

· 樸素的實踐成長與人生行道。

素履，老實面對自己的問題。「素履」說得真好！（不忍心翻譯。）

拙著《易經要你好看》：「履卦的前二爻特精彩。初爻的『素履往』，就是指樸素、老實、沒有華麗的形式、赤手空拳的出發邁上助人的道路。素，就是這個人間行者赤裸、樸直卻堅定的行事風格與本色。在中國文化，素是一個屬害的字，不拉幫結派的孤膽英雄是素，沒有太多技巧與用色的大畫家是素，字詞尋常但境界空靈的大詩人是素，沒有任何奧援卻決不放棄追尋夢想的孤獨行者，當然也是素。」

· 素履，純粹的行動！

因為純粹隱含了覺知與當下的意義，所以純粹的行動是清明的行動，所以純粹的行動是喜悅的行動（人的擔憂永遠是針對未來而發的。想一想是不是？）所

以純粹的行動就是自由的行動，全然純粹的行動就是全然自由的行動。

　　素履往：孤膽隻身的邁開純粹的步履，走向幽幽人生道。

・王弼：「履道惡華，故素乃无咎。」「惡華」說得好，太複雜的形式沒有生命力。

・《論語・先進篇》：「子曰：先進於禮樂，野人也；後進於禮樂，君子也。如用之，則吾從先進。」野人，質勝於文。君子，文質彬彬。

・《中庸》：「君子素其位而行，不願乎其外。素富貴，行乎富貴；素貧賤，行乎貧賤；素夷狄，行乎夷狄；素患難，行乎患難。君子無入而不自得焉。」

・分析下來，素的意義有四：

　1. 沒有憑藉與依傍，一往無悔的願力與決心。

　2. 樸素、質樸、素而無文。

　3. 安也。安之若素。

　4. 一向如此。平素。

・獨行願：〈小象〉的「獨行願」也說得好！

　　必須邁過孤獨與衝撞，才能走進壯大與和諧。

　　成長是絕對孤獨的。青少年，只有他自己知道自己要什麼。

　　道有共通性，也有獨特性。自己的問題，自己面對；自己的路，自己走；自己的仗，自己上。

　　發願、立志很首要，每個人的一生都是為了一樁大事因緣而來的。如：還情？藝術？尋道？救贖？事業？寫作？……必須自己去找到。

九二，履道坦坦，幽人貞吉。

《象》曰：幽人貞吉，中不自亂也。

・成長的道路坦蕩寬闊，願意走自己成長道路的人說不清楚內心的隱微，但這是生命成長的美好。

・「幽人」有二解：

　1.「履道坦坦，幽人貞吉。」這是履卦很好的總結。不管是自我成長或幫助他人，不管是踩老虎尾巴或摸老虎屁股，內聖外王的道路都是坦蕩康莊的。人生沒有

走不通的路的，但成長的艱辛，愛裡的悲喜，其中滋味，就不是他人能容易理解了。只有自己了解具體但幽隱的道。人生的本質是獨行的，尤其在人間行道的個中微妙，真是全世界哲學家加起來都說不清楚呀！而擁有這份難以言宣的內在覺受的成長者，履卦就稱為「幽人」──心事誰人知的真理旅人。

2. 不能上達，修身自隱的民間領袖。被六三欺負的九二。

・中不自亂：中，心靈。生命核心不能亂。

六三，眇能視，跛能履，履虎尾，咥人凶。武人為于大君。

《象》曰：眇能視，不足以有明也；跛能履，不足以與行也；咥人之凶，位不當也；武人為于大君，志剛也。

・德不夠壯大卻去踩虎穴，這是危險的。

　　獨眼的能看，跛腳的能走，但跑去踩老虎尾巴，結果被咬了，凶險啊！就好像軍痞要當領導，自不量力。

・眇能視，跛能履：《說文解字》：「眇，一目也。」「跛，行不正也。」意思是德未備，生命不夠壯大。

・武人為于大君：

　1. 為，圖謀也。就是武人自己當大君。

　　武暴之人硬幹蠻來，躁而無德，妄行遭禍，危國殺身。粵語俗諺：冇咁大個頭，唔好戴咁大頂帽。

　2. 為，助也。就是武人幫助大君。就是權臣弄國，當然凶險。

・初九素履，九二幽人，都是很純粹的行動，正是「不處」的精神，也就是「謙」的精神。凡謙，都是陽剛的──九。到了六三，德未完備，反而躁進，反謙為驕。驕，卻是陰柔的──六。內在生命已經衰萎，反而憑血氣之用，冒險犯難，凶險不過。《易經》告訴我們一個道理：真正的陽剛表面看起來溫柔，外表凶狠的內心其實很軟弱。

・志剛：小程子：「志剛則妄動。」

九四，履虎尾，愬愬，終吉。

《象》曰：愬愬終吉，志行也。

・小心翼翼的去踩老虎尾巴，戰戰兢兢的行動。
・愬愬：謹慎、驚懼、收斂的樣子。
・王船山：「不與之較自行其志，而孰能犯之。」
　　說得好！講自己的意見，不是批評別人；面對自己的成長，不是要比較什
麼。自然能做到踩別人的尾巴而不被咬。
　　九四是臣位，特別小心。

九五，夬履，貞厲。

《象》曰：夬履貞厲，位正當也。

・決定幹，對成長的路來說是嚴峻的考驗。
・夬：決也。
・成德者當上領袖，決心解決問題。
　　決定幹！也是一場冒險。六三在冒險，九五也在冒險，但《易經》評價不一
樣，差別在內在的成熟。

上九，視履考祥，其旋元吉。

《象》曰：元吉在上，大有慶也。

・晚年返回自己的成長心得，去照顧後學的生命成長。
・視履：視察學政，觀察學生成長的腳步。
　　上九已經無位，退出實務，憑一生豐富的成長經驗，照顧後學成長。
・考祥：考，考核。祥有二解——
　1. 徵祥。成長的端倪。
　2. 庠，庠學。古代大學。

《說文解字》:「庠,禮官養老,夏曰校,殷曰庠,周曰序。」高亨:「是庠者古
代行養老之禮之地也。」

　　中國文化的養老很厲害。養老不是等死,而是將大老養在大學,養在教育場
域,把一生所學與經驗提供給後學與文化傳續。

・旋:返也。返回自己的成長經驗去視履考庠。

小結

　　初爻:純粹的行動。

　　二爻:壯大卻孤獨的行動。

　　三爻:蠻幹硬來的行動。

　　四爻:審慎的行動。小心,但來真的!

　　五爻:決戰的行動。

　　上爻:教育的行動。

履卦語錄

➤成長的道路是充滿喜悅的，但走這條路需要有點耐力。

➤柔軟的心靈，走一條剛健的道路。

　自我要求表面看起來是軟弱的動作。

➤用生命深處的快樂與上天對話。

➤生命的根本是平等的，但人間的成熟是有高低先後的。

➤素履，純粹的行動！

　因為純粹隱含了覺知與當下的意義。

　所以純粹的行動是清明的行動。

　所以純粹的行動是喜悅的行動。

　（人的擔憂永遠是針對未來而發的。想一想是不是？）

　所以純粹的行動就是自由的行動。

　全然純粹的行動就是全然自由的行動。

　素履往，孤膽隻身的邁開純粹的步履，走向幽幽人生道。

➤必須邁過孤獨與衝撞，才能走進壯大與和諧。

➤《易經》告訴我們一個道理：

　真正的陽剛表面看起來溫柔，外表凶狠，內心其實很脆弱。

謙：六十四卦的謙虛卦

　　四純卦「小畜、履、謙、豫」的第三站謙卦，應該是這一組最高潮最強有力的主卦。事實上，謙卦是一個多重矛盾的組合——謙卦是六十四卦中六爻皆吉最吉的一卦，但卦的內容發展到末段卻漸漸有點…不妙；表面上看，謙應該是很柔軟的，但謙卦的實質力道強大；還有，這一卦是謙卦，但卦的內容到最後卻告訴我們不要再謙了；當然，最矛盾的是，《易經》將謙德設定為個人修養的最高境界，但謙的真實含義卻是什麼都沒有！最下的最上，最低的最高，最柔軟的最強大，最空無的最豐富，這就是，謙卦奧義吧。

䷠ 艮下坤上

謙，亨，君子有終。

《彖》曰：謙亨，天道下濟而光明，地道卑而上行；天道虧盈而益謙，
　　　　　地道變盈而流謙；鬼神害盈而福謙，人道惡盈而好謙。謙尊
　　　　　而光，卑而不可踰，君子之終也。
《象》曰：地中有山，謙。君子以裒多益寡，稱物平施。
《雜卦》曰：謙，輕。

相關資料

　　主題：謙德。
　　《船山易學》：「謙，古與慊通用，不足之謂也。」

　　一陽浮於眾陰之中，象徵一個努力的君子，面對天地之大，心中常有不足的感覺，這不足感就是謙。然後一直消化、內化所學的心得經驗，內在長存空無的狀態，這空無狀態也是謙。所以謙德就是內在工作上的「吸星大法」。西方文化通過征服大自然航向偉大，中國文化則是通過不斷的對話與溝通，而這持續性的不足感與空無感，《易經》認為正是一個君子終身的努力，所以說「君子有終」。

　　耶穌與十二門徒最後晚餐的故事：在最後晚餐，耶穌預知明日將至的苦難，但門徒還為了餐桌座次與地位高低而激辯。耶穌說話了：「你們為什麼要爭執呢？你們知道嗎？所謂領袖就是在你們中間地位最低，服侍你們最周到的人。」說完了就一一為門徒洗腳。大門徒彼德著急了，說：「主啊！你怎麼可以給我洗腳呢？」耶穌說：「我這樣做，你現在不明白，將來卻一定會明白的。」又說：「你們稱我主，稱我老師，但我尚且給你們洗腳，你們就不該彼此洗腳嗎？僕人不能大過他的主人，受差派的人不能大過差派他的人。」這是東西文化共通之處，最高明的最平凡，最偉大的最卑下，最大的最小，最高的最低。這就是謙的風度，耐人深思。

◉ **卦象：**

1. 山上有地——所有偉大的人格高峰上面都有一片寬闊廣大的平地，偉大極處都是一片平凡。平平而來，平平而起，平平而立，平平而活。這謙道平平，正是中國先民的深刻用心。

2. 地中有山——平凡中藏著偉大。當然就是謙。

◉ **卦性：**止而順——停止自我膨脹與物慾追逐，順著大自然的本性而活，就是謙。

◉ **輕：**〈雜卦〉的「輕」下得巧妙——心中與人生的雲淡風輕。

卦辭經文註釋

> ⦿ 謙德，對內在工作，對人際關係，都是通路。
>
>   這是一個成長者終身的認識與努力。
>
> ⦿ 卦辭標出謙卦正是自我要求者的最後地步。
>
>   人生的事業最後仍然是未濟，但個人修養有終極的境界。
>
>   不足卻是最高，抽空自我讓出無限可能。

卦辭傳文註釋

· 鬼神害盈而福謙：

　　《說文解字》：「人所歸為鬼。」，「天神引出萬物者也。」

　　鬼，歸也，力量的歸向。神，伸也，力量的伸張。

　　鬼神對前人來說還是指天地自然的影響力，這一句還是在講天道的「損有餘而補不足。」

· 人道惡盈而好謙：

　　人間沒有絕對的完美，絕對完美是抽象、沒有血肉的。像共產主義用狂熱的宗教感情去追求，造就更大的危險。中國先民很早認識到絕對完美的虛假與危險，寧願更謙虛的面對人性與天地。完美要貼近不完美，正要貼近反，正是所謂的屈伸之道、直道曲成。近代中國一直到中共太想出頭，反而陷進更糾纏的局面。

· 哀多益寡，稱物平施：

　　哀多，減少掉太多不必要的鋒銳。

　　益寡，消化、內化之後變單純了，增益更新的學習與能量。

　　稱物，用一個空無的心，互換主體性，用「物」的視野稱量物本身的輕重損益。

平施，無差別心，平等的對待，平平的出手，不亢不卑。

談成長、教化、幫助，得尊重每個人的主體性，不擺高姿態。每個人都有主體的尊嚴，高姿態不會來。

爻辭經傳註釋

初六，謙謙君子，用涉大川，吉。

《象》曰：謙謙君子，卑以自牧也。

- 第一步已經成熟、飽滿、勇於行動。

　　易卦初位，多不用世，但謙卦例外。深意是唯有真正成熟的謙德君子，才是做大事的真正人才。

- 牧，養也。自牧，自我教育，馴養內在自我的野性。

　　牧字用得好！

六二，鳴謙，貞吉。

《象》曰：鳴謙貞吉，中心得也。

- 以謙德聞名，這是生命成長的美好結果。
- 因實踐而名漸副。

　　「鳴謙」是美好的，相對「鳴豫」是危險的。

　　鳴：內在成熟的聲音與呼喚，得到呼應與共鳴。

- 中心得：內心真正的心得。

九三，勞謙君子，有終，吉。

《象》曰：勞謙君子，萬民服也。

・勞＋謙＝最珍貴的生命狀態。

　　有為＋無為，努力＋放下，功力＋內化，儒家功夫＋道家心靈。

・謙德君子仍然勤勞奮發的累積學問與人格，有終身的志行與願力，當然是吉。相
　對的假道家自己懂得天理人生之後，就不勞了，自己逍遙去了。

・南懷瑾認為「勞謙」講唐代郭子儀最傳神：四朝元老／平安史之亂／扶起殘唐／
　被奪兵權回鄉／羌亂再起／隻身收編散兵遊勇平亂／亂平又兵權被奪回鄉／父墳
　被挖／唐岱宗起身致歉……真夠「勞」，姿態又「謙」。

六四，无不利，撝謙。

《象》曰：无不利撝謙，不違則也。

・撝：1.揮舉。2.《說文解字》：「裂也。」

　1. 是在社會上使用謙德的時候了。

　2. 撝謙就是裂謙！跟謙說再見，不再佔謙之名，不再強調謙，實實在在的做事。

　　德積到一定程度：（1）內化，（2）釋放能量。

　　謙到成熟不需要假仙了。

・不違則：謙是內德，以德為用，小心成術，所以〈象傳〉提出「不違則」的警告。

六五，不富以其鄰，利用侵伐，无不利。

《象》曰：利用侵伐，征不服也。

・謙可以調動社會力量。

　　本身財力不足，但可以借用身邊的力量，甚至發動武力，也沒有不利的狀況。

　1. 磁性中心的影響力可以調動社會力。

　2. 謙也不是老好人，也會用霹靂手段。

　3. 而且夠成熟，可以駕馭非常手段。

上六，鳴謙，利用行師，征邑國。

《象》曰：鳴謙，志未得也，可用行師，征邑國也。

・柔生慢，慢生亂。

　　　以謙德為號召，利用行進的軍隊，征服叛變的小國。

・謙卦六爻皆吉，但到了上六隱隱有變質的危機，王船山說的「戒辭」，主要是指這
　一爻吧。

　1. 君子用謙，但一般人的理性水準不夠，會有「欺而叛」的情形。

　　　不夠持正的困窘。

　2. 謙是內德，淪落為權術，就危險了。所以上爻沒有吉，也沒有无不利。

　　　〈小象〉說「志未得」，是失去初衷的意思。

小結

　　　卦辭：謙，生命最高修養。

　　　初爻：謙的第一步就成熟。

　　　二爻：謙的磁性中心效應。

　　　三爻：謙是儒家功夫與道家功夫的混血王子。

　　　四爻：告別謙。

　　　五爻：謙會兇。

　　　上爻：開始亂。

　　　（謙卦的內涵比較特別——

　　　　前三爻是用謙、行動謙，後三爻是撝謙、告別謙。

　　　　至於謙的涵養與基礎，則在前兩卦的小畜與履。）

謙卦語錄

➤所有偉大的人格高峰上面都有一片寬闊廣大的平地，偉大極處都是一片平凡。平平而來，平平而起，平平而立，平平而活。謙道平平，內蘊乾坤。

➤不足卻是最高的，抽空自我讓出無限可能。

➤最大的最小，最高的最低，最上的最下，最高明的最平凡，最偉大的最卑下，最強大的最柔軟，最豐富的最空無。這正是，謙之奧義。

➤裒多益寡，稱物平施：

減少掉不必要的銳角。

在單純上豐富。

從對方的角度去關懷對方。

平平的施以援手，平等的愛人。

➤勞謙君子：

勞＋謙是最珍貴的生命狀態。

有為＋無為是人生全方位。

努力＋放下，功力＋內化是整體功夫。

儒家功夫＋道家心靈是整個中國文化。

豫：六十四卦的快樂卦

　　四純卦的最後一站，豫卦，說出了生命成長最終的善果與危機，同樣都是：快樂。而對快樂的討論，好玩的是，豫卦的卦、爻辭呈現出相反的方向。卦辭點出快樂能量的強大可能，而爻辭則一一告訴我們快樂是不能炫耀的、快樂是不能執著的、快樂是不能預支的、快樂是不必懷疑的、快樂的疾病是必須正視的、快樂是不能冥頑不靈的……也許就像所有情緒一樣，快樂也是一支雙面刃，其中的光明面與暗黑面，往往是一體連結的。

☷☳ 坤下震上

豫，利建侯行師。

《彖》曰：豫，剛應而志行，順以動，豫。豫順以動，故天地如之，而況建侯行師乎？天地以順動，故日月不過，而四時不忒。聖人以順動，則刑罰清而民服。豫之時義大矣哉。

《象》曰：雷出地奮，豫。先王以作樂崇德，殷薦之上帝，以配祖考。

《雜卦》曰：豫，怠也。

相關資料

　　主題：悅樂、快樂。
　　王船山：「豫，大也，快也。一陽奮興於積陰之上，拔於幽滯之中，其氣昌盛而快暢，故為豫。」
　　◉**卦象**：雷出地奮——真而大的悅樂，是生命力的崩發與解放。像天雷鳴響，大地震動。

◉ **卦性**：順而動——順時而動，順理而動，才有真正的快樂。

王船山：「靜而不廢動之誠，則動可忽生而不昧其幾也。」「虛靜以聽陽之時起而建功，故一旦奮興，震驚群昧。」

◉ **豫，怠也**：生命實踐到一定程度會很順，但太順會怠惰。豫卦就是談怎麼處理快樂的危機。

卦辭經文註釋

◉ 快樂，是浩瀚壯大的生命格局與能量。

有了真正發自內在的快樂，才能用大，才能有大動作。

◉ 卦辭強調快樂的正面力量，爻辭則偏重處理快樂的負面問題。卦爻辭的不統一，正是易道的豐富——人生繁富而真實的「二律背反」現象。

整個豫卦告訴我們：快樂是真實而強大的，但同樣是危險的。

卦辭傳文註釋

◉ 豫順以動，故天地如之：真正的快樂，順時而行，順理而動。天地的節奏也是一樣的。

◉ 忒：差也。

◉ 清：刑罰清明。

◉ 時義：不過不及，逮住那隻兔子，中，誠，玄覽。

爻辭經傳註釋

初六，鳴豫，凶。

《象》曰：初六鳴豫，志窮凶也。

• 炫耀快樂，凶險！

　　自鳴得意的危險。

　　內心的悅樂不能拿來炫耀，會引起他人的負面情緒。

六二，介于石，不終日，貞吉。

《象》曰：不終日，貞吉，以中正也。

• 覺知明斷，不會執著快樂，不會讓快樂延長到一天的結束，生命成長包括放下的
　練習。
• 介：石有四德，統名曰介。
　1. 耿介。
　2. 明斷。（介字的原義是石裂兩半，紋理非常吻合清楚。）
　3. 安穩。
　4. 中立。
• 不終日：小程子：「逸豫之道，放則失正，故豫之諸爻，多不得正，才與時合也。」
　「二以中正自守，其介如石，其去之速，不俟終日，故貞正而吉也。處豫不可安且
　久也，久則溺矣。如二，可謂見幾而作者也。夫子因二之見幾，而極言知幾之
　道，曰：知幾其神乎，君子上交不諂，下交不瀆，其知幾乎！幾者，動之微，吉
　之先見者也。君子見幾而作，不俟終日。《易》曰：介於石，不終日，貞吉。……
　君子知微知彰，知柔知剛……其神妙矣乎！君子見於幾微，故不至於過也。所謂
　幾者，始動之微也，吉凶之端可先見而未著者也。」

　　心清明，不限溺，過而不留，不用等到一天到結束。
• 中正：心靈（中）的成長（正）。

六三，盱豫，悔遲，有悔。

《象》曰：盱豫有悔，位不當也。

‧太早高興（預支快樂），太晚後悔（執著感情），一定有後悔。

　　這一爻講情緒在未與過的幻象。

‧盱：盱的假借，盱就是旭，旭是日始出。所以盱就是「早」的意思。

‧「盱豫」就是不適時的快樂，不中正的豫。

九四，由豫，大有得，勿疑，朋盍簪。

《象》曰：由豫，大有得，志大行也。

‧從真理而來的快樂，會有強大的心得。而且不用懷疑自己人格的影響力。

　　九四是主爻。

‧由豫：1. 王船山：「由其道而豫也。」小程子：「為動之主，動而眾陰說順，為豫

　　之義。」從真理得到快樂，真理是唯一快樂的理由。九四是真理力量的泉源。2. 另

　　一說：由豫就是猶豫。謹慎的意思。

　　二說互通。

‧朋盍簪：盍──1.合也。2.何不。簪──1.疾也。2.志也。3.聚也。

六五，貞疾，恆不死。

《象》曰：六五，貞疾，乘剛也。恆不死，中未亡也。

‧正視快樂的危險與疾病。

‧貞：正視、了解快樂的深層意義。

　　疾：豫、樂，是有危險的。

上六，冥豫，成，有渝，无咎。

《象》曰：冥豫在上，何可長也。

・冥頑不靈，陷溺快樂，必須改變，才能免禍。

　太樂了，要變。

・冥：1.晚也。太固執的快樂。2.不明。不覺知的快樂。

　面對生命的錯誤要懂得調整。

　面對執著的快樂要能夠放下。

小結

卦辭：快樂是強大的力量。

初爻：炫耀快樂的凶險。

二爻：不執著快樂。

三爻：情緒的幻象。

四爻：真理的快樂。

五爻：正視快樂的疾病。

上爻：陷溺快樂。

豫卦語錄

➤快樂，是浩瀚壯大的生命格局與能量。

➤快樂是真實而強大的，但同樣是危險的。

➤從真理得到快樂，真理是快樂的唯一理由。

➤面對生命的錯誤要懂得調整。面對執著的快樂要能夠放下。

第五組：小畜履謙豫

內聖外王的成長歷程──既雨既處，尚德載

小畜：養德	時雨時晴的生命成長。	雜卦：小畜，寡也。
履：行動	行動的目的在成長，不在名位。	雜卦：履，不處也。
謙：謙德	自我要求者的終極境界， 外王事業的真正開端。	雜卦：謙，輕。
豫：快樂	快樂是肯定的，但也充滿危險。	雜卦：豫，怠也。

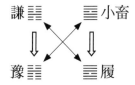

⇩綜：發展	從小畜到履：積德有小成，事上磨練，開始到人間 實踐。
	從謙到豫：謙是實踐的終極境界，實踐到某程度會 很順，就要當心快樂的危機。
↘錯：對反	小畜與豫：德不足故小畜，但修到最後會有好證果。 德豐而豫，但樂到最後會出現危險。
	履 與 謙：履是積極實踐（陽動）而不處。 謙是恆感不足（陰退）卻建功。

內聖外王的成長歷程

　　小畜履謙豫四卦談一個人的成長──自覺不足，故養德，從基礎做
起；到有小成，踏實在人間實踐；但實踐是為了成長，不是名位，加上實

踐的道路沒完沒了，常有不足之感，就是謙德，「謙，君子有終」，這是
自我要求者的最後地步，但謙不是老好人，謙到相當火候，告別謙，坦然
出發，建功立業，雷厲風行；跟著就會出現大悅樂與開展大動作，快樂同
時擁有光明面與黑暗面，必須有智慧的處理，才能化解外王的危機。

　　這四卦的發展，小畜是基礎，履是進階的行動智慧，謙是最高峰，到
豫卦則是危機與反思。

附文一
關於《易經》小畜、履卦「自愛愛人」的舊鈔新語

在拙著《易經要你好看》寫過小畜、履二卦，至今重讀，仍然感動，摘錄菁華，補上新解，今時花發舊年枝，內容談的，仍然是內聖外王／自愛愛人的人生行旅。

自愛就是停下腳步好好伏養內在的能力。

一個自愛工作的「二義性」。
是的！知識是力量，品格也是力量；前者是專業的硬體，後者是內在的軟體；前者是頭腦的鍛煉，後者心性的鍛煉；前者是西方的學習，後者是東方的學習。整合起來就是整體性的自愛工作。一般我們只知道知識的力量，不了解品格也是一種強悍的力量，甚至武器，那是一種行之久遠的內在機制，譬如：覺知、面對能力、適應能力、反省、勇氣、沉澱、復元……

另外一個自愛工作的「二義性」：自愛永遠從告別「老朋友」與找到自己生命的主體性、獨特性開始。

小畜卦說「自我西郊」，有回到生命母土與根源的涵義。
「復自道」，就是回到自己的道路。

愛自己，就是去發現自己跟別人不一樣的地方。

所謂生命母土與基地，就是那個我們想一直一直回去，在那裡可以得到休息、充電、修復、覺醒、蓄能、奮悅、歸屬的心靈故鄉。每個人都應該有，但每個人都應該不一樣，其實就是每個人的天命，也就是主體性或獨特性的意思。

但自愛他愛（內聖外王）是一體的，生命總是在複雜中成長。

「既雨既處」，這是筆者超喜歡的一句話。

自愛的工作做得有點成績囉，成長有了小成，終於下雨了（下雨是幫助他人的象徵），但仍然未圓滿，這個雨下一下（既雨），又停一停（既處）……「既雨既處」說明了很真實的狀態，小畜卦忠告成長者，好事要一點一點的做，又要懂得見好就收，但也不要忘記是時候該把步伐踏上人世間了。將愛的能量釋放出去，再回來沉澱休養，將愛的能量釋放出去，再回來沉澱休養……人生嘛，就是生命自然節奏的走走停停，愛人不要忘記自愛，愛自己愛飽了又想幫助別人……小畜卦，講真話，不說大話，好個既雨既處，時雨時晴，既化身千萬愛的雨滴，也不要忘記成為溫暖自己的春陽。

我們總在傷害（對己、對人）的經驗上反芻出內在的成熟，也總在自愛的成熟上茁壯出愛人的能耐。

所有的內在德性都要落到真實人生的行動，通過考驗才是真的。不然談那麼多修行，一遇誘惑就投降；談那麼智慧，一真的開始做事就變笨，都白修了。行動，永遠是中國文化的主題。

至於怎麼行動，履卦提出兩個很厲害的詞兒，一個是「素履」。

在中國文化，素是一個厲害的字，不拉幫結派自行其道的孤膽英雄是素，素，還真不是吃素的。素是沒有過多形式的質樸，素是一直都這樣的氣魄，素是心靈的平靜與穩定。那麼，「素履」就是樸素的行動了，「素履」就是老老實實面對自己的問題。

另一個詞兒是「幽人」。

人生的本質是獨行的，尤其在人間行道的個中微妙與辛酸，真是全世界哲學家加起來都說不清楚呀！這樣的一個獨行的旅者，履卦就稱為「幽人」──心事誰人知的真理旅人。內聖外王之道，既有壯觀天地間的浩瀚視野，也有燈火闌珊處的微妙心情；真理的道路既含容無限可能，但也隱藏著無言悲喜。這就是所謂「幽人」的心境吧。

履卦最後提到「其旋元吉」。

旋就是回到自己。返回自己就是生命最壯大的吉祥。

附文二
關於「愛」，中國文化有一個很核心、實在的觀念：內聖外王

內聖外王的觀念如下：

1. 內聖是自愛、自助、幫助自己、心靈成長。
   外王是愛他、助人、幫助他人、人間義行。
2. 先內聖，再外王，是健康的人生程序。
3. 有了成熟的人格，發出去的每一分愛，都是健康的愛。
   愈成熟的人格的愛愈無私。
4. 缺乏成熟的人格，發出去的每一分愛，都可能有副作用與後遺症。
   我們常說幫倒忙、愈幫愈忙、愛之適足以害之，就是由於缺乏成熟人格基礎的緣故。
   這就是我常說的比喻：妳必須是鮮花，才能釋放花香，吸引蜜蜂蝴蝶；如果妳是便便，只能釋出惡臭，招來蒼蠅。
   愈不成熟的人格的愛愈可能製造災難。
5. 理論上，是先內聖後外王。但在真實的人生裡，內外先後是綜錯進行的，每個人的生命歷程都不同，生命總是在複雜中成長的。
6. 但內聖還是要延伸到外王。意思就是修那麼多，談那麼多生命成長，學那麼多東西，都不算數了，所有的內在德性都要落到真實人生的行動，通過考驗才是真的。不然談那麼多修行，一遇誘惑就投降；談那麼多智慧，一真的開始做事就變笨，都白修了。也就是說，內在的改革最終還是要落到外在的行動去驗證，去整合，去調整，內聖最終要

結合外王，心靈最終要指向人間，這才是圓滿的人間功法。

自愛的基礎讓他愛變得健康，他愛的考驗證明自愛的真實。

後記

兩性的愛，是一門大功課！

愛情功夫，易學難精。

但是這裡有一個很堪玩味的問題：究竟要超越二元來突破二元？還是要經歷二元來突破二元？要超越情愛來突破愛的執著？還是經歷情愛來突破愛的執著？用出離法來證道？還是藉世間法來證道？以真破假？還是由假悟真？

我比較魯鈍，我傾向後者。

但我真的沒有答案，可能也不需要有答案，都是每個人不同的方便法門。更可能的答案是：每個人都同時需要兩者！也許不是發生在同一世。

如此說來，瘋人院可能是必要的！瘋人院也可能是聖殿？不過我完全尊重每個生命當下對簡單或複雜的需求，生命自有自然的節奏。

附文三
謙的精神

在這個時代談謙卦好像怪怪的，好像很迂腐——在一個強調自我感覺良好、展示力量的時代。但力量大其實不能解決問題，許多問題的發生反而是由於力量太大了。在孔子時代，就不主張「力量」的標準，而提出「文化」的標準。孔子用文化程度的高低分別中國與夷狄，而且判斷隨時移動，也就是說，華夷是義利的分別，是文化程度高低的分別，而不是狹隘的民族主義。

相反的，今天整個時代在發燒，追求沒有意義的膨脹。這是一個「大」的時代，但這個大是虛偽的大、虛榮的大、假的大；這是一個追求數字的時代，這是一個量化的時代。而相對的，中國文化是一個「小而大」的文化，極重視一個人的安頓與充實——一個人的完成，就是一個國家的完成；一個人的完成，便是一個時代的完成；一個人的問題解決了，便是一個國家的問題解決了；中國文化的治道，都是從一個人開始做起的。政治正是誠正生活的延伸，而一個人完成的最高峰，《易經》的定位，正是謙卦。北魏的賈伯思說：「衰至便驕，何常之有？」傲慢是生命力的衰萎，自滿是老化的象徵，謙是活潑與豐富，謙才是真正的年輕。

更深層的說，謙就是生命內在的中空狀態。將學習過的所有知識經驗消化吸收，忘卻放下，常保一顆中空、柔軟、無成見的心去學習、擁抱新知識與新事物。所以謙不僅是表面的態度，更是指最佳的內在學習狀態！像一個水杯經常倒空，隨時可以注入新水。又像清空了的心靈倉庫，才可以搬進新的貨物。也很像武俠小說的吸星大法，要將內力散入四肢，丹田常常保持中空，才能吸入他人的內力。這麼說來，謙正是道家思想的「無

為」，謙是態度上的柔軟，謙是生命內在的清空，謙是學習經驗上的高峰，謙是一種精神上的無邊無際，謙是心情上隨時準備好吸收學習的興高采烈與青春洋溢！

第六章

泰否

泰：六十四卦的「通」卦

　　泰卦內容，精采紛呈，讓人目不暇給。卦辭的「往來」，九二的「包荒、不遐遺、朋亡、中行」，九三的「无平不陂……」等等，都記載著豐富深邃的人生智慧。當然，到了外卦，即開始由泰轉否了。泰卦是一個「通」的卦，內外來往，通向外在是成功，通向內在是成熟，泰道之通大矣哉！

䷊ **乾下坤上**

泰，小往大來，吉，亨。

《彖》曰：泰，小往大來，吉亨，則是天地交而萬物通也，上下交而其
　　　　志同也。內陽而外陰，內健而外順，內君子而外小人。君子
　　　　道長，小人道消也。

《象》曰：天地交，泰。后以財成天地之道，輔相天地之宜，以左右
　　　　民。

《序卦》曰：泰者，通也。

《雜卦》曰：否泰，反其類也。

相關資料

主題：通的狀態，通達、開放的時代。

王弼：「泰者，物大通之時也。」泰，治而通。

◉ **卦象**：天地相交──天氣上升，地氣下降，天地交通之象。

比喻理想與現實、政府與人民、老闆與部屬、上代與下代、老師與學生……等等的上下相通。

◉ **卦性**：內健外順──內部起用有擔當的人才，外在的人際關係很順，不會連別人站的位置都沒有。

王船山：「君子坐而論道而小人器使。」，「器使」說得好！不管是誰，都會有獨特的作用的。

內在的自我要求很剛健，外在的處理事情很順當。

卦辭經文註釋

◉ 通達的時代，奔走外在不是真正的主題，走向內在才是壯闊的回歸，這是美好的經驗，也是人間的通路。

◉ 泰否二卦，最重要是解釋好大小來往。

往來事實上是《周易》的關鍵字之一。

往就是奔向人間，來就是回返心靈。

往就是建立人間的秩序，來就是奔赴自性的成熟。

所以往是外在性的，來是內在性的。

往是邁出心靈，來是走向內在。

往是履道坦坦，來是幽人貞吉。

往是井收勿幕，來是井洌寒泉。

往是投身他愛的滂沱，來是沉澱雨後的雋永。

往是人間道的放與用，來是人間道的收與體。

所以往來是易行者或儒者的兩個生命向度。當我們對對方說：「來我家坐坐。」意思是邀請對方進來你心靈的家啊！這是友道的重大。那小大就是態度的從容與意義的重大了。

小往，經營人間事業最好大事小做。

大來，修養內在工作卻當大業雄圖。

做大事，用平常心去做。

修心德，用恭敬心為之。

小往是心性的無為，大來是態度的鄭重。

也就是說，用道家的修養邁進外在，用儒家的正大走入內在。

小往，用道家去人間；大來，用儒家修心性。

道家自有她的人間態度，儒家當有他的內裡乾坤。

來往來往，這就是易行者悠遊內外的閒庭信步！

- 一般的解釋：小往大來指在一個通泰的時代，一點點努力就可以有豐盛的收穫。在尊重人性的時代，個人的努力往往會受到社會、制度的保障。

卦辭傳文註釋

- 天地交而萬物通：天地的通達。

　　上下交而其志同：人事的通達。

　　內君子而外小人。君子道長，小人道消：君子被重用，小人在外圍；君子出頭天，小人學乖了。

- 后以財成天地之道，輔相天地之宜，以左右民：

　　后指現世之君，相對是先王。

　　財，裁也。指斟酌損益。相，導也。左右，佐佑。

　　從大自然學到治理人民的方法，如：定尊卑、興土宜、順時取、節
財用。

爻辭經傳註釋

初九，拔茅茹，以其彙，征吉。

《象》曰：拔茅征吉，志在外也。

- 小人一批一批的被摒除。
　　拔叢生的草，一束一束的拔，可以大動作，是好的。
- 茅茹：叢生植物。彙，一類一類。
　王弼：「茅之為物，拔其根而相牽引者也。茹，相牽引之貌也。」
- 泰之世，小人一批一批的摒除，是可以大有作為的時候。
　或許也可以解釋成一個君子拉拔一群君子。

九二，包荒，用馮河，不遐遺，朋亡，得尚于中行。

《象》曰：包荒，得尚于中行，以光大也。

- 包荒的氣魄＋心靈的行動。
　　懷抱遠大，用這樣的精神過大河、做大事，不遺忘遠方的目標，而且切割朋
黨的羈絆，發揮心靈行動的能耐。（鎮華老師說「中行」不能翻。）
- 包：包含，包容。
- 荒：1.大，遠。2.荒穢卑下之事。兩說互通。
- 包荒：包容大荒野的心胸魄力。
- 馮河：涉水，過河。
- 不遐遺：遐，遠也。不因身邊的現實，遺忘了遠大的東西。
- 朋亡：小程子：「決去其朋與之私。」「自古立法制事，牽於人情，卒不能行者多

矣。」王船山：「李膺杜密不亡其黨，使邪黨得乘之以相傾，習尚相沿，延及唐宋，近逮啟禎之際，黨禍烈而國隨以亡，大易之垂訓烈矣哉！」

九三，无平不陂，无往不復，艱貞无咎，勿恤其孚，于食有福。

《象》曰：无往不復，天地際也。

- 无平不陂：再平坦的人生路也必有顛簸、崎嶇。
- 无往不復：任何的奔赴都必然會「復」。
- 艱貞无咎：人生是短暫的，但真正的恢「復」是恆常的，但必須對他有信心。

　　不論處何時代，用艱難、守正的態度（憂患感），就不會有狀況。
- 勿恤其孚：不用擔心它的準確性。
- 從人生說，歷程一定有波折；從終極說，靈性絕對會恢復。這是人生「先艱難而後心悅」的透澈本質！
- 于食有福：對心靈的糧食來說是有福報的。

　　《詩經》：「既醉以酒，既飽以德。」用酒來歡宴喝醉，用德來餵飽心靈。
- 天地際：天地、大自然的分際是絕對因果分明的。如：食物鏈，物質不滅定律。

六四，翩翩，不富以其鄰，不戒以孚。

《象》曰：翩翩不富，皆失實也；不戒以孚，中心願也。

- 元氣還在，利用舊有的基礎。

　　態度自滿輕慢，漸漸財用不富，但可以借用鄰國的力量。由於還是在泰世，不用戒備，人與人間的信任還在。
- 翩翩：往來貌→自得之貌→有輕慢之意。
- 不富：由於輕慢，開始不富，六四開始由泰轉否。
- 失實：失去真實的陽剛。
- 中心願：發自內心的大願。

六五，帝乙歸妹，以祉元吉。

《象》曰：以祉元吉，中以行願也。

- 最圓滿的結合？策略上的通好？
- 帝乙：1.指成湯。2.紂父。紂王之父將女妻周文王。紂王祖父殺文王父季歷，到帝
  乙，因為因討伐外族，避免兩面作戰，將女妻文王交好。
- 歸：女子嫁曰歸。
- 祉：1.福也。2.禮也。

上六，城復于隍，勿用師。自邑告命，貞，吝。

《象》曰：城復于隍，其命亂也。

- 泰道崩壞，不要急躁，不要動武。

    泰世將滅，上下不交，像城牆崩塌在護城河，這時不要急躁的使用武力，把
  壞消息遍告自己城邑的居民。守住成長道路，但局面很難打開。

- 隍：城下池，護城河。

泰卦語錄

➤內健外順：內在的自我要求很剛健，外在的處理事情很順當。

➤通達的時代，奔走外在不是真正的主題，走向內在才是壯闊的回
　歸，這是美好的經驗，也是人間的通路。

➤胸懷大荒野的精神。

　出發人生的大方向。

　不因身邊的現實，遺忘遠方的東西。

　掙脫關係的羈絆。

　走進心靈的行動。

➤奔赴人間，走向內在！

　在兩種生命向度之間自由出入，自在從容──

　就是《易經》說的「往來」。

　就是出入無礙。就是進退自如。

否：六十四卦的「不通」卦

否卦談「不通」的生命狀態，但否卦不是一個弱卦。爻辭內容所討論的包容承受時代的苦痛、包容時代給與自己的屈辱、英雄豪傑一個接一個的出現、深深紮根的生命力等等，都表現出奮力打通一個不通的時代的強大勇氣與能耐。而且，跟泰卦最後三爻由泰轉否相同，否卦的最後三爻則由否轉泰了；大概，這兩個通與不通的卦要告訴我們的是：人生的盛衰吉凶盈虛消長，事實上是沒個準兒的，生命的答案從來不曾僵化與固定。

坤下乾上

否之匪人，不利君子貞，大往小來。

《彖》曰：否之匪人，不利君子貞，大往小來，則是天地不交而萬物不
通也，上下不交而天下无邦也。內陰而外陽，內柔而外剛，
內小人而外君子，小人道長，君子道消也。
《象》曰：天地不交，否。君子以儉德辟難，不可榮以祿。
《雜卦》曰：否泰，反其類也。

相關資料

主題：不通的狀態，閉塞、封閉的時代。
否，閉而亂。
⊙卦象：天地不交──地氣下降，天氣上升，不相交通之象。比喻理
想與現實、政府與人民、老闆與部屬、上代與下代、老師與學生、
大國與小國……等等的上下不通。

小程子：「天地隔絕，不相交通，所以為否也。」

⊙**卦性**：內順外健——內部全是應聲蟲，剛健的君子被摒棄於外。內小人而外君子。

卦辭經文註釋

⊙否，指向一個不尊重人性的時代，不利於君子的成長。戮力奔向人間，卻疏於回歸內在。

⊙否之匪人：孔穎達：「否之匪人者，言否閉之世，非是人道交通之時，故云匪人。」匪，非也。否的時代指向一個不尊重人性、非人道的社會。

⊙不利君子貞：有兩種斷句——

1.不利君子，貞。

否世不利於君子，只能守住成長原則。

2.不利君子貞。

不利君子過分執正，一個困難的時代，不是一兩個有心人所能糾正的。

⊙「往來」，「小大」見泰卦註解。大往小來：

1.太強調外在，忽略了內在。

過度重視人間功業，疏於做好內在工作。

太熱衷成功，疏忽了成熟。

意思就是指在一個價值觀扭曲的時代，生命的主題與重心完全顛倒了。

2.一般說法是：付出很多，做得很辛苦，但效益稀薄，個人努力被非人性的環境與制度對消掉。

卦辭傳文註釋

- 上下不交而天下无邦：政府人民互不信任，國家就危險了。
- 君子以儉德辟難：小程子：「君子居顯榮之地，禍患必及其身，故無晦處窮約也。」儉德，收斂自己的生命。樸素是處否最好的方法。
- 不可榮以祿：榮有二解──1.榮，「營」之假借。營，惑也。2.榮，或謂「嫈」。嫈，淫也。不可太過追求祿位。

爻辭經傳註釋

初六，拔茅茹，以其彙。貞吉，亨。

《象》曰：拔茅貞吉，志在君也。

- 否之世，君子一批一批的被逼退。
    拔叢生的草，一束一束的拔，只能守住成長道路，還是可以美好跟亨通。
- 茅茹：叢生植物。彙，一類一類。
- 志在君：生命方向在經營內心真正、陽剛的主人。

六二，包承，小人吉，大人否，亨。

《象》曰：大人否亨，不亂群也。

- 包容、承受亂世的苦痛。
    同是包承，小人是媚世自棄而路通，大人卻是心廣自守而不達。但這種堅持反而是亨通的。
- 鎮華老師：「尸位固寵，素位固窮。」
- 不亂群：不會為了群居的安全感而自亂其德。
    《論語》：「群居終日，言不及義。」

唐詩人皎然：「說詩迷頹靡，偶俗傷趨競。」——靡靡之音讓人頹廢軟弱，迎合世俗傷害奮發志氣。

偶俗，鎮華師的說法是不敢做別人都不做的事，不敢不做別人都在做的事。

六三，包羞。

《象》曰：包羞，位不當也。

- 包容羞辱——誤解是成長的必修學分。
- 包羞有兩個說法：
  1. 包容時代的羞辱。
  2. 包容時代給與自己的羞辱。在否世受辱是正常的。
  《蘇菲之路》：「除非你遭到上千上萬自命為誠實的人指證你為異端，你尚未到達真理階前。」

九四，有命无咎，疇離祉。

《象》曰：有命无咎，志行也。

- 英雄豪傑一個一個出現，可以行動了。
    雖在否世，大命在身，不用想太多。同道之士一群一群的結合，福祉日厚。
- 否卦到九四也開始轉了。
- 疇離祉：疇，類也。指陽剛一類一類的來，英雄豪傑一個一個出現。
  離，麗也。1.明義。2.附著。
  祉，福也。

九五，休否，大人吉。其亡其亡，繫于苞桑。

《象》曰：大人之吉，位正當也。

- 無根，經不起大時代更張的考驗。

結束否的時代，當然對大德者來說是好的，而否世結束的關鍵原因，在於「無根」啊！

· 休：有二說──1.美也。處否之世能以為美。甘苦如飴（果），自修不已（因）。
　　2.止也。結束否的時代。

· 苞桑：王船山：「木叢生曰苞，桑根入土固深，叢生則愈固矣。」

　　會否敗亡，關鍵在根紮得夠不夠深。無根，就經不起大時代更易的考驗了。另一解，《說文解字》說桑是「峭壁喬木」。也是生命的根部抓地力強大的寓意。生命的根紮得夠深，經得起大環境更張的橫逆。

上九，傾否，先否後喜。

《象》曰：否終則傾，何可長也。

· 否的勢力垮了，先否後泰，人心大悅。

· 喜：大大的通氣。內在的奮悅。

否卦語錄

➤同樣是包容、承受亂世的苦痛，小人是媚世自棄而路通，大人卻是心廣自守而不達。
　但人生的路要有點韌力，看到後來才見真章。

➤唐詩人皎然：「說詩迷靡靡，偶俗傷趨競。」靡靡之音讓人頹廢軟弱，迎合世俗傷害奮發志氣。

➤包容羞辱。
　誤解是成長的必修學分。

➤生命的根紮得夠深，才經得起大環境更張的橫逆。

第六組：泰否

通與不通的互動互證——无平不陂，无往不復

泰：通達、開放的時代	大通的時代，奔赴人生不是重點，回歸內在才是主題。	雜卦：否泰，反其類也。
否：不通、閉塞的時代	不通的時代，求生不易，內在貧乏。	雜卦：否泰，反其類也。

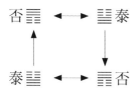

否☷☰　◀──▶　☰☷泰

泰☷☰　◀──▶　☷☰否

↓　綜：發展　　　泰 ──▶ 否：泰的驕傲、墮落，進入否。

◀▶　錯：對反　　　泰 ◀▶ 否：開明的社會，上下相交；封閉的社

　　　　互動　　　　　　　會，上下不交。

　　　（循環）　　　　　泰會淪為否，但只要生命力用對，否

　　　　　　　　　　　　也會轉成泰。

通與不通的互動互證

這兩卦是談通與不通、交與不交的問題。

上下通不通？理想與現實交不交？不交即敗。理想與現實的距離，就是天地、宇宙的距離。人生無法簡化，身處泰世否世，必須心靈介入，用生命力面對與擁抱，歷史的泰否不是絕對的，實踐力可以穿透。

附文
《易經》泰否二卦的來往內外

　　學《易》接近三十年，終於讀懂了《易經》的「往來」，原來，中國人講朋友之間與人生路上的往往來來，不是隨便說說的。

　　說「往來」之義說得最清楚的是泰、否二卦。泰卦卦辭說：「泰，小往大來，吉，亨。」泰卦說「小往大來」，否卦則說「大往小來」了。我們先行翻譯一下泰卦卦辭的含義吧：「在通達的時代，奔向外在不是真正的主題，走向內在才是壯闊的回歸，這是美好的經驗，也是人間的通路。」看到了嗎？所謂往來的深層意義，是有關外在與內在的人生選擇的問題。

　　所以讀泰否二卦，最重要是解釋好來往大小。

　　往來，事實上正是《周易》的關鍵字之一。意義分說如下：

　　往就是奔向人間，來就是回返心靈。
　　往就是建立人間的秩序，來就是奔赴自性的成熟。
　　所以往是外在性的，來是內在性的。
　　往是邁出心靈，來是走向內在。
　　往是履道坦坦，來是幽人貞吉。
　　往是井收勿幕，來是井洌寒泉。
　　往是投身他愛的滂沱，來是沉澱雨後的雋永。
　　往是人間道的放與用，來是人間道的收與體。

　　所以往來是易行者或儒行者的兩個生命向度。當我們對朋友說：「來

我家坐坐吧。」意思就是邀請對方進來你心靈的家啊！這是友道的重大，不可輕說啊！

　　往來是人生的向度與選擇，那小大就是指修養的從容與意義的重大了。所以：

　　小往，意思指經營人間事業最好大事小做。

　　大來，就是說修養內在工作卻當大業雄圖。

　　做大事，用平常心去做——小往。

　　修心德，用恭敬心為之——大來。

　　小往是心性的無為，大來是態度的鄭重。

　　也就是說，用道家的修養邁進外王，用儒家的正大走入內聖。

　　小往，用道家去人間；大來，用儒家修心性。

　　道家自有她的人間態度，儒家當有他的內裡乾坤。

　　來往來往，這就是易行者悠遊內外的信步閒庭了！

　　泰卦是講一個「通」的時代或狀態，否卦相對是講一個「不通」的時代或狀態；那麼，泰道的通達的重點是「大來」！走入內在，回歸自性是更重大的事兒。易道的價值觀與中國文化的真正內涵，可以思過半矣。

　　順理成章的，否卦的「大往小來」的意義就明顯不過了：

　　太強調外在，忽略了內在。

　　過度重視人間功業，疏於做好內在工作。

　　太熱衷成功，疏忽了成熟。

　　太重實利，失去了德。

　　意思就是指在一個價值觀扭曲的時代，生命的主題與重心完全顛倒了。

人間往來，意義重大啊！

我心往來，意指悠遊內外聖王德利之間的進退自如。

此生往來，是兩個生命向度兼修的學道法門。

往，正是千山萬水的道遠任重；來，卻是七日來復的若存若亡。

第七章

隨蠱

隨：六十四卦的「跟隨」卦

　　隨便、隨波逐流，都不是很好的狀況，但隨卦除了六二，其他五爻都是吉爻。可見隨卦是一個有層次的卦──隨眾、隨和、隨德、隨天、隨道，都是隨。就像低層次的沒有自我是失去主體性，高層次的沒有自我卻可以是一項高深的修為。

䷐ 震下兌上

隨，元亨利貞，无咎。

《彖》曰：隨，剛來而下柔，動而說，隨。大亨，貞，无咎，而天下隨
　　　　時，隨之時義大矣哉！
《象》曰：澤中有雷，隨。君子以嚮晦，入宴息。
《序卦》曰：以喜隨人者。
《雜卦》曰：隨，无故也。

相關資料

　　主題：隨時、跟隨潮流、時髦的問題。

隨的四義：

1. 隨和，性格上——金牛座、天平座的溫和個性。重點是：是不是自覺？

2. 隨眾，潮流上——趕流行、追星、潮牌、虛榮……

3. 隨時（隨德），成熟上——如何順應天性與生態。知止而止，知動而動，動靜隨時。

4. 隨道（隨天），終極上——跟隨真理是最浩瀚也最自在的跟隨。

《易經要你好看》：「太極拳的順己從人，就是一種技擊上的隨。同理，在人生與修行上也一樣，順著水流，會沒有困難；逆水而行，會沉下去的。」

◉ **卦象**：澤中有雷——古人以為雷藏於澤。陽剛蟄伏，隨「時」發動。

◉ **卦性**：動而悅——跟從潮流盲動的表面甜美。

◉《序卦》的「以喜隨人者」——流行常常是最甜美的謊言。

　　聞名遐邇的「Tittytainment」戰略，由 Titty（奶嘴）與 Entertainment（娛樂）合成，中文譯為「奶頭樂理論」——如何消解百分之八十人口的多餘精力和不滿情緒，轉移他們的注意力？美國高級智囊認為，唯一的方法，是讓這百分之八十的人口安於為他們量身訂造的娛樂信息中，慢慢喪失熱情、抗爭欲望和思考的能力。「給他們塞上一個奶嘴，他們將會在不久的將來，失去自主思考和判斷的能力。最終他們會期望媒體為他們進行思考，並做出判斷。」

◉《雜卦》的「无故」——跟著沒有原因、沒有理由的時代潮流滾動。怎麼辦？

卦辭經文註釋

　　◉卦辭有二解：

　　　1. 沒有自我、主見，即使四卦德齊全，也只能无咎。

　　　　　那麼大的卦德才能无咎。可見失去主體性的可怕。

　　　2. 跟隨真理的節奏與腳步，四卦德齊全，而且不會有災難。

　　　　　其實這一解釋很感人：不必人人成德成王，只要能隨德隨
道，即能德全免禍。

卦辭傳文註釋

・隨之時義大矣哉：靜靜觀察與掌握整個時代，以至個人與環境的脈動。

　　小程子：「君子之道，隨時而動，從宜適變，不可以為典要。非造
道之深，知機能權者，不能當於此也。」

・君子以嚮晦，入宴息：嚮，向也。晦，冥也。嚮晦就是入夜的意思。

　　宴，安也。息，自心的安頓。

　　息是生的轉機，能休息才有「隨時」的生機。

　　小程子：「禮君子晝不居內，夜不居外，隨時之道也。」跟著大自
然的節拍生活。

爻辭經傳註釋

初九，官有渝，貞吉。出門交，有功。

《象》曰：官有渝，從正吉也。出門交有功，不失也。

・隨時應變＋生命成長＋結交志士。

・官：1.館，住處。住所有變故。2.指官位。位置可能不保。
・渝：變化。人生生變是不足為奇的，最重要是隨機應變的能耐。

　　　鎮華老師：「不要碰到變化就退卻，不成熟的人只擁抱熟悉。」

・不失：不失心頭志氣，不被潮流淹沒。

六二，係小子，失丈夫。

《象》曰：係小子，弗兼與也。

・歪隨：太隨眾，失掉真正的人物。

　　　籠絡好小人物，卻錯失大丈夫。

・《易經要你好看》：「用今天的話來說，小子就是死老百姓、鄉民、ordinary
　people、不是壞人但很會混日子的人。至於丈夫就是指尋求心靈蛻變或德性成熟的
　成長者、大丈夫。到底要繼續跟隨鄉民們混日子，還是決心追隨大德前賢們邁上
　生命成長的道路，其實是很真實的生活考驗與抉擇。」

・弗兼與：人生只有一個選擇，不能又做君子，又當小人。

　　　不能既當秦始皇，又做孔夫子。

六三，係丈夫，失小子。隨有求得，利居貞。

《象》曰：係丈夫，志舍下也。

・正隨：結交人物＋生命心得。

　　　聯繫好大丈夫，放掉無聊的朋友。隨到出現生命心得，守好成長的道路吧。

・得：從生活長出來的生命心得。

・志舍下：放棄掉讓生命沉落的瑣碎、無聊、偷懶、逃避。

九四，隨有獲，貞凶。有孚，在道以明，何答。

《象》曰：隨有獲，其義凶也。有孚在道，明功也。

・隨的考驗：得到現實利益，人生考驗才開始。

　　隨順到有現實上的收獲，成長的道路危險了！如果內心真有誠信（磁性中心的雛型），道路反而閃亮，就沒有問題了。

・《周易》對「實利」、「成功」非常小心處理。

・「得」跟「獲」的不一樣——內在心得與外在實利。

九五，孚于嘉，吉。

《象》曰：孚于嘉，吉，位正中也。

・長時間正隨：嘉——磁性中心的美好。

・誠信到嘉的程度。嘉，善之美。

上六，拘係之，乃從維之。王用亨于西山。

《象》曰：拘係之，上窮也。

・整個時代隨之極：隨天＋民隨——磁性中心的壯大。

　　文王被囚（拘係之），但民心隨順，維繫不散（維之），最後在西山祭告天地。

小結

　　　初爻：隨時應變。

　　　二爻：歪隨。

　　　三爻：正隨。

　　　四爻：隨的考驗。

　　　五爻：長期的正隨。

　　　上爻：終極的正隨。

隨卦語錄

➤跟隨可以是隨波逐流。跟隨也可以是一種高深的修為。

➤跟隨真理是最浩瀚的跟隨。跟隨流行常常是最甜美的謊言。

➤跟隨是一種常常出現在金星人身上的美德。

➤太極拳的順己從人是一種自覺的跟隨。但注意：重點不只在從人，也在順己！

➤有些人適合挺立，有些人適合跟隨——途徑不同，一樣可以達致成熟。

➤隨卦的《大象》還說出了一個我做不到的品德：好好睡覺。
「君子以嚮晦，入宴息。」投身暝夜的節奏，進入安頓自心的狀態。
原來，睡覺是一個君子在晚間的安頓自性。

➤人生只有一個選擇，不能又做君子，又當小人。
不能既當秦始皇，又做孔夫子。

➤得到現實利益，人生考驗開始。

蠱：六十四卦的「整蠱」卦

　　隨、蠱二卦比較是從負面的視角去談現代與古代。其實都是在講「盲目」。現代的盲目是沒有根的盲目，古代的盲目是根紮太深的盲目。沒有根的盲目會輕浮，根紮太深的盲目會頑固。

　　其實蠱卦就是一個「齊家」的卦——原生家庭的問題與處理。而其中內容談到爸爸問題與媽媽問題的處理，態度是不一樣的，因為在本質上，跟爸爸發生問題的意義是理想的失落，但跟媽媽發生問題的意義卻是愛的破裂。

☶☴ 巽下艮上

蠱，元亨，利涉大川。先甲三日，後甲三日。

《彖》曰：蠱，剛上而柔下，巽而止蠱。蠱，元亨而天下治也。利涉大
　　　　 川，往有事也。先甲三日，後甲三日，終則有始，天行也。

《象》曰：山下有風，蠱。君子以振民育德。

《序卦》曰：蠱者，事也。

《雜卦》曰：蠱，則飭也。

相關資料

　　主題：安上、整頓傳統、上代的病痛。

　　1. 盤中之肉，本來新鮮，不動它，開始長蛆。

　　　　《易經要你好看》：「『蠱』這個字就是盤中鮮肉慢慢長蛆，這是
　　　　一個象徵，象徵每一個古代傳統本來都是深厚活潑，很有生命力

的；但人生所有的東西都一樣，時間久了就會出現問題，小問題不處理就會變成大問題，大問題不處理就會變成沒問題，因為不用處理了，整個系統都腐敗，爛掉了。所以蠱卦的內容主要是講如何去承擔上代留下來的包袱。」

2. 惑也。所謂蠱惑。

3. 故事。上代的事故。上代留下來的病根與包袱，會留下財務、身體、名譽、情感上的壓力。

　　這兩個卦比較是從負面的視角去談現代與古代。其實都是在講「盲目」。現代的盲目是沒有根的盲目，古代的盲目是根紮太深的盲目。沒有根的盲目會輕浮，根紮太深的盲目會頑固。

◉ **卦象**：山下有風──落山風，氣流之亂象。

◉ **卦性**：順而止──上代留下來的蠱亂，從順開始，最後要停止。有停止，才有開端。有完整的結束，才有真正的開始。

◉《雜卦》說「則飭」──以天則整飭上代的蠱。

卦辭經文註釋

◉ 上代留下來的包袱，要用宏大的態度去面對才會亨通，這是一件很大的事情。發令整頓前後預留三天的緩衝期，才當真，才執行。

◉ 先甲三日，後甲三日：

孔穎達《周易正義》：「甲者創制之令，既在有為之時，不可因仍舊令。今用創制之令以治於人，人若犯者，未可即加刑罰，以民未習，故先此宣令之前三日，殷勤而語之，又如此宣令之後三日，更丁寧而語之，其人不從，乃加刑罰也。」

小程子：「甲，數之首，事之始也。」「甲者事之首，庚者變更之首。制作政教之類，則云甲，舉其首也。發號施令之事，則云庚，庚猶更也，有所更變也。」

對治蠱之事先後深思熟慮各三天。

先甲三日──開創。後甲三日──守成。

卦辭傳文註釋

・終則有始，天行也：

　1.處理好上代的終才能有人生的開始。

　2.完整的 ending 是很重要的。真誠的跟舊的能量道別，新的能量才可能真正的運作。如：分手前的溝通，轉換跑道的旅行，真誠的告別式，生命受傷的治療……

　3.生生之謂易──始終之道是自然法則，終始之道是行動法則。

　　一件事剛做完，趁春意、生機仍在，立馬接著做下一件工作。

　　一個做事方法，一椿行動智慧。譬如：打球、打拳都講究行雲流水，不停下來。

　天行，最高的實踐。

・振民育德：因蠱亂，所以要振奮民心，注入德的清流。

爻辭經傳註釋

初六，幹父之蠱，有子，考无咎。厲，終吉。

《象》曰：幹父之蠱，意承考也。

・承擔父親留下來的蠱，是嚴厲的考驗，但最終會吉。

・有子，考无咎：有子承擔，老爸就沒有問題了。

・幹：樹幹，負重，擔當。

・考就是父親。

九二，幹母之蠱，不可貞。

《象》曰：幹母之蠱，得中道也。

・承擔母親留下來的蠱，但不可以頂正，頂正則傷恩。
・對媽媽的毛病，不可用正。
　　　父──理性系統／社會的脈絡／爸爸教導孩子責任與理想。
　　　母──感性系統／家庭的脈絡／媽媽教導孩子愛。
・那面對母親的錯誤或軟弱呢？只要記住一個生命的秘密，就是：擁抱媽媽。
　　擁抱，生命最神奇的動作。

九三，幹父之蠱，小有悔，无大咎。

《象》曰：幹父之蠱，終无咎也。

・承擔父親留下來的蠱，過程會很辛苦，有壓力，會有情緒，但沒有大問題。可見
　沉重、不容易。

六四，裕父之蠱，往見吝。

《象》曰：裕父之蠱，往未得也。

・寬待、因循父親留下來的蠱，路會愈走愈窄。
　　不可因循舊病。
・往見吝：發展下去，會出現貧乏困窘。

六五，幹父之蠱，用譽。

《象》曰：幹父用譽，承以德也。

・承擔父親留下來的蠱，用自己的德行與名譽洗清。
　累德成譽，以洗刷父之蠱。德是靈魂的清潔劑。

・承以德：用自己的德承擔。

上九，不事王侯，高尚其事。

《象》曰：不事王侯，志可則也。

・改正一個家的蠱，是高尚的大事業。

　　表面上是自己家的事，其實高貴得不得了。

・《禮記》：「八十者一子不從政，九十者其家不從政。」德行高於事業。

小結

　　初爻：幹父之蠱，有子承擔。

　　二爻：幹母之蠱，不可頂正。

　　三爻：幹父之蠱，終會无咎。

　　四爻：裕父之蠱，放縱會凶。

　　五爻：幹父之蠱，用譽。

　　上爻：承擔家道，大事。

蠱卦語錄

▶終則有始是一個行雲流水的做事方法與行動智慧。

第七組：隨蠱

隨時與安上（跟隨時潮的問題與整頓傳統的病痛）
——在道以明，高尚其事

隨：隨時／跟隨潮流的問題	歪隨——盲從眾。	雜卦：无故也。
	正隨——真正的人物與心得。	序卦：以喜隨人者。
蠱：安上／整頓傳統的病痛	上代的毛病，有如盤中腐肉，	雜卦：則飭也。
	開始長蛆。	序卦：蠱者，事也。

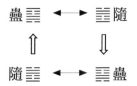

⇩ 綜：發展	從隨到蠱：隨俗、隨眾過頭，開始爛掉，蠱（腐敗）就產生了。
◀▶錯：對反	隨 對 蠱：隨——時潮／重在「隨順」／跟隨時髦的貧乏。
	蠱——上代／重在「整頓」／整頓傳統的包袱。

隨時與安上

潮流有危險性，盲目跟隨，容易陷溺，要注意「正隨」的問題。

傳統留下的不一定是好的，也有腐敗的一面，如何安頓與整治，更成了「終則有始」的大問題。

或許正因為上一代太「隨」，而留下了今天的「蠱」。

附文一

隨便與隨道

——談《易經‧隨卦》的逐流與正向

隨卦的特殊性

《易經》六十四卦的第十七卦隨卦是很特別的一卦。基本上，隨卦的主題是講「盲從潮流或時髦的負面現象」，也就是說，這是談隨波逐流的一個卦。但，隨卦怎麼看都不像是一個單純批判負面現象的卦而已，這不太像是一個凶卦；相反的，隨卦卦辭四卦德俱備，六條爻辭除了二爻外，其他都是吉爻。事實上，這是一個有大開展的卦，這是一個有歧義性的卦。我們先從《易傳》切入，看看〈序卦傳〉與〈雜卦傳〉的說法。

《易傳》的說法

〈序卦傳〉解釋隨卦說：「以喜隨人者。」翻譯成白話就是：用讓人喜悅的方法跟隨大眾的潮流。所以關鍵字「喜」就是讓人高興的意思，就是取悅他人，就是「討好」呀！「討好」正是資本主義的主要策略，資本主義正是用取悅、媚俗、討好消費者的方法來進行商品行銷，討好消費者的享受、虛榮與感官刺激，以便促銷營業額與銷售量，至於人性的矮化、淺化、扭曲、破壞，就不是資本主義所要關心的了。〈序卦傳〉的「以喜隨人」，說得精準！

〈雜卦傳〉則說：「隨，无故也。」更是一刀直下、一語道破的說出

資本主義的隨波逐流是一種沒有原故、沒有理由、無厘頭、無根的荒謬存在啊！

當然兩個《易傳》詮釋隨卦都是負面的角度，事實上，隨，有更具層次性的解釋。

五種「隨」

隨有五層含義，由低到高。

1. **隨眾**：就是盲從潮流。不敢不做很多人都會去做的事，當然就放棄掉自己的獨特性了。
2. **隨和**：好一點，至少好相處，但可能是濫好人，一失覺，就可能是跟上一點一樣的媚俗。
3. **隨時**：這是指掌握時機、掌握潮流的能力。也許可以做些改變，因為頭腦至少是清楚的。
4. **隨賢**：就是六三爻「係丈夫」的意思，跟隨成熟，擁抱賢者，從學於大丈夫——這開始是隨的正途了。
5. **隨道**：直接跟隨真理！這當然是最高的跟隨了。

基本上，這五種隨，隨卦的內容都有談到。

擁抱隨時的變化

首先，隨卦初爻點出了一個盲從潮流的心理狀態，就是：恐懼變化。

初爻提出了「官有渝」的人生實況。官可以解釋成「館」，就是住處的意思；也可以是指「官」，官位、位置的意思。渝就是變化。意思就

是：這個人生呀，不管是居所還是位置都可能隨時生變，人生是沒有一路到底的安適平穩的！所以只要心生畏懼，缺乏勇氣去面對人生的新事物與新變化，人就會變得只敢去做熟悉的事跟一堆人去做的事。於是一堆人卯勁排隊買 iphone，一窩蜂哈韓，盲目的追逐錢流，沒有意識的集體消費……盲目跟隨資本主義的潮流，喪失了生命的獨特性與主體性。這就是「隨眾」的世道寫真。

還是鎮華老師說得精準：「不要一遇變化就退卻，不成熟的人只擁抱熟悉。」有勇氣隨時擁抱變化的行者，反而不會真的隨波逐流。

丈夫與小子

接著隨卦談到「丈夫與小子」的問題，跟隨大丈夫？還是跟隨小人物？這是兩種全然相反的隨——正隨與歪隨。

正隨就是「係丈夫，失小子」，歪隨就是相反的「係小子，失丈夫」。所謂丈夫就是大丈夫或賢者，小子就是小人物，其實小子不是壞人，就是今天所謂的鄉民或死老百姓的意思。正隨就是結交人物、跟隨賢者，生命自然成熟與成長；歪隨就是太隨眾，錯失真正的良師益友，籠絡好小人物，卻失掉了大丈夫。

這是兩個完全不同的生命方向，〈象傳〉說「弗兼與」——意思是人生常常只有一個選擇，要決定好自己的生命態度，不能又做君子，又當小人。要跟隨大丈夫學習成熟與心得，還是跟鄉民們一道混吃等死，自己想想囉。

得與獲——內在心得與現實利益

接下來的一個問題是：跟隨大丈夫學習成熟與心得，這是正隨，但，

要怎麼才知道所跟隨的真的是大丈夫？還是其實是神棍？從表面上看，一個感動人心的賢者與一個行騙天下的神棍，是會有很多地方相像的，區別真假的關鍵就是隨卦六三爻所提出的「得」──真正生命的心得。

原來跟隨一個大丈夫或賢者，到後來，會隨到「心得」出現！所謂生命心得，就是對人生、成長、群體、自愛、愛人、生命能提出獨立、深刻而成熟的看法。所以有沒有「心得」出現是一個關鍵，證明有沒有跟對人的關鍵。這也是賢者與 seafood（二〇一七年臺灣因某個社會事件用來諷刺神棍的同音戲稱）的差別──賢者要隨學的弟子發展出自立與心得，seafood 只要盲從的信眾所奉上的鈔票與擁戴；賢者要教育出心靈的猛虎，seafood 只要盲從的羊群；賢者做的是教育工作，seafood 搞的是造神運動。所以「得」是關鍵，跟隨「真」丈夫才會出現生命成長的心得。

在隨卦中，又提出了與「得」相對的「獲」的觀念。事實上，「得」與「獲」是兩種人生途徑的結果，與上文所提的「係丈夫」與「係小子」的選擇相關。得，是內在心得；獲，指現實利益。前者是內在的途徑，後者是外在的途徑。前者是「係丈夫」的結果，後者是「係小子」的追尋。而《易經》對後者、實利、成功非常小心處理，得到現實利益，人生真正的考驗才開始。

不管是丈夫與小子、賢者與神棍、得與獲，都是人生「弗兼與」的選擇，就看我們要怎麼隨了。

隨道的三個正果

隨卦最後兩爻，總結出隨之道的三個正果：

1. 跟隨成熟，這是「隨賢」。

   隨道，事實上是屬於陰柔型的聖人之道，老老實實的追隨賢者，會跟隨出個道理的。

2. 民意所歸，這是「民隨」。

　　不只自己跟隨出個道理來，也會讓很多人感受到你的道理。

3. 呼應天道，這是「隨天」。

　　隨的極致，當然是跟隨真理的節奏與生態的步伐了。低層次的隨可以是隨波逐流，但隨到最高點卻可以是天人合一！

附文二
兩個較低層次的「隨」的例子

　　《易經》隨卦的歧義性很大，多年前，讀完隨卦，寫下了兩個層次較低的「隨」的例子。

第一例：隨眾是為了降低水準

　　第一個例子舉的是唐太宗李世民的電視劇。

　　為什麼舉這個歷史人物的影劇呢？因為李世民的歷史劇演過無數遍了，但不管演多少遍，不管是臺、中或港，用的都是一樣的手法──簡化。就是簡化歷史，都是將李世民演得英明神武、舉世無雙。事實上，李世民固然是歷史上的明君，但也是一個複雜的歷史人物──仁善相對於心狠、真誠相對於偽善野心、英明相對於荒淫、早年成功相對於晚年昏庸、天才力強相對於道德力弱……其實，正是這種複雜的性情才逼顯出李世民生命力的精采。

　　但李世民的故事一變為戲劇就一定被淺化、簡化，為什麼？就是為了遷就市場的導向與需要啊！在資本主義與商品化的社會，一定要遷就消費者甚至降低消費者的水準，不能讓商品顯得深刻複雜，因為一深刻複雜，消費者就看不懂，一深刻複雜，收視率就下降。這就是媚俗、隨眾、矮化人性、降低品質的常見例子。

第二例：一個跟隨西方主流的例子

第二個例子是許多年前的一部很好看的老片《絕命追緝令／The Fugitive》，由年輕時的哈里遜福特主演。內容大概就是講一個飛來橫禍、冤蒙不白、千里逃亡、萬里追兇的故事；而在追捕與被追捕的極限情境中激發起人性（警察與逃犯的熟悉與相惜）、錯亂了角色（追捕者與被追捕者的界線模糊）、鼓盪著一種悲劇的氣氛與撼動！

總結這部戲的主題，就是：在無奈、強大的命運陰影下人的「意志力」永不服輸的追尋！

事實上，這是西方文化性格很典型的表現，像：哥倫布、殖民主義、征服月球……等等都是意志力的表現。這樣的文化主題對嗎？還是不對？事實上無所謂對不對，不同文化傳統即擁有不同主題。像：西方文化的主題是「權力意志」；佛學文化的主題是「修心」；中國文化的主題是「中道」；希臘文化的主題是「當下生命的靜態觀」。

事實上，不同文化有不同的關懷與主題，西方文化的主題只是其中之一，「權力意志」不是唯一也不是必然的生命命題。但，今天這個命題常常變成強勢的主流，事實上，這不必然是無庸置疑的。像《聖經》所說：「有耳能聽者，即讓他聽。」僅此而已，並沒有強勢到像今天教會（尤其新教）的強勢傳教與排他主義。所以從這個例子，可以看到不是基督教影響了西方文化，而是西方文化的「權力意志」內化了教會。

回到電影《絕命追緝令》，金波醫生在逃亡的過程中有沒有可能發展出心靈成長、超脫、蛻變、醒悟、內在成長……之後，再回來追兇呢？在真實人生當然是有此可能的，但在西方文化的戲劇裡不會強調這個部分，因為修心或心靈成長，並不是西方文化的主要關懷。

我們已經常常不自覺跟隨西方強勢文化的思維、做法與價值觀了，這就是一個不自覺「隨」西方主流文化而缺乏反省力的例子。

第八章
臨觀遯大壯

臨：六十四卦的行動卦

　　臨卦是很正面的一卦。很明顯的，臨卦就是六十四卦的「行動」卦。卦辭提出行動的飽滿與消長，爻辭則討論了人生六種不同的行動，一直談到最後一種──內在的行動。走向內在，大概是人生最深邃、最主題、也最終極的行動。

䷒ 兌下坤上

臨，元亨利貞。至于八月，有凶。

《彖》曰：臨，剛浸而長，說而順，剛中而應，大亨以正，天之道也。
　　　　　至于八月有凶，消不久也。
《象》曰：澤上有地，臨。君子以教思无窮，容保民无疆。
《序卦》曰：臨者，大也。
《雜卦》曰：臨觀之義，或與或求。

相關資料

　　主題：面對，面臨，行動。
　　不閃躲的意象。以上視下曰臨。

小程子：「臨者，臨事臨民，凡所臨皆是。」

　　臨已經進入狀況，準備期中考，但還沒讀完，讀完就是泰卦的階段了。

◉ **卦象**：澤上有地──臨近海邊，不得假借、閃躲。再前進一步，就下海了。小程子：「澤上有地，岸也，與水相接。臨近乎水，故為臨。」

◉ **卦性**：悅而順──陽來而悅，透過行動，順著一步步把陰排掉。

◉《序卦》曰：臨者，大也。

　　面對問題，不作人生的逃兵，生命的氣象就大。

◉《雜卦》曰：「臨觀之義，或與或求。」

　　與，參與真實的人生。行動的人生。

卦辭經文註釋

◉ 面對、不埋怨、不閃躲，是最飽滿完整的人生經驗──四卦德皆備。

　　但再強勁的人生走勢總有下坡的時候。

◉ 臨，元亨利貞：不閃躲的人生態度，德性是飽滿完足的。

◉ 至于八月，有凶：自臨（十二月卦）至觀（八月卦），凡八個月，在初盛時即警戒衰象──艱貞之道。

　　在事業行將到達巔峰之際先鏨定好一份破產計畫書。

　　儘管陽剛，但經過一段長時間（譬如：八個月），消長是自然之理。

卦辭傳文註釋

‧浸而長：慢慢滋長。
‧消不久：陰性消失沒多久。
‧君子以教思无窮，容保民无疆：臨民之道，是沒完沒了的。
　教育工作是沒完沒了的，愛的行動是沒完沒了的。

爻辭經傳註釋

初九，咸臨，貞吉。

《象》曰：咸臨貞吉，志行正也。

‧年輕生命用心頭的溫柔、感性面對人間。
　重點必須是生命成長的感動──貞吉。
　年輕的感性、熱愛、夢、甚至衝動，是一個民族的美好。
‧咸臨貞吉，志行正也：生命初階常常用感性做事，重點是感要正。

九二，咸臨，吉，无不利。

《象》曰：咸臨吉无不利，未順命也。

‧更成熟的感性。感性是很陽剛的。
　　再以感動面對人間，也可以是沒有困難的。
　　捲土重來的感性，就不是原始衝動的感性了。
‧未順命：百姓未順天命，再以感性感動人間。

六三，甘臨，无攸利，既憂之，无咎。

《象》曰：甘臨，位不當也，既憂之，咎不長也。

‧看人生看得太輕鬆，沒什麼好處。修正策略是「憂患意識」。

甘臨有點「過易」，看事情太輕鬆，要有憂患感。

一傲慢，砍掉重練。

・咎不長：憂患感出現，災禍就不會太久了。

六四，至臨，无咎。

《象》曰：至臨无咎，位當也。

・真刀真槍的面對人生。

不閃躲、滑過真實人生經驗。

不埋怨（過）不期待（未）的活在當下。

・至：飛箭著地，穿透力，臨場感，真刀真槍，到位，下水，臨在……

六五，知臨，大君之宜，吉。

《象》曰：大君之宜，行中之謂也。

・智慧或知人善任臨事臨民，是大君的適當性。

・知臨：有三解──

1.知人善任以臨。（當王的唯一要會的就是這件事，空王的概念。）

2.智臨。

3.以知人（耳順）去臨。

・行中：行動的神射手。

上六，敦臨，吉，无咎。

《象》曰：敦臨之吉，志在內也。

・1.以成熟豐厚的德性面對下一代。

2.面對自己成熟豐厚的內在。

・志在內：所有人生的行動最後都是回歸內在的成熟。

小結

初爻：赤誠年輕的感性行動。

二爻：更成熟的感性行動。

三爻：太隨便的行動。

四爻：真刀真槍的行動。

五爻：當領袖唯一重要的行動。

上爻：內在的行動。

臨卦語錄

▶面對、不埋怨、不閃躲，是最飽滿完整的人生經驗。

　但再強勁的人生走勢總有下坡的時候。

▶艱貞之道就是：

　在事業行將到達巔峰之際先釐定好一份破產計畫書。

▶臨民之道，是沒完沒了的。

　教育工作是沒完沒了的。

　愛的行動是沒完沒了的。

▶年輕的感性、熱愛、夢、甚至衝動，是一個民族的美好。

▶志在內：所有人生的行動最後都是回歸內在的成熟。

觀：六十四卦的觀察卦

「觀內不觀外，觀德不觀形」，是觀卦最重要的核心原則。

觀卦是六十四卦的「觀察」卦，六條爻辭就講六種觀與「眼睛」──小孩子的眼睛、女生的眼睛、內在的眼睛、大視野的眼睛、愛人者的眼睛、仰望者的眼睛。而最重要的，就是上段所說的內在的眼睛──內觀風雲，風雲在心。

如果臨觀二卦合看：臨卦談行動力，觀卦談觀察力。沒有行動勇氣的觀察是袖手旁觀，沒有冷靜觀察的行動是魯莽衝動。「臨觀」的整體性智慧到了孔子時代變成了「學思」，到了王陽明時代則演變成「知行」，所以從臨觀到學思到知行，可以看到一個思想演變的過程。當然，臨觀相綜，學思互發，知行合一，行動家＋觀察家，這就是一個最壯大、強健的生命行者！

䷓ 坤下巽上

觀，盥而不薦，有孚顒若。

《彖》曰：大觀在上，順而巽，中正以觀天下。觀，盥而不薦，有孚顒
若，下觀而化也。觀天之神道，而四時不忒，聖人以神道設
教，而天下服矣。

《象》曰：風行地上，觀。先王以省方，觀民設教。

《雜卦》曰：臨觀之義，或與或求。

相關資料

主題：觀察，觀德，知見。

觀物、觀德、觀民、觀賢、自觀、他觀，都是觀。

但不管內觀外觀，都不能脫離自己。

◉ **卦象：**風行地上──小程子說「風行地上，徧觸萬類，周觀之象也。」。

◉ **卦性：**順而入──像風一般，順著萬物自然之理，進入觀察。

◉《雜卦》曰：臨觀之義，或與或求。

臨是面臨，觀指觀察。觀卦較弱。所以臨是積極參與，而觀有「外求」之義。

卦辭經文註釋

◉ 觀之道，用神用心。眼觀→心觀→神觀。

觀之道，觀盥（德）不觀薦（形）。只要有誠信，其他人自然會莊敬的觀仰。

◉ 盥而不薦：盥，祭之始。洗手灌酒於地以降神禮／生命力的投入。薦，祭之後。祭後以物享神／儀典的形式。

鎮華老師《黃河性情長江行》：「一個領袖，於祭禮中淨手而尚未獻牲，就儼然有信的樣子。」有德者才開始洗手，人們就相信他了。重點在德，而不在祭品是否豐厚。

觀的原則：觀生命（德）（內）。

不觀形式（形）（外）。

「觀內不觀外、觀德不觀形：這是內觀的觀，這是重視成長心得的眼睛。面對人間世的事事物物，最重要是發現內在與深層的

世界，讀一本小說、看一場電影、觀察一個生命現象、思考一個
社會問題、遇見一種負面情緒，最最重要的是找到它的內在世界
與深層結構。」（《易經要你好看》）
◉顒：1.仰望。2.敬也。

卦辭傳文註釋

・中正以觀天下：以心靈原則、成長原則觀天下萬象的大修養與大氣度。
・觀天之神道，而四時不忒，聖人以神道設教，而天下服矣：

小程子：「天道至神，故曰神道。觀天之運行四時，无有差忒，則
見其神妙。」

傳統觀念的神並不是偶像，是自然力量的伸張與神準。先民眼中的
神道，只不過是「四時不差」。

神，伸也，準也。

陰陽不測之謂神：神的力量是很明朗的，不過是陰陽二力的相激相
盪，只是我們不了解（不測），所以覺得神。
・《孟子・盡心篇》：「可欲之謂善，有諸己之謂信，充實之謂美，充實而
有光輝之謂大，大而化之之謂聖，聖而不可知之之謂神。」「君子所過
者化，所存者神，上下與天地同流，豈曰小補之哉？」

「神道設教」的觀念，豐富！
・先王以省方，觀民設教：省視四方，觀民情，設定教育文化。

爻辭經傳註釋

初六，童觀，小人无咎，君子吝。

《象》曰：初六童觀，小人道也。

・童子是原始的真，君子是成熟的真。

　　從兒童的眼睛看事情，對一般人來說沒問題，對一個君子來說卻嫌貧乏了。

　有時候太天真會傷人害己，至少觀點太狹隘。

　　只有善良是不夠的，善良永遠不夠。善良加上成熟才是真正的善良。

六二，闚觀，利女貞。

《象》曰：闚觀女貞，亦可醜也。

・偷偷觀察，格局不夠大，氣象不夠廣。

　　不得已的情況下，才用「闚觀」。像古代女子礙於身分，不能直接觀察求親者。闚，門縫中看世界。精細，但見小不見大。

・女貞：女性能量的成長型態。

・亦可醜：《小象》道德觀太重？

六三，觀我生進退。

《象》曰：觀我生進退，未失道也。

・反觀自我人生體驗的進退得失。

　這一觀是反觀，反思，反省的觀。

・未失道：內視自己，但不離開真理。

六四，觀國之光，利用賓于王。

《象》曰：觀國之光，尚賓也。

・開始宏觀，大視野。

　著眼於整個國家的廣角，適宜推薦賢人給王者。

・光：廣也。用：推薦，見用。賓：賢者。

九五，觀我生，君子无咎。

《象》曰：觀我生，觀民也。

- 觀照生民大計——俯察民生。

　　對一個君子來說當然沒問題，不怕太累。

　　六三還是看自己，為自己活；九五從老百姓的生活看到自己的心。

　　觀察、關心民間疾苦到最後，真正的意義是看到自己一顆心的陰影與陽光。

上九，觀其生，君子无咎。

《象》曰：觀其生，志未平也。

- 觀察成熟者的生命氣象——仰觀大賢。

　　仰觀王者的生命經驗，對一個君子來說不會構成問題——觀賢以益己德，不是自我放棄。

- 志未平：在野君子生命方向未平順，參考前輩經驗來斟酌損益自己的道路。

小結

　　初爻：童觀的純真與狹隘。

　　二爻：微觀的型態與狹隘。

　　三爻：內觀的價值與提醒。

　　四爻：宏觀的心胸與重點。

　　五爻：觀民的胸懷與深義。

　　上爻：觀賢的意義與價值。

　　觀卦的一個秘密：六爻六觀，完全沒有知識、學術、思考、科學、頭腦性、純粹理性作用的觀。這就是文化性格。

觀卦語錄

➤有時候太天真會傷人害己，至少觀點太狹隘。

只有善良是不夠的，善良永遠不夠。

善良加上成熟才是真正的善良。

➤不離開真理，看清楚自己！

遯：六十四卦的退隱卦

這是六十四卦的退卦。人生有時候難免必須退，而且深入的看，退與進根本是一體的關係。

遯卦六爻，前三爻內卦還比較是講隱退的技巧與方法，後三爻外卦則更深入到退的修行意義與社會意義了。

☰ 艮下乾上

遯亨，小利貞。

《彖》曰：遯亨，遯而亨也。剛當位而應，與時行也。小利貞，浸而長也。遯之時義大矣哉。

《象》曰：天下有山，遯。君子以遠小人，不惡而嚴。

《序卦》曰：遯者，退也。

《雜卦》曰：遯則退也。

相關資料

主題：退隱的狀況。

陰的勢力上升，該退就退。

　　君子都退了，壞人怎麼辦？

1.壞人自己毀掉。2.老天爺收拾。3.義民幹掉。4.君子不退之退。

六月卦，未時（下午一點到三點）。

◉**卦象：**天下有山──可以歸隱到山中。

◉**卦性：**止而健──停下腳步，內心剛健。真正的主題是「健」。

卦辭經文註釋

◉ 退的智慧是可以通的。但時代不好，對生命成長只有一點點好處。
退而求通，當退而退。

卦辭傳文註釋

・浸而長：陰是慢慢來的。
・遯之時義大矣哉：時機因素＋時代因素。
・君子以遠小人，不惡而嚴：退就是為了遠離不可為的時代。
君子的重點是要求自己，對小人不要兇。但立場要嚴正，讓小人知難而
退。

爻辭經傳註釋

初六，遯尾厲。勿用，有攸往。

《象》曰：遯尾之厲，不往何災也。

・該退就退，跑太慢的危險，不要三心二意。
該退卻吊車尾，反而是厲。
・有攸往：有計畫、有方向的跑路。

六二，執之用黃牛之革，莫之勝說。

《象》曰：執用黃牛，固志也。

・執：束縛。

小程子：「黃，中色；牛，順物；革，堅固之物。」

用中、順、強固之志綁住自己——不可為的時代，壓住強出頭的衝動。時代不好，不要亂來。

· 用黃牛的皮革將自己綁起來，還高興得不得了。

九三，係遯，有疾，厲。畜臣妾，吉。

《象》曰：係遯之厲，有疾憊也。畜臣妾吉，不可大事也。

· 畜臣妾：假裝畜養寵臣侍妾。
· 想退卻不行的窘迫、危險，假裝腐敗以免禍。
· 不可大事：謀大事會招禍。如：信陵君的例子。
· 古人三裝：裝醉、裝腐敗、裝瘋。

九四，好遯，君子吉，小人否。

《象》曰：君子好遯，小人否也。

· 君子是好義而遯，小人是擔當不夠。

九五，嘉遯，貞吉。

《象》曰：嘉遯貞吉，以正志也。

· 嘉：美也。
· 好遯只是個人，嘉遯有社會示範意義。如：王船山。

上九，肥遯，无不利。

《象》曰：肥遯无不利，无所疑也。

· 人格意義的從容而退。小程子說肥是「充大寬裕」。
· 心靈意義的逍遙而遊：不是形式上的退，而是修為上的無為無執。

肥：通蜚，飛也。肥遯就是飛遯。

· 侯果：「心無疑戀，超世高舉。」《象傳》也說：「无所疑。」

　心中沒有任何形式的貪戀了。

小結

　　初爻：趕快跑。

　　二爻：不要動！

　　三爻：裝爛人。

　　四爻：人格義意的退。

　　五爻：社會意義的退。

　　上爻：心靈意義的退。

遯卦語錄

➤心退不是形式，而是修為上的逍遙而遊。

大壯：六十四卦的進取卦

大壯卦就是六十四卦的進卦。這一卦談進取，事實上大壯卦的主題就是力量與成熟的連結。成熟者才有資格使用力量，成熟的使用力量，會蛻變成力量的藝術──使用力量要穩，不能冒進，要正當，要準確，力量要用在刀口上，不能蠻幹，不能迷信力量，不能失去內在的精神與勁道……力量不是萬靈丹，力量不能是一個孤立的存在。

䷡ 乾下震上

大壯，利貞。

《彖》曰：大壯，大者壯也，剛以動，故壯。大壯利貞，大者正也。正
　　　　大而天地之情可見矣。

《象》曰：雷在天上，大壯。君子以非禮弗履。

《雜卦》曰：大壯則止。

相關資料

主題：壯大的勢力。
　　二月卦，卯時（清晨五點到七點）。
　　大壯卦兩個關鍵字──大，與正。格局與成長。
◉ 卦象：雷在天上──雷打到天上去，大壯之象。在高空打雷，一雷天下響，震驚百里。
　　古人認為雷有「譴」的意思，大壯要懂自省。

⊙ **卦性**：健而動——剛健的力量開始發動。

⊙ 《雜卦》的「大壯則止」——這一卦主要的精神在止，小心力量的誤用，小心力量太大欺負、傷害他人。

卦辭經文註釋

⊙ 壯大的力量，一定要正用。

⊙ 鎮華老師：「一個壯大的勢力，必須正，才是真正的大；否則，不正則只是一股的暴力，不會有正大的氣勢。必須正，才是真正的大；天地的大，正因為有一股正氣在。」

卦辭傳文註釋

· 正大而天地之情可見矣：正，向上的力量。四時轉換，生死更替，成住壞空，無一不呈現生命生生不已的延續。所以生生不息的成長力量就是「正」，剛好反正為乏，貧乏正是因為缺乏生命力。

大則是整體性。

生命力與整體，可以看見天地之間的真實面目。

· 非禮弗履：王弼說「壯而違禮則凶。」

弗履，不行。

壯大的勢力也要靠文化的疏導與調節。

小結

1. 大連著正，大沒有問題。大了最重要是正。

2. 力量大不能解決問題，許多問題就是因為力量太大而產生的。如：老美，老共。大壯卦的問題就是力量太大了，力量大到沒地方放。

3. 大沒有正，只是赤裸裸的暴力，再大，也沒有正大的氣象。

4. 大了以後，才能看到正。大是正的考驗。

5. 正大了之後即通，看到天地之情。

爻辭經傳註釋

初九，壯于趾，征凶，有孚。

《象》曰：壯于趾，其孚窮也。

· 腳趾頭蠢蠢欲動，進取會凶，非常準的。基礎的力量必須穩健。

　民間的力量剛形成，就想動手，會被吃掉。

· 其孚窮：一定困窮。穩輸。

九二，貞吉。

《象》曰：九二貞吉，以中也。

· 正當的使用力量。

· 很意簡言賅而有魄力的下了這兩個字，強調民間領袖正用力量的重要。

九三，小人用壯，君子用罔。貞厲，羝羊觸藩，羸其角。

《象》曰：小人用壯，君子罔也。

· 小人仗勢，君子卻不。有沒有成長是很嚴重的原則。

　像那隻公羊觸撞籬笆，角被纏住。

　九三是給迷信力量的一個警告。

· 罔有三解：1.輕蔑。

　　　　　　2.網羅。王船山說小人用壯，君子卻網羅以為己用。險招！蔡京、嚴

嵩、中共，都是這樣坐大的。

　　3.不用。

- 羝羊：公羊、壯羊。
- 觸藩：藩籬。羊性喜撞。
- 羸：纏住。

九四，貞吉，悔亡，藩決不羸，壯于大輿之輹。

《象》曰：藩決不羸，尚往也。

- 決：推倒。
- 輹：輪軸。最關鍵處。
- 正仍然是很重要的原則。陽剛的力量累積到最高點，籬笆終於被推倒了，又像大車的車軸非常強壯──九四講力量用對地方（舵、軸、核心的觀念）。用不對的例子太多了，如：老師的雜務、官僚主義、軍備競賽……

六五，喪羊于易，无悔。

《象》曰：喪羊于易，位不當也。

- 1.吉爻的解法──小程子：「羊群行而喜觸，以象諸陽並進。」「治壯之道，不可以剛也。」懷柔之君，用柔道領群陽，如：劉備，宋江。
  2.凶爻的解法──太輕慢仗勢導致失去陽剛的生命力。驕傲失去陽剛，一壯大就丟羊。

上六，羝羊觸藩，不能退，不能遂，无攸利，艱則吉。

《象》曰：不能退，不能遂，不詳也。艱則吉，咎不長也。

- 那隻笨羊又去撞籬笆，這次卡住進退不得，只能發揮憂患意識──內在生命衰萎，只會更迷信力量。

· 在最困窘的時候,《易經》還是沒告訴人可以失望,而是說憂患意識可以度過迷信力量的危機。

· 遂:進也。

· 不詳:1.不縝密。2.不妙。

· 一點感想:二十幾年前寫下的一段話:「大壯卦像極中共的歷史,甚至預言──中共有 1.民心(初期),2.力量,3.知進退,懂權謀。就是沒有『正』的元素。」

小結

初爻:力量要穩。

二爻:正當。

三爻:警告力量。

四爻:力量用對地方。

五爻:失去陽剛。

上爻:迷信力量。

大壯卦語錄

➤力量大不能解決問題,許多問題就是因為力量太大而產生的。壯大的勢力要靠文化的疏導與調節。

➤成熟是力量的導師,讓力量用在刀口上,讓力量用到核心中。

第八組：臨觀遯大壯

面對人生的進退之道——臨，元亨利貞

臨：面臨/面對	不作人生的逃兵。	雜卦：臨觀之義，或與或求。
	真刀真槍，參與真實的人生。	序卦：臨者，大也。
觀：觀德/觀察	觀生命，不觀形式。	雜卦：臨觀之義，或與或求。
遯：退隱的狀況	退的生命反而健，目標在通。	雜卦：遯則退也。
		序卦：遯者，退也。
大壯：壯大的勢力	不迷信力量，要正，知止。	雜卦：大壯則止。

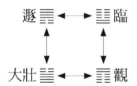

↕　綜：互動　　臨 ↕ 觀：面對事情要懂觀，不可盲動。

　　　　　　　　　　　不能只有觀，觀後要真實面對，知而後行。

　　　　　　　　　　遯↕大壯：退下來培養實力與勢力。（如：高文景→武帝）

　　　　　　　　　　　大壯後要知止，退下來養德內修。（如：輪台之詔）

◀▶錯：互動　　臨 ◀▶ 遯：真刀真槍面對人生，知進也要知退。

　　　　　　　　　　　不能停格在退，要能時行，不閃躲。

　　　　　　　　　　觀 ◀▶ 大壯：觀之極觀國觀民，力量漸漸壯大。

　　　　　　　　　　　大壯不能迷信力量，要能靜觀

面對人生的進退之道

遯大壯固然在談進退。退有多種退——好遯，嘉遯，肥遯……大壯則不能迷信力量，要正，要知止。

事實上臨觀也是談進退之道，甚至有知與行的味道。

不管或進或退，最重要是面對人生，不閃躲，不埋怨，就是「臨，元亨利貞」的真義。

附文一
《易經‧臨卦》的六種人生行動

　　臨卦就是《易經》六十四卦的行動卦。臨卦內容簡明大氣，這篇文章也不囉嗦，盡量用白話說出卦辭的兩大行動原則與爻辭的六種人生行動，作為人生行者的參考。

兩大行動原則：完美生命與艱貞之道

　　原則一：行動人生，就是最飽滿完整的生命狀態。
　　面對問題、不埋怨他人他事、不閃躲真實的生命經驗，就是臨卦卦辭所說的「臨，元亨利貞。」
　　原則二：艱貞之道，就是在初盛時即警戒衰象。
　　再強勁的人生走勢總有下坡的時候，在事業行將到達巔峰之際先擬定好一份破產計畫書。再陽剛的生命，經過一段長時間，消長是自然之理。

六種人生行動

　　第一種行動：感性的行動（咸臨）。
　　年輕的感性、熱愛、夢、甚至衝動，是一個民族的美好。
　　第二種行動：更成熟的感性行動（第二度的咸臨）。
　　第二度的咸臨是經歷人生風霜、沉澱與成熟後的咸臨。這是更成熟的感性，事實上感性是很陽剛的。但兩度咸臨之間會出現一個東西，如果這個東西無法面對與超越，第二度的咸臨就不會發生了，這個東西就叫「障

礙」。年輕的感性與成熟的感性之間一定會出現障礙,障礙一旦不能跨越,就會誕生放棄,「放棄」即取代了第二度的咸臨。青壯年失去感情與夢,一個民族或社會就失去了溫度與熱力了。

第三種行動:太隨便的行動(甘臨)。

人性在得意時就會跩,往往看人生就會看得太輕鬆容易,《易經》說這沒什麼好處,修正策略就是「憂患感」,也就是卦辭說的「艱貞之道」。

第四種行動:真刀真槍的行動(至臨)。

壯年之後,調整態度重新上路,真刀真槍的面對人生。

關鍵字就是「至」。「至」字的本義是戰場上飛箭著地,比喻生命的穿透力。或者說是人生的臨場感,人生是真刀真槍的,人生不能 NG 重來,必須當真,必須到位、下水、如在……所以,至就是心靈之刀,刀者,到也。

第五種行動:領導的行動──識才於野(知臨)。

當王的唯一要會的,就是知人善任、識才於野這件事。只要做好發現人才、賞識人才、拔擢人才,其他的事兒,對一個王者來說,都是芝麻蒜皮,把權力下放,自己愈不管事愈好,這就是中國文化「空王」的概念。另外,知臨還有一個說法,就是知曉人心的臨、通達人情的臨。這就是孔子的「耳順」或菩薩的「天耳通」的能力──洞悉人心、尋幽探微、善巧領悟、去假存真──聽懂人心深處的迂迴曲折與迂迴曲折背後的神秘曲譜。當領導的無為而治又洞察人情,好個王者的行動,知臨!

第六種行動:內在的行動(敦臨)。

敦臨就是厚臨。不管是將豐厚的生命成熟傳給下一代,或者在人生晚年面對自己內在的豐厚成熟,都是指內在的行動。《象傳》說得好:「志在內也」,所有人生的行動最後都得回歸內在的成熟啊!

臨卦講的六個人生階段的行動,就是:

感性的行動,更成熟的感性行動,太隨便的行動,真刀真槍的行動,發現人才的行動,與走向內在的行動。

附文二
《易經・觀卦》的六雙「眼睛」

　　臨卦談行動，觀卦談觀察；臨卦描繪站穩人生戰場第一線那種緊張、微妙、真實、碰撞的臨場感，觀卦比較稍緩，後退一段距離，取得一個比較安全與冷卻的觀察點。事實上，觀卦六爻，不只是討論六種觀察，還另有深義。

觀之道：用神用心

　　這是觀的總原則：觀生命，不觀形式。
　　觀德不觀形。
　　觀內不觀外。
　　所謂觀內不觀外、觀德不觀形，就是內觀的觀，這是重視成長心得的眼睛。面對人間世的事事物物，最重要是發現內在意義與深層世界——讀一本小說、看一場電影、觀察一個生命現象、思考一個社會問題、遇見一種負面情緒，最最重要的是找到它的深層結構與核心意義。所謂德，就是現象的本質與核心。
　　還有一點，用心、用神觀察，因為生命音叉效應的緣故，會有機會「看」到一個大成熟者的人格魅力、感染力與能場震盪。
　　總原則在卦辭，接著看爻辭的六種觀——六雙眼睛。

用小孩子的眼睛看世界——童觀

　　童子是原始的真，君子是成熟的真；童子是生命第一度的純真，君子

是生命第二度的純真；第一度純真是天賦的，第二度純真是學習的；第一度純真是自然生命的純真，第二度純真是生命修煉的純真；第一度純真稱為純真，第二度純真卻叫真誠。真是真心，誠是準確。真誠，心靈的準確發用。

從兒童的眼睛看事情，對一般人來說沒問題，對一個君子來說卻嫌貧乏了。有時候太天真會傷人害己，至少觀點太狹隘。只有善良是不夠的，善良永遠不夠。善良加上成熟才是真正的善良。這就是神聖智慧結合世俗智慧，這就是悲智雙運。

用女性的眼睛看世界——微觀

這是一種傾向女性能量的「見微」觀察。這種觀有時候要用上，但格局、氣象難免不夠寬廣。當然，看到別人注意不到的地方也是一種獨到與犀利。

用內在的眼睛看自我——自觀

這種觀，就是自我了解的觀！就是反觀、反思、反省的觀。

自我了解，當然是很基本與重大的心靈工程。

如果我們不能了解靈魂的語言，耳目所聞，都屬虛妄。

但關於這一點，觀卦的《象傳》有很好的補充。《象傳》說：「未失道也。」就是提醒不管是占星學、觀心法門或任何其他自我了解的技法與工具都不能淪為只是八卦、迷信、好奇、流行的做法而已，不要忘記自我了解正是修學真理過程中的一個方便法門啊！

「未失道」說得好！看清楚自己，不離開真理。

用寬廣的眼睛看國家——宏觀

觀卦的六四爻，開始宏觀，大視野了。原文是「觀國之光，利用賓于王。」著眼於整個國家的廣角，適宜推薦賢人給王者。這一爻的現代意義，就是選舉，選賢與能了——選拔好的人給國家，光明正大的為國舉才，但，必須宏觀。

還有一個詞兒很深刻：「賓」。賓是客人，賢者就是一個國家的賓客，一定要尊重。

用關懷的眼睛看民生——觀民

看國家，理當心胸開闊；看人民，就要溫情脈脈了。

宏觀之後，是觀民。俯察民生，觀照生民大計，但《易經》說得很有意思：「君子无咎。」意思就是關心人民，只有對一個成熟的人來說是沒問題的，因為不怕太累；相對的如果本身不夠成熟，太累會讓他愛變成災難！

更深一層的意義，原來觀卦的觀民是從別人的生活看到自己的心啊！

原來，在他愛中，往往更深入進去，會看見自己的陰影，然後在陰影中站起更成熟的自己。

原來，觀民是更深刻的自觀。

原來，他愛的更深層部分是自愛，外王的真正目的是內聖！

用成熟的眼睛看賢者——觀賢

觀卦的最後一觀是觀賢。觀察成熟者的生命氣象——仰觀大賢。但好玩的是，在這一觀，又出現「君子无咎。」這是《易經》常常使用的「重複性句法」，同樣的文字，在不同的人生階段，就有不同的解讀了。

這裡的「君子无咎」的深義是說一個成熟的學生仰觀大德者的生命經驗，對一個君子來說不會構成問題，因為觀賢以益己德，而不是自我迷失或放棄。在野君子生命方向未平順，參考前輩經驗來斟酌損益自己的生命道路啊！但是，深一層考慮，君子无咎，小人就有咎囉？跟隨大德的賢者，君子可以，小人卻不見得可以呀！這裡的深意是：不成熟的弟子追隨一個厲害的老師，是很有可能心生種種負面的情緒的，像：嫉妒、自大、迷失、盲從、依賴、甚至攻擊……

一段美好的教學因緣，需要有成熟的老師，也需要有成熟的學生。

附文三

好「神」！

──簡論「神道設教」與文化傳統中的「神」概念

　　何止舉頭三尺有神明，人間所有的「關係」，都有難測的陰陽學習，這就是神！原來神是離我們很近很近的，當我們輕忽、錯過了任何一段「關係」用心用神的學習，我們就錯過了神、錯過了道場、錯過了聖殿、錯過了與神對話。更甚的，如果我們對任何一段「關係」傷害、攻擊或侮辱，那就更是不敬與褻瀆了。用心奔赴每一段陰陽不測的生命學習吧，那裡有，神！

　　《易經・觀卦・彖傳》中有這麼一段：「觀天之神道，而四時不忒，聖人以神道設教，而天下服矣。」《周易》經、傳，很少說「神」，所以這一段易傳的內容，耐人尋味。本文從這一段文字出發，再引申到幾段「神文字」，整理一下中國文化關於「神」的深層意義。

　　首先是《彖》這一段文字，顯然是從四季運轉的準確性（四時就是四季，不忒就是不差）連結到「神」的觀念，所以小程子解釋說：「天道至神，故曰神道。觀天之運行四時，无有差忒，則見其神妙。」傳統觀念的神並不是偶像崇拜或超自然力量，而只是自然力量的伸張與神準。所以先民眼中的神道，也只不過是「四時不差」的伸張與神準罷了。

　　再從字形分析，神這個字，從示從申，是會意字。「示」有天啟或天賦之意。至於「申」是天空中閃電的象形，古人以為閃電變化莫測，真神！還有，神字的音訓，神者伸也。綜合的說，也就是自然力量的神準與伸張。

另外，《繫辭傳》說：「陰陽不測之謂神。」這句話有進一步的補充。神就是伸張與神準，神的力量本來是明明朗朗的，不過是陰陽二力的相激相盪，只是我們不了解（不測），所以覺得神。這是一個很有深意的詮釋，筆者舉些例子。

這個「陰陽不測」講得太好了！像夫妻之間的學習，就是陰陽不測──從浪漫到衝突，從障礙到溝通，找到真正的問題與原因，原來真正的原因在自己性格的地雷，兩個人生命狀態與性格地雷所造成的碰撞，要怎麼處理，各自面對與修整自己的內在，加上治標的協調以緩解眼前的緊張感，但還是會發生碰撞，更加深入面對自己的不成熟，更加赤誠的面對愛的真偽，再溝通，再修養，再面對自我，再加碼成熟，再碰撞，再溝通，再修養……如此循環往復，等到某一天功成圓滿，赫然發現自己長大了，對他（她）的愛更細緻純粹更無為無求了，兩個人的關係更真實動人了，自己的內在也更強大成熟了！最終發現，原來男女交合，陰陽不測，他愛自愛，真神！

親子之間也一樣，只要用心學習，一樣是陰陽不測。天下無不是的父母，這句話是假的，當父母的一樣有許多需要用心學習與面對的生命課題，其中很重要的一課，就是放手哲學、停止哲學、無為哲學。父母難為，當子女的又何嘗容易，如何在親子兩代愛與自由之間學習理性與成熟，既不傷害父母的心，也不委屈自己的成長，這根本就是高難度的內在平衡功夫啊！親子兩造真能穿透種種學習，若真能做到父母更孩子，孩子更父母，最後父母與孩子都變成更成熟的人，從冤親債主蛻變成學習夥伴，那，這樣一段親子因緣的學習，當然就很神了！

朋友之間甚至人與動物之間也是陰陽不測啊！這裡面都有著許多珍貴未知的學習與功課啊！真愛狗的朋友都知道，只要不只把狗狗當動物，而當成朋友，那每一段人狗情緣，都是動人心懷又各不相同的，用心其中，必有成長。

　　兩性之間陰陽不測啊！親子之間陰陽不測啊！朋友之間陰陽不測啊！男女之間有神！親子之間有神！人間所有的關係都可以有神！真，神！何止舉頭三尺有神明，人間所有的「關係」，都有難測的陰陽學習，這就是神！原來神是離我們很近很近的，當我們輕忽、錯過了任何一段「關係」用心用神的學習，我們就錯過了神、錯過了道場、錯過了聖殿、錯過了與神對話。更甚的，如果我們對任何一段「關係」傷害、攻擊或侮辱，那就更是不敬與褻瀆了。

　　用心奔赴每一段陰陽不測的生命學習吧，那裡有，神！

　　補充一點：在一段關係的兩端的陰陽屬性並不是固定的，陰與陽的位置是隨時調整、跳動、互換的。由於不固定，所以更難測。

　　最後，在《孟子・盡心篇》中，下面一段論述，也是很有名的「神文字」，筆者簡要的稍稍詮釋，文言文是《孟子》原文，白話文是筆者的嘗試解讀：

　　可欲之謂善——欲望可以是善良的。

　　有諸己之謂信——自己做得到，才有公信力。

　　充實之謂美——孟子指出生命內在的充實成熟與藝術美感是有很深的連結的。

　　充實而有光輝之謂大——內在磁性中心強大到發光發熱。

　　大而化之之謂聖——將強大的磁性中心消化、內化到沒有痕跡，這就是聖。

　　聖而不可知之之謂神——沒有痕跡，沒有規範，很難完全了解，就是神了。

　　《盡心篇》另一個地方也有相似的說法：「君子所過者化，所存者神。」生命經驗去蕪存菁，留下最核心的力量，就是神。

　　從「神道設教」，談到自然力量的神準與伸張，談到陰陽不測之謂神，談到所過者化所存者神……文化傳統的「神觀念」，明朗而豐盈！

第九章
噬嗑賁困井

噬嗑：六十四卦的決斷力卦

　　六十四卦中，有兩卦很像，都很兇巴巴，就是噬嗑卦與渙卦。噬嗑卦很狠，渙卦很拼，人生，就是有不能手軟的時候。所以噬嗑卦就是一個講決斷力、下狠手、不能軟弱、拔掉時代的元凶的卦。這個卦有點野蠻，但，如果背後支援的是更深刻的東西，野蠻也可以野蠻得很生猛與有道理。

☳☲ 震下離上

噬嗑，亨，利用獄。

《彖》曰：頤中有物曰噬嗑，噬嗑而亨。剛柔分，動而明，雷電合而章。柔得中而上行，雖不當位，利用獄也。

《象》曰：雷電，噬嗑。先王以明罰勑法。

《序卦》曰：嗑者，合也。

《雜卦》曰：噬嗑，食也。

相關資料

　　主題：斷惑，決疑，斷時代之大惑。

這一卦是「斷」義。

王弼:「噬,齧也;嗑,合也。凡物之不親,由有間也。物之不齊,由有過也。有間與過,齧而合之,所以通也。」

小程子:「在天下,則為有強梗或讒邪,間隔於其間,故天下之事不得合也。」

擋路,不通,咬斷就通了。一個領袖對另一個隱藏領袖的消滅?除奸。

◉ **卦象**:雷電──1.決斷之勢。2.也喻刑法之威,察獄之義。

◉ **卦性**:動而明──以很大的震「動」展「明」的力量。

卦辭傳文註釋

· 斷時代的大惑,人心才能暢通,適合使用刑獄的力量。

· 亨:除去害群之馬,破除時代謬見,才能通。

· 用獄:使用最嚴厲的法律力量的時候。

· 頤:臉頰。鼻子下面的部分。

· 剛柔分:要懂得剛柔的分寸。

  剛太過,太重質,不知道尊重人。柔太過,太重文,也會失去人性。

· 先王以明罰勅法:勅──1.謹也。2.整理。

爻辭經傳註釋

初九,屨校滅趾,无咎。

《象》曰:屨校滅趾,不行也。

· 腳上被綁上腳鐐,小懲大戒,沒關係。

惡未成，小懲大戒。

・屨：束綁。

・校：刑具，腳鐐。

・无咎：王弼：「小懲大戒，乃得其福，故无咎也。」小小的懲罰，大大的警惕。

六二，噬膚滅鼻，无咎。

《象》曰：噬膚滅鼻，乘剛也。

・大口吃豬肉，吃到把鼻子埋進肉裡，不要因為時代不好不敢吃，生命力反而要強
　大，沒問題的。
　在亂世養德，要有決斷力，像大口吃豬肉。

・膚：豕肉。

・滅鼻：有毒的箭頭還留在野豬肉裡，發狠要咬出箭頭，鼻子埋進肉裡。

六三，噬腊肉，遇毒，小吝，无咎。

《象》曰：遇毒，位不當也。

・大口吃乾肉，吃到有毒的部分，要斷惑決疑，受到一點小挫折，也沒大問題。
　斷惑斷邪，在社會勢單力薄，遭遇小挫折。

・腊：乾肉。

九四，噬乾胏，得金矢，利艱貞，吉。

《象》曰：利艱貞吉，未光也。

・啃帶肉的骨頭，咬到銅箭頭，找到問題的根源，但一時拔不出來，得憂患的守住
　成長原則，才是對的。
　箭射到骨頭去，但一時拉不出來，找到有毒的源頭，先抓緊該有的態度。

・乾胏：小程子：「肉之有聯骨者。」

‧未光也：未拿掉最厲害的毒。

六五，噬乾肉，得黃金，貞厲，无咎。

《象》曰：貞厲无咎，得當也。

‧大口啃硬的肉，把純銅的毒箭頭硬拉出來，正的力量有點嚴厲，但無妨。
  終於拔出箭頭了──去邪，斷惑，用嚴厲的成長力量。
‧乾肉：小獸全乾，臘。大獸解而乾之，乾。
  指有毒硬掉的部分。
‧黃金：黃指中，金即銅。黃金指純銅。

上九，何校滅耳，凶。

《象》曰：何校滅耳，聰不明也。

‧背著大枷鎖遮住耳朵，大凶的極刑。大惡必須用重刑。
‧何：負也。繫於首。
‧校：枷鎖。
‧聰不明：王弼：「聰不明故不慮，惡積至於不可解也。」

小結

> 初爻：小懲大戒。太軟弱的災禍？
> 二爻：決斷力拿出來，展現強硬姿態。
> 三爻：遭遇小挫折。
> 四爻：找到問題根源，但一時解決不了，先站穩立場。
> 五爻：終於拔掉元凶。
> 上爻：重刑懲兇。決斷力的結果？

噬嗑卦語錄

➤如果背後支援的是更深刻的東西，野蠻也可以野蠻得很生猛與有
　道理。

賁：六十四卦的美學卦

　　賁卦真是六十四卦的藝術概論與美的沉思，內容先後整理了藝術與美的總原則、基本功、主題、形式的問題、深層結構與淺層結構的連結問題、淡然美學、空白美學……真可謂是中國文化一篇「美」不勝收的美學總綱。

䷕ 離下艮上

賁，亨小。利有攸往。

《彖》曰：賁，亨。柔來而文剛，故亨。分剛上而文柔，故小。利有攸往，天文也；文明以止，人文也。觀乎天文，以察時變；觀乎人文，以化成天下。

《象》曰：山下有火，賁。君子以明庶政，无敢折獄。

《序卦》曰：賁者，飾也。

《雜卦》曰：賁，无色也。

相關資料

　　主題：形式，裝飾，文飾，美感經驗，藝術概論。
　　　　裝飾性、設計感太強不是藝術，頂多是表面形式的興奮。
　　　　顧愷之說「意在筆先」，形式要用心意來帶。
　　　　噬嗑是決斷力，賁卦講模糊性。
　　　　決斷講究明快，藝術卻要曖昧；明快是當仁不讓的自己下判斷，曖昧是欲語還休的引導他人下判斷。

⊙**卦象**：山下有火——文明的意象。

⊙**卦性**：文明以止——文明的發展要知道分寸，懂得叫停，明而止。很明白藝術、形式應該用在哪裡而且用到哪裡。

卦辭經文註釋

⊙形式、藝術、美是小小的通，更重要是要有覺知的方向。

「美」是小道，要有更深層與自覺的方向。

⊙賁，亨小：小亨，還通，雖然小。亨小好像不大通。

裝飾性的東西，要真通，不容易。

言「亨小」有二卦——賁與既濟。賁容易文過，既濟易自滿，要全通，難！

⊙利有所往：1.自覺的方向。2.具體的目標，例如：政治文宣，商業宣傳。

卦辭傳文註釋

・文明以止，人文也：文明的發展要知道分寸，人文、形式要懂得喊停，這才是真正的文化安排。

・君子以明庶政，无敢折獄：明庶政——明的精神。庶政不是大政。庶，眾也，凡也。就是地方事務。能明到庶政才是真明。

无敢折獄——止的精神。折，斷也。只懂形式，缺乏本質，無力做斷獄、司法這樣的大事。

爻辭經傳註釋

初九，賁其趾，舍車而徒。

《象》曰：舍車而徒，義弗乘也。

- 真正、基層的「飾」就是放棄過多的文明，回到質樸的實踐。

    基層階段的裝飾——反裝飾。

    裝飾腳趾頭，放棄乘車，徒步而行，從基層幹起。
- 藝術的道路不要一開始就依賴華麗的形式與排場，當個赤足藝術家。

    美，從樸素出發——基本功的鍛鍊與功力。要當作家就拼命寫，要當畫家就努力畫，要當演奏家就勤練習，要當作曲家就埋頭編曲……
- 舍車而徒，義弗乘也：走路吧，還沒資格坐車。如：小蔣剛回來，老蔣讓他跟吳稚暉讀古書。有人送他黃包車，老師要學生把車桿鋸掉，當沙發坐。還不配坐車。

六二，賁其須。

《象》曰：賁其須，與上興也。

- 形式的美應該是被動的。

    裝飾鬍鬚。鬚是被動的，下巴動，鬚才動。
- 形式本身不應該是主題，形式不該搶奪內容。不當「文過其質」，藝術作品的內容才是王道。

九三，賁如濡如，永貞，吉。

《象》曰：永貞之吉，終莫之陵也。

- 形式的正——這裡的正，有成長與分寸（必須剛剛好）的意思。

    裝飾得很潤澤，但永遠不要忘記藝術原則還是要回歸成長原則，才是真正的

美好。

· 藝術的分寸就是美得剛剛好——女孩子的化妝，寫文章的詞藻，唱歌的技巧……

· 濡如：小程子：「光彩之盛，則有潤澤。」

· 陵：1.辱也。2.逾越，超過。

六四，賁如皤如，白馬翰如，匪寇婚媾。

《象》曰：六四當位，疑也。匪寇婚媾，終无尤也。

· 藝術三個原則：1.心地的潔淨。2.技巧的敏捷。3.形式不能搶奪內容。

　1.2 是因果關係，3 是提醒。

　　　　1→2 的例子——王勃作詩，愛恩斯坦睡懶覺，孟子的「夜氣」……

· 裝飾要像純正的白，又像白馬奔行如箭，又像娶老婆不能用搶。

· 皤如：白，純正。喻心地的純正與無為。

　　　天真是藝術家的必備品格。相反，滿腦子成見的人會失去彈性。

· 翰如：飛的毛，指箭羽。喻技法的敏捷與靈活。

　內淨外敏。

· 匪寇婚媾：形式不能搶奪（超過）內容。

　文不奪質。

六五，賁于丘園，束帛戔戔，吝，終吉。

《象》曰：六五之吉，有喜也。

· 技巧愈少功力愈高。

　裝飾丘野之園，成束的布帛零落殘缺，表面貧乏，終究是美好的。

· 從野→文，從自然→裝飾，從德→色。

　貧乏只是表面的。

· 講淡然美學——一種高端的藝術境界。

　「束帛戔戔」，一點點的裝飾與技巧，乍看貧乏與平淡，其實是更高端的藝術

風格。淡然的美，技巧用得愈少功力愈高，剛開始會覺得乏味，但耐嚼，有餘韻，像茶道、像古琴、像八大山人的畫、像侯孝賢的電影、像《天龍八部》的太祖長拳、像新鮮食物的原味⋯⋯

司空圖《詩品》：「神出古異，淡不可收。」神韻跑出來了，不同凡俗，淡到餘韻繚繞，淡到不可收拾。

· 戔戔：殘也。

上九，白賁，无咎。

《象傳》曰：白賁无咎，上得志也。

· 白賁──無色之色，才是好的。

反飾於質，回復渾厚的生命力。

裝飾的極致就是一點也不裝飾。也就是《雜卦》「无色」之義──全然不受形式束縛。

藝術自覺的留白。

王弼：「處飾之終，飾終反素。」

小程子：「尚質素則不失其本真。所謂尚質素者，非无飾也，不使華沒實耳。」處飾之極，要能返質（白賁），才能无咎，因飾之極容易過文。

「白」之後會自然流露──《金剛經》的「三十六相」，《中庸》的「禮儀三百，威儀三千，待其人然後行。」

講空白美學──最高的藝術境界。

· 「白賁」──美的空白。

一個談裝飾的卦談到最後是反裝飾，一個談美的卦談到最後是美的歸零，一個談形式與技巧的卦談到最後是形式與技巧的退讓！賁卦為中國藝術定下了最高的準則與風格：空白、留白、空間。如：寫詩講究含蓄與有餘不盡，古琴音符與音符之間保留了大量的空白，文人畫著重留白，園林建築考究動線與空間的虛，茶道強調品嘗的心境，電影藝術的「不能解釋性」⋯⋯

一個藝術創造的秘密：讓出「主體性」！

　　藝術欣賞是藝術的再創造。白賁就是讓創作者謙虛，讓欣賞者負責，讓藝術拔高，讓人性自由。

小結

　　初爻：苦練基本功。

　　二爻：但，形式、技法不是藝術的主題！

　　三爻：所以，使用形式要有分寸。

　　四爻：藝術三原則：1.無念。2.外斂。3.文不奪質。

　　五爻：更高的藝術：淡然美學。

　　上爻：最高的藝術：空白美學。

賁卦語錄

➤決斷講究明快，藝術卻要曖昧。

　明快是當仁不讓的自己下判斷，曖昧是欲語還休的引導他人下判斷。

➤藝術的分寸就是美得剛剛好。

➤藝術乃至人生修養，講究：內淨外斂。

➤淡然美學：技巧愈少功力愈高。

　淡然到神韻躍然，淡雅到不同凡俗，清淡到餘韻繚繞，淡定到不可收拾。

➤空白美學：美的終極是美的歸零。

　空白藝術的深層秘密──讓出「主體性」！

困：六十四卦的困難卦

　　跟許多易卦一樣，困卦卦辭傾向正面，爻辭傾向負面；也就是說，卦辭談困境的強大，爻辭傾向談各種人生的困難。從卦辭說，人在困難，是力量最大、感受最深、學習最應機、覺知最磅礴的黃金成長歲月。困，反而是最容易脫困的時機。但如果從六爻爻辭說，險阻重重，又真會讓人覺得這條人生的路，不好走。

䷮ 坎下兌上

困，亨，貞，大人吉，无咎。有言不信。

《彖》曰：困，剛揜也。險以說，困而不失其所亨，其唯君子乎。貞大
　　　　人吉，以剛中也；有言不信，尚口乃窮也。
《象》曰：澤无水，困。君子以致命遂志。
《雜卦》曰：井通而困相遇也。

相關資料

　　主題：困難，困境。
　　　　朱熹：「窮而不能致振謂之困。」
　　◉**卦象**：澤无水──水在澤下，澤的水漏光，所以是澤无水的困境。
　　◉**卦性**：險以悅──
　　　　1.能出險，而後悅。
　　　　2.險中不失悅（奮發）的心志，不被險擊倒。就是《彖》說的
　　　　「險以悅，困而不失其所亨。」保持心靈的喜悅，日子艱難也不要

苦哈哈的樣子。

　　3.已經險了還悅，輕率才是真正的困難。

◉《雜卦》說困是「相遇也」：1.與困難相遇。2.在困境中遇見德。

　　遇見了人生的困難，擁抱出生命的成熟。

卦辭經文註釋

◉困境對成熟者來說是成長的動力。

　　言語對困難的解決是沒有幫助的。

◉面對困境，反而會是人生的通路，只要守住成長的道路。對大德者
　　來說，困難的經驗是美好的，不會有問題。但要記得處困不要用言
　　語解釋，別人不會相信。

◉困，亨：王弼：「困必通也。處窮而不能自通者，小人也。」

　　所有人生的困難都會轉成通路。

　　或者說面對困反會通。

　　《說苑・雜言篇》：「故居不憂則思不遠，身不約則智不廣。」

　　如：文王囚羑里，孔子困陳蔡，司馬遭腐刑，東坡謫黃州，國父
　　英倫被囚，甘地愈關愈強。

◉大人吉：對大德之人來說，困頓反而是美好的成長經驗。

　　委屈可以產生很大的力量。

◉有言不信：面對真正的困境，不是用講就說得通的，不是用講別人
　　就可以了解的。

卦辭傳文註釋

・剛揜也：揜，同掩。遮掩也。陽剛生命被壓抑。

・困而不失其所亨，其唯君子乎：君子能轉化挫敗經驗為人生心得。

・以剛中：以陽剛心靈渡困。

・尚口乃窮：王弼：「處困而言，不見信之時也。」出困要用行動，緊急時刻，很少人能有理性聽你講道理，依賴嘴巴讓別人相信你是不可能的，用講的沒有用。

・君子以致命遂志：1.非常時期，志的完成要用生命去冒險。2.委諸天命以遂志。

爻辭經傳註釋

初六，臀困于株木，入于幽谷，三歲不覿。

《象》曰：入于幽谷，幽不明也。

・初爻有兩說：

　1. 坐困於林間山野，跑到幽谷隱居，三年不見其蹤影。

　　　時代敗壞的困難。二說可能更好。

　2. 臀困：屁股的困難？空想缺乏行動力的困難。想像出來的困難。

　　　真正面對困難的人還是站著的，只會坐在那兒空想著困難怎樣困難的困難是人生六種困難的第一種可能。

　　所以入於幽谷就是鑽牛角尖的意思。

　　沒有行動，三年都看不清事情的真相。

九二，困于酒食，朱紱方來，利用享祀，征凶，无咎。

《象》曰：困于酒食，中有慶也。

・困于酒食──耽於物慾享樂的困難。

- 朱紱：宗廟祭服，指高官厚祿的意思。
- 朱紱方來，利用享祀，征凶：新發的富貴，用來顯闊，做太多更不妙。暴發戶的難看。
- 无咎：出點錯，反讓內心得到反省，是可以的。也就是《象傳》說的「中有慶」。

六三，困于石，據于蒺藜。入于其宮，不見其妻，凶。

《象》曰：據于蒺藜，乘剛也。入于其宮，不見其妻，不祥也。

- 困于石——失去自由的痛苦與困難。
  　　被困在牢獄（石室），牆頭上還佈滿蒺藜，回到自己的宮室，看不見妻子（被殺？被捕？）！凶險啊！
- 三爻是講政治迫害？白色恐怖？是在講文王之凶？

九四，來徐徐，困于金車，吝，有終。

《象》曰：來徐徐，志在下也。雖不當位，有與也。

- 困于金車——追逐權力地位的困難。
  　　塵封的心志徐徐覺醒、回復、浮現，但仍然困在華麗的車中，貧乏，但會有善果的。人困在權力地位的追逐中，但心志不失。
- 金車比喻榮華富貴、權力地位。

九五，劓刖，困于赤紱。乃徐有說，利用祭祀。

《象》曰：劓刖，志未得也；乃徐有說，以中直也；利用祭祀，受福也。

- 困于赤紱——困在權力鬥爭的凶險。
  　對別人輕動重刑，困在權力慾中。
- 劓刖：截鼻曰劓，去足曰刖。
- 赤紱：高官之服。

- 乃徐有說：會慢慢恢復心頭的喜悅。
- 利用祭祀：利用宗教的力量走出權力的欲望。

上六，困于葛藟，于臲卼曰，動悔，有悔征吉。

《象》曰：困于葛藟，未當也；動悔有悔，吉行也。

- 困于葛藟──老關係的困難。

　　困在纏繞的人事關係中，在疑懼不安的日子裡，動輒有後悔，但帶著後悔的反省不退反進，這是好的。
- 葛藟：蔓生植物，代表糾纏的關係。
- 臲卼：困於關係糾纏，內心搖擺不安。
- 征吉：不怕得罪人，還是征。

小結

　　初爻：缺乏行動力的困難。

　　二爻：陷身物慾享樂的困難。

　　三爻：政治迫害的困難。

　　四爻：追逐功成名就的困難。

　　五爻：陷溺權力鬥爭的困難。

　　上爻：關係糾纏的困難。

困卦語錄

➤心覺得沒問題了，這世界就沒問題了。

➤險與悅的關係：奮悅的心志，不被險境擊倒。

　保持心靈的喜悅，日子艱難也不要苦哈哈。

　另一個面相，已經險了還悅，輕率才是真正的困難。

➤困卦告訴我們用嘉年華的心情過苦日子。

➤困難並不困難，輕率、放棄、恐懼、逃避⋯⋯才是。

➤困境對成熟者來說是成長的動力。

　言語對困難的解決是沒有幫助的。

➤遇見了人生的困難，擁抱出生命的成熟。

➤所有人生的困難都會轉成通路。

　所有人生的困難都會轉入內在。

➤對成熟者來說，困難可以是人生的美好經驗。

井：六十四卦的心靈卦

井卦是六十四卦的心靈卦、心性卦、修行卦、學道卦。所以井卦的內容必然比較深邃，談及種種「實修」的精微問題，譬如：心體的恆常性、修法的危險性、心用的不斷絕性、法門的適用性、修行的治療性、以及井道的人間性等等。其中一點特別的，是用井這個卦象比喻心靈，所以《易經》用的是心井，相對於佛家用的心鏡；前者著重人間的應用，後者著重心體的澄明；所以井道是人間道，佛法是出離法；心井講的傾向慈悲心，心鏡說的偏向清淨心。這正是不同的文化性格與門派路數。另外一點，從困卦到井卦的卦序因果，也有深意：人間困難的解決，最直接也最深刻的解決就是回到心靈的修養與成熟啊！困境，其實是由心造，心調好，人生的種種困難即會變得雲淡風輕了，解鈴還須繫「靈」人，心成熟了，即能從容面對憂患人生，心安穩了，整個世間也就天安地平了。

䷯ 巽下坎上

井，改邑不改井，无喪无得，往來井井。汔至亦未繘井，羸其瓶，凶。

《彖》曰：巽乎水而上水，井，井養而不窮也。改邑不改井，乃以剛中也；汔至亦未繘井，未有功也；羸其瓶，是以凶也。

《象》曰：木上有水，井。君子以勞民勸相。

《雜卦》曰：井通而困相遇也。

相關資料

　　主題：心靈，出困。

　　　　生命的源頭活水，生命的泉源，自性的意象。

　　　　友人說井卦比喻生命自性的問題。井是人，水是人的性。

　　　　自性是用不盡的，愈面對，愈湧現。老子說：「聖人不積，既已為人己愈有，既已與人己愈多。」

　　　　小程子：「謂上升不已而困，則必反於下也。」返於下，回到生命的基層、心靈的根本。就是井的意思：人生問題最徹底的解決就是回到你的心、我的心、自性的心。出困之道在養性、復心。

　　⊙卦象：木上有水——木造的汲水器落於水中，井之象。

　　⊙卦性：入險——進入心靈之道，也有步步險峻的一面。

卦辭經文註釋

　　⊙井之道：是搬家不搬井的。源頭活水，不會減損，也不會增益，而且是往來取用不盡。但快到井口卻仍未出井，取水的桶子卻打翻了，凶險啊！

　　　　心靈的井：1.環境改變，心靈不變。（恆常性）

　　　　　　　　　2.心靈豐富，不能增一分，不能減一分。（具足性）

　　　　　　　　　3.心靈的力量，取用不盡，供天下人共用。（活性）

　　　　　　　　　4.心靈的水要喝到才算，為山九仞，靈性成長有危險的一面。（實踐性與危險性）

　　⊙改邑不改井：古代八家一井，四井一邑。邑，村落。

　　　　王弼：「井以不變為德者也。」孔子：「我欲仁，斯仁至矣。」

　　　　這一句強調心靈自性不動的一面。

◉无喪无得：生命的泉源是恆常不變的。

《心經》：「不生不滅，不垢不淨，不增不減。」小程子：「汲之而不竭，存之而不盈。」「其德也常。」

◉往來井井：小程子：「至者皆得用。」「其用也周。」「常者，周者，井之道也。」

　　成熟者的心能量，往（走向人生）來（走向內在）行人，不斷投身其中汲飲德性的清泉。

◉汔至亦未繘井，羸其瓶，凶：汔，幾也。繘：1.出也。2.繩索。羸，毀敗，打翻。瓶，水桶。

　　生命的水要喝到才算數。

　　強調心靈的實踐性。

　　隱喻學道、修行，為山九仞，最後一關常常是最凶險的。沒有做好，前功盡廢。功夫未透澈，最後階段更要小心。

卦辭傳文註釋

・剛中：陽剛的心志當然不動搖。
・君子以勞民勸相：勞民，努力幫助他人。一起合作勞動。
　勸相，相有三解：1.相處之道，讓一群人在一起而不相亂。2.古代勞動時唱的歌。《禮記》：「鄰有喪，舂（米）不相。」3.相親好的意思。

爻辭經傳註釋

初六，井泥不食，舊井无禽。

《象》曰：井泥不食，下也；舊井无禽，時舍也。

‧被棄置已久、塵封的心靈。

　　井泥淤積，不能飲用；廢置的舊井，連鳥都不鳥。

　　不修心很久了。

‧下：小人下達的下。

‧時舍：被放棄很久了。

九二，井谷射鮒，甕敝漏。

《象》曰：井谷射鮒，无與也。

‧源頭活水流失，生命乾涸已久＋不懂親近心靈的方法，修法也不對。

　　比初六還嚴重。

　　井乾如谷，可以用箭射取井底小魚。又像汲水器破敗漏水。

‧射鮒：鮒，小魚，泥鰍類。古習以矢取魚。

‧甕：汲水器。比喻法門。

九三，井渫不食，為我心惻。可用汲，王明，並受其福。

《象》曰：井渫不食，行惻也；求王明，受福也。

‧「心靈者」理當見用於世。

　學道日久，復我本心，理當見用於王者。

　　　井污已去，但井水仍然沒人飲用，值得我們心裡同情啊！如果有王者賢明，
　懂得起用心性成熟的賢者，那王者、賢人、百姓一起受到福報！

‧渫：去污穢。

‧不食：不被見用。

六四，井甃无咎。

《象》曰：井甃无咎，脩井也。

‧在紅塵日久，每過一段時日，當做修心治療的工作。

井需要修理，沒有關係的。

- 甃：以磚疊井，修井之壞，修德補過。
- 成長三部曲「自知→自復→自明」的第二部，生命治療學。

九五，井洌，寒泉食。

《象》曰：寒泉之食，中正也。

- 高純度、高解晰度的心靈狀態——無染的心。
- 洌：甘潔也。
- 寒泉：美泉。
- 食：飲用。
- 無為、清淨心的最高境界。

最單純的最豐富。禪詩：「虛窗不礙四山朝。」

上六，井收勿幕，有孚元吉。

《象》曰：元吉在上，大成也。

- 井之極：修心大成，大德者大用於世，井道以見用為大成，自己成熟也不能自己擁有。

井道收其大功，井口不要加蓋。
- 勿幕：不要蓋住。

一個大德之士不是個人私用的。自己的成長，自己完成也不能擁有。

小結

初爻：塵封的心靈。

二爻：心靈乾涸，修法也不對。

三爻：我心逐漸成熟，但不被見用。

四爻：生命治療。

五爻：無垢的心。

上爻：大德者大用於世。

補關：出世者剛健，入世者柔軟

上課提到金庸文史知識豐富，但對中國哲學的了解不見得贏過黃易。黃易《大唐雙龍傳》的「井中月」當然是來自井卦，但其中的心井可以反照天際明月的意象，仍然是「心鏡」而非「心井」的內涵。另一點，也許黃易是誤打誤撞，小說中的雙主角──徐子陵是九五「井冽寒泉食」，寇仲卻是上六「井收勿幕」！剛好一個是出世人物，一個是入世英雄。還有一點小說與井卦巧合的，也許小說同好會記得──徐、寇二人剛練長生氣時，徐子陵內力偏陽剛路線，這不是「九」五陽爻嗎？相對的寇仲內力偏陰柔路線，這不是上「六」陰爻嗎？出世者剛健，入世者柔軟，這正是陰陽互補。小說家懂井卦？還是巧合？也有可能是天地理法本一，不期而遇吧。

井卦語錄

➤人生問題最徹底的解決就是回到你的心、我的心、自性的心。

➤成熟者的心能量成熟強大，往者（走向人生）來者（走向內在），
　不同道上的行人，不斷投身其中汲飲德性的清泉。

➤成熟是公器，自己完成也不能自己擁有。
　大德者的成熟不是屬於他自己的。

第九組：噬嗑賁困井

如何面對困境與出困之道——困，大人吉

噬嗑：斷惑、決疑	噬嗑就是把毒箭頭狠狠的咬出來。	雜卦：噬嗑，食也。
		序卦：嗑者，合也。
賁：形式、文飾	形式之極是沒有形式。	雜卦：賁，无色也。
		序卦：賁者，飾也。
困：困境	困中可通。	雜卦：困，相遇也。
井：出困	心是真正的通路。	雜卦：井，通。
	（心靈／自性）	

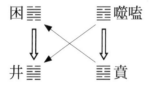

⇩ 綜：發展	從噬嗑到賁：有不通，會產生形式上的過分；能斷惑，才有形式上的正用。
	從困到井：面對困境，尋找出困之道，一直探源到自性上的成熟。
↙ 錯：對反	噬嗑與井：要斷惑決疑，得返回心靈的源頭活水。
	賁與困：形式上的失中也會製造困難。

出困之道／困難哲學

這四卦都圍繞著如何面對、處理困境的問題。

　　從外在言，困境的形成可能由於形式的過分，所以要考慮形式（文）
的意義與正用。

　　從內在言，真正解決困難要回到根本之地（自性）尋找源頭活水，喚
醒棄置已久的心靈。

　　萬一大困已成，甚至造成時代的病根，就得用非常手段，不能因循。

　　當然，返回困境本身，如果能做到充分面對，不閃躲，對成熟者來
說，困難反而是珍貴經驗。至於出困之道，大概還是覺知與行動兩個關鍵
因素吧。

附文一
關於藝術與美感的根源性考量
──試論六十四卦兩個「小」卦之一：賁卦

《易經》原文：

賁，亨小，利有攸往。

初九，賁其趾，舍車而徒。

六二，賁其須。

九三，賁如濡如，永貞，吉。

六四，賁如皤如，白馬翰如，匪寇婚媾。

六五，賁于丘園，束帛戔戔。吝，終吉。

上九，白賁，无咎。

六十四卦的第二十二卦「賁卦」是《易經》的藝術概論，是一個談論藝術、美感、裝飾的美、形式的美的卦。這個卦談「美」談得很深邃，而本文嘗試對這篇美的哲學做一個精要的速寫與素描。

卦辭是總原則，藝術與美感的總原則：美，要有方向

「美」是小道，要有更深層與自覺的方向。卦辭一上來立即下了一個很明確的界定，這也是文章副題稱這個卦是「小」卦的理由。

功力：是創作者的樸素

藝術的道路不要一開始就依賴華麗的形式與排場，當個赤足藝術家；美，要從樸素出發。（筆者認為美的樸素，就是指技法的鍛鍊與功力。要當作家就拼命寫，要當畫家就努力畫，要當演奏家就勤練習，要當作曲家就埋頭編曲……）

主題：美，不是主題

六二爻提醒美的形式，必須是被動的，美的本身不應該是主題。（鬍鬚的比喻，鬍鬚本身不會動，下巴動，鬍鬚才動。）所以形式不該搶奪內容，不小心犯了，文言文就叫「文過其質」，是的，藝術作品，內容才是王道。

分寸：藝術的分寸就是美得剛剛好

美的正確或藝術的正確，就是美得剛剛好。重點是分寸，美的分寸。（例子太多了，像：女孩子化妝，寫文章的詞藻，唱歌的技巧……都是。）

無念：無念是創作者的唯一道德

這是創作者心理狀態的問題。從事藝術創作，創作者最好無念無想，這是最佳創作狀態。《易經》說這種藝術心靈的純白，是創作者所追求的心理素養，一旦做到，加上平時累積的功力，運使技法，就會快若白馬，

奔行如箭。像唐初詩人王勃創作時備好筆墨，大醉方臥，以巾披面，乍醒立馬揮毫寫詩。詩人這樣做不是為了醉，而是為了夢，借酒入夢，目的在擺脫許多白天的理性、規範、成見、執著、僵化……好讓心靈進入無念無想的純白，就是為了營造一個最佳創作的心理素質。另一個例子，大科學家愛因斯坦很愛賴床睡懶覺，同理，目的不是睡，而是要在睡醒之間維持一個掙脫人生規範、習慣思維、僵化概念、約化成見的活潑潑的心智狀態，這是創造力最澎湃的心智狀態，事實上，藝術家與科學家所希冀達成的創造性心智是極為相似的。孟子也有一個觀念跟這種清明覺知的創造性心智很接近，稱為「夜氣」──夜間到平旦沒被干擾的生命覺知。

淡然：一種高端的藝術境界

六五爻說的「束帛戔戔」，意思是一點點的裝飾與技巧，乍看之下有點貧乏與平淡，其實是一種更高端的藝術風格與境界。淡然的美，技巧用得愈少功力愈高，剛開始會覺得乏味，但耐嚼，有餘韻，像茶道、像古琴、像侯孝賢的電影、像清唱、像新鮮食物的原味……有一種藝術風，就是淡然、耐嚼、不強烈、卻回甘。一直很喜歡司空圖《詩品》的這幾句話：「神出古異，淡不可收。」──神韻跑出來了，藝術古風的不同凡俗，就是這個「淡」，淡到餘韻繚繞，淡到不可收拾。

空白：最高的藝術境界

上九爻最後說「白賁」──美的空白？一個談裝飾的卦談到最後是反裝飾，一個談美的卦談到最後是美的歸零，一個談形式與技巧的卦談到最後是形式與技巧的退讓！《易經》賁卦為中國藝術定下了最高的準則與風格：空白、留白、空間。將技巧性盡可能壓到最低，原來就是中國藝術

心靈的最高尋求。所以中國詩人寫詩講究含蓄之美與有餘不盡，而不是情感強烈；所以古琴音符與音符之間保留了大量的空白，而不是像交響曲風格的鋪天蓋地；所以文人畫著重留白，而不是密不透風的線條與著色；所以園林建築考究動線與空間的虛，而不只是看建物精美的實；所以中國茶道強調品嘗的心境，而不只是看重茶香與喉韻……筆者的個人經驗，在經營電影評論的過程，明白了這一路藝術為什麼一定要騰出更大的空間與空白讓欣賞者去品味、沉吟、感受、思考、咀嚼、反芻的深層理由，就是要讓出「主體性」！尊重欣賞者的「主體性」！在空白的藝術境界裡，創作者與欣賞者是平等而自由的，創作者不會用更多、更繁縟、更複雜的技巧去帶領與欺負欣賞者，空白藝術家不欺負人！創作者與欣賞者兩造都在平等參與作品的誕生，所以說藝術欣賞是藝術的再創造。通過電影作品的評析加上閱讀《易經》的印證，我終於弄懂了空白是藝術的最高境界，我終於懂了「主體性」是藝術行為的最高秘密，我終於懂了「主體性」是為了對人性的充分尊重，我也終於懂了藝術的最高準則應該是自由而不是帶領。空白藝術告訴創作者：你不是高高在上的；空白藝術告訴欣賞者：你是絕對可能的，但你必須為自己的藝術欣賞負起完全的責任。是不是？這樣的藝術討論已經不只是藝術與美的層次，而是生命哲學的高度了──白賁，讓創作者謙虛，讓欣賞者負責，讓藝術拔高，讓人性自由。

　　賁卦先後整理了藝術與美的總原則、功力、主題、分寸、心理狀態以及淡然、空白兩種藝術境界，真可謂是中國文化一篇「美」不勝收的美學總綱。

附文二

賁卦餘論之一：
從賁卦談幾個藝術表現的例子

　　再一次的整理完賁卦的內涵之後，很巧合的，隨即遇到幾個藝術表現與分寸的例子。第一個，是清水模建築。

　　作為現代建築的一種表現手法，強調的是自然與不加修飾的美感，說真的，我不欣賞清水模，筆者不知道這種建築風格美在哪裡？像一個女生不化妝，也要那張素面本來是美的啊！所以筆者覺得清水模風格碰到一個問題：美的分寸。或者說：裝飾性的分寸。就是賁卦九三爻所提出的討論：美與藝術的正確，就是指美得剛剛好，就是美得有分寸。像女生香水該不該噴？完全不上妝會不會是過猶不及？怎麼噴？怎樣才是剛剛好？而不流於俗艷？是的，只要分寸剛剛好，就會美。像清水模的牆壁砌得那麼平整，本身，就不是自然樣貌了，又反過來強調自然，完全不修飾、不妝點、不加上人文的東西，這是不是另一種的刻意與做作呢？至少在日本建築上，禪宗庭園的表現就自然多了。清水模，沒掌握住分寸，流於另一種的超過。

　　有朋友說清水模是炒作的結果。另一個朋友說可能是前一期建築藝術的發展過於繁麗而造成簡約風的反動，問題是，它又不是真正的簡約呀。筆者舉一個真正簡約大氣的例子與典範──山西南禪寺。南禪寺其實是普普通通的一座小廟，卻大氣儼然，美感流動，而且，很簡約。剛好日本京都也有一座南禪寺，京都南禪寺是一個著名景點，繁華宏偉；而山西的南禪寺其實就是一座小廟，卻古樸渾厚。兩者的路子是很不一樣的。但山西

南禪寺在建築史上有極特殊的地位——它是中國現存最古老的木結構建築，也是亞洲現存最古老的木結構建築，其中多種木構技法已成孤例，是目前存留唐代建築的獨特例子。筆者很愛這座廟宇的大氣渾厚，正好表現出藝術技法的不多不少、不濃不淡、不繁不簡的準確與分寸。

　　剛好第二天又有朋友傳來一段中式搖滾的影片，好厲害的中國風！好厲害的女娃子與老大爺！將傳統秦腔、中式奔放與搖滾狂野成功的揉合在一起。真的就像評審說的，原來中國搖滾可以擁有這樣的可能！太強了！但，筆者煞風景的雞蛋裡挑骨頭，聽出這個作品的一個弱項：主題不明。一首曲子主題模糊，就是作品的深層結構不穩了。歌詞很過癮但主題不明確，是講生態嗎？是講人心變薄的悲涼嗎？似乎玩音樂玩得有點「文過其質」了？也是美的分寸沒掌握好的一個例子。其實歌曲本身真的好聽，但本文是站在藝術「作品」的高度去講評的。

附文三

賁卦餘論之二：賞玩《詩品》清奇

《詩品》十六·〈清奇〉原文：

娟娟群松，下有漪流。晴雪滿汀，隔溪漁舟。可人如玉，步履尋幽。
載行載止，空碧悠悠，神出古異，淡不可收。如月之曙，如氣之秋。

晚唐詩人司空圖的詩作傳世不多，反而他評論藝術風格的著作《詩品》成為千古絕唱！《詩品》既是深邃的藝評，又是絕美的歌詩，耐人尋繹，匠心獨運。整理《易經》賁卦的「白賁」，引用到《詩品》的句子，餘興未艾，趁機整理一下筆者鍾愛的這一段《詩品》，〈清奇〉。

原文：娟娟羣松，下有漪流。
品讀：水流穿行群松的間隙，往下流出湍急的波紋。
　　　空石成流，這兩句是講賁卦上九「空」的意境。

原文：晴雪滿汀，隔溪漁舟。
品讀：大雪方晴，沙洲上白茫茫一片，隔著溪水，漁人悠然的出舟下網。
　　　這是一個純白的世界，這兩句在描繪賁卦六四「白」的畫面。

原文：可人如玉，步履尋幽。
品讀：在白茫茫的天地中，可人美女，彷如白玉，乘興出遊，尋幽探勝。
　　　美人如玉，這兩句也是承接上兩句講「白」的純美。

　　事實上上六句是起筆、是形容、是畫面的營造；跟著下六句才是主題、是說明、是境界的闡述。

原文：載行載止，空碧悠悠。

品讀：卓越的藝術作品，或前進或收勢，或高潮或低潮，或流動或迴旋，
　　　是沒有定法與規律的。像空無心靈，像碧落長空，悠悠遠遠，疏朗
　　　無限。
　　　這兩句是在講賁卦上九「空無」的境界。

原文：神出古異，淡不可收。

品讀：在空無中神韻跑出來了！這不同今時的古法的靈魂就在一個「淡」
　　　字──淡得餘音嬝嬝，淡得不可收拾，淡到無窮無已，淡出萬古長
　　　空。
　　　這兩句卻是講賁卦六五「淡」的美學了。

原文：如月之曙，如氣之秋。

品讀：這淡然之美，彷彿晨曦仍見的淡月，宛如爽氣高朗的初秋。
　　　這兩句收筆仍然是在講六五「淡」的意態。千古以來，說明月的詩
　　　文俯拾皆是，但說到清晨的淡月的，大概就只有司空圖此君了吧。

　　賁卦的六四、六五、上九分別說出了「白」、「淡」、「空」的美學，
而《詩品》的〈清奇〉透過詩的形式做了美絕人寰的呼應。

附文四

賁卦餘論之三：一部商業性超過藝術性的電影的例子

　　這篇短文嘗試從一部筆者喜愛的電影談到賁卦六四爻的「匪寇婚媾」。

　　電影就是上演正夯的《正義聯盟／Justice League》。筆者喜歡《正義聯盟》，這是一部很好的，商業片。是的，一部出色的商業片。

　　在技術層面上，《正義聯盟》幾乎在每一個環節都做得很到位──情節流暢好看，故事完整合理，許多畫面已成經典，配樂風格多元豐富。還有一個地方很難得，就是處理群戲（眾超級英雄們）而不流於大雜燴，基本上每個主角的性格、形象都清晰分明。甚至感情戲的部分也處理得頗細膩，尤其表現超人死而復生後那種複雜、新鮮、憤怒、珍愛的微妙心情，其實是頗為動人的。在電影技法上，《正義聯盟》是成功的。筆者常常借米蘭・昆德拉「小說的四個召喚」的理論軟體，用來評論電影──遊戲的召喚（趣味）、夢的召喚（創意）、時間的召喚（感動）、思想的召喚（深度），《正義聯盟》前三者都做到了，獨缺最後一項。一部少了思想深度（深層結構）的作品，就只能是商業電影了。

　　跟前兩部 DC 超級英雄電影在商業操作中能同時兼顧思想深層不同──《蝙蝠俠對超人》探索「兩極合一元」與《神力女超人》討論「單純的神性如何走進複雜的人間」等生命議題，《正義聯盟》的技術層面嫻熟完整，但思想內涵就顯得薄弱了（大概只有團結才是力量這一類的小孩子議題）。

　　《易經》賁卦的六四爻提到「匪寇婚媾」，就是說技術性不能超過深刻性，就像結婚不能用搶的不能用硬來的，意思就是形式不能搶奪內容。這正是藝術作品的真諦與分寸，嘿！剛好《正義聯盟》做到了相反的一點。一部電影技法再優，但少了思想深度，就只能是商業電影，而不是藝術作品了。

　　還是喜歡《正義聯盟》，一方面它確實很好看，二方面是因為筆者從小就喜歡科幻與超級英雄這一類片種，還有一個喜歡的理由，《正義聯盟》不正是提供了一個「匪寇婚媾」這一個美學原則的相反典範嗎？

附文五
心井如歌

記得，許多前輩說：心明如鏡，反照大千。

但，有一本古老的書卻說：心，是一口井。

　　……讓無數旅人駐足掬飲。

哪怕滄海桑田，人事變遷，這口井，是終始不動的。

　　……不動如井，一直靜待旅人的井。

每顆心，每口井，都是泉湧的。聖人如是，你我亦如是。

　　……不會喪失，無所謂得到，不會增一分，也不會減一分。

這口井，是用來喝的──成熟者的心能量，可以讓往者（走向人生）來者（走向內在）種種不同方向的行者，不斷投身其中汲飲德性的清泉。

但走井道，要小心，功夫未透澈，最後一段路容易犯險。

　　……得提防風光明媚之前的步步驚心。

你很久沒跟心裡的這口井對話了嗎？

塵封的心，廢置的井，是不會有生命猛禽顧盼的。

源頭活水流失＋不懂親近心靈的方法……

下場是生命乾涸的悲涼。

修法是重要的。

　　……每個打水人都需要一個甕，不同的甕，適合自己的甕。

管顧好自己這口井吧。

若等到井汙清除，但井水仍然沒人飲用……

那是最不堪的一顆寂寥的心啊！

心靈者理當見用於世，但只有真正成熟的人才看得見別人的好。

但井壞是需要修理的，心傷是需要治療的，沒有關係的。

在紅塵日久，每過一段時日，當做修心治療的工作。

以磚疊井，修井之壞……

要找到屬於自己修井的磚頭與法子。

到後來，這口井，純淨甘美，無俗念，無雜染。

老子稱無為，佛曰清淨心……

奧修喚作取消頭腦作用……

《詩》三百，則曰思無邪……

最單純的最豐富！

禪師則說：虛窗不礙四山朝。

心窗空無，悠然推望，天地來朝啊！

那本老書卻只是說：井水太甘甜了，來喝一口吧！

這口井的最後境界，就是：甘美的清泉，不是給自己一個人喝的。

井道收其大功，成熟者的心能量大用於世。

井口不要加蓋，心靈不要上鎖。

成熟是公器，自己完成也不能自己擁有。

大德者的成熟不是屬於他自己的。

　　……但不喜說這是慈悲、布施。因為慈悲、布施有點不對等的
　　上對下，有點隱藏性的傲慢？

那，這口井，這顆心的密碼是什麼呢？

不如用……開放！

這口井的終極密碼就是：開放自己！

給天下的道上行人……

這就是井的故事：

不動是井的靈魂，洶湧是井的本性，平等是真相，公開是高度，危險
性是人間井道的必然。廢置的井會製造乾涸，打水的桶最好別漏水，井水
要拿來飲用，井壞卻需要修理。當然，這口井的最高境界是開放自己。開
放是成熟的最後，純淨是兩者的中途。

心井如歌，這歌行，她訴說：自性清泉，可以……
隨時回去！

　　……有一位古老的先生說：我欲仁，斯人至矣！

心井如歌，這歌行，她訴說：井道的最高奧祕是……
開放自己。

　　……這口井，不是慈悲，不會冒犯，不是上對下，她只是靜靜
　　的坐在那兒，無欲無求，開放自己。

心井如歌，這歌行，清風明月，萬古長空。

後記

　　想用不八股、柔軟一點的方式整理這麼美好的一卦，井卦 ——
六十四卦的心靈卦、本體卦、自性卦、宗教卦。最後就選擇了這種半歌不
詩的文字形式。井卦的故事，當然就是心靈、自性、覺知的故事，井卦的
內涵，當然就是中國文化對心靈、自性、覺知的看法。而歌行中所提到的
古老的書，也當然就是指《易經》。

第十章
剝復夬姤

剝：六十四卦的爛掉卦

　　剝卦，一片蕭條的卦象。卦的內容談到腐敗、潰爛、群小、性命攸關、委屈求全、奔赴時艱的種種面對，其中最精采的，就是如何周旋群小的《周易》智慧。還好，剝卦是「喜劇收場」的，在最後一爻，君子小人都得到了應有的果報。

☷☶ 坤下艮上

剝，不利有攸往。

《 彖 》曰：剝，剝也，柔變剛也。不利有攸往，小人長也。順而止之，
　　　　　觀象也。君子尚消息盈虛，天行也。
《 象 》曰：山附地上，剝。上以厚下安宅。
《雜卦》曰：剝，爛也。

相關資料

　　主題：剝落，剝蝕，剝削。
　　　　王船山：「自外割削殘毀以及於內曰剝。」外力傷害的環境。
　　　　我們就身處一個「剝」的時代？

⊙ **卦象**：山附於地──在剝的時代，眼看高山一一剝落，附著地面
　　的慘象。

⊙ **卦性**：順而止──順著大勢，懂得止之道。

⊙《雜卦》：「剝，爛也。」剝是最爛的狀況。

卦辭經文註釋

⊙ 在很爛的時代，不要有所作為。這是大原則。
　　　　鄭玄：「陰氣侵陽，上至於五，萬物零落，故謂之剝也。五陰
　　一陽，小人極盛，君子不可有為之，故不利有攸往也。」

卦辭傳文註釋

· 柔變剛也：陰柔把陽剛逼退。

· 不利有攸往，小人長也：王弼：「強亢激拂，觸忤以隕身，身既傾焉，
　　功又不就，非君子之所尚也。」君子不幹不划算的買賣。

· 順而止之，觀象也：在剝的時代，宜靜不宜動，宜退不宜進，宜止不宜
　　行，宜觀不宜作。
　　　　靜靜觀察時勢與契機的運轉推移，伺機而動。

· 君子尚消息盈虛，天行也：一個成長者懂得天道運轉的消、長、發、收。
　　　　《莊子·盜跖篇》：「面觀四方，與時消息。」隨時的警醒狀態。

· 上以厚下安宅：「上」的主詞有意思，《象傳》中絕無僅有。成長者？
　　　　在剝的時代，不要直接糾正當權者。
　　　　厚下，厚植民間力量。
　　　　《尚書》：「民惟邦本，本固邦寧。」
　　　　王弼：「厚下安宅，治剝之道也。」

在剝之世，打好人格基礎與學問根底，把家先安頓好。

爻辭經傳註釋

初六，剝牀以足，蔑，貞凶。

《象》曰：剝床以足，以滅下也。

- 牀腳爛了──時代的剝，從生命基層爛起。
- 王弼：「牀者，人之所安也。剝牀以足，猶云剝牀之足。蔑猶削也，剝牀之足，滅下之道也。」

　　滅下：消滅生命元氣。時代的腐敗，從心開始。

　　蔑有三解：1.削也。2.滅也。3.蔑視。

　　蔑，貞凶：在蔑視深厚的價值觀的時代，太過頂正，凶險！

- 初六有二種句讀：

　　1.剝牀以足，蔑貞，凶：從基層開始剝損，把正滅掉，凶險。

　　2.剝牀以足，蔑，貞凶：從基層開始剝損，蔑視正道，太過頂正會凶險。

六二，剝牀以辨，蔑，貞凶。

《象》曰：剝床以辨，未有與也。

- 牀板爛了──一直爛上去。
- 一樣是不能頂正。
- 未有與：1.沒有同道友朋的幫助。實力單薄。2.絕不能參與，不能淌這趟渾水。太過危險。

六三，剝之，无咎。

《傳》曰：剝之无咎，失上下也。

- 將爛的部分「爛」掉——壯士斷「牀」。

  擺脫群小，不隨大隊，沒關係的。

  三與上應，擺脫群陰，追隨陽剛君子，但實力仍然單薄，所以沒有吉。君子曲其志，在剝的時代能无咎就不錯了。
- 鎮華老師說不要苛責亂世，要體諒。

  六三已經是小人中的君子。
- 失上下：斬斷人際關係中無聊的牽扯，不需要軟弱的安全感。

六四，剝牀以膚，凶。

《象》曰：剝牀以膚，切近災也。

- 皮膚也爛了——爛到會痛了。

  時代的剝已經到了傷害生命，切膚之痛的地步！
- 王弼：「初、二剝牀，民所以安，未剝其身也。至四剝道浸長，牀既剝盡，以及人身。」

六五：貫魚，以宮人寵，无不利。

《象》曰：以宮人寵，終无尤也。

- 在很爛的時代，不能重用小人，但要虛以委蛇。

  小人魚貫而至，當位者以宮人的分位去寵幸（但不給與實權），沒有不利的情形。
- 《周易》的智慧：1.不能重用。2.也不能甩掉不理——遠之則怨。分點好處是必須的。

上九，碩果不食，君子得輿，小人剝廬。

《象》曰：君子得輿，民所載也。小人剝廬，終不可用也。

- 剝完了，君子小人兩樣情。

　　爛透的時代慢慢退場，先不要急著享用豐碩的果實，這是君子出發，建業舉廢的時機，但小人這時候卻內鬥到連房子都要毀了。

- 王船山卻有另解：「群眾極盛，一陽僅存於上，碩果也。不食，不為人所食，言不用於世也。當剝之世，功無可與立，道無可與行，上高蹈遠引，安止而不降其志，雖不食而俯臨濁世，其可駕馭之道自在得輿矣。」「群邪得志，君子方超然卓立於外，不歆其富貴，不屈其威武，雖無撥亂反正之功，而陰以留正氣於兩間，則名義不亡於人心。」「鄭憶翁云：天下皆秋雨，山中自夕陽。」船山的解釋，恐怕跟自己的時代、遭遇有關。

小結

　　初爻：腐敗從心開始爛。──心壞了
　　二爻：一直爛上去。──基礎建設爛了
　　三爻：擺脫群小或治療自己。──最內在的一爻
　　四爻：命快丟了！──最危險的一爻
　　五爻：籠絡小人。──最聰明的一爻
　　上爻：君子出發，小人玩完。──最壯大的一爻

剝卦語錄

➤斬斷人際關係中無聊的牽扯，不需要軟弱的安全感。

復：六十四卦的復元卦

　　復卦就是一個想方設法復元的卦。卦辭說了許多一陽來復之類的好話，哈！到了爻辭，就是各種回「家」的途徑了──不遠復、休復、頻復、中行獨復、敦復，但到了最後，卻迷路，回不了家了！原因是迷信外在的力量。原來回家的真正意義，是內在的覺知之路。

☳☷ 震下坤上

　　復，亨。出入无疾，朋來无咎，反復其道，七日來復，利有攸往。

《象》曰：復，亨，剛反，動而以順行，是以出入无疾，朋來无咎。反
　　　　復其道，七日來復，天行也。利有攸往，剛長也。復其見天
　　　　地之心乎？
《象》曰：雷在地中，復。先王以至日閉關，商旅不行，后不省方。
《雜卦》曰：復，反也。

相關資料

　　主題：重生，復元，甦醒。
　　小程子：「陽，君子之道。陽，消極而復返，君子之道，消極而復長也。故為反善之義。」
　　卦體結構就是一陽來復：一回來，就是一切回來，就是整體回來。不要小看一，一即一切。
　　一陽來復是生命的再展開。群魔亂舞，內心崩落，人性被簡

化，大自然被波及。一陽挺立，復道是大事。

南懷瑾先生「抓活子時」的觀念。如：大病初癒，迴光返照，生小孩治好胃癌……

剝極而復，在極絕望的情況會有生機。

剝與復是當代最真實的兩卦。

⊙ **卦象**：雷在地中──一個很大的陽剛力量要從核心爆發出來。復的力量是強大的。

⊙ **卦性**：動而順──從一個大震動開始，順下去開展。

卦辭經文註釋

⊙ 雷在地中，一陽來復：一個很大的力量在醞釀，一個很大的可能在發生。

⊙ 亨：內心的陽剛回返，人生才可能是通路。

⊙ 出入无疾：出入，就是外內。就是往來。

　陽返於心，入；行道於世，出。

　生命的陽剛復現，去哪裡都沒問題。

⊙ 朋來无咎：朋，一群。

　一群陽剛回來，生命力洶湧迸發，當然沒事。

　友，同志為友，二手相交。

　朋，古文鳳字。百鳥朝鳳，群鳥相隨，引申為眾、群之義。

⊙ 反復其道：來來去去都是真理。這就是復卦的氣氛──真理的氣氛。

⊙ 七日來復：根據十二月消息卦？應該是指從姤（五月）到復（十一月），頭尾七個階段。

　七是一個特殊的數字。壞壞壞，連三壞；好好好，連三好。生命的復元需要一個過程，大約七個階段。

◉利有攸往：生命力再強大，也需要有覺知引領。

卦辭傳文註釋

· 剛反：生命的陽剛回來。
· 天行：盈虧剝復，損益互替，是大自然的運行法則。
　　《老子》：「天之道，損有餘而補不足。」
　　《序卦傳》：「物不可以終盡剝，窮上反下，故受之以復。」
　　大剝之後，必有大復，這是天之行。
· 復其見天地之心乎：天地之心就是覺知。在生命的復元、重現、萌發、
　甦醒之際容易看到。在萬物蠢動、生命誕生之際容易看到。
· 至日：冬至日。冬至日是修行契機。
· 先王：古代君主。后：在位君主。
　　先王：總統？后：行政院長？
　　當新生命萌吐之際，要靜靜覺知、觀察、感受、不驚擾那種微妙的
　復元。舉了三個例子：閉關修養身心，停止商業活動，行政院長也停止
　省視地方。

爻辭經傳註釋

初九，不遠復，无祇悔，元吉。

《象》曰：不遠之復，以修身也。

· 迷失不遠，立即就復，沒有大的後悔。生命初階就復，吉大無比。
· 不遠復：1.從身邊的事情開始復。
　　　　不必遠求，從自身最卑微的地方做起。如：偷、懶、私、賴。

2.馬上就復。

　　放逸、跑掉不遠立即回來。顏回在這裡容易做到「不貳過」。

‧祇：1.敬也。不敬重還是會後悔。2.大也。

‧以修身：小程子比喻顏回的「不遷怒，不貳過」。

六二，休復，吉。

《象》曰：休復之吉，以下仁也。

‧美麗的復元，是好的。

　　休息是美麗的。

‧休：《說文解字》：「休，息止也。从人依木。」引申為美。休息，好美！

‧下仁：六二是民間領袖，以謙待人，以上下下，溫柔擁抱初階的陽剛。要有美好
　生命恢復的吉祥，要懂得用下仁的態度。下仁就是無成見、無身段、無姿態。就
　算有很好的想法與理念，也不要希望用自己的知識與言語讓學生接受。要下來玩
　他們的遊戲，學他們的說話方式、思考習慣，用他們的管道溝通，學習群眾的一
　套。「下仁」是很重要的教學態度。擺落教者的形象，不採取高姿態，每個人都有
　主體性，高姿態別人不會來。《易經》其他地方也說過「用晦而明」、「平施」，意
　義接近。

六三，頻復，厲，无咎。

《象》曰：頻復之厲，義无咎也。

‧頻繁的嘗試復元，危險，但這種決心是好的。

　　生命的病已經陷得很深，雖然改正的決心很強，但慣性強大，生命擺盪得厲
　害。一再好轉，一再病發，執著頗深，有點危險。

‧從教者的角度，學習者的成長初期，生命會擺盪得厲害，一般不會一次就全復，
　教者要有耐心，對人性要有信心。在人生的泥濘裡成長，路很崎嶇，教者的不放
　棄，對學習者來說是重要的穩定力量。

‧與中國文化一再反覆的苦難相似。

六四，中行獨復。

《象》曰：中行獨復，以从道也。

- 中道行世，要有獨自恢復的勇氣。
  心靈的路，自己走。
- 「中」之三義：1.心靈。2.射中。3.平衡。
- 獨復，到社會想要復，靠自己了。
  考驗是孤獨而嚴厲的。
- 這一爻沒有任何正、負的評語，是有深意的——一方面在世間實踐中道是嚴峻
  的，但「中行獨復」太珍貴了，《易經》也不忍心加凶、厲、吝……

六五，敦復，无悔。

《象》曰：敦復无悔，中以自考也。

- 敦厚的復元，沒有後悔。
  歷經不遠復、休復、頻復、中行獨復，積德日厚，連後悔的空間都沒有了。
- 中以自考：中，內心。自考，自我考驗。生命的厚度厚到隨時檢查、反省自
  己——檢查有沒有離「家」太遠。
  指向自己的劍是最厚道的劍。

上六，迷復，凶，有災眚。用行師，終有大敗，以其國君，
凶。至于十年不克征。

《象》曰：迷復之凶，反君道也。

- 失去復元的能力是一種深度的墮落。
  執迷太深，失去復元的能力，有天災，也有人禍。像發動戰爭，最後一定會
  大敗，甚至禍及國君，完蛋了！即使休養十年，也不能再用兵。
  失去內在的覺醒，迷信外在的暴力，會，完蛋。

・迷復的可能：1.迷信暴力。不管哪一種形式的暴力。2.迷失在腐敗的生活。3.執著性格的頑固。

・災眚：眚，目病生翳。眼睛的蔽障，飛蚊症之類。引申為看事情不清楚的過失。

　眚，過也。人禍。災，害也。天災。

　小程子：「災，天災自外來。眚，己過由自作。」

・反君道：1.違反治國的道理。從治理一國的角度，執迷不悟，不納諫。2.違反生命的核心原理。

小結：六種「回來」

　　初爻：不遠復，立馬「回來」。

　　二爻：休復，休息一下就「回來」。

　　三爻：頻復，「回來」得很辛苦。

　　四爻：中行獨復，「回來」，得靠自己。

　　五爻：敦復，滿載的「回來」。

　　上爻：迷復，迷信力量，「回不來」了。

復卦語錄

➤內心的陽剛回返，人生才可能是通路。

➤雷在地中，一陽來復：一個很大的力量在醞釀，一個很大的可能在發生。

➤當新生命萌吐之際，要靜靜覺知、觀察、感受、不驚擾那種微妙的復元。

➤中行獨復，心靈的路，自己走。

➤指向自己的劍是最厚道的劍鋒。

　自我批判的復是最深厚的復元。

➤失去內在的覺醒，迷信外在的暴力，會，完蛋。

夬：六十四卦的攤牌卦

　　夬卦是六十四卦的攤牌卦、決裂卦，這是一個相當外在性的卦，相當「兇」的卦。事實上，這是六十四卦最清清楚楚的革命卦。整個夬卦的內容就是在討論革命行動的技術、策略、心態、原則、疑慮、凶險……的種種問題。

䷪ 乾下兌上

夬，揚于王庭。孚號有厲。告自邑，不利即戎。利有攸往。

《彖》曰：夬，決也，剛決柔也。健而說，決而和。揚于王庭，柔乘五
　　　　剛也；孚號有厲，其危乃光也；告自邑，不利即戎，所尚乃
　　　　窮也；利有攸往，剛長乃終也。
《象》曰：澤上於天，夬。君子以施祿及下，居德則忌。
《序卦》曰：夬者，決也。
《雜卦》曰：夬，決也，剛決柔也。君子道長，小人道消也。

相關資料

　　主題：決陰，決裂之道，攤牌，造反。
　　　　夬，決堤的力量。
　　　　王弼：「夬與剝反者也。剝以柔變剛，至於剛幾盡，夬以剛決
　　柔。」
　　　　至於取「缺」義，如玉環之有缺名玦。形同而無義。

◉**卦象**：澤在天上──1.小程子：「澤，水之聚也，乃上于至高之
　處，有潰決之象」。2.澤自天流下，養育萬民的含義。

◉**卦性**：健而悅──繼續挺進，會有奮悅。

卦辭經文註釋

◉決裂之道要公開、透明、誠信。當然，會有危險性。

　　決除惡勢力，要在首都的王庭公開揚告。號令誠信，同時有
　危險性。要遍告城邑的臣民，最好不要動用武力。這是可以大有
　作為的時代。

　　鎮華老師：「這是教人除陰的方法當如洪水決堤，不要用危險
　的公文告發，也不要用落人把柄的軍事行動，要在都邑的王廷，
　一次當眾如告天、告廟般隆重揭發出來。因為這不是為了毀滅別
　人，而是為了『決而和』。」

◉揚于王廷：揚于王庭的高明就是在公開場域、權力中心（王庭）揭
　發惡勢力，利用群眾的力量壓制，讓當權者不敢耍陰或亂來。

◉孚號有厲：號令有誠信，喊出群眾的聲音，但得罪惡勢力，會有危
　險性。

　　號，痛呼，不平之鳴。

◉告自邑：磊落的公開，不是打小報告。

◉不利即戎：《周易》基本不鼓勵武力。

卦辭傳文註釋

·決而和：1.有時候決斷了，不要猶豫，反而有和諧的局面出現。2.去除
　惡勢力不是為了毀滅它，成熟的決，才能和。

- 柔乘五剛：陽剛大增，君子日眾。
- 其危乃光：1.愈危險，愈廣大。2.叫得愈大聲，愈危險。
- 居德則忌：則，取法。忌，百姓心中的大恨。
  內修其德，外聽民意。

爻辭經傳註釋

初九，壯于前趾，往不勝為咎。

《象》曰：不勝而往，咎也。

- 珍惜第一仗──該贏的第一仗輸了，影響士氣更大。
    趾就是腳的大拇指，初爻就是大腳趾的強壯。意思就是說前行的力量必須壯大，但第一次行動如果不勝（往不勝），就不太妙了（咎）。也就是說，革命行動要珍惜第一仗啊！首勝是很重要的。
    太陽花學運的例子，就是三一八突襲闖進立法院，這是漂亮的第一仗。
- 《周易》初爻多保守，夬卦初九卻已鼓勵前進。

九二，惕號莫夜，有戎勿恤。

《象》曰：有戎勿恤，得中道也。

- 提防別人孬種、耍陰。
    發出警剔的號令（惕號），一直到深夜（莫夜，莫就是暮）都不敢鬆懈，只要有所防範（有戎），就不用擔心了（勿恤）。夬卦談造反之道，初二三四爻都非常嚴重，充滿戒慎憂患，對抗惡勢力不是開玩笑的。
- 不玩小動作的政府是比較大氣的，不玩小動作的運動是比較純真的。
    如：二〇一八年五月四日「拔管事件」臺大遊行的雙重奧步。

九三，壯于頄，有凶。君子夬夬，獨行遇雨，若濡有慍，无咎。

《象》曰：君子夬夬，終无咎也。

- 把行動藏在心裡，不要寫在臉上，獨個兒做，別吭氣，風風雨雨，小意思。

　　不平的盛氣寫在臉上（壯于頄），會有凶險（有凶）。一個君子決定去除惡勢力（君子夬夬），要有獨行險路的勇氣（獨行），而且一定會遇到風雨挫折（遇雨），既然決定下水，就不要怕被弄濕（若濡），過程中難免會有情緒（有慍），這都是沒有關係的（无咎）。
- 革命的道路，必然是孤獨的；革命者的氣質，必然是沉著、勇敢而直接的。
- 頄：面容。
- 獨行：一個人做，開始發動，不商量，不吭聲。做就對了，時機未到，不要大聲嚷嚷。
- 遇雨：遇到挫折。
- 有慍：自己會有情緒，左右也會不高興。

九四，臀无膚，其行次且；牽羊悔亡，聞言不信。

《象》曰：其行次且，位不當也，聞言不信，聰不明也。

- 難行、折損、敵友難辨。

　　屁股沒有肉，走起路來很困難，羊被牽走了也不懂後悔，對別人講的話充滿疑懼。
- 面對惡勢力的嚴重、危險，在這一爻全現出來了。過程艱難像「臀无膚，其行次且」，而且會有「牽羊悔亡」的損失犧牲，甚至會出現「聞言不信」的敵友難辨、真假難分。
- 小程子：「次且，進難之狀。」

九五，莧陸夬夬，中行无咎。

《象》曰：中行无咎，中未光也。

・藉中道根除惡勢力。中道的力量有時是很兇的。

　　莧是馬齒莧之類的叢生植物,特點是一群一群的生長。陸是土塊。意思就是革命到了最後對決的階段,要下定決心將惡勢力連根帶土一起挖掉,不要手軟(莧陸夬夬),只要是依著純正的心去做(中行),就不會太過分的問題(无咎)。

上六,无號,終有凶。

《象》曰:无號之凶,終不可長也。

・有兩個說法:

　　1.缺乏正當號召的凶險。

　　發不出正大的號令,老百姓不會聽你的。

　　2.無號──當領袖的聽不到人民的呼號與痛苦,等著完蛋。

　　不聽民間的聲音,沒好下場。

・无號,終有凶?一旦欠缺正大的共識與號召,另一個充滿危險性的東西就會起來取而代之了,就是:固執。固執比自私更危險,在自私之中,人的良知至少知道自己謀的其實是政黨或個人利益,但固執讓人更盲目,固執讓我們侷限在自己的觀點,固執讓人很難去質疑自己相信的東西。

小結

　　卦辭:攤牌的大招數。

　　初爻:打贏第一仗。

　　二爻:提防小動作。

　　三爻:革命的道路必然是孤獨的。

　　四爻:難行、折損、敵友難辨。

　　五爻:下狠手。

　　上爻:缺乏正當的號令與共識。

夬卦語錄

➤不玩小動作的政府是比較大氣的，
　不玩小動作的運動是比較純真的。

➤獨行遇雨：把行動藏在心裡，不要寫在臉上，要有獨行險路的勇
　氣，別吭氣，風風雨雨，小意思。

姤：六十四卦的小人卦

姤卦談如何與陰性周旋的問題。

陰性可以解釋成小人、社會腐敗的開始，這是外在解釋。但也可以理解成壞習慣、內在的負能量、老朋友、地雷，這是內在解釋。好玩的是，姤卦面對陰性，用的幾乎都是柔軟的策略：包容、成熟面對、擁抱、正視是正道；相對的，打壓與孤立就是笨法子了。大概陰影也是生命的一部分，擁抱陰影，與自己內在的陰影言歸於好，正是陰陽合抱、返歸太極的正途。

☰ 巽下乾上

姤，女壯，勿用取女。

《彖》曰：姤，遇也，柔遇剛也。勿用取女，不可與長也。天地相遇，
　　　　　品物咸章也。剛遇中正，天下大行也。姤之時義大矣哉。

《象》曰：天下有風，姤。后以施命誥四方。

《序卦》曰：姤者，遇也。

《雜卦》曰：姤，遇也。

相關資料

　　主題：接陰，相遇之道，邂姤，陰生。

　　　　　不要太把「陰」解釋成小人或惡勢力，道德感不要太強。

　　　　　邂姤，媾。家庭以外的男女關係。

　　　　　女、陰是比喻，象徵人性上的陰暗面，如：軟弱、偷懶、逃

避……

唐代石經本作「遘」，二魚相遇謂之遘。

接陰之道，包容為好，要像九二、九五。

◉ **卦象**：天下有風——陰的勢力如風，無所不入。

◉ **卦性**：入而健——接陰、相遇進入狀況了，剛健的力量會漸漸出現。

卦辭經文註釋

◉ 相遇之道，陰的勢力漸漸壯大，不要取悅壯大的負面勢力（但也不要否定）。

◉ 女壯：陰的勢力坐大，小心不要掉入耍陰的習性中。

◉ 取：遇陰，不要用取悅、討好。但女孩子最吃這一套。

卦辭傳文註釋

· 不可與長：對女孩子只用取悅、討好，不可能長久。

· 章：美也。美好的成長。

· 〈彖傳〉講了三種遇：1.柔遇剛：自然的吸引法則。2.天地相遇：天道的一體性。3.剛遇中正：剛強的氣質回歸心靈與成長的調節。

· 后以施命誥四方：王，先王，理想中的領袖。

后，發號施令的現世王者，繼承先王之道的領袖。《說文解字》稱「繼體之君。」

誥，或作詰，止也。符合止陰之義。

爻辭經傳註釋

初六，繫于金柅，貞吉。有攸往，見凶，羸豕孚蹢躅。

《象》曰：繫于金柅，柔道牽也。

- 在陰性滋長初期要遏止陰的力量，趕緊剎車，不讓坐大。

　　踩強力的剎車，對生命成長是有幫助的。讓陰的勢力繼續發展，會看到凶兆。陰性就像瘦弱的豬，走起路來搖擺不定。
- 金柅：金，堅剛之物。小程子：「柅，止車之物。」即剎車。

　　阻止陰性繼續生長。
- 羸豕孚蹢躅：羸豕，瘦弱的豬。蹢躅，跑來跑去。孚蹢躅：信用很差，搖擺不定。

九二，包有魚，无咎，不利賓。

《象》曰：包有魚，義不及賓也。

- 有擔當的做「主」，具備包容陰的能耐與修養。開始接陰了。

　　（用荷葉）包著魚，沒有關係的，但不該居客位，不能客串，要挺身而出當主人。當真，才可以。
- 指九二包容初六。
- 魚：鮮而腥，久而臭。

九三，臀无膚，其行次且，厲，无大咎。

《象》曰：其行次且，行未牽也。

- 與陰的力量相處的搖擺與尷尬。

　　內在的陰性讓人生難行。

　　屁股沒有肉，走起路來搖擺不定，危險，但不會有大災禍。陰還是要去面對的，只是舉棋不定，問題不算大。

・另一個說法，要不要與陰面對、周旋還懷疑，就危險了。陰性就像天下有風，躲不了的。

九四，包无魚，起凶。

《象》曰：无魚之凶，遠民也。

・拒絕、遠離陰，太孤高，引起凶運。
　　要跟自己的生命陰影握手言和。
・遠民：民就是人。遠民是因為一般人陰性強。

九五，以杞包瓜，含章，有隕自天。

《象》曰：九五含章，中正也。有隕自天，志不舍命也。

・有德者的成熟可以充分包容陰性──欲望、小人、百姓，蘊含美好的生命質地，天命像隕石自天而降。
・以杞包瓜：杞，肥沃的土才能生長的高樹。瓜，有子而不腥。
・含章：不露之德。

上九，姤其角，吝，无咎。

《象》曰：姤其角，上窮吝也。

・陰陽碰撞的貧乏。
　　過於頂正是不對的，陰陽牴觸。
　　自找的，當然沒問題了。
・對陰性──小人、欲望、惡勢力，不能用撞的，不能用打的。

小結

　　卦辭：基本原則──不要討好陰性。

初爻：發現陰性的滋長，趕緊踩剎車。

二爻：挺身當「主」，包容陰性。

三爻：陰性讓人生變得困難。

四爻：要跟陰性握手言和。

五爻：用成熟包容陰性。

上爻：不要跟陰性碰撞。

姤卦語錄

➤人生不能客串，要挺身而出當主人。當真，才可以。

➤要跟自己的生命陰影握手言和。

➤先讓自己蘊含美好的生命質地，然後用強大的成熟包容陰性──
　欲望、小人、百姓。

➤面對陰性、小人、欲望，不能用撞的，不能用打的。

第十組：剝復夬姤

陰陽進退剝復內外之道——反復其道

剝：剝落	剝是快爛光。	雜卦：剝，爛也。
復：重生	復是回家與迷路的力量在拔河。	雜卦：復，反也。
夬：決陰、決裂之道	夬是最後攤牌。	序卦：夬者，決也。
		雜卦：夬，決也。剛決柔也，君子道長，小人道消也。
姤：陰生、相遇之道	姤是陰影的滋長。	序卦：姤者，遇也。
		雜卦：姤，遇也。

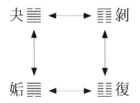

↕ 綜：互動　　剝極而復——時代爛透了，一陽來復。

　　對反　　復而又剝——陽剛過盛，又開始僵化，又被陰性
　　　　　　　　——剝落。

剝剩最後一根陽爻（上九）——減法。

一陽從基層漸漸長上來（初九）——加法。

夬決陰之後成乾，陰自下生乃姤。

陰自下生碰到接陰的問題，升至上位又成夬。

決陰於上，決裂之道，陰處高位，惡勢力很嚴重，道德感要強——

要幹掉。

　　陰生於下，相遇之道，陰生自下，還好初成氣候，道德感忌強──重包容。

　　　　◆▶錯：對反　　剝，一陽在上，陽退相對夬，一陰在上，陰退。

　　　　　　　　　　　復，一陽在下，陽進相對姤，一陰在下，陰進。

陰陽進退剝復內外之道

　　剝復在處理陽的消長，夬姤在處理陰的消長。

　　剝夬在談陰陽的退，復姤在談陰陽的進。

　　整體而言，四卦在討論陰陽消長進退之道。

附文一
我們身處一個很爛的時代嗎？
——試論六十四卦兩個「小」卦之二：剝卦

《易經》原文：

> 剝，不利有攸往。
>
> 初六，剝床以足，蔑，貞凶。
>
> 六二，剝床以辨，蔑，貞凶。
>
> 六三，剝之无咎。
>
> 六四，剝床以膚，凶。
>
> 六五，貫魚，以宮人寵，无不利。
>
> 上九，碩果不食，君子得輿，小人剝廬。

這篇文章的一個討論重點是：我們，臺灣，到底在「哪裡」？

《易經》六十四卦的第二十三卦剝卦與第二十四卦復卦是兩個相對的卦——敗壞與復元。也就是生命力量的下坡路與上坡路。這兩個卦，小及生命成長的趨勢與週期，廣及整個時代的更迭與盛衰。關於復卦，筆者在另一本著作裡已經寫得頗詳細，所以這篇文章只談剝卦，其實，另一個只談剝卦的原因是：跟我們臺灣的現況特有關係。

先看看經文以外的資料。《雜卦傳》就直接說：「剝，爛也。」這是一個很爛的卦！講一個很爛的時代！卦體五陰一陽，最後一個陽爻瀕臨被逼退，生命的元氣即將消失殆盡。卦象也很好玩。一般來說，六十四卦的

卦象多用動物，龍呀、馬呀、公羊呀、鶴呀、小狐狸呀⋯⋯但剝卦的卦象用的是器物：床。而且是一張一直在爛的床！床是做什麼用的？睡覺、安睡、安頓，現在用來安頓身心的床也爛掉了！正應了那句成語「不得安生」的意思。好了，我們開始來看經文。

卦辭

卦辭定性的說：這是一個很爛的時代，不適合有大作為的時代。所以這一卦也是一個「小」卦。

在很爛的時代，低調、保守、謹慎、觀望、按兵不動，是比較好的策略吧。

初六爻

床腳爛了！意思是從基層爛起。

對一個國家來說，年輕人愈來愈不快樂？教育愈來愈失去宏觀？政府施政愈來愈不從百姓福祉出發？經濟發展愈來愈短視？基本工資萬年不動？食物、水與空氣的品質愈來愈不好？官商掛鉤與貪污不法一直得不到改善？社會氛圍愈來愈輕薄投機與唯利是圖？選舉方向愈來愈民粹與不理性？⋯⋯這不就是基層愈來愈「爛」的種種現象嗎？

六二爻

床板也爛了！一直爛上去！爛的範圍愈來愈失控了。

六三爻

這一爻是吉：在爛的時代中對的做法。「剝之无咎」，就是讓該爛的部分爛掉，乾脆讓它爛光光，壯士斷「床」！爛透了！物極必反，反而會看到生機了。我的老師說六三是小人中的君子，連稍微耿直的小人都看不下去了，就加一把勁將狗屁倒灶的人跟事搞爛！《象傳》說：「失上下也。」意思就是斬斷上下無聊關係的牽扯，在爛的時代裡砍掉軟弱的安全感，毅然而然的從小人堆裡跑出來。你們繼續爛吧，老子不摻合了！《象傳》的「失上下」說得好！但卦辭的評語只是「无咎」兩字，沒問題，no problem 的意思。因為在剝爛的時代能跑出來、能无咎就不錯了。

六四爻

從床板爛上去，連皮膚都被感染，身體都爛了！這下子不妙了！

這是指剝爛的趨勢一直蔓延到生命的核心。對一個國家來說，如果連文化、教育、立國精神、法律、軍事、民心……等核心價值都動搖！那就……差不多了吧。

六五爻

五爻是「君位」，這一爻好像是講在爛的時代終於出現了一個好領導。這個時候，群小魚貫而至，求官？分贓？獻媚？拍馬？大概都有吧。《易經》說在爛的時代，小人不能重用，但也不能得罪（因為小人專長之一就是搞破壞），一個厲害的頭兒要懂得虛與委蛇，「以宮人寵」，就是將群小當小三逗著玩，分點不關痛癢的小便宜給他們，但不能讓他們負責大事（因為小人的另一個專長就是不負責任），把群小涼快在一邊，騙騙哄

哄，只要他們不幫倒忙，不扯後腿，就發揮了群小的最佳「功能」了。那麼真正有心做事又能做事的人就可以放開手腳，好好對付這一個爛攤子，由剝（敗壞）返復（復元）了。在這一爻，我們看到《易經》的政治智慧。

上九爻

這一爻是說終於要爛到底了！剝的時代告終，生命元氣將從谷底翻身，愈來愈多人才浮上檯面。但《易經》說先不要急著吃大果子（碩果不食），還早哩！還不到享用成果的時候，趕快開著車去做事唄（君子得輿），百廢待舉嘛。那小人呢？小人是一種很奇怪的生物，得勢的時候，小人愈來愈多，然後彼此之間還會相互傾軋，到最後將整個局面搞爛掉，小人自己呢？也跟著陪葬進去，一起玩完，內鬥得連房子都保不住（小人剝廬）。剝的時代，最後以小人的剝光光告終。

最後剩下一個問題：臺灣在哪裡？兩岸在哪裡？臺灣在剝卦嗎？下面當然只是個人的判斷。筆者覺得臺灣在剝卦的初六：各方面的基層問題確實是愈來愈鬆動了，還不到六二、六四的地步，但爛的初態是出現了！不得不注意啊！那大陸呢？筆者認為大陸是在復卦的六三爻：「頻復，厲，无咎。」儘管對岸在政治、環保、經濟各方面的問題還是搖擺震盪，但不諱言這十多年間大陸是國勢竄升了。國力上揚，但問題仍多，頗符合「頻復」盤旋式恢復的態勢。也就是說，兩岸分別在「敗壞」與「復元」的第一階段與第三階段，對我們來說，真正的嚴峻要開始了，對他們來說，路至少還有一半。當然，「不可為典要，唯變所適」（《繫辭傳下》），易理告訴我們，變化無常才是人生的硬道理，剝復綜錯，局勢是隨時可能變臉與不確定的。

附文二
講易記趣

要講「復卦」，備課倍加慎重，因為復卦中隱藏了幽深精微的「心法」，為人師的責任，理當得將其中理法說個清楚。但，事情的發展有點怪！雖然課前特別在互聯網上對大夥兒提醒，這一堂最好現場聽課，聽錄音的效果總是隔了一層，對「心法」的領略生怕隔靴搔癢；卻不想當日上課前，班上的學生病倒了一半，造成易經班史無前例的臨時停課！難道真的，正法容易受阻？

心裡存了一個疙瘩，過了兩天，才戰戰兢兢的在另一個班上將復卦心法說了一遍，雖然，那一班的班長也難得缺課了。那天的課講得真是，痛快！過癮！也鬆了一口氣，總算把不容易的部分講完了。輕騎過關，正法說完？

哈，也很努力的把這一個卦說，不完。那天講了三個小時，才講完復卦的初爻「不遠復」。

從復卦「不遠復」發展出來的修身體系是很好用的反省與定位系統——未成「我見」的心靈狀態是比較可以「回家」的心靈狀態，相反的我見日深，「離家」日遠，迷復，就回不去了。

可能是終於解放了心中塊壘，話說得透澈，發聲不免高亢——一個坐在教室後排的男同學說：「老師，慶幸我坐在後面，不然耳朵受不了了！」然後另一個學生在另一個角落自按脈搏！喂，有那麼誇張嗎？哼，這對兄弟檔。

附文三
隨時「回家」！
──關於復卦二三事

　　講「復卦」講了一個月，還沒講完，又遇見筆者常常遇見《易經》的共時性。

　　從正面說，復卦是一個「回家」的卦；從反面說，復卦卻是一個關於「迷路」的卦。其中最微妙的地方，在復卦提到離「家」未遠，大約數步之遙吧，這當兒如能警醒，猛然返身，會倏然「看」到天地之心的雷然蠢動！這就是復卦經傳所說的「不遠復」、「一陽來復」、「雷在地中」的象與義。復，回家，「見」到覺知，若即若離，一個壯闊的力量在醞釀，一個終極的可能在發生。

　　回來說共時性。

　　教學相長不是空話──一個老師，同時也是學生；一個教《易經》的老師，同時也只是一個易行者。這一個月還沉醉在復卦的氛圍，某日清晨就看到鎮華老師貼文說「復，其見天地之心乎！」，「不遠復」等復卦精義。共時性？在貼文中赫然看到下面的話語與筆者前一天的教學互相「射」中！

　　老師說得好：「內咎是消息。」不錯！是內「咎」，離天地之心愈來愈遠，內在的災難就愈來愈近了。

　　我回應：一「覺」得不對，良知警報系統響起，道場立馬顯現。是呀！盡量不要錯過內在細微的良知震顫。那正是提刀上陣的用功好時節！

　　老師的再回應，也好生……準確：「良心的刺痛，當場的尷尬。是祂的通知。」

猛覺私心處，良心復返時。

這天地之心正是良知！正是覺知！正是佛性！

復正是回家、回來的卦——一個關於「看」到天地之心的故事。

故者新，新者故，復道，是故事，是傳統，當然也是此刻此時的因緣大事。

附文四

兩個《易經》上爻所提出的慘痛洞見!

　　這篇短評所說的《易經》的兩個上爻,就是指復卦的「上六,迷復,凶,有災眚。用行師,終有大敗,以其國君,凶。至于十年不克征。」還有夬卦的「上六,无號,終有凶。」

　　二〇一九年三月十六日發生的「紐西蘭清真寺槍擊事件」就是道道地地的「迷復」慘案,唉!據說接近百人死傷!在歷史上,宗教衝突與戰爭一直沒有斷絕過,用蠻幹硬來、用傷害他人來證明自己的宗教,就是全然背離信仰的根源與初心啊!唉!但這種嚴重的「迷路」就是一直存在著。幾千年前的《易經》就說過這種大謬──復卦的「迷復」,完完全全迷路回不了真理源頭的「家」了!復卦是一個講「回家」與「迷路」的卦,最後一爻卻告訴我們:原來最嚴重的迷路就是宗教戰爭,或者更正確的說,就是價值觀的衝突與戰爭。

　　這就牽涉到另一個卦,夬卦上爻所談的一個關鍵。那就是:固執!

　　夬卦上六說一個僵化的領袖、政黨、政府或宗教失去了正大的號令,會發生被終結的凶險!原因在於這個領袖、政黨、政府或宗教僵化、頑固、失去調整與學習的能力了。無法看到自己的不對,也無法聽到人民的痛苦,被困陷在自己固執的囹圄之中。就像今天殺人的槍手還會覺得他們在執行聖戰!這正是夬卦所隱喻的:固執比自私可怕!因為自私還有機會良知不安,隱隱覺得自己在做不對的事。固執卻讓人侷限在自己的觀點,全然不會質疑自己錯誤的行為!固執啊,你挾正義之名行惡!你從不質疑自己相信的東西。

　　當然夬卦痛苦的指出固執者終將被推倒,但過程卻不是開玩笑的沉痛與艱難。

第十一章
无妄大畜萃升

无妄：六十四卦的意外卦

　　无妄卦的二義性、雙主角就是真誠與災難。真誠是天賦的心靈，无妄之災卻是老天爺所安排的考試。這一卦就是討論兩者若即若離、並存互證的關係。无妄卦討論真誠與災難，有時並說兩者都是真實的，有時又分說兩者各自擁有不同意義的真實，有時展示兩者深刻的連結，有時又會表達兩者殘酷的斷裂。從另一個角度切入，无妄卦的主題正是「真實」──各種不同式樣與意義的真實。老天爺賦予生命的真誠固然是真實的，但有時候老天爺所安排的有點超過的嚴峻，也同樣會真實得讓人吃不消。

　　无妄卦就像在敘述天生的真誠，似乎必然會碰上現實社會種種真實不虛的打壓，錯亂到極致，就進入大畜卦了。在真誠嚴重受傷的經驗上，更懂得「回到自己」的壯闊與深刻。

☳☰ 震下乾上

无妄，元亨利貞。其匪正，有眚，不利有攸往。

《象》曰：无妄，剛自外來，而為主於內。動而健，剛中而應，大亨以
　　　　　正，天之命也。其匪正有眚，不利有攸往。无妄之往，何之
　　　　　矣？天命不佑，行矣哉！

《象》曰：天下雷行物與，无妄。先王以茂對，時育萬物。

《雜卦》曰：无妄，災也。

相關資料

主題：真誠與災難。

无妄，就是不假，沒有騙你的意思。

小程子：「无妄者，至誠也，至誠者，天之道也。天之化育萬物，生生不窮，各正其性命，乃无妄也。人能合无妄之道，則所謂與天地合其德也。」小程子只講出了无妄卦的第一義。

事實上无妄卦有二義性：「天道與內心的誠信」以及「人生與時運的災難」，都是絕對真實不虛的——无妄。

1. 誠，天之道。——无妄的真誠。

2. 不料，即使天道，也有讓人意想不到的時候，天道之中也存在著許多必然的偶然與意外。——无妄的災難。

（老天爺安排的人生是真誠的，但還是有災難的。而且意想不到也包含在天道的運行之中。）

◉ **卦象：**天下雷行——无妄的真誠無遠弗屆，天下的本性蠢蠢欲動。

◉ **卦性：**動而健——真誠的力量發動起來很剛健。

小程子：「震，動也。動以天為无妄，動以人欲則妄矣。」

卦辭經文註釋

◉ 真誠无妄，四卦德皆備。但如果欠缺生命的成長與成熟，會有災難，也不適合出發做大事。

◉ 「无妄」二義：老天安排的人生是真誠的，但真誠有時會帶來災難。真誠是彌足珍貴的，四卦德皆備，但人生災難也是很真實的。

⦿眚：災害。甲骨文是「刺目」之刑。指人禍。

卦辭傳文註釋

- 天之命：王船山所謂「蓋天之大命，有千百年之大化，有數十年之時化，有一時之偶化；有六合之大化，有中土之時化，有一人一事之偶化。通而計之皆无妄。」王船山的天之命，頗有關鍵點、蝴蝶效應的意味。

- 天命不佑，行矣哉：形勢不在你這一邊，上路吧，不要再留戀了。

- 雷行：雷屬風行。用很大的力量行動。

- 物與：與就是參與。

    萬物參與了天地的真誠，不能違背萬物的參與與本性。

    每個孩子也是用他的獨特性參與人間，大人們不能違背孩子自性的道路。

- 茂對：不簡化，還原生命的豐富，豐富的面對。

    不是道理懂了就可以，每碰一次，都是豐富的面對。生命的學習是一次一次深化的。

    茂對是尊重物性與實踐過程。

- 時育：一物一太極，萬物各有自己的本性，自己決定自己的命運，這是老天爺真正的平等義。要尊重他人的獨特性，要尊重他人的生命節奏——時育。

    所以時育就是不擾亂萬物，尊重他人，不違背萬物的「時」。

- 雷行：用強大的力量行動。

    物與：參與對方的真誠。

    茂對：豐富面對每一個生命、每一次學習。

    時育：尊重生命節奏的帶領。

爻辭經傳註釋

初九，无妄，往吉。

《象》曰：无妄之往，得志也。

- 一片真誠，踏上人生征途，這是美好的。
- 真誠的道路，這是生命最純真的志。
  志，從之從心。指心靈的幼苗破出心靈的土壤。
  心靈的方向冒出來了！

六二，不耕獲，不菑畬，則利有攸往。

《象》曰：不耕獲，未富也。

- 不要想望一耕作就收穫，不要想望耕了一年的生田立即變成耕了三年的熟田，懂
  得尊重人生真實且必要的過程，就適合奔赴人生理想了。
- 尊重歷程的真誠。
- 菑：田一歲，生田。
  畬：田三歲，熟田。
- 未富：有謙虛、真實的心，知道還未豐富成熟。
  奧修摘果子的說法——果子未成熟而強摘，枝椏與果實都會受傷。

六三，无妄之災，或繫之牛，行人之得，邑人之災。

《象》曰：行人得牛，邑人災也。

- 人生就是有意想不到的災禍。像將牛綁在樹上，過路的人順手牽牛，不只是物主
  損失慘重，連累全村人都被懷疑。
- 人生沒有永遠的晴天。

・這一爻就是講无妄之災。

　　老天爺基本還是說話算話，但，當老天爺打噴嚏時，就考驗人還相不相信老
　天爺的真誠。

九四，可貞，无咎。

《象》曰：可貞无咎，固有之也。

・剛出社會，充滿意想不到的險阻，還是可以成長的，沒問題的。

・守正，守住成長。

・九四爻有點沉重。

　　可貞，還是可以成長；利貞，情勢適合成長。不一樣。

　　在无妄之災中堅持无妄的真誠。

九五，无妄之疾，勿藥有喜。

《象》曰：无妄之藥，不可試也。

・二解：

　1. 真誠帶來的毛病，不用吃藥，最後會喜劇收場，因為……

　2. 无妄之災的傷害，不去抗辯、申訴的大氣──趙州禪師：「是這樣的嗎？」高！

　　　最後會有人想到牛是路人偷的，被冤枉的人最終會得到信任。

・不對內在真誠動搖，不因飛來橫禍難過。

　真誠的受傷會帶來成熟，意外的災難可訓練豁達。

　這是最好的一爻。

・不可試：不要依賴藥。

上九，无妄，行有眚，无攸利。

《象》曰：无妄之行，窮之災也。

・內心真誠，但就是遇上災禍，一點好處都沒有！

‧確實可能有極慘烈的無妄之災。

　有可能的，无妄之極，如：林肯、甘地、耶穌……做什麼都沒用。

小結

　　卦辭：真誠的圓滿與災難。

　　初爻：初心的真誠。

　　二爻：歷程的真誠。

　　三爻：意外的真誠。

　　四爻：在災中堅持正的真誠。

　　五爻：真誠與災難的收益都是真誠的。

　　上爻：慘禍也是真誠的。

无妄卦語錄

➤老天安排的人生是真誠的，但真誠有時會帶來災難。

　換個版本：好人有好報與好人有麻煩是同時存在的。

➤雷行：用強大的力量行動。

　物與：參與對方的真誠。

　茂對：豐富面對每一個生命、每一次學習。

　時育：尊重生命節奏的帶領。

➤不對內在真誠動搖，不因飛來橫禍難過。

　真誠的受傷會帶來成熟，意外的災難可訓練豁達。

大畜：六十四卦的成長卦

　　大畜卦是簡明重大的一卦，大畜卦是氣象開闊的一卦，大畜就是災難中的成長，所以大畜談的是痛苦智慧，大畜卦告訴我們痛苦常常就是成熟的溫床。所以大畜卦說面對痛苦與災難，要懂得危險，要知道停止，要自覺回返內在，要能夠要求自己，要知道控制，甚至是嚴格控制，最後，要有背負真理與苦難的自覺！這卦真大，六十四卦有些卦曲折，這一卦卻直率簡明而開闊壯大。

䷙ 乾下艮上

大畜，利貞。不家食，吉，利涉大川。

《彖》曰：大畜，剛健篤實，輝光日新，其德剛上而尚賢。能止健，大
　　　　正也。不家食吉，養賢也。利涉大川，應乎天也。
《象》曰：天在山中，大畜。君子以多識前言往行，以畜其德。
《雜卦》曰：大畜，時也。

相關資料

　　主題：壯大的養德。
　　　畜，蓄也：1.止義。2.養義。——在止中養。
　　　小程子：「在人為學術道德充積於內，乃所蓄之大也。」
　　　无妄的錯亂到極致，就是大畜的開端。
　　　大畜是在災難中沉潛下來伕養大才。

◉ **卦象**：天在山中──無盡的力量潛養在人格的山峰之中。

整個天都在山裡，整體在人間的狀態。

　　向秀：「止莫若山，大莫若天，天在山中，大畜之象。天為大器，山則極止，能止大器，故名大畜也。」

◉ **卦性**：止健──止反而是健，停下來，更知道怎樣把生命潛力用出來。

止（限制）是更曲折也更剛健的導引健（剛健）。如：綁小孩，讓心專。

◉ 《雜卦》：「大畜，時也。」

王船山：「所以養其德而不輕見，待時而行則莫之能禦矣。」養德、待時而行都繫於時。

《雜卦》說「大畜，時也。」一針見血。

卦辭經文註釋

◉ 生命壯大的成長，關鍵是在走在成熟之道上。掙脫小家庭經驗，奔赴大方向。

◉ 利貞：成長之道，成熟之道。

◉ 不家食：1.不回家吃飯，不小丈夫，廣交同道。2.不因現實上的方便而委屈當別人的家臣。寧處窮守約，持志養德。

卦辭傳文註釋

・剛健：指乾。奮發的生命力。

　篤實：指艮。一事一物很實在的去體驗。

・能止健，大正也：能夠把剛健的生命力停止下來，要有更正大的理由與

理想。

・君子以多識前言往行，以畜其德：以前人的智慧激發自己的智慧，以前
　賢的身教照亮後人的志氣。

爻辭經傳註釋

初九，有厲，利已。

《象》曰：有厲利已，不犯災也。

・現實上有嚴厲的危險，最好停下腳步。（很少初爻用這麼重的語氣。）
・已：止也。懂止，生命會更陽剛茁壯。
・碰到現實上嚴厲的考驗，是大畜的主要原因，現實上的挫敗是養德修身的刺激與
　助因。但大畜不是放閒自棄，大畜反而是挺進；退、止是為了進；養德，是為了
　生命力更有效的使用。

九二，輿說輹。

《象》曰：輿說輹，中无尤也。

・像車子的輪軸脫落了，不利於行。
　輿說輹，就，不行！
・中无尤：不利於做事，但內心沒有怨尤，加緊畜養自己，利用現實上的挫折來成
　就自己的德性。

九三，良馬逐，利艱貞。曰閑輿衛，利有攸往。

《象》曰：利有攸往，上合志也。

・良馬馳逐，最好心存憂患，持續成長。每天不忘練習駕車與防禦（外王與內聖）。

生命要有自覺的方向。

· 良馬：不是跑得快就叫良馬。進退有度，能禦能從，方謂良馬。

· 逐：不亂跑。

· 曰閑輿衛：大畜之日，天天不忘準備人生挑戰。

六四，童豕之牿，元吉。

《象》曰：六四元吉，有喜也。

· 小牛角上綁根橫木，不讓牠亂撞，大大的吉。

· 牿：《說文解字》：「告，牛觸人，角著橫木所以告人也。」綁根橫木在牛角，一方面防牛撞人，一方面警告行人。

· 童豕之牿：1.小牛愛亂頂，使不傷人。2.降低小牛的玩性。3.童牛角微，加牿，也防自傷。

　也是止、養之義。

· 有喜：內心發出的喜悅。

六五，豶豕之牙，吉。

《象》曰：六五之吉，有慶也。

· 奔跑的野豬用欄圍住，不讓牠亂跑。

· 豶豕：1.暴走的豬。2.去勢的豬。

　牙：1.指木欄，不讓亂跑。2.閹豬性情溫馴，就不會亂咬人。

· 六四六五兩個陰爻意義接近，但有「微言」的不同。

　六四是元吉，六五只是吉，稍弱。

　六四是有喜，六五是有慶。六四更內在性？

　六五比六四用了更大的力道才能停下來。

上九，何天之衢，亨。

《象》曰：何天之衢，道大行也。

・承擔上天的大道，人天相通。
・何：同荷，承擔的意思。
・衢：《說文解字》：「四達謂之衢。」心的道路才會那麼全方位。
・何天之衢：成熟的心背負終極的大道。

　　　鄭玄：「負荷天之大道。」
　　　王船山：「艮之畜乾，非抑遏之也。止其躁，養其德，以使裕於行也。」裕於
　　行，豐富卻從容的行動。就是修養、功夫。
　　　王弼：「處畜之極，畜極則通，大畜以至於大亨之時。」
　　　何天之衢是大畜卦的終極理想。

小結

　　　初爻：最真實的一爻。現實。
　　　二爻：最紮實的一爻。內在。
　　　三爻：最奮發的一爻。功夫。
　　　四爻：最慎重的一爻。調控。
　　　五爻：最嚴重的一爻。管控。
　　　上爻：最壯大的一爻。背負。

大畜卦語錄

➤停下來，是為了更懂得怎樣把生命潛力使用出來。

➤生命壯大的成長，關鍵是走在成熟之道上。

➤裕於行，豐富卻從容的行動。

萃：六十四卦的聚集卦

萃卦講人力物力的聚集，理當是很有力量的一個卦。但萃卦六爻多講力量的不靠譜、要懂得反省力量、力量的使用要樸素、要懂得悔過、要學習成熟……而且六爻全是「无咎」！在這裡，可以清楚看到《易經》對「力量」的態度。

《易經》大概認為萬物聚聚散散是最自然不過的事兒，但人類社會的結社聚眾既自然也危險，所以萃聚是自然現象，但最終還是要回到內在的成熟，才能真正解決問題，才能提升內涵與品質，那就是升卦的範圍了。

䷬ 坤下兌上

萃，亨，王假有廟。利見大人，亨，利貞。用大牲，吉，利有攸往。

《彖》曰：萃，聚也。順以說，剛中而應，故聚也。王假有廟，致孝享也。利見大人，亨，聚以正也。用大牲，吉，利有攸往，順天命也。觀其所聚，而天地萬物之情可見矣。

《象》曰：澤上於地，萃。君子以除戎器，戒不虞。

《序卦》曰：萃者，聚也。

《雜卦》曰：萃，聚也。

相關資料

主題：聚集（以物聚），力量的集合。

人力、財力、民心的聚集，造就富強的時代。

⊙ **卦象**：澤上於地——地上聚水成湖，聚集之象。

⊙ **卦性**：下順上悅——在下者順體上情，在上者取悅民心，故成聚勢。

卦辭經文註釋

⊙ 力量聚集之後要注意的事：

1. 流通原則＋成長原則——亨，利貞。

2. 要有大德者主持——利見大人。

3. 提升到真理層次的考量——亨，王假有廟。

4. 有自覺的方向——利有攸往。

⊙ 亨：力量的聚集，最重要是能通——財物的流通＋人心的感通。

⊙ 王假有廟：

　　假：1.至也。2.格也，格是正、治理的意思。

　　有，於也。

　　王假有廟是大事，治理要通到真理的層次，政治領袖到代表法統，甚至道統的場地祭告天地。如：今天餘習，謁陵。

⊙ 利見大人，亨，利貞：

　　小程子：「天下之聚，必得大人以治之。人聚則亂，物聚則爭，事聚則紊，非大人治之，則萃所以致爭亂者也。萃以不正，則人聚為苟合，財聚為悖入，安得亨乎，故利貞。」

　　這段話好！大德之人，才能治萃。兩點意思：1.大德者能統整，防止亂、爭、紊。2.大德者能賦予聚集現象以核心意義。

⊙ 用大牲：大牲，大牢，牛犬豕。小牲，少牢，羊犬豕。

卦辭傳文註釋

・君子以除戎器，戒不虞：除，治也，修也。不虞，不測。

《說苑・指武篇》：「司馬法曰：國雖大，好戰必亡；天下雖安，忘戰必危。」「故明王之制國也，上不玩兵，下不廢武。」

人多易苟合，財聚會相爭，有聚要有備，否則自然的豐盛會是短暫的現象。

爻辭經傳註釋

初六，有孚不終，乃亂乃萃。若號，一握為笑，勿恤，往无咎。

《象》曰：乃亂乃萃，其志亂也。

・德不夠徹底，局面分分合合，用悲辛的態度處理才能轉哭為笑，不用擔心，繼續出發。

初爻講哭泣的力量。萃卦初爻就哭！

・有孚不終：是人生常見的現象，一般人心好，但軟弱，無法堅持到底。

・乃亂乃萃：自然現象會聚聚散散。

・若號：哭完之後心頭清明。

・一握：1.一握拳，言其易。2.咦喔，笑聲。

六二，引，吉无咎。孚乃利用禴。

《象》曰：引吉无咎，中未變也。

・力量展開，物薄德真。

二爻講樸素的力量。

・引：本義開弓，引申義指力量的延長與伸張。

・禴：薄祭，祭品不是重點，重點在德，誠交神明。

　　　力量聚集之後，容易：虛榮製造災難，樸素保留強大。

　　　如：從梅花餐到五十元便當到總統府御廚。

六三，萃如嗟如，无攸利，往无咎，小吝。

《象》曰：往无咎，上巽也。

・力量物資的聚集有時反而是一種貧乏。

　　三爻講力量有時不是一種真正的力量。

・嗟如：哀嘆。

・往无咎，小吝：繼續出發也可以，但路不見得會寬廣。

九四，大吉，无咎。

《象》曰：大吉无咎，位不當也。

・力量聚合的現象要到大吉的程度才沒問題。

　　這一爻名吉實吝。再講力量的不靠譜。

九五，萃有位，无咎，匪孚。元永貞，悔亡。

《象》曰：萃有位，志未光也。

・有位無信。

　　名位（位）＋民心（孚）＋成熟（貞）＝真正的力量。

・匪孚：威信未立，老百姓不相信。

上六，齎咨涕洟，无咎。

《象》曰：齎咨涕洟，未安上也。

・有聚集（物）無提升（德）的痛苦要狠狠大哭一場去反省。

‧齎咨：嗟嘆之辭。

涕：眼淚。洟：鼻涕。

徹底反省，才能无咎。

小結

初爻：哭泣的力量。

二爻：樸素的力量。

三爻：力量的不靠譜。

四爻：力量真的不靠譜。

五爻：三者相乘的真正力量。

上爻：反省的力量。

萃卦語錄

➤力量聚集之後，容易：虛榮製造災難，樸素保留強大。

升：六十四卦的提升卦

綜觀升卦，提升或者說品質的提升只是一個現象，事實上提升需要更多配套與支持，譬如說：誠信、樸素、公民品質、經濟實力、文化程度……但升卦到了外卦三爻，卻都在講一個共同的主題：生命的成長與內在的成熟永遠是提升的後盾與主人。

䷭ 巽下坤上

升，元亨，用見大人，勿恤，南征吉。

《彖》曰：柔以時升，巽而順，剛中而應，是以大亨。用見大人，勿恤，有慶也。南征吉，志行也。

《象》曰：地中生木，升。君子以順德，積小以高大。

《序卦》曰：聚而上者謂之升。

《雜卦》曰：升，不來也。

相關資料

主題：提升（以德升），品質的提升。

萃聚只是自然現象，量集合了，接著要提升品質，就必須是德的引領。就是《序卦》「聚而上者謂之升」的意思。

◉**卦象**：地中生木──樹木的生長由下而上、由本而末、由微而著。循序漸進，沒有絲毫取巧。內在德性的提升也一樣。

◉**卦性**：入而順──進入生命核心，順著本性發展下去。

◉《雜卦》的「升，不來也」費解。來是回到內在。筆者懷疑是

「升，不來耶？」的反問句。

卦辭經文註釋

⊙提升的三大原則：格局恢宏（元）＋通情達理（亨）＋大德者主持
（用見大人）。

　　提升之道，格局要大，要通人心。如果能得到大德者主持，
就不用擔心了，甚至可以走上王者之道。

卦辭傳文註釋

・柔以時升：萃卦上六已經「齎咨涕洟」，是到了成熟的時機，用柔軟同
情的心去提升品質了。
・地中生木，升。君子以順德，積小以高大：
　　王船山：「謹於微而王事備，慎於獨而天德全，皆木生地中，日積
為喬林之象。」
　　成熟之道，登高自卑，行遠自邇。
　　成熟之道，沒有捷徑，沒法節省，一步一步提升，一事一事面
對。──无妄卦的「茂對」。
　　萬物生長，按部就班，德也一樣。
　　履卦就說「悅而健」──成長的道路充滿喜悅，但走這條路需要有
點耐力。

爻辭經傳註釋

初六，允升，大吉。

《象》曰：允升大吉，上合志也。

‧誠信是提升的根本。

　應萃之極而升。

‧允：1.應當，應該。2.誠信。

九二，孚乃利用禴，无咎。

《象》曰：九二之孚，有喜也。

‧再強調誠信，升的重點不在排場、鋪張。

　誠信為本，適合用薄祭，沒有問題的。

‧禴：薄祭。祭品不是重點，重點在德。

　不要把力量浪費在身段上，不要把生命消耗在形式上。

九三，升虛邑。

《象》曰：升虛邑，无所疑也。

‧升的力量可以復興一個廢墟。

‧《春秋繁露‧立元神篇》說孝悌（倫理）、衣食（經濟）、禮樂（文化）三者亡，那
　就「民如麋鹿，各從其欲，家自為俗。父不能使子，君不能使臣，雖有城郭，名
　曰虛邑。」

　　兩岸，達標了廢墟的幾個標準？

　　所以升就是要提升人性高度、經濟實力與人文底蘊。

六四，王用亨于岐山，吉，无咎。

《象》曰：王用亨于岐山，順事也。

‧民間領袖可以提升成一個王者，是沒問題的。

　　周文王在岐山使用亨道，好！沒問題。

‧岐山：周的老營。

　　小程子：「昔者，文王之居岐山之下，上順天子而欲致之有道，下順天下之賢

而使之升進，己則柔順謙恭不出其位。至德如此，周之王業用是而亨也。」

文王屬害，柔道而王天下。見明夷卦。

六五，貞吉，升階。

《象》曰：貞吉升階，大得志也。

· 升到最高點。生命成長是最極致的提升。
· 升階有治理天下之意。

上六，冥升，利于不息之貞。

《象》曰：冥升在上，消不富也。

· 盲目的升與不息的正。

　　不知止的提升還是要回到成長去斟酌損益。經濟成長要從內在成熟的角度出發去調整。

小結

初爻：誠信。
二爻：誠信＋樸素。
三爻：提升一個廢墟：人性＋經濟＋文化。
四爻：提升一個王者：成熟之道。
五爻：升至最高點：內聖外王的極峰。
上爻：學道，永遠不停下的道路。

升卦語錄

➤生命的成長與內在的成熟永遠是提升的後盾與主人。
➤不要把力量浪費在身段上，不要把生命消耗在形式上。

第十一組：无妄大畜萃升

養德應世說，德的養成與提升──日閑輿衛，不息之貞

无妄：真誠與災難	天真是真實的，災難也是。	雜卦：无妄，災也。
大畜：壯大的成長	挫折，卻步，潛養實力。	雜卦：大畜，時也。
萃：聚集以物	聚集是自然現象，但也是危險的。	雜卦：萃，聚也。
		序卦：萃者，聚也。
升：提升以德	提升的媽媽是成熟。	雜卦：升，不來也。
		序卦：聚而上者謂之升。

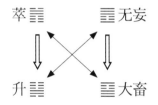

⇓ 綜：發展	從无妄到大畜：	天真的生命必然會遇上人間的災難，錯亂到極致，就停下來，藉現實上的挫敗完成自我的德性。
	從 萃 到 升 ：	聚合是自然現象，必須通過成熟，才能提升品質與境界。
↘錯：旁通、推擴　對反	无 妄 與 升 ：	无妄是生命原始的真誠，升是大局面的真誠。 无妄是生命的真誠遇見人間的災難──陽遇陰。 升是自然的萃聚而有進德的要求──陰至陽。

大　畜　與　萃：大畜是個體的聚德，萃是群體的
聚力。

大畜，養德以德；萃，聚物以物。

德的養成與提升

真實，成長，力量，提升──四卦的主題。

從无妄到大畜是災後的茁壯，從萃到升是富而好禮。

從无妄到升是從天真升階到成熟，從大畜到萃是從個體強大到群體
強大。

另外，无妄與萃比較複雜，大畜與升傾向簡明。

事實上，這一組卦的主題正是德──成熟。天真與災難是成熟的前
行，大畜本身就是成熟的歷練，萃是成熟後的自然結果，到了升卦，就告
訴我們成熟這檔事是永遠沒完沒了的。

附文一
鬼域人間盡多有德者！

才講完「无妄卦」，就看到同步性。

好像這是真的：

> 不對內在真誠動搖，不因飛來橫禍難過。
>
> 真誠的受傷會帶來成熟，意外的災難可訓練豁達。
>
> ——《易經·无妄卦》九五爻：无妄之疾，勿藥有喜！

早晨就看到報導，「鶴人」（Mr. Crane）走了！九十五歲高齡！

吳紹同，廣東順德人，一九二五年生，畢生從事攝影工作逾七十年！

時下流行說狼性，他卻看到了鶴德——一夫一妻、相愛一生、幼鶴隨親、群鶴和鳴。吳紹同年輕時拍八二三，年老了拍丹頂鶴。

從丹頂鶴開始，接著的一十七年，吳紹同為鶴跑遍了世界！一九九〇年，吳紹同在黑龍江的札龍自然保護區，首次看到在曠野中的丹頂鶴自由自在的風姿，從此，看到了此生的最愛與主題。從此，「鶴人」跑遍了中國大陸十一個省分、二十一個生態保護區、攝氏零下三十五度的札龍、海拔四千七百五十公尺的西藏、泥濘的河灘、水深及胸的沼澤，自費拍攝了大陸八種鶴的美麗身影，跟著足跡遍及歐洲、亞洲、美洲、澳洲、非洲的十四個有鶴國家的二十九個鶴鄉！真是為鶴走天涯。

但在拍攝「鶴的家庭」的六年計畫中，老鶴人視網膜急性病變，眼睛半瞎了，他說老天不讓他看清楚鶴，就拍駱駝，看不清駱駝，就拍大象，大象也看不到了，就拍恐龍化石！

在拍攝鶴時已無法看清鶴的動作，但眼睛問題並沒讓他放棄靈魂的決定。二○○六年開始他以駱駝為主題，展開拍攝駱駝計畫，奔赴內蒙古、新疆、甘肅各大沙漠拍攝駱駝二十多次，同時致力於攝影文化的保存，在大陸內蒙古赤峰與友人共同建立了「赤峰攝影圖書館」，至今已收藏有八千多冊的攝影圖書。

吳老爺子曾經說：「當我在拍攝的時候，就只有等待，期待著我一開始便已設想好的畫面，然後專心的等待畫面出現，所以當下是完全沒有雜念。」「有時為了一個畫面，可能是幾天甚至幾個月的等待，但還是一心一意只想著鶴。」到了人生的最後時光，老爺子真的拍不動了，但還是沒能忘情攝影，說：「夢想尚未成功，老頭仍需努力。」

揹了一輩子相機的老人，「鶴人」吳紹同。我覺得在他的鶴德面前，共產黨的狼性該丟臉死了。

吳老爺子好走！可以去拍下更壯美的天堂風光了！

老天爺總是幹下許多美好的惡作劇──祂常常奪下音樂家的耳朵、攝影家的眼睛、革命家的自由、大學者的尊嚴、大成熟者的平順人生！事實上，奪下是為了更深厚的給與，但必須付得起沉重的代價。《易經‧无妄卦》說老天爺總是安排許多意想不到的災難，但這正是人生嚴峻的期中考，與試者必須「回到自己」，才能「邁向成熟」；必須深刻壯闊的回歸，才能豐富成熟的收割。《易經》的无妄卦、大畜卦說，老天爺總是讓每一個勇敢的生命行者穿透這三個階段：「災難→痛苦→成熟！」

看來這是真的：

不對內在真誠動搖，不因飛來橫禍難過。
真誠的受傷會帶來成熟，意外的災難可訓練豁達。

附文三
漫談七圓卦
——「完美人格」面面觀

元，壯大的生命格局的展開。

亨，心的路是真正的通路。

利，宏觀長遠的利益。

貞，生命的成熟是真正的正確。

元亨利貞，大、通、利、正。也就是格局恢宏、心靈連結、內在價值與生命成長。

這就是《易經》四卦德——四種品格的力量。

六十四卦中，四卦德皆備的只有七卦，其他或一卦德、二卦德、三卦德或四卦德全無。四卦德的齊全，頗有圓滿德性、全人格、完美人格……的含義，但，有趣的是，四卦德皆備的七個卦詮釋「完美」，卻有著各不相同的詮釋重點，隱隱透漏「完美」這事兒，實在是標準多元與不是那麼完美的！

元亨利貞皆備的卦分別是：乾、坤、屯、隨、臨、无妄、革七個卦。筆者稱之為「七圓卦」。

——理想是完美的，現實也是完美的嗎？新生兒的生命完美，跟隨什麼對象才能趨向完美？行動為什麼是完美？真誠與災難又怎麼個完美法？最後，慘烈的革命也可以完美嗎？下面就是七圓卦的完美面面觀。

學習讓生命接近完美！

乾卦:「乾,元亨利貞。」乾卦是天道卦、理想卦、純陽卦、人生藍圖卦。乾卦也有奮發不絕、成長、實踐的意味,所以乾代表一種不斷學習與成長的生命狀態。那麼,用白話文翻譯這句乾卦卦辭,就很清楚了:「不斷學習,正是不斷趨向完美人格的生命狀態啊!」也就是說,學習正是《易經》的完美初義,中國文化的完美第一義。

完美落到人間必然變成曲折的完美

相對於乾卦,坤卦的四卦德齊全就比較曲折了。坤卦卦辭:「坤,元亨,利牝馬之貞。君子有攸往,先迷後得主,利西南得朋,東北喪朋,安貞吉。」坤卦是人道卦、現實卦、純陰卦、人生藍圖的執行卦。坤卦討論的內容比較多元,光看卦辭的四卦德,就表現得比較曲折了,這裡的深層意義是說:天道的單純與完美落到人道的實踐與兌現就必然顯出不得不的曲折迂迴。也許還有這一層意思:學習是單純、喜悅、完美的,但要將單純、喜悅、完美的學習成果落實到人間,就必然會出現天人、一多、簡繁、甘苦、直曲、覺迷的複雜對話。完美,落到人間,變成完美的曲折。

新生命,是純然飽滿的

屯卦的主題是初生或新生命,卦辭:「屯,元亨利貞,勿用,有攸往,利建侯。」小孩子的生命接近完美人格,嬰兒接近完全佛的生命狀態,老子的「復歸於嬰兒。」孟子的「大人者不失其赤子之心。」都是這層意思。奧修也說過:要找佛?去兒童遊樂場,一堆!是的,新生命,是純然飽滿的。但注意屯卦卦辭接著說:這樣無垢的飽滿,不要急著使用,不要心急,用點耐心守候,祂會自然而然的茁壯出壯盛的生命方向。

放棄的「盲」隨與放下的「正」隨

　　隨卦的完美就有意思了。卦辭說：「隨，元亨利貞，无咎。」這話怎麼說呢？隨卦有二義——第一義，隨是隨便的意思，隨便的態度，要元亨利貞四卦德齊備，才僅僅能沒問題啊?!意思是隨便、放棄自我，是多麼要不得的生命態度。第二義，隨是隨道的意思，跟隨天道，天人合德，四卦德都會現身，而且沒有災禍啊！差很大！可見有兩種差很大的隨：

　　1. 盲目的跟隨潮流，拋棄主體性，那完美也救不了你！
　　2. 覺知的跟隨天道，放下自我的執著，四卦德出現，災禍不見了。
　　真是差之毫釐，「隨」以千里！

行動，邁向完美！到達完美，開始下坡

　　臨卦的完美就沒有疑義了。臨卦是六十四卦的行動卦，卦辭：「臨，元亨利貞，至于八月，有凶。」，「行動」是儒學奧義，儒家主軸就是行動哲學。所以一進入「行」的生命狀態，元亨利貞四卦德出現，這是理所當然的儒學脈絡。但卦辭進一步說，過了一段時間（至於八月），行動的完美與飽滿即會開始走下坡路了。所以臨卦等於告訴我們：在人生事業到達高峰的同時得規劃好一份破產計畫書。

天真是完美的，但不成熟的完美會帶來災難

　　七圓卦中，隨與无妄兩卦都有二義性。无妄，一般而且一半的理解就是無妄之災，卦辭說：「无妄，元亨利貞。其匪正，有眚，不利有攸往。」妄就是虛妄，无妄就是不虛妄，就是「不假」的意思。所以无妄的二義性就是：天賦的真誠是不假的，但人生的災難也是不假的！天真是真真實實的，災難也是真真實實的啊！卦辭就說：天真是完美的，但天賦的天真如

果沒有伴隨後天的成長與成熟（其匪正），就會出現人為的災難了（有眚），這樣的天真的路就不要再走下去了（不利有攸往）。是的，天真是完美的，但不成熟的完美會帶來災難。

接近品格完美的大成熟者是革命工作的基本條件

到了革卦的完美，就有嚴峻的條件了。卦辭：「革，已日乃孚，元亨利貞，悔亡。」革命這檔事呀，要到成功之日才能昭信天下，主事者要具備元亨利貞那麼完美的德性，才能沒有後悔。所以革卦是借完美來說明革命這件事兒不是開玩笑的，要四卦德皆備，才能悔亡。另一個詮釋：真正的革命是生命內在蛻變的烽火連天！這也是極不容易的生命大業啊！

從七圓卦討論「完美」這件事兒可以看出：《易經》的完美不偏重「直道」，卻重在「曲成」；《易經》的完美不強調天道的面相，而更著重人間的行動；《易經》的完美不僅講純淨與圓滿，更多的是複雜與深刻；事實上，《易經》的完美不是超越道，而是道道地地清清楚楚的人間道。再看一次七圓卦的人間意義吧：

乾卦告訴我們：學習讓生命接近完美！

坤卦告訴我們：完美落到人間必然變成曲折的完美。

屯卦告訴我們：新生命，是純然、飽滿與完美的。

隨卦則說兩件事：放棄的「盲」隨與放下的「正」隨。

臨卦告訴我們：行動，邁向完美！但到達完美，就開始下坡了。

无妄卦也告訴我們兩件事與其中的關聯性：天真是完美的，但不成熟的完美會帶來災難。

最後，革卦說：接近品格完美的大成熟者是革命工作的基本條件啊！

完美在人生是嚴峻的學習，天下沒有白吃的盛宴。完美啊！妳在人間有另一個名字：曲折的成熟。

附文三
一個關於萃、升二卦的「關鍵」聯想

　　萃卦與升卦是《易經》六十四卦的第四十五與四十六卦。萃卦的主題談聚集，升卦的主題談提升；聚集以物聚，提升以德升；聚集指力量的集合，提升是品質的提升；所以這是六十四卦的力量卦與品質卦，談量與質的兩個卦。

　　好玩的是：談力量聚集的萃卦，內容多談及力量的不靠譜，而且萃卦六爻都只是「无咎」（沒問題），可見《易經》看待力量的審慎態度；至於談品質提升的升卦，也是一再討論到提升品質需要很多的配套與「後援」。可見，在量與質以外，還漏了一個，關鍵。還有一條線索，這兩卦的卦辭都出現「利見大人」與「用見大人」的詞兒，兩句話只差了一個字，意思是不管力量聚集之後的局面還是提升品質之前的計畫都得靠大德者的主持！量與質之外的關鍵力量，不就呼之欲出了嗎？

　　原來力量的集合是自然現象，分分合合本來就是天道循環，但力量集合了不見得就能夠解決問題，力量往往不是最後的答案，而反是許多問題的開始──人多就雜，錢多會爭，事多則亂。這個時候就需要大德者出馬主持與引領了，力量得到「成熟」的駕馭，才會發生品質的提升。所以成熟是力量與品質之外的秘密答案，德是萃與升之間的樞紐；所以力量、成熟、品質三者的關鍵是成熟，萃、德、升的中心力量是內德。這就是兩卦卦辭出現「利見大人」與「用見大人」的深意──成熟是力量的歸向與品質的主人。

　　這兩卦用了一個類似後代詠物詩的筆法，表面上談力量與品質，事實上秘密的主題是成熟，卻用側面手法切入，而沒有正面談論隱藏的主題。

事實上，德，才是關鍵。

從萃、升二卦聯想到兩岸的分析：當前的大陸很有力量，但很沒品德，富了，但遠遠沒提升到好禮的境地，大陸太想出頭天，結果讓自己陷進更大的糾結——嚴重的品德危機！現在全世界都盯著大陸的錢，但全世界都在懷疑大陸的品。那臺灣這邊呢？臺灣開始走上品質的路，當然路還遠得很，但臺灣當前最大的問題是力量的流失，國力下降。當然兩岸的問題錯綜複雜，但如從本文的脈絡看下來，提綱摘要，大陸的沒品與臺灣的沒力，是不是意味著兩岸都有共同的困境及扭曲：缺德？兩岸都，缺德！形式不同的缺德，缺不同形式的德。缺德造成對岸的品德危機，缺德造成我們的荒腔走板，缺德讓兩岸沒有做好教育文化工程的投資，沒有長期培養好理性開放的人民；簡單的說，一個缺德的社會，就像槓桿的支撐點出了問題，將會造成天秤兩端（力量與品質）都嚴重失衡。

缺德的極致將是一片廢墟。《春秋繁露·立元神篇》提出了一個廢墟的三個條件：如果一個社會孝悌（人性高度）、衣食（經濟實力）、禮樂（人文底蘊）都沒了！那就「民如麕鹿，各從其欲，家自為俗。父不能使子，君不能使臣，雖有城郭，名曰虛邑。」一個廢墟就出現了——一個沒人性、沒錢、沒文化的社會！兩岸社會，哪一個達標了更多廢墟的條件？你說呢？

第十二章
頤大過

頤：六十四卦的養德卦

　　小畜、大畜、頤三卦都在談「養德」——小、大畜著重「止」義，頤卦強調「自性」與「不外在化」。三卦選取角度不同，可相互補充。頤卦告訴我們「吃飯」要自己吃才算數，看別人吃是不會飽的；生命成長必須自己去修身養德，跟再厲害的人、讀再厲害的書、聽再厲害的演講，自己沒修、沒學，終究是沒用的。

䷚ 震下艮上

　　頤，貞吉。觀頤，自求口實。

《彖》曰：頤，貞吉，養正則吉也。觀頤，觀其所養也。自求口實，觀
　　　　其自養也。天地養萬物，聖人養賢，以及萬民。頤之時義大
　　　　矣哉！

《象》曰：山下有雷，頤。君子以慎言語，節飲食。

《序卦》曰：頤者，養也。

《雜卦》曰：頤，養正也。

相關資料

> **主題：**頤養，養德。
>
> 頤，口旁，臉頰。
>
> 1.養口（生存的養）。
>
> 2.養德（內在的養）。
>
> 3.養民（外在的養）。
>
> 小程子：「頤，養也。人口之所以飲食，養人之身，故名為頤。聖人設卦推養之義，大至於天地養育萬物，聖人養賢以及萬民，與人之養生、養形、養德、養人，皆頤養之道也。」
>
> ◉ **卦象：**山下有雷——內在力量隱約要爆發出來，但有節制、有醞釀。
>
> ◉ **卦性：**動而止——蠢蠢欲動，又按耐住。
>
> ◉《雜卦》說得更清楚，養正，是培養成長與成熟。

卦辭經文註釋

> ◉ 頤養之道，回歸成長才是美好的。與其看別人吃，不如設法找到自己的口味，想辦法吃飽。
>
> ◉ 自求口實：口實，實實在在吃東西。
>
> 重點是自己在吃，不假外求。
>
> 聽演講、聽課、跟 seafood、仰慕別人不是最重要的，還不如自己看書、修行、思考、修身。成長是自己的事，不外求，自己的仗自己上。
>
> 頤卦的一個重點是「非跟隨性」。

卦辭傳文註釋

・自養：自牧。尊重每個人的主體性。

　　每個人需要的法門、途徑都是不同的。

　　這是無法跟隨的事情，孔子、佛陀有任何人可以跟隨嗎？

・頤之時：不管自養、養民、養賢，都要尊重生命自然的律動。

・君子以慎言語，節飲食：

　　慎言語以養心，亦養身，養學問也是。

　　節飲食以養身，也是心志的鍛鍊，養財貨也是。

爻辭經傳註釋

初九，舍爾靈龜，觀我朵頤，凶。

《象》曰：觀我朵頤，亦不足貴也。

・尊重自我成長，慢，但通！

　追隨外在標準，快，卻窮！

・捨棄你的內在靈龜，卻光會看我在嚼東西，凶險啊！

　成長外在化，不內求，盲從潮流。

・鎮華老師《黃河性情長江行》：「德，最重要的：必須是『為自己的』、必須是『自己主動的』、它也是『生命本有的』。『古之學者為己，今之學者為人』，此所以只成知識，不成學問。若說『古之教者教人自學，今之教者教人知識』，這正是『舍爾靈龜，觀我朵頤』，只見敏感，不見生命……」

・靈龜：指明德、內在心靈。

　靈龜者，不食而壽，德能通天。

・朵頤：朵動之頤。

・凶：外求即凶。

六二，顛頤，拂經于丘頤，征凶。

《象》曰：六二征凶，行失類也。

- 沒養好＋好大喜功。
- 顛倒了頤道（由內反外），違背了常道常理，有點小成就（小山丘上的頤），還要有大動作，凶險啊！
- 顛：倒也。
- 拂：違背。
- 經：常理。

六三，拂頤，貞凶，十年勿用，无攸利。

《象》曰：十年勿用，道大悖也。

- 不養德的長期衰竭。

  不養德，生命成長危險了！缺乏成長的經驗與實力，十年都不能用世，一點好處都沒有。
- 《易經》警告的上限是十年，不能讓人感到沒有翻身的機會，不仁！王船山說「春秋傳謂筮短龜長」，以短為優。

六四，顛頤，吉。虎視眈眈，其欲逐逐，无咎。

《象》曰：顛頤之吉，上施光也。

- 吃飽了，不用再養了，老虎該出動了。

  出養萬民，顛倒了頤道（由內反外），不固守，反而是吉的。像老虎的目光明銳清亮，企圖心深廣悠遠，是好的。
- 六二顛頤是捨本逐末（內卦），六四顛頤是邁出腳步（外卦）。這是《周易》的重複性句法。

・眈眈：銳利。

　逐逐：深遠。

六五，拂經，居貞吉，不可涉大川。

《象》曰：居貞之吉，順以從上也。

・面對整個時代不上道，老虎該躲起來。

　　整個時代連領導都違背常軌，只有守住成長，才吉。不可圖謀大事。

・居：居養守靜。

上九，由頤，厲，吉，利涉大川。

《象》曰：由頤厲吉，大有慶也。

・頤道的極致：養賢，教育人才。

　　天下賢才由你而得養，這是很嚴重的大事，但結果是美好的。這是大事業的
　奔赴。

小結

　　卦辭：養。

　　初爻：養。

　　二爻：沒養好。

　　三爻：不養。

　　四爻：升級版的養。

　　五爻：躲起來養。

　　上爻：極致版的養。

　　（頤卦談「養」：

　　　內卦從反面討論「自養」，生命外化一爻比一爻嚴重。

　　　外卦從正面討論「他養」，打破自養的框框。）

頤卦語錄

➤與其看別人吃，不如設法找到自己的口味，想辦法吃飽。

➤尊重自我成長，慢，但通！

　追隨外在標準，快，卻窮！

大過：六十四卦的超越卦

　　大過卦明顯在談一個「歪」掉的時代，整個環境的主結構彎曲了，所以整個卦的內容重在尋找超越這樣一個歪哥時代的出路。譬如：用柔道、培養新血、不要多嘴、提防自己的私心、結合地下勢力、還有謙虛。超越是很難的，有時要懂得孬種與柔軟，有時要活出氣魄與強大。

䷛ 巽下兌上

大過，棟橈。利有攸往，亨。

《 彖 》曰：大過，大者過也。棟橈，本末弱也。剛過而中，巽而說行，
　　　　 利有攸往，乃亨，大過之時大矣哉。

《 象 》曰：澤滅木，大過。君子以獨立不懼，遯世无悶。

《雜卦》曰：大過，顛也。

相關資料

　　主題：大失之世，嚴重錯誤。
　　　　大過三層意義：1.《雜卦》指出這是一個顛倒、大失的時代。
　　2.要在大失的時代大大的超越。3.容易發生大錯誤。
　　◉ **卦象**：澤滅木——洪水淹沒樹木。水太多，所以大過。
　　◉ **卦性**：順而悅行——順著時代的苦難，苦中作樂，開心做事。

卦辭經文註釋

⊙ 棟，棟樑。橈，彎曲。

　　整個時代的主結構彎了！但挺住，不要放棄，繼續出發。如：國父革命。

卦辭傳文註釋

・大過之時大矣哉：要在大失的時代超越，要靜候時機。
・獨立不懼：時代不好，反而要活得有氣魄。
　遯世无悶：要忍得住，強出頭反而容易大過。
　這兩項是大功夫。

爻辭經傳註釋

初六，藉用白茅，无咎。

《象》曰：藉用白茅，柔在下也。

・藉：1.鋪墊。2.利用。
・白茅：性潔、柔軟、樸素，祭上帝之物。
・大失之世，從柔道出發。對抗是笨法子。

九二，枯楊生稊，老夫得其女妻，无不利。

《象》曰：老夫女妻，過以相與也。

・稊：嫩葉、幼株。

・兩個比喻——苦難的時代懂得培養、結合柔軟的新生命。
・沉舟側畔千帆過，病樹堂前萬木生。

九三，棟橈，凶。

《象》曰：棟橈之凶，不可以有輔也。

・過剛則折，形勢比人強。
・連「輔」都不能用！

九四，棟隆，吉，有它，吝。

《象》曰：棟隆之吉，不橈乎下也。

・隆：樑夠強了。
・它：蛇→內心毒蛇→私心。
・強大到足以面對大失的時代，但不能有私心。
・不橈乎下：不可以委屈做人的根本——品德、品格。

九五，枯楊生華，老婦得其士夫，无咎无譽。

《象》曰：枯楊生華，何可久也；老婦士夫，亦可醜也。

・士夫：未婚男子。
・兩個比喻——老樹開花，姐弟戀。
　時代太難，不得不結合大陰勢力。
・卦辭還沒有歧視女性，只是說「无咎无譽」——不責備也不鼓勵。爻辭才開始，
　「亦可醜」。

上六，過涉滅頂，凶，无咎。

《象》曰：過涉之凶，不可咎也。

・大過之極，自以為可以擔當整個世代的苦難，結果涉入太深，滅頂之災。

・不可咎：1.時代太不好，也難怪了。2.都死翹翹，怪也沒用。

小節：

大過卦四個「有時」──

1.有時要活出氣魄。

2.有時要懂得孬種。

3.有時要結合柔軟、年輕的力量。

4.有時要結合強大、大陰的力量。

小過是小信小義造成的小錯誤。

大過是時代很不好，卻過剛，又要赴時難，容易發生「棟橈」、「滅頂」的嚴重災禍。

大過卦語錄

➤大失之世，從柔道出發。對抗是笨法子。

第十二組：頤大過

吃飽智慧與柔軟哲學：自求口實

頤：養德	成長是自己吃飽，不是看別人吃。	雜卦：頤，養正也。
		序卦：頤者，養也。
大過：顛倒	洪水淹沒樹林的顛倒時代。	雜卦：大過，顛也。

大過 ☱☴ ⟺ ☶☳ 頤

錯：對反

頤⇔大過：頗有末世中的正道與災難的味道。

　　　　　但頤中有不頤，大過中仍有道路。

吃飽智慧與柔軟哲學

　　頤卦講各種「養」——從自養到養賢，從內聖到外王。但如果不養，生命成長外在化，又要去承擔時代的苦難，就容易發生大過「棟撓滅頂」的災禍了。而在大過的世代，要想方設法邁過嚴峻的考驗，有時不只要用正道的方法，也會用到權宜的手段。所以這兩個卦是在講吃飽與柔道，自己吃飽與柔軟哲學的問題。

附文一
《易經》頤卦的三學六養

　　頤就是養的意思，《易經》六十四卦的頤卦就是一個討論養德的卦，而養德，當然就是生命學習、生命成長或君子之道的含義。

　　筆者讀頤卦，讀出所謂「三學六養」的心得——卦辭隱藏生命學習的三個層次與爻辭展示養德養民的六種面相。

實修要訣：自求口實

　　事實上，整個頤卦最關鍵的就是卦辭「自求口實」四字心訣——頤養之道，與其看別人在吃，哪怕吃相再香，東西再好吃，食物再金貴，但不管怎麼看看再久，看別人吃飯自己是不會飽的！不是嗎？與其在看別人吃，還不如想方設法找到屬於自己的食物（因為每個人喜歡的食物、口味或方便法，都是不一樣的，這就是「自」求口實的意思），想辦法讓自己吃飽，這比較實在。

　　所以自求口實就是實實在在的吃東西。重點是自己在吃，不假外求。聽演講、聽課、跟 seafood、仰慕別人不是最重要的，還不如自己實實在在的看書、做筆記、修行、思考、修身。成長是自己的事，自己的仗，自己上。這就是頤卦的一個主題：生命成長的「非跟隨性」。

頤卦三學

　　接下來即看看這「非跟隨性」、「不假外求」、「自求口實」的君子之

學的三個層次：

・口耳之學／前行之學／實修之學。
・知識之學／了解之學／覺知之學。
・也就是佛學所謂的：聞／思／修。
・也可以說是：
　背誦之學／了解之學／覺知之學
　（know）（understand）（aware）
・王陽明回答弟子時的用語是：
　「記得」、「曉得」、「明得自家本體」。
　「記得」正是背誦功夫。
　「曉得」是更深入的了解。
　「明得自家本體」就是回到覺知的家啊！
・《列子》稱這三層為：耳聽／心聽／神聽。
　耳聽聽知識。
　心聽聽深意。
　神聽聽靈魂的震動啊！
・只停在第一層：笨蛋的知識。
　進階到第二層：深層的知識。
　回到第三層：真正的知識。
・第一層學習是分裂：學習者與所學知識的主客對立。
　第二層學習是分裂：學習者與思考對象的主客對立。
　第三層學習是合一：學習者跳進去！學習者變成學習本身！
・舉一個例子：學習「動態靜心」。
　第一層：閱讀奧修書、閱讀動態靜心的相關資料。
　這是口耳之學、知識之學、聞、「記得」、分裂的學習階段。

第二層：熟記、操作、跟隨動態靜心的五個步驟。

這是前行之學、了解之學、思、「曉得」、分裂的學習階段。

第三層：不管了！不管一切的知識與顧慮了，撥開頭腦作用，跳進去！

jump！

跳進神性！靜心者與靜心合一，靜心者變成了靜心，然後跳進無法說清的實修狀態。（其中一點的個人經驗是在做動態靜心的過程中，後頸、背的壓力區瞬間碎裂、解除！身、心回到合一之境。）

這是實修之學、覺知之學、修、「明得自家本體」、合一的階段。

• 再舉一個例子：學咖啡的例子。

第一層：閱讀關於咖啡、沖泡咖啡的相關知識。

這是口耳之學、知識之學、聞、「記得」、分裂的學習階段。

第二層：反覆練習沖泡咖啡的手藝與技巧。

這是前行之學、了解之學、思、「曉得」、分裂的學習階段。

第三層：最後喝到一口甘醇的咖啡才算數，人，進去了咖啡。

這是實修之學、覺知之學、修、「明得自家本體」、合一的階段。

當然第三層學習才是主題，才是自求口實，才是非跟隨性的實修，才是明得自家本體。才是，回家了！

當下是覺知、佛性與愛的人間道場啊！

三學次第

這三個層次的學習是有順逆因果次第的：

1. 如果頑固的滯留在前一層會造成後一層學習的障礙──知識膨脹會妨礙了解，泛理性主義會妨礙覺知。

2. 相對的，如能掌握三者的一體連動，前一層學習會為後一層學習

打好紮實的基礎。

3. 進一步，後一層學習的成功也會提升前一層學習的成熟——覺知可以強化了解的深度，了解有助知識結構的整合。

頤卦六養

到頤卦爻辭，就是談論六種「養」的面向：

1. 第一種養是好好養：看別人吃（讀經）是不夠的，自己實實在在吃飽（實修）才管用。

2. 第二種養是沒養好：有點小成就就跩個二五八萬的，養德變成炫耀，這是成長外在化的偏離。

3. 第三種養是乾脆，不養：不管個人還是社會，長期不養德會製造生命力衰竭與無恥無下限！

4. 第四種養是「升級版的養」：有一天自己吃飽了！成熟了！就不用再固守自己的德了，老虎該出山了！他愛是更大的養德。

5. 第五種養是「隱藏版的養」：但萬一整個環境甚至領導人不上「道」，老虎就先躲回洞裡潛養吧。

6. 第六種養是「終極版的養」：頤卦最後告訴我們，最終極最珍貴的養是養賢，教養人才。教育是最高貴的養啊！教育工作是一場生命壯大的嘉年華！

附文二
大過卦，「絕」處逢生的智慧

大過，告訴我們，面對一整個時代的錯誤，如何大大的邁過與超越。

大過卦四個「有時」：

一、有時要活出氣魄。

二、有時要懂得孬種。

三、有時要結合柔軟、年輕的力量。

四、有時要結合強大、大陰的力量。

出頭勇氣與低頭功夫

〈象傳〉說：「獨立不懼，遯世无悶。」

獨立不懼：時代不好，反而要活得有氣魄，這是出頭的勇氣。

遯世无悶：要忍得住，強出頭反而容易大過，這是低頭的修為。

前者，孟子演繹成「雖千萬人吾往矣」；後者，孔子卻說「人不知而不慍，不亦君子乎！」是啊，在大過大失之世，行動必須中正，身段卻要柔軟。

這兩項正是大過大功夫。

破舊哲學

從大過卦引申到老子的「敝則新」。

「敝則新」的意思是破舊與疲憊是更新與活化能量的好機會呀！所謂

「第二能量」（The Second Energy）的概念——有些修行者做運動禪、打拳或跳靈性舞蹈，做到筋疲力盡，如果能夠堅持不放棄，這時會有一股新能量從生命核心處甦醒過來，讓疲憊的身體又全身充滿勁道，甚至有可能借此達成更高的靈性覺醒。坐禪也一樣，有時在坐禪時很疲倦或不小心昏睡了，反而可能是第二能量或更高覺性湧現的契機。哪怕平時我們熬夜，到子時附近會很累很累，但只要能拗過去了，精神又會重新好起來。事實上，很多武家練拳，練到拳力老了、拙了，只要堅持練下去，鬆軟的新力、活力就會從拙力中從新產生。從「心」的層面來看，「破舊哲學」也是存在的。往往在重大的人生災難、痛苦、錯折中，許許多多的勇者能夠重新找到更新的能量、生命力與勇氣，再一次造就另一波人生高峰的風雲際會。這就是「敝則新」的原理。所以很多成語像「窮而後工」、「絕處逢生」、「物極必反」、「置諸死地而後生」等等，都是在講這個生命原理。

　　所以，破舊可以蛻變出新意；死地裡可能出現生機；老到頭了就會重生；衰到家了會有轉機。

　　這人生嘛，得學學敗招、破招、死招。還有悶招。——最後說說「無聊」。實際上，無聊是很珍貴的人生經驗。一個人覺得無聊透了，感到人生沒有意義，看不到生命的目標，就是他的路走到盡頭了；這正是生命盤整、沉澱、沉思、重出發的契機出現了。所以別小看生命中的無聊經驗，走到山窮水盡、心灰意冷，抬頭一看，發現在眼前展開的，是一片重新讓你感動的天空。正是：行到水窮處，坐看雲起時。

第十三章
習坎離

習坎：六十四卦的危險卦

　　《易經》六十四卦頗有凶卦！像困卦談各種困境，明夷卦談末世，蹇卦講人生路難行，大過卦講大難已至的時代，而坎卦的主題就是在討論危險了。但在這卦，同樣用了「名實相背」的筆法——談危險的一卦卻處處有出路。出路就在唯二的兩個陽爻，與卦辭的兩個大招數……

䷜ 坎下坎上

習坎，有孚，維心亨，行有尚。

《象》曰：習坎，重險也。水流而不盈，行險而不失其信。維心亨，乃
　　　　　以剛中也；行有尚，往有功也。天險不可升也，地險山川丘
　　　　　陵也。王公設險以守其國，險之時用大矣哉。

《象》曰：水洊至，習坎。君子以常德行，習教事。

《序卦》曰：坎者，陷也。

《雜卦》曰：離上而坎下也。

相關資料

　　主題：現實的危險。

習：1.重也。小程子：「險中復有險，其義大也。」

2.嫻熟。危險沒啥可怕，面對它，才會通。投入險才可以解險，而且可以積德。

老天爺安排了三個寶貝：無聊、危險與痛苦。

3.習慣，慣性。坤卦：「直方大，不習，无不利。」

坎：1.坎通陷，就是人生的陷阱或犧牲。陷，甲骨文作臽──人落入陷阱的畫面。陷指捕獸陷阱或獻牲坑洞。

2.坎也有「勞」義（〈說卦傳〉的說法），面對充滿危險與陷阱的人生當然辛勞。

◉ **卦象：** 水洊至。洊，再也。大水再至，毀滅性的危險。

◉ **卦性：** 重險──一個危險不夠，再加一個。

卦辭經文註釋

◉ 有孚：1.人生的危險是真真實實的存在。2.危險帶來的成熟也是真真實實的存在。

《論語》：「在陳絕糧，從者病，莫能興。子路慍見曰：君子亦有窮乎？子曰：君子固窮，小人窮斯濫。」（貧是缺錢。窮是束手無策。）

◉ 面對危險的兩條道路──心神可以感通，行動可以上達。

內在決定外在。

心通路通，心轉境開。

行動是人生問題的最佳答案。

積德上達，不積妥協。

卦辭傳文註釋

- 水流而不盈，行險而不失其信：老天爺總會給人留下一線生機。
  在人間走險路，用心走，會發現更深刻真實的存在
- 剛中：心靈是陽剛的。
- 行有尚，往有功也：行動是值得鼓勵的，出發就對了。
- 天險不可升也，地險山川丘陵也，王公設險以守其國：
  這三句在講「險」的積極性。
  老天爺安排的險讓人收斂狂妄躁進，山川地理的險豐富了地貌的多樣性，為國者利用危險作為保護。
- 險之時用大矣哉：處險要用對時間。
- 君子以常德行，習教事：人生再危險，成長的功課不能停，教學的工作照常做。
- 離上而坎下：離卦是傳統的問題，坎卦是人生的險阻。

爻辭經傳註釋

初六，習坎入于坎窞，凶。

《象》曰：習坎入坎，失道凶也。

- 坎，坑。窞，低窪處。
- 學習處理危險，但經驗不夠（初六），方法不對（失道），反而跌到谷底，糟透了（凶）。

九二，坎有險，求小得。

《象》曰：求小得，未出中也。

- 險境中，頂多小得。
- 另一個版本：「坎有檢」。檢是手枕，在險境中也需要休息一下，喘口氣。
    調節的智慧，緩口氣的功夫。如：打球、辯論、創作、修行……皆然。
    練功要懂得散功。
- 未出中：1.未離險中。2.不要離開心靈。

六三，來之坎坎，險且枕，入于坎窞，勿用。

《象》曰：來之坎坎，終无功也。

- 來來往往都是陷阱。
- 給你一個致命枕頭。小靠一下可以是智慧，直接睡著就麻煩了。
    鄭玄：「木在手曰檢，木在首曰枕。」
- 危險＋安逸＝人生跌停板。
    危險還給你一個合理化的藉口。
    奧修稱為「頭腦作用」的欺騙，葛吉夫稱為「緩衝器」。

六四，樽酒簋貳，用缶，納約自牖，終无咎。

《象》曰：樽酒簋貳，剛柔際也。

- 樽，酒器。簋，食器。缶，粗糙的陶器。約，繩子。牖，牆上的窗。
- 納約自牖：1.安於幽居，從窗口送食物。2.從窗戶牽繩子逃跑。
- 處險以約，在危險中樸素一點。
    有時候樸素是逃跑智慧。

九五，坎不盈，祗既平，无咎。

《象》曰：坎不盈，中未大也。

- 坎不盈：危險沒完沒了。
- 祗：敬也。鎮華老師：「自我要求出來的氣勢。」
- 危險的功課沒完沒了，用敬平險。

上六，係用徽纆，寘于叢棘，三歲不得，凶。

《象》曰：上六失道，凶三歲也。

- 徽纆：綁罪人的黑繩子。
- 寘：置也。
- 三歲不得：《公羊傳》：「古者疑獄三年而後斷。」真冤！
- 險之極！衰到家了！

小結：如何渡險？

　　卦辭：兩大法寶：心靈＋行動。
　　初爻：經驗不足，方法不對。
　　二爻：喘口氣的智慧。
　　三爻：危險＋安逸＝人生跌停板。
　　四爻：樸素。
　　五爻：樸素的升級：敬重。
　　上爻：衰三年。

習坎卦語錄

➤老天爺安排了三個寶貝：無聊、危險與痛苦。

➤人生的危險是真真實實的存在。

　危險帶來的成熟也是真真實實的存在。

➤內在決定外在。

　心通路通。心轉境開。

➤行動是人生問題的最佳答案。

離：六十四卦的光明卦

離卦很清楚就是六十四卦的光明卦。而這卦的光明很明顯就是在講文明的光明，而且是講傳統文明的光明。但討論到傳統文明，有很璀璨的一面，有很複雜的一面，有很悲痛的一面，也有很凶悍的一面。事實上，談到近代百年文明傳統的遭遇，有識之士都不禁百感交集。

☲☲ 離下離上

離，利貞，亨。畜牝牛，吉。

《 彖 》曰：離，麗也。日月麗乎天，百穀草木麗乎土，重明以麗乎正，
　　　　乃化成天下。柔麗乎中正，故亨，是以畜牝牛吉也。
《 象 》曰：明兩作，離。大人以繼明照于四方。
《序卦》曰：離者，麗也。
《雜卦》曰：離上而坎下也。

相關資料

主題：繼明、繼承傳統、傳統的意義。
　　　離有三義——1.光明義。2.美麗義。3.附著義。
◉ 卦象：薪火相傳。
◉ 卦性：重明或繼明——如何讓光明更明。

卦辭經文註釋

⊙麗：鎮華老師說肯定是麗的音誤——麗卦。

離，麗也。附著，附麗。例如：儷影成雙。

依附光明激發潛力。

甲骨文是一隻豬子跟著另一隻豬子，金文是一隻美麗的鹿跟著另一隻美麗的鹿。一個英雄跟隨另一個英雄，中國式的英雄崇拜。奧修說「臣服」。

無為、放下自我的跟隨與臣服，是最大的美麗。

⊙畜：養。牝牛：母牛。

用柔道順德面對他人的成熟與傳統的明朗。

別人厲害，要立即低頭。要溫馴得像一隻小母牛。

卦辭傳文註釋

・重明以麗乎正：一代一代傳統的繼承還是要依附生命的成長。

　乃化成天下：進一步是外王事業。

　柔麗乎中正：用柔道也得依附心靈的成長。

・大人以繼明照于四方：大成熟者繼承光亮的傳統遍照人間。

爻辭經傳註釋

初九，履錯然，敬之，无咎。

《象》曰：履錯之敬，以辟咎也。

・錯然：1.文采。2.謹慎。3.複雜。

　　　　錯然的象本義是指華麗有身分的鞋子。

・文明不能忘了生命實質的敬重。

　　用敬重的態度走進複雜的人生——複雜的學習。

六二，黃離，元吉。

《象》曰：黃離元吉，得中道也。

・黃：中色。離：光明。

・心靈壯大的光明。

・好大的一爻！又是元吉。

　　　　指的是什麼？言簡意重。

九三，日昃之離，不鼓缶而歌，則大耋之嗟，凶。

《象》曰：日昃之離，何可久也。

・昃：太陽西斜。缶：陶製樂器。耋：八十老人。嗟：嘆氣。

　1. 太陽西斜的光明，不被尊重、歌頌，傳統經驗被冷落，大老嗟嘆。

　2. 太陽西斜的光明，不擊缶、歌唱、快樂面對，不能看破死生終始之道，大老嗟嘆。

　　　　面對死亡，要鼓缶而歌。如：莊子鼓盆而歌、奧修社區、黑澤明《夢》、民間
　禮俗，都是。

　　　　小程子：「以理言之，盛必有衰，始必有終，常道也。」「鼓缶而歌，樂其常
　也。」「此處死生之道也。」

　1. 很切義。2 很深刻。

九四，突如其來如，焚如，死如，棄如。

《象》曰：突如其來如，无所容也。

・突：小狗從穴竄出來。

・現代突然冒出來的短路，傳統被焚毀拋棄。如：最極端的例子——文革。

　　　鎮華老師：「只有原始生命力的妄用，現代人全部生命都在嘴上。」

· 鄭玄另有看法，認為在講三種不同的罪刑：「焚如，殺其親之刑。死如，殺人之刑也。棄如，流宥之刑。」

· 无所容：鎮華老師說「不容傳統之明，人我也不能相容。」

　　　真實的文化必然是──1.有傳統。2.有別人。3.有自己。

· 這一爻寫得傳神、寫實、又痛心！

六五，出涕沱若，戚嗟若，吉。

《象》曰：六五之吉，離王公也。

· 涕：淚。沱：淚湧。戚：哀也。

· 大哭之爻卻吉。

　　　大悲大慟後的清明。哭完以後看到真理。

　　這一爻講眼淚的力量。

上九，王用出征，有嘉折首，獲匪其醜，无咎。

《象》曰：王用出征，以正邦也。

· 折首：斬獲敵人首領。匪：非。醜：類。

　　　脅從罔治。不濫殺，分清首從。

· 文明也有強悍、武力的一面。

小結：離卦在講文明傳統。

　　卦辭：講「臣服」。

　　初爻：踩進複雜。

　　二爻：走進明朗。

　　三爻：拋棄傳統。

四爻：焚燒傳統。

五爻：哭後大明。

上爻：文明之戰？

離卦語錄

➤一隻豬子跟著另一隻豬子，一隻美麗的鹿跟著另一隻美麗的鹿。

一個英雄跟隨另一個英雄。跟隨、臣服，是最大的人間美麗。

➤別人厲害，要立即低頭。要溫馴得像一隻小母牛。

➤用敬重的態度走進複雜的人生。

第十三組：坎離

處險與繼明（人生的危險與傳統的朗照）：出涕沱若，戚嗟
若，吉！

習坎：處險／現實的危險	面對人生的危險有兩條路：覺知＋行動。	雜卦：離下而坎上也。序卦：坎者，陷也。
離：繼明／傳統的意義	傳統是有根基的明亮，而不是突如其來的唐突。	雜卦：離下而坎上也。序卦：離者，麗也。

離☲ ⟺ ☵坎

　　　錯：對反
習坎⇔離：習坎──水／水洊至／危險／談如何處險／現實的陷阱。
　　　　　離 ──火／明兩作／光明／講繼明之道／傳統的朗照。

處險與繼明

　　現實人生充滿危險，如果與傳統脫了線、斷了根，更是赤裸裸生命力
的妄用，充滿突如其來的短路與荒誕。所以「繼明」成了如何「處險」所
必須面對的課題。傳統畢竟不是「掉到茅坑」的簡化處理所能解決的。在
今天這個時代讀坎離二卦，既感傳神，又覺痛心！

附文一
離卦奧義
──麗、畜牝牛與臣服

　　這篇文章談到了「臣服、追隨、禮敬三寶、禮敬上師、師嚴道尊」這樣的東方文化設計的深層意義。也談到了古、代、傳、統的含義與她的委屈。也談到了孔子與他三大弟子的動人故事。

　　離卦奧義，師道之義，在畜牝牛──面對自己真正的老師，要讓自己全然低頭，要讓自己溫馴得像一頭小母牛！

什麼是臣服？

　　《易經》六十四卦的離卦是討論傳統文明的明朗內涵與酷烈遭遇的一個卦。而這篇文章的內容則主要在論析離卦卦辭所描繪的一個「生命狀態」和它的深層意義。

　　這個生命狀態，用奧修的話來說，就是：臣服。

　　那就帶出一連串的問題了：什麼是臣服？對誰臣服？為什麼要對他或它臣服？怎麼臣服？有例子或證據嗎？

　　是的，如果沒有忘記回到這一卦的主題：傳統文明。即知道在這裡所談的臣服，當然就是對傳統臣服。

說幾個字：古、代、傳、統

接下來，讓咱們先看看幾個「字」的意義：古、代、傳、統與離。

先說「古」。古就是十口相傳，但可以從縱與橫兩條線索去看。

從時間上的縱軸線看，十口就是指傳了十代──第一代師傅傳給第二代師傅，第二代師傅傳給第三代師傅……傳了那麼久的年年月月，經歷代代經驗的淬煉損益與品質保證，也就是所謂「傳承」的概念了。從空間上的橫切面看，十口相傳就有廣為流傳的意涵（十口比喻很多人），也就是蔚成「風氣」的意義。

甚至古代的「代」字也有深意。代就是人持戈（兵器），意思是守護一個世代的文明傳統啊！

第三個「傳」字。傳就是傳驛、馳傳的意思，是古代傳送文書或消息的官方制度。深層意義就是將一些生命信息從古至今的傳遞下來。說完傳，再來說「統」。

「統」跟下面幾個字有連結：緒、綱、紀，都是「糸」字部首，都跟古代養蠶理絲的過程有關。統是指整個理絲的作業，所以說統整。緒是蠶絲的絲頭，所以叫頭緒。把緒捏出來，將散絲摺疊束縛成一小束一小束的就叫紀，然後用一條較粗的繩子將相當數量的紀捆綁成一大束就是綱。所以說綱紀綱紀，以綱「統」紀，就是理絲的作業流程了。

綜合一下，古代傳統的含義就是：傳衍了很漫長的時間，守護了很漫長的時間，譬如十代，經過時間的考驗與證明，中間歷經縝密的梳理與統整，並且對當前現實造成一定的影響力，就稱為古代傳統了。

談及對古代傳統的不悔，教我《易經》的鎮華老師的較早期著作，引用了下面三聯句子，讀了讓人低迴不已：

清初大儒王船山的詩句：「六經責我開生面，七尺從天乞活埋。」

民國大儒馬一浮的詩句：「天下雖干戈，吾心仍禮樂。」

　　羅素：「並非所有的智慧都是新的，並非所有的愚蠢都是舊的。」

對傳統的四種破壞

　　鎮華老師的早期著作，還提到了百年中國對古代傳統不同形式的破壞。筆者整理了一下，分析成下列四種：

（一）情結式的破壞

　　晚清失格，國族權喪，屢屢辱國，禍延民國，五四之士，孤憤滔天，將一切罪責歸咎於文化傳統，舊文化就應該全丟進糞坑裡去啦！這當然是一種情緒式、情結式、非理性的破壞。綜觀百年，這種非理性的破壞有三部曲的行進：五四是序幕，文革是高潮，今日此岸的去中國化與彼岸的掛中國文化的羊頭賣實質帝制的狗肉就都是餘波盪漾了！事實上，這種對古傳統的破壞不獨為近代所有，中國文明即曾數度經歷種種歷史橫逆，連那麼古早的《易經》都曾經驗過這種離亂，在離卦九四爻說：「突如其來如，焚如！死如！棄如！」——突然冒出的生命短路與人間荒誕，讓古傳統遭遇焚燒！謀殺！拋棄的災難啊！

（二）曲解式的破壞

　　前一種破壞是歷史性的，而這一種破壞是生活性的。生活中充斥著這種不經過查證、不需要討論、經不起分析的印象式攻擊，對文化傳統。譬如：批評中國文化是吃人禮教，證據呢？經典的證據呢？歷史的證據呢？有檢核過這種說法從什麼時代開始的嗎？有思考過文化的本義與後代的扭曲的關係嗎？再舉一個例子：男兒有淚不輕彈，這真是中國文化本質的說法嗎？咱們讀《易經》，經文就哭了好幾回了——眼淚的力量。可見壓抑情感不必然是中國文化的本貌。

（三）供奉式的破壞

這是鎮華老師的說法：要破壞一個人的名譽有兩種方法，一是不斷的罵他，另一是不斷的捧他！國民黨對老蔣，共產黨對老毛，都是用後一種方法。就是老子所說的：「將欲奪之，必固予之。」意思就是將一個人或傳統過度神格化，三代之後，民意反彈，必遭唾棄。所以對中國文化不訴諸理據的歌功頌德，其實就是這種供奉式的破壞。

（四）殺雞取卵式或似是而非式的破壞

最後一種破壞，鎮華老師稱為殺雞取卵，筆者補充稱之為似是而非——就是一些什麼老師、教授、名嘴講中國文化，往往是用街頭賣藝式的、譁眾取寵式的、商業取向式的、伶牙俐齒式的方式來宣講，常常就將文化傳統給講俗了、淺了、薄了、低了。這種殺雞取卵、似是而非的名嘴表演，表面上給古傳統加分，實則上是讓有識之士瞧不起，製造中國文化結構不嚴謹、內涵不深刻、學術高度不夠、思想純度不足的種種負面印象。所以這種表層加分實質減分的破壞，破壞的力道事實上不亞於前面三種。

附麗與臣服

由反而正，從近代的破壞回到本源的態度，咱們看看《易經》在離卦所提出的，面對古代傳統的態度。首先看看離卦卦辭：「離，利貞，亨。畜牝牛，吉。」卦辭所提，面對古代傳統所當有的修養或智慧，其實就是兩個重點：離，與畜牝牛。先說離吧。

〈彖傳〉與〈序卦傳〉都說離者，麗也。所以鎮華老師說離肯定就是麗的音誤，離卦就是麗卦。那「麗」這個字或麗卦指的是什麼意義呢？麗就是附著，附麗的意思，這是本義。有一句成語可以旁證：儷影成雙——

就是一個影子依附著另一個影子雙雙重疊在一起的樣子。所以麗卦的含義就是依附傳統光明激發生命潛力。

在文字的形體上，麗字就是畫一隻鹿頭上長著挺拔的鹿角。而甲骨文則是畫一隻豬子跟著另一隻豬子，金文則是畫一隻美麗的鹿跟著另一隻美麗的鹿。這是什麼意思呢？原來，麗這個字的深層意義就是指一個英雄跟隨另一個英雄——一個豪傑心甘情願、放下自我、無為無怨的跟隨另一個豪傑，這是人間最壯大的美麗啊！而奧修把這種清淨純然的跟隨稱為「臣服」。

事實上，對文化傳統、修行團伙、佛、師傅、真理途徑……臣服的態度，不只奧修有說法，儒佛二家，皆有提及。佛門的禮敬三寶、臣服上師，儒家的師嚴道尊，其實都是臣服的概念，最原本的意思就是指弟子對老師毫不保留的信任與服從。曾經深思：為什麼要禮敬三寶？為什麼要師嚴道尊？為什麼要對另一個人毫無保留的信任呢？我認為有三個理由：

（一）基本的理由

通過對「師」的敬重其實是為了讓自己更重視所要學習的課程、功課或對象。也就是「師嚴」然後才能「道尊」的意思。

（二）深層的理由

敬「師」是為了讓自己進入一種更當真、認真的學習狀態，所以敬師的深層目的其實是為了提高學習效果。

（三）終極的理由

敬師其實就是為了讓自己進入悟道或準悟道的生命狀態啊！這就是說，對「師」沒有保留的敬重與信任，這是一種非理性甚至超越理性的態度，超越理性，才能擺脫頭腦作用，擺脫了頭腦作用，才能可能靠近、進

入、融入、跳進「道」的領域啊！說穿了，所謂臣服、師嚴道尊、禮敬上師其實是一種文化設計，或修行設計，真正的目的就是為了幫助學習者更順當進入悟道或準悟道的氛圍與情境。打一個比方：當你全然臣服一塊石頭，也可以從石頭上面，得到深厚的學習。

那在真實的歷史上，有沒有過這樣的臣服的故事呢？我舉三個例子。

第一個例子：三國歷史中，蜀漢陣營的兩巨頭劉備與諸葛在前期歷史中是相互臣服、追隨與信任的，果然逐漸打開了蜀漢事業的最高峰。但在漢中大捷之後，劉備漸漸被勝利的泡泡沖昏了頭，自我感覺愈來愈良好，他背叛了對諸葛的臣服，剛愎自用的不聽諸葛苦諫決然伐吳，結果硬吞下彝陵大敗的苦果，走進了蜀漢國力由盛轉衰的分水嶺……這本質上就是一個關於臣服與背叛的故事。

第二個例子：唐太宗得位後，即臣服、跟隨名臣魏徵的施政方略，留下了君納臣諫的千古佳話。但等到老魏徵一去世，李世民內心的私欲與憤怒立馬大爆炸，借題發揮，毀了老魏徵的墓碑，為德不卒，當初的臣服變成了日後的報復。

那，到底有沒有始終如一，一生追隨的臣服的故事呢？還是有的。就是筆者馬上要說的第三個例子。

第三個例子：就是孔子門下三大弟子對老師的一生臣服與追隨啊！是指哪三個人呢？就是顏回、子貢、子路。三個都是孔子「黃埔第一期」的大弟子。顏淵、端木賜、仲由可以說是孔門高弟中仁、智、勇的代表。顏回是孔子之外另一位聖賢型的人物，子貢是出色的商人與外交家，子路則是身手高強的勇士。顏回頗有孔門大弟子的味道，《論語》裡記載他的「不遷怒」、「不貳過」、「三月不違仁」、「克己復禮」、「回也屢空」（這句《論語》的正確解釋不是說顏回的米缸常常是空的，正解應該是指顏回的心靈經常是維持在純淨空無的狀態之中）等等，都是大功夫；至於子貢，一般人都知道子貢是精明的商人，到了今天即有所謂「端木遺風」、

「儒商初祖」的說法，孔子說他「億則屢中」，可見他在商場上的出手精準，但比較少為人所知的，子貢同時是一位翻手為雲覆手雨、玩弄諸強國於股掌之間的厲害外交家（事蹟見《史記‧仲尼弟子列傳》）；子路又是完全不同的另一型人物，子路為人粗魯耿直，是孔門中最可愛直率的學生，也是在《論語》裡最常跟老師頂嘴的學生，他為人勇武，頗有儒門護法的況味，孔子曾說：「自吾得由，惡言不聞於耳」，大概是子路夠兇！因為他的關係，沒有人敢再亂說孔子的壞話了。風格各異，但都是用一生的生命臣服老師——顏回比孔子早死，孔子聽到顏回的死訊，悲痛得數度失覺的慟哭；到了孔子死後，讓人意想不到的，是最聰明機變的子貢為老師守喪最久，眾弟子都是服喪三年離去，只有子貢為老師守了六年墓！至於子路，幾乎一生都在老師身旁服侍，一直到晚年，才去了衛國擔任武職（我猜是孔子趕他去外頭發揮才能，不要老黏在老師身邊），最後遇上衛國內亂，盡忠職守的他在戰鬥中犧牲，死後屍體被剁成肉醬，但最讓人感動的，是犧牲前的子路儘管身受重傷，依然臨危正冠結纓，所謂「君子死，冠不免」！死就死了，但老師教我的「禮」的氣概，只要一息未死，就一息不可荒廢啊！好個頑強與勇敢的子路！這三個人，一個是聖賢對另一個聖賢的追隨，一個是聰明人對聖賢的追隨，一個是豪傑對聖賢的追隨，也就是仁者的追隨，智者的追隨，勇者的追隨，用了一生的性命，對老師，臣服！也因此從老師那裡，得到了最深刻的生命學習。

　　一隻美麗的鹿追隨另一隻美麗的鹿，一群內在英雄臣服另一個內在英雄，這就是中國文化所認為最浩瀚壯闊的人間至美！

師道之義，在畜牝牛

　　這篇文章所談的臣服、無為無悔的追隨、師嚴道尊……等等的觀念，《易經》離卦就用了一個很傳神的象來說明：畜牝牛。

　　畜就是養，牝牛就是母牛。牛性本來就溫馴（但隱伏著一份平時不會爆發的野性），母牛更是多了三分溫柔。中國文化傳統所重視的師道，就在畜牝牛！意思是用柔道順德面對他人的成熟與傳統的明朗。別人厲害，要立即低頭，要溫馴得像一隻小母牛！《易經》用了一個可愛的象，來表達人間浩瀚壯美的畫面，心悅臣服。

第十四章
咸恆損益

咸：六十四卦的感性卦

人文與科學是不可偏廢的，心感與認知是不可偏廢的，心文化與腦文化是不可偏廢的，直覺與思考是不可偏廢的，且戰且走與計畫人生是不可偏廢的。且戰且走的戰場在「當下」，人生計畫完了就把計畫忘掉。

《雜卦傳》說：感知是神速的，認知是緩慢的。我加一句：感知不需要過程，認知不需要結果。

䷦ 艮下兌上

咸亨，利貞，取女吉。

《彖》曰：咸，感也。柔上而剛下，二氣感應以相與，止而說，男下女，是以亨，利貞，取女吉也。天地感而萬物化生，聖人感人心而天下和平。觀其所感，而天地萬物之情可見矣。

《象》曰：山上有澤，咸。君子以虛受人。

《雜卦》曰：咸，速也。

相關資料

主題：感動、感性、感應、少男（艮）少女（兌）相戀。

咸：都，皆。交感才是真正的感情。

⊙ **卦象**：山澤相感──山／陽／艮為少男相對澤／陰／兌為少女。

山水男女互相感應的關係。

除了大修行者，男女相戀的感應是最快且靈的。

⊙ **卦性**：止而悅──能止，不放縱，才有真正的喜悅。相反放縱會帶來痛苦。

⊙ 速：心感是最快的，認知比較慢。

直觀，直覺。

如：第四道「四個中心理論」

──本能中心、運動中心、情感中心、理智中心＋傑克、皇后、國王。

情感中心很可能是最快的。

卦辭經文註釋

⊙ 通與正（愛與敬）是感動的兩個要素。

《巖上的雲》：「愛與自由是一雙筷子的關係。」

有真實的感動是交往的開始，但感動不正，會有危險。如：戀愛、合作……

卦辭傳文註釋

・君子以虛受人：

觀察、聆聽、學習、溝通之道。

放下所有的定見、成見、身段、立場。

站在對方的位置設想──交換主體，以虛受人。

　　品德像容器，器虛物注，不要用才氣凌駕他人，看到每個人內在賢能的部分，別人就會將最珍貴的能量倒在你的「心器」之上。

　　「虛」是「感」的先決條件，先將水倒掉，心靈的杯子才能繼續裝水。

爻辭經傳註釋

初六，咸其拇。

《象》曰：咸其拇，志在外也。

・大腳趾的感動──生命初階的蠢蠢欲動。
　　　腳趾有二義：1.最容易亂動。2.離心最遠。
・志在外：鎮華老師：「小孩子的志是完全對外開放的，孩童的感動是永遠坦露的。」

六二，咸其腓，凶，居吉。

《象》曰：雖凶居吉，順不害也。

・小腿肚的感動──沒主見的感動。
・居養，有停下來的意思。

九三，咸其股，執其隨，往吝。

《象》曰：咸其股，亦不處也。志在隨人，所執下也。

・屁股的感動──沒自我還要執著，雙重錯亂。
　　　相反的，要走自己的路，不要拋棄自己的生命經驗。
　　　小腿肚與屁股都是不隨意肌，代表沒有自主性的隨波逐流。

九四，貞吉，悔亡，憧憧往來，朋從爾思。

《象》曰：貞吉悔亡，未感害也；憧憧往來，未光大也。

- 憧憧：1.往來不絕。2.疑慮不決。
- 思想學問的感動──讓別人感動的學問與人格。
  用心純正，從學者絡繹不絕跟從你的思想人格。
  正感的影響力。

九五，咸其脢，无悔。

《象》曰：咸其脢，志末也。

- 背肉的感動──承擔、背負天下的感動
- 脢：里肌肉。不動的肉──不動心之德。
  唯有心的穩定，才能承當、背負天下。
- 志末：
  1. 心志的發動。本末的末。
  2. 領袖的志擺在最後，自己的感動不要急著說出來，先感受別人的感動。

上六，咸其輔頰舌。

《象》曰：咸其輔頰舌，滕口說也。

- 上六：嘴巴的感動──終身沒真實的感動，到老剩下一張嘴，只會嘴皮子運動。
  鎮華老師：「無復心實。」老要有骨。
  現在叫打嘴砲。
- 輔：嘴邊。頰：臉肉。舌：舌頭。
- 滕：競相，虛鬧。

小結

　　初爻：初階蠢動。

　　二爻：無主被動。

　　三爻：執著盲動。

　　四爻：內在感動。

　　五爻：外王大動。

　　上爻：嘴皮運動。

咸卦語錄

➤愛與自由是一雙筷子的關係。

➤感知是神速的，認知是緩慢的。

　感知不需要過程，認知不需要結果。

➤君子以虛受人：品德像一個空的容器，器虛物注，不要用才氣凌
　駕他人，盛氣不能凌人，才能看到每個人內在賢能的部分，然後
　別人就會將最珍貴的能量倒在你的「心器」之中。「虛」是「感」
　的先決條件，先將水倒掉，心靈的杯子才能繼續裝水。

恆：六十四卦的理性卦

恆卦幾乎六爻皆凶——理性、理想有很大的危險性！理想與理性不是絕對的，初六的「浚恆，貞凶」，六五的「恆其德貞，君子凶」，都有「反恆」的精神。有時候反恆才是真恆。

這是一個討論理性面面觀的卦，但比較是從反面的觀察切入——太深刻的理性缺乏溫度，太孤立的理性見樹不見林，太固執的理性容易變成泛科學主義，遲到的理性也可能帶來遺恨與危險……也許，《易經》的意思是：理性是很危險的東西，必須謹慎以對。

䷟ 巽下震上

恆，亨，无咎，利貞，利有攸往。

《彖》曰：恆，久也。剛上而柔下，雷風相與，巽而動，剛柔皆應，
　　　　恆。恆，亨，无咎，利貞，久於其道也。天地之道，恆久而
　　　　不已也；利有攸往，終則有始也。日月得天而能久照，四時
　　　　變化而能久成，聖人久於其道而天下化成，觀其所恆而天地
　　　　萬物之情可見矣。

《象》曰：雷風，恆。君子以立不易方。

《雜卦》曰：恆，久也。

相關資料

主題：理想、理性、思考、長男（震）長女（巽）成婚。

咸卦與恆卦兩兩相對，從咸到恆，就是從戀愛到成婚，從感性

到理性。

◉ **卦象**：風雷相與——風行八面，雷震四方。在大自然變化中有恆常的法則。一個例子：飛鳥投林。鳥飛必成列（群性），但「著地」的姿態各自不同（個性）。

　　生活中不會一勞永逸的，風雷相與，才是真恆。

◉ **卦性**：入而動——進入動態的恆常。恆卦是動態的氣氛。

◉久：久有二義——慢＋堅持。

　　理智中心是最慢速的。有想法的人表面笨笨的。

卦辭經文註釋

◉亨：理性一定要通情達理——整體性思考。

　　只通一半很危險，容易變成壓迫人的工具。

　　一個整體性思考的例子：真正的討論問題一定是盡量不讓自己落入「選邊站」、「將對方推到另一邊」、「簡化」、「跳離複雜性」等等的坑坑洞洞，因為人間問題一定複雜與多面向，有力的直指核心之前，必須要仰賴兩造更細緻、縝密與容忍的溝通過程。像：「美國的邪惡不看，中共的貢獻不看。」延伸出去——中共的邪惡也要看，看美國的邪惡不是為了贊成中共的邪惡，同理，批判中共的邪惡不是對美國的邪惡視而不見……理性而整體的觀看！比較接近人類文化最珍貴的根源吧。

◉正：理性要用得正確，符合成長原則，才能大用。

◉卦辭說出理性三大原則：1.整體的通。2.成長標準。3.堅持，不打折扣。

卦辭傳文註釋

· 天地之道，恆久而不已：《易經》很明白萬事萬物恆處於變動的狀態中。
· 聖人久於其道而天下化成：所謂「百年然後勝殘去殺」，道要常常有好人做，好事情不能斷，仁精義熟，王氣、法脈才不會斷掉。
· 君子以立不易方：立，卓然不拔。易方，牆頭草，改變方向。

　　雷於四季有定時，風於四時有定向，君子象之，學習不動搖的人生方向。

　　所謂的核心意義、中心思想、歸於中心。

爻辭經傳註釋

初六，浚恆，貞凶，无攸利。

《象》曰：浚恆之凶，始求深也。

· 生命初階要求太深刻的東西是不對的！要求雖正，後果有凶，沒什麼好處。
· 浚：深也。
· 恆：1.太深的理性可能落入知識包袱。2.太強調的重要性可能是自我膨脹。

九二，悔亡。

《象》曰：九二悔亡，能久中也。

· 理性力量發揮得當，就沒有後悔的情緒了（後悔是不理性兼沒有用）。
· 久中：經得起考驗的生命潛力。讓理性「浸泡」在心靈之中。
　（不同學道的途徑有不同偏重，個人粗略的觀感：奧修比較感性，儒家比較感性，道家比較冷靜，第四道比較智性，禪宗比較感性直率，唯識宗比較理性縝密……）

九三，不恆其德，或承之羞，貞吝。

《象》曰：不恆其德，无所容也。

· 恆「德」的重要——有位無德的虛偽。

　　對品格、原則不能堅持，即便上位了也是丟臉，生命成長的力道變弱了。

· 无所容：心被「位」塞滿了，裝不進別人、異見、真理……

九四，田无禽。

《象》曰：久非其位，安得禽也。

· 沒有內在德性的社會——一片荒涼，找不到目標。

· 只有理性缺乏德性的悲哀。

· 田无禽是一個象。

　　田：心靈的土地。

　　禽：強大、兇猛又有點危險的生命目標。

六五，恆其德貞，婦人吉，君子凶。

《象》曰：婦人貞吉，從一而終也。夫子制義，從婦凶也。

· 理性要懂得權變。這一爻講死守原則的不對。

　　要懂直道曲成，懂得適當與權變，懂得照顧整體，不固執自己的方式，不固執自己認為的正確。

　　《論語》：共學→適道→立→權。

　　文化學習→真理學習→自成一家→人間向度。

　　恆（常）極能權（變）。

· 從一而終：女子貞操觀的原版在這兒。「一」的本義應該是道，若解釋為丈夫，男人的自私就出現了。

上六，振恆，凶。

《象》曰：振恆在上，大无功也。

・1.到老還要「振」恆，不能熟極而「流」，慘！
　2.到老恆心才動搖──晚節不保。

小結

　　初爻：理性一開始不能過度深刻。

　　二爻：出自心靈經驗的理性。

　　三爻：理性與德性的素養都要堅持下去。

　　四爻：只有理性缺乏德性的路是行不通的。

　　五爻：成熟的理性必然是靈活的。

　　上爻：遲到的理性！

恆卦語錄

➤理性不能是孤立的存在。

損：六十四卦的減法卦

　　損卦談減損、談無為、談生命中的減法。道家思想真正的源頭，可能在這裡。談減法的這一卦反而是非常有力量的一卦，六條爻辭，除了九二，基本上都是吉爻。這是《易經》在告訴我們：減少，是有大威力的。即像伊斯蘭教的蘇菲宗所說的：「人固然需要增添，也同樣需要剝除。教誨也可以由剝除那些讓人耳聾目盲的東西來實現。」

䷨ 兌下艮上

　　損，有孚，元吉，无咎。可貞，利有攸往。曷之用，二簋可用享。

《　象　》曰：損，損下益上，其道上行，損而有孚，元吉无咎，可貞，利
　　　　　　有攸往。曷之用，二簋可用享，二簋應有時，損剛益柔有
　　　　　　時，損益盈虛，與時偕行。
《　象　》曰：山下有澤，損。君子以懲忿窒欲。
《雜卦》曰：損益，盛衰之始也。

相關資料

　　主題：減損，生命中的減法。
　　　　　　損在繁華的社會，益在樸素的社會。
　　　　　　一個文化傳統不當從頭再來，本該損益修補。
　　　　　　損之義，有四個方面──

1.損物，以見誠。

2.損欲，以返道。

3.損行，以偕時。

4.損道，以自養。

 《老子》四十八章：「為學日益，為道日損。」

 《老子》七十七章：「天之道，損有餘而補不足。人之道，損不足以奉有餘。有道者之道，有餘以奉天下。」

◉ **卦象**：山下有澤——大海會侵蝕岩壁，損之象。

◉ **卦性**：悅而止——不能一直感動與喜悅，必須停下來。

卦辭經文註釋

◉ 人生的減法反而顯出大誠信、大運勢、大成長、大方向。

◉ 元吉：真正大的吉在質樸的誠信，不在祭品。

◉ 可貞：人生的減法是可以讓生命成熟的。

◉ 利有攸往：丟下一身不必要的沉重，可以踏上人生征途了。

◉ 曷之用：曷，何也。損道有什麼用處呢？

◉ 二簋可用享：簋，內方外圓，盛祭菜的器皿。王弼：「二簋，質薄之器也。」小程子：「飾過其誠，則為偽矣，損飾所以存誠也。」

 形式超過真誠就是虛偽，減損形式就是為了保存真誠。

 《蘇菲之路》：「蘇菲就是剝去外殼的真理。」

卦辭傳文註釋

‧損下益上，其道上行：減損掉層次比較低的東西，層次比較高的內容就會現身，生命道路反而向上竄升。

- 二篇應有時：損道的應用要考慮「時」的因素，不可亂用。
- 損剛益柔有時：用覺知呼應剛柔損益的節奏。
- 損益盈虛，與時偕行：盈就損，虛則益。
  損益的運用要靠掌握生命的節奏，掌握生命的節奏要靠覺知。
- 懲忿窒欲：停止憤怒，減損欲望→心歸於正。

爻辭經傳註釋

初九，已事遄往，无咎，酌損之。

《象》曰：已事遄往，尚合志也。

- 一件工作一做完，趁著那股未衰竭的能量、春意、生氣，接著做下一件工作。
  不用擔心衝太過，老天爺會幫忙喊停放慢。
  就是「終始之道」，終則有始的行動智慧。
- 已：結束。遄：速也。
  已事遄往，无咎：事情一做完立即再出發，也沒關係。
- 酌損之：老天爺會在真實的行動中自行減損作為、減慢速度。

九二，利貞，征凶。弗損益之。

《象》曰：九二利貞，中以為志也。

- 魯莽一定是災難，不用討價還價。
- 利貞：適合守住成長。
- 征凶：硬幹一定凶。
- 弗損益之：連損益都不必了。
- 初九、九二表面好像矛盾，關鍵是九二的「征」指的是魯莽的外王。

六三，三人行，則損一人。一人行，則得其友。

《象》曰：一人行，三則疑也。

- 從俗（三人行），會傷害主體性（損一人）；忠於自己的道路，我行我道（一人行），
  自然會有夥伴並肩。
  　　損掉依賴，回到生命主體。面對孤獨，才能成長。
- 三則成群，在人群中會彼此依賴，如：年輕人為了擁抱而戀愛，成年人耐不住寂
  寞而擁抱名利權位。
- 三則疑：1.人一多就容易彼此猜疑與計較。2.俗世不了解對生命忠誠的人。

六四，損其疾，使遄有喜，无咎。

《象》曰：損其疾，亦可喜也。

- 減損生命疾病的喜悅。
  　　找到並拆除生命的地雷。
  　　減損了生命的負能量，立即會有喜悅。

六五，或益之，十朋之龜，弗克違，元吉。

《象》曰：六五元吉，自上祐也。

- 從損道養成成熟的心靈，面對大迷信，也會堅定。
- 或益之：損透徹了，反而成就生命的成熟。損極而益。
- 十朋之龜：群眾的迷信。
  　一朋五貝，指五十貝的大龜殼。
  　　《尚書‧洪範篇》：「汝則有大疑──謀及乃心，謀及卿士，謀及庶人，謀及
  卜筮。」生命有了大疑難，先與心討論，再與知識分子討論，再問問老百姓的意
  見，最後才問烏龜。
- 弗克違：不會動搖與違背。

上九，弗損益之，无咎，貞吉。利有攸往，得臣无家。

《象》曰：弗損益之，大得志也。

- 損道之極，不用刻意損益，百無禁忌了，繼續成長就對了，可以向外發展，開始照顧天下。
- 得臣无家：最原始的本義，臣是賤者之稱。天下紛亂，收編一批批無家之民。

小結

　　卦辭：生命減法的大力量。
　　初爻：老天爺自然會幫忙斟酌損益直爽的行動。
　　二爻：魯莽失去減損的能力。
　　三爻：減損依賴。
　　四爻：減損習氣。
　　五爻：從生命減法升起的成熟之一：堅強的心。
　　上爻：從生命減法升起的成熟之二：百無禁忌，大顧天下。

損卦語錄

➤人生的減法是可以讓生命成熟的。

➤丟下一身不必要的沉重，可以踏上人生征途了。

➤形式超過真誠就是虛偽，減損形式就是為了保存真誠。

益：六十四卦的加法卦

　　益卦談增益、談有為、談生命中的加法。儒家思想真正的源頭，可能在這裡。益卦談加法談得很多元，從戰爭談，從建設談，從人間作為談，從天上真理談，從經驗談，從本體談。但好玩的，談減法的損卦談到最後是最大的加法，而談加法的益卦談到最後一爻卻是最深的減法，由減而加，從加入減，著實證明了加減損益儒道是一體的。但，最後最深的減法，減的到底是什麼呢？

䷩ 震下巽上

益，利有攸往，利涉大川。

《彖》曰：益，損上益下，民說无疆，自上下下，其道大光。利有攸
　　　　　往，中正有慶，利涉大川，木道乃行。益動而巽，日進无
　　　　　疆，天施地生，其益无方。凡益之道，與時偕行。

《象》曰：風雷，益。君子以見善則遷，有過則改。

《雜卦》曰：損益，盛衰之始也。

相關資料

　　主題：增益，生命中的加法。

　　　　益卦在談對老百姓真正的利益 ──1.益財。2.益民。3.益德。
4.益道。

　　◉**卦象：**風行雷厲，風雷相益 ──益卦是真正的大動作。如：小蔣

總統走前的解嚴。

⦿ **卦性**：動而順——大的動作，跟著，順天？順民？注意不是譁眾取寵，順老百姓高貴的內心。

卦辭經文註釋

⦿ 人生的加法，有自覺的方向，可以做大事。

益卦，大動作，大氣象。

益卦基本不是講自己累積，更指對外奉獻。

卦辭傳文註釋

· 損上益下：減少掉政府的權力，把更多元的力量還給民間。

· 民說无疆：鎮華老師的說法：「心頭高興得快奔騰起來。真正的革命不是流血流淚，是心頭真正的解放。」

· 自上下下：真正的尊貴在內在與成熟，不在身段與姿態。

　　　從上面開始放下身段跟百姓對話。

· 其道大光：道，益之道。光，廣也。

· 木道乃行：木道指巽卦。順著人性深處做事。

· 日進无疆：日進其德，沒完沒了。

　　　成熟是沒有界線的。

· 天施地生，其益无方：老天爺給你天道的寶庫，人間世給你成長的舞臺，這是沒有限制的生命加法。

· 凡益之道，與時偕行：成長不能「濫」，要考慮「時」。

· 見善則遷，有過則改：這是益卦對個人的啟發，生命成長是最大的益。

爻辭經傳註釋

初九，利用為大作，元吉，无咎。

《象》曰：元吉无咎，下不厚事也。

· 初階就大動作，必須格局也大，才沒問題。
· 益卦初爻跟別的卦不太一樣。
· 厚事：負起大責任。

六二，或益之，十朋之龜，弗克違，永貞吉。王用享于帝，
吉。

《象》曰：或益之，自外來也。

· 生命成長、內在工作才是人生真正的加法。
　　或許面對大迷信的迷惑或大財富的誘惑，也不會違背我的本心，成長之道才
　是一直的主題。像王者擁抱天地的美好。
· 十朋之龜：1.指大財富。2.大的靈物。
· 王用享于帝：王者享用的是上天的真理盛宴。

六三，益之用凶事，无咎。有孚中行，告公用圭。

《象》曰：益用凶事，固有之也。

· 成熟是可以使用武力的。
　但成熟的標準是：1.誠信，2.中行，3.公開。
· 圭：一種玉器，祭祀用，或用作測日影的計時工具。
　有公告天下的含義。如：奉為圭臬。

六四，中行告公，從，利用為依遷國。

《象》曰：告公從，以益志也。

- 從益德進一步落實為益民的力量。
- 從心靈出發，公告天下，百姓風從，可以依據地形遷都了。
- 依：1.依據地形。2.金文就是「殷」，殷商一再遷都。

九五，有孚惠心，勿問。元吉，有孚惠我德。

《象》曰：有孚惠心，勿問之矣；惠我德，大得志也。

- 誠信是最成熟的增益，對心對德（本體與經驗），都是。
　因為對自己真誠才能面對自己真正的問題。

上九，莫益之，或擊之。立心勿恆。凶。

《象》曰：莫益之，偏辭也；或擊之，自外來也。

- 益之極僵化，成熟墜落成慣性，乾脆擊破它。
　　　一個很深的觀念：好的東西，時間久了，落掉覺知，就變石頭。
　　　最後連成長都要放下。佛家用了一個很好的比喻：舟筏。
　　　不要再增益了，或者乾脆擊破它，不要期望有事情是永遠不變的。僵化是凶
　道。

小結

　　卦辭：大動作，大氣象。
　　初爻：負起大責任
　　二爻：內在工作才是人生真正的加法。
　　三爻：成熟是可以使用武力的。

四爻：國家改革的大動作。

五爻：誠信是最成熟的加法。

上爻：擊破成熟。

益卦語錄

➤真正的尊貴在內在與成熟，不在身段與姿態。

➤日進其德，沒完沒了。成熟是沒有界線的。

➤天施地生，其益无方：老天爺給你天道的寶庫，人間世給你成長
　的舞臺，這是沒有限制的生命加法。

➤生命成長、內在工作才是人生真正的加法。

➤一個很深的觀念：好的東西，時間久了，落掉覺知，就變石頭。

➤誠實是拯救靈魂的唯一靈藥，
　僵化是必然會遇著的深刻學習。

第十四組：咸恆損益

德業文明的感動與理想、減法與加法——有孚惠心，有孚惠我德

咸：感動、感性、相戀	感動是很快的， 但必須回歸成長。	雜卦：咸，速也。
恆：理想、理性、成婚	恆常不是死守不變， 恆常應該是動態的氣氛。	雜卦：恆，久也。 序卦：恆者，久也。
損：減損	減損欲望，反而顯出誠信與本質。	雜卦：損益，盛衰之 始也。
益：增益	誠信是最大的增益， 對心對德，皆然。	雜卦：損益，盛衰之 始也。

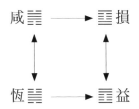

↕ 綜：發展／對反　　咸與恆：必須有真正的感動（興於詩），才
　　　　　　　　　　　　　　有恆久的理想（立於禮）。
　　　　　　　　　　　　　　感知是快速的能量，認知是緩慢的
　　　　　　　　　　　　　　沉澱。
　　　　　　　　　　　　損與益：損極必益，這是天之道。
　　　　　　　　　　　　　　在繁華的社會減損，在樸素的社會
　　　　　　　　　　　　　　增益。

➤錯：發展　　　咸與損：感動是好的開始，但不能一直感動，必須
　　　　　　　　　　　停止，懂得損道，才「正」！
　　　　　　　　恆與益：有恆久的理想與理性，不是混日子、殺時
　　　　　　　　　　　間，才有真正的增益。

德業文明的感動與理想

感動與理想，減損與增益，都是對反而互動的，動態又綜錯。

對德業與文明的建立，都是互補的因素。

附文一
感動與虛空

　　《易經》六十四卦的咸卦是一個談感性、感情、感動、感知、感應的卦。卦名取得很有意思，從卦名的解釋，就可以解讀出感情這件事的兩點意義。

先說「咸」

　　首先，咸字是都、皆的意思。陶淵明的〈桃花源記〉：「村中聞有此人，咸來問訊。」「咸來問訊」就是「都」跑來打聽消息。王羲之的〈蘭亭集序〉也說：「群賢畢至，少長咸集。」「少長咸集」就是年輕的年長的賢者「都」跑來參加文集了。另外，一個另類的說法，咸是無心的感，無心無求才是真感！
　　所以，整理卦名的深意，有兩點：
1. 「都」有感覺與觸動才是真感情，交感互動才是真正的情感，感情一定是雙向的，單向的感情只能算是單戀。
2. 就是無心無為、無求無待的內在狀態，才可能出現無私的感情啊！也就是筆者常說的愛之定義：愛就是情不自禁卻沒有要求的對你好。

再說「仁」

　　對「咸」的第一個解釋讓筆者想到「仁」字的深意。
　　《說文解字》對仁的解釋是：「親也。从人二。」所以仁就是兩人之

間互動的親切感啊！仁是《論語》裡最高的字——核心觀念，這個中國文化中的最高觀念之一的意義，就只不過是兩個人之間的親密互動！從這裡可以清楚看到中國文化是人間道或人間途徑。

事實上，人間所有的關係說到底都是兩個人之間的關係，只要真誠用心，面對每一趟人間關係的學習，這裡面就有天理、有人道、有陽光、有陰影、有勇氣、有深思、有行動、有學問……每一個人間關係，就是一個圓滿太極！由此可見中國文化談真理、談修行，並不從高深的學問與理論入手，而是論咸說仁，從具體的人間關係與真情實意入手，從人道見天心。

最後說「以虛受人」

咸仁相感，但如何能夠做到呢？如何能做到生命的交感與學習呢？也就是「感」的前提是什麼？揭曉答案：「感」的前提是「虛」！所以下面就要說「以虛受人」。

咸卦〈象傳〉說：「君子以虛受人。」這句古人的話好生厲害！這是觀察、聆聽、學習、溝通之道，而虛，正是道家功夫。一個易行者要學習放下所有定見、成見、身段與立場，試著站在對方的位置設想，所謂交換主體性，從對方的立場與狀態去感受對方的言語與行為，這就是以虛受人的智慧。

將內在的品德觀想成一個中空的容器，器虛物注，不要用才氣凌駕他人，盛氣也不能凌人，然後就會看到每個人內在賢能的部分，別人也會感受到你的「虛」，感受到你的不具威脅，感受到你自然散發的內在寬闊，於是就將最珍貴的生命能量倒在你的「心器」之中。是的，「虛」是「感」的先決條件，先將水倒掉，心靈的杯子才能繼續裝水。互飲對方的心靈之杯，即是上文所談的咸，與仁了。

所以這篇文章就是分享感的功夫，與虛的智慧。

以虛受人，虛能交感。

感是儒者的愛，虛是道家修為。

後記

下面一段話，可以將自己與任何人的名字代入，會很有臨場感，臨場練習以虛受人，器虛物注：

如果自己心裡太鄭錠堅，就會看不見、聽不到真正的朱阿坤。

因為心裡裝著太多鄭錠堅了，所以看見、聽到的朱阿坤，其實都是鄭錠堅！

一個滿溢著自我的心，看到的、聽到的都是自己。

全世界都是自己！

根本沒有別人！

人常常只挑自己想看的看、自己想聽的聽。

事實上，我們從未看到過真實的世界，聽見過他者的心聲！

所以，只有把鄭錠堅虛掉、丟掉，才會看見、聽到真正的朱阿坤啊！

原來，自我是聆聽、溝通、學習、觀察的最大障礙！

《易傳》說：「君子以虛受人。」

原來，一個君子，就是一個能夠放空自己、虛掉自己，真正看得見、聽得到、接受他人的人。

附文二
慢文化、理性與德性

「慢文化」的外在與內在

咸卦談感性，恆卦就談理性了。

恆卦談理性面面觀，談得很智性、很精微——理性不能是孤立的存在，發自心靈經驗的理性是恰當的，成熟的理性必然是靈活的。其實，理性背後的主人是……恆卦內容有談到理性背後更深刻的東西……

事實上，咸與恆不只是談感性與理性的二卦，還是六十四卦的快卦與慢卦，整理如下：

咸：感知、心文化、快文化、〈雜卦傳〉說「咸，速也。」
恆：認知、腦文化、慢文化、〈雜卦傳〉說「恆，久也。」

所以恆卦的關鍵字其實就是「久」，久有「慢＋堅持」的意義，我稱之為慢文化。是的，人生有些事兒是很快的，譬如：決斷、靈感、熱情……但人生也有些事兒是需要慢慢做的，譬如：學問、技藝、功力……而在所有「慢東西」中，其中有兩個是最核心的，一外一內，正是恆卦所談的兩個主題，這兩個慢東西都需要長長久久的訓練與涵養，而他們就是：

慢文化的外在意義：理性，
慢文化的內在意義：德性！

　　德性與理性頗有相互依存的關連，當然，德性才是主人。缺乏德性的理性會是傷人的利器，含藏德性的理性才是成熟的理性。

關於慢文化的一句好話！

　　「久於其道」！這句話真好！

　　這是恆卦〈彖傳〉裡所說的：「聖人久於其道而天下化成。」久於其道的意思就是長長久久的讓自己「泡」在道之中。《論語》裡所謂「善人為邦百年亦可以勝殘去殺」──一直有好人當政，花個一百年，就可以將一個國家轉變成一個善良的國家。咦？一百年？咱們中華民國一○八歲，今天臺灣的人民水平，是不是有印證到古人的洞見。所以道要常常有好的人去做，好事情不能斷，不管是個人或群體，勿以善小而不為，好事常做，久於其道，仁精義熟，王氣斷續，法脈傳統，才不會斷掉。

　　忍不住再說一次：這句話真好！對品德、技藝、學問、專業……的砥礪，莫不如此，細火慢熬，久於其道──火候、功力、高度、成熟，就出現了。

理性的災難與本質

　　講回慢文化的理性。整個恆卦傾向談論理性危險與災難的一面，但恆卦沒有論及理性的本質，也就是理性的第一義。

　　傳統說法，恆卦是六爻皆凶的一卦，多有提及理性的負面問題，譬如：太高深的理性缺乏溫度，太孤立的理性見樹不見林，太固執的理性容易變成泛科學主義或泛知識主義……而且，只有咱們人類會製造理性的災難。不是嗎？彭彭丁滿不會製造核彈、小鹿斑比不會污染環境、獅子王也不會發明出共產主義或資本主義……怪不得《駭客任務》的電腦人說：

「人類是地球之癌。」關鍵原因在人類這個物種與地球上的其他物種有一項最主要的差別，就是只有人類這種生命形式擁有其他物種所沒有的，理性！

理性的失控即會墜落成妄念、頭腦作用或知識爆炸，小及個人，大至文明，這幾乎就是生命痛苦與煩惱的唯一原因。但理性本來的作用並不是為了製造痛苦的啊？！那老天為什麼要獨獨給人類安排理性的頭腦呢？

事實上，理性的本質是一種分析能力，一種思考能力，一種看清楚事情的能力。也就是說，理性是一種「看見」的天賦。那老天爺最開始要讓人類看見什麼呢？老天要咱們看見祂自己啊！天道要人看見祂如何運作啊！老天爺安排了一種生命形式完完全全的看見祂、呼應祂、覺知祂！所以──

理性的本質作用是：看見天道，見證天道。
理性的扭曲作用是：製造災難，生產危險。

理性本來是美好的天禮物，理性也可以是嚴重的災難源，可上可下，理性真是幽微的存在。

德性的缺席與荒涼

理性會危險，德性會缺席。

前文就提過，德性才是慢文化的真正主題，德性的缺席，很可能就是理性氾濫成災的真正原因。恆卦九三爻說：「不恆其德，或承之羞，貞吝。」──對德性、品格、原則不能堅持，即便上位了也是丟臉，生命成長的力道變弱了。很明顯的，這一爻是在講「恆德」的重要，相反的，德性缺席，就會出現有位無德的虛偽了。〈象傳〉進一步補充得好：「无所

容也。」——心被「位」塞滿了，就容不下、裝不進別人、異見與真理。

　　這就是筆者常常講的「天空的教育」。所謂天空的教育就是價值觀的教育、道德的教育、理想的教育、生命志向的教育，或者說，天命的教育。每個人都有獨屬於自己的天命，這是一場壯大的夢！在心夢的天空中，去尋覓那隻獨屬於自己的「心靈小怪獸」，找到他，疼著他，慢慢養大他，漸漸的，他就會茁壯成一股內在的強大。因為是自己親自參與了這個好不容易的成長過程，所以當然有感情，會珍視，就不會輕易為其他東西所取代。這個心靈天空小怪獸的卦象，《易經》師卦就叫「田有禽」——心靈的土地中（田）養育著一隻潛力強大的小怪獸（禽）。差別在師卦用的「象」是心靈的土地，筆者卻想像成心靈的天空。至於這個禽，就是強大、兇猛又有點危險的生命目標的意思。

　　接下來的論述就好理解了。如果缺乏天空的教育，那一個人的胸臆之間是空的，一個缺乏價值追求與內在德性的胸懷，通常最容易趁虛而入的，就是錢了！這解釋了為什麼許多檯面人物一當上了官，為了利益，就毫不猶豫的拋棄累積半生的專業清譽，就是因為這樣的一個人一直只有嚴格的專業訓練，但他所欠缺的，就是天空教育與怪獸養成的過程。

　　傳統社會的天空教育是受整個環境保護的，就是指風俗純厚的「境教」。但西方知識教育進來之後，傳統境教的一套就沒有了，而恆卦形容這樣一個長期欠缺德與理想的社會，就是「田无禽」——沒有內在德性的社會，一片荒涼，找不到生命目標，其實就是比喻一個心靈的廢墟與荒漠吧。

成熟的德性，才有靈活的理性

　　相對的，不管個人還是社會，長期的淬煉會造就德性的成熟，而唯有成熟的德性，才會出現靈活的理性。恆卦六五爻就說：「恆其德貞，婦人

吉，君子凶。」這一爻就是在講死守原則的不對。人間行道，要懂得直道曲成，要懂得適當與權變，要懂得照顧整體，不固執自己的方式，不固執自己認為的正確。恆極要能權，常極要能變。

回到最初的論述，理性、原則都只是工具，如果堅持原則反會造成意想不到的傷害，那這樣的原則既不是真正的理性，也不是成熟的德性了。造成傷害的原則頂多是弱能低效的理性或氣量狹小的理性罷了。

本文摘要

1. 理性不能是孤立的存在，發自心靈經驗的理性是恰當的，成熟的理性必然是靈活的。其實，理性背後的主人是……理性的背後有更深刻的東西……

2. 在所有「慢東西」中，其中有兩個是最核心的，一外一內，這兩個慢東西都需要長長久久的訓練與涵養，而他們就是：理性與德性。

3. 德性是理性的主人：缺乏德性的理性會是傷人的利器，含藏德性的理性才是成熟的理性。

4. 久於其道，就是長長久久的讓自己「泡」在道之中。對品德、技藝、學問、專業……的砥礪，莫不如此。細火慢熬，久於其道——火候、功力、高度、成熟，就出現了。

5. 理性的本質作用是：看見天道，見證天道。

理性的扭曲作用是：製造災難，生產危險。

理性本來是美好的天禮物，理性也可以是嚴重的災難源，可上可下，理性真是幽微的存在。

6. 不固執自己的方式，不固執自己認為的正確。

養成成熟的德性，才會出現靈活的理性。

附文三
生命減法

　　全世界的真理傳統中，大概只有道家這個途徑，全然又單純的談論無、無為、歸零運動、生命中的減法。老莊用全部的生命力氣只談一個字：無！道家用「無」保證了世界。有一個有意思的說法：儒、道二家不只不是衝突，還是互補的真理途徑。道家是儒家的補論，儒家討論人間道路的 1-100，老子說：你們說得很好，但有一個數字與功夫沒有談，就是0。這是中國文化石破天驚的句點，以零為句點，老子補足了中國文化的空無思想、歸零運動，道家完成了獨屬於咱們這個文化傳統的生命減法。但，老子莊子只是完成，不是首出，第一個正式提出生命減法哲學，以及道家思想源頭的，可能就在這裡：《易經》損卦。

　　談生命減法的損卦卻談得很有力道，很精采。談減法嘛，就不要太囉嗦了，以下單單純純的將筆者閱讀損卦的心得，整理成下列的短句：

　　在繁華繽紛的世界中損，在樸素沉靜的生活裡益。

　　人生的減法是可以讓生命成熟的。

　　丟下一身不必要的沉重，可以踏上人生征途了。

　　形式超過真誠就是虛偽，減損形式就是為了保存真誠。

　　減損掉層次比較低的東西，層次比較高的內容就會現身，生命道路反而向上竄升。

盈就損，虛則益。

損益的運用要靠掌握生命的節奏，掌握生命的節奏要靠覺知。

生命減法有兩個啟動的條件：

時與覺：時機與覺察。

什麼的時機呢？──心亂、煩惱出現的時機。然後敏感的覺察到自我內在的心亂、煩惱。減法的念頭就自然開始啟動了。

《易經》稱為終則有始或已事遄往的行動智慧：

一件工作一做完，趁著那股未衰竭的能量、春意、生氣接著做下一件工作。不用擔心衝太過，老天爺會幫忙喊停放慢。

損掉依賴，回到生命主體。面對孤獨，才能成長。

《蘇菲之路》談減法談得準確：「人固然需要增添，也同樣需要剷除。教誨也可以由剷除那些讓人耳聾目盲的東西來實現。」

同樣是《蘇菲之路》，談「本質」：「蘇菲就是剝去外殼的真理。」

《老子》四十八章談生命減法談得最完整：「為學日益，為道日損。損之又損，以至於無為。無為而無不為。」

《老子》七十七章：「天之道，損有餘而補不足。人之道，損不足以奉有餘。有道者之道，有餘以奉天下。」

七十七章談三種減法：自然的減法，有錢人的減法，有道者的減法。後兩種就是損人利己與損己利人的差別。

奧修也說：「生活中煩惱的原因就是人要在一天之中做太多的事。」

附文四
生命加法的幾個面相

一體

首先談一體性。

加與減是一體的。六十四卦的損、益二卦就是減法卦與加法卦。

損卦是道家思想可能的源頭，益卦是儒家思想可能的源頭。損，就是生命成長的減法途徑，益，就是生命成長的加法途徑。好玩的是，談生命減法的損卦談到最後的上爻是最大的加法——「得臣无家」，得到一群好幫手，發憤忘食的為國家人民做事，沒日沒夜，做到有家不回，這不就是最大的加法嗎？外王工作，承擔天下！至於談生命加法的益卦談到最後的上爻卻是最大的減法——「莫益之，或擊之，內心勿恆」，不要再做加法了，或者乾脆擊破它吧，不要期望人間的事情是永恆不變的。這不是減法的意味嗎？為什麼說是最大的減法呢？到底要減掉什麼呢？容筆者賣個關子，在文末再揭曉答案。

總之，加減儒道損益是一體連動的。合起來看，才是中國文化的全相。

在中國文化傳統，儒家思想的加法真的是浩瀚壯闊的正能量！益卦的〈象傳〉說得好：「天施地生，其益无方！」——老天爺給你天道的寶庫（天施），人間世提供成長的舞臺（地生），前者是天道的學習，後者是德性的成長，這是沒有限制的生命成長與人間加法啊！真讚！

不只如此，談加法的益卦談到卦尾卻談了一個最透徹的加法與最深刻的減法，所以下文就是整理益卦內容的加中之加與加中之減。

加中之加

益卦的好戲，在後頭。

最大的加法與最大的減法在最後兩爻，九五爻談加法，一個透徹的加法，上九爻談減法，一個深邃的減法。

益卦的九五說：「有孚惠心，勿問，元吉。有孚惠我德。」這一句話的關鍵字，當然就是「孚」，孚就是準確、誠信、誠實的含義。是的，誠實就是最透徹的加法，一種穿透到生命核心的力量，會產生最大的生命增值，誠實！

誠實可以嘉惠心與德、本體與經驗、心性與德性、內在與外在。因為只有對自己徹徹底底的誠實才能還原真真實實的本心啊！只有誠實，才能面對赤裸裸的真我。而且「勿問」。為什麼呢？為什麼不能問呢？因為是不是真的對自己誠實只有自己才真正知道啊！這是如人飲水冷暖自知的事兒，你問我又有什麼用，我可以騙你呀！唯一無法騙的人，就只有自己。至少，欺騙自己是難度很高的動作。也就是說，有沒有誠實不是討論的事兒，不是語言知識的事兒，更不是學術理論的事兒，誠實，就只是自己的心面對自己的心的事兒。這就是「勿問」的真正意涵。

誠實不只還原本心，還可以幫助生命的成長啊！惠我德，那就要老老實實面對自己真正的問題了。當我們很誠實的正視自己的生命陰影、好朋友、內在地雷，進一步很誠實的承認自己的生命陰影、好朋友、內在地雷會讓自己煩惱、痛苦、不自由，那我們就真的會將內在的工作放在心上，想方設法去面對、處理、治療無法騙過自己的煩惱、痛苦、不自由，這樣的過程就是所謂的修行或工作自己，自然而然的就會浮現生命的成長與成熟了。這就是，有孚惠我德。

誠實是拯救自己的唯一靈藥。

誠實是生命壯大的活水源頭。

加中之減

　　談論生命加法的益卦談到最後一爻卻是一個最深刻的減法！原文說：「莫益之，或擊之。立心勿恆。凶。」不要再盲目的增益了，或者乾脆擊破盲目的追求成長吧，不要期望人間情事是永遠不變的。僵化是凶道啊！所以上九爻要減的，就是要減掉「僵化」！僵化是所有人間好事必然會碰到的功課。

　　成長會僵化，成熟變慣性，慣性的成熟就不是成熟了，當成熟墜落成盲目，乾脆擊破它吧！這裡有一個很深的觀念：「好事情，不能回頭，一回頭，就變石頭。」好的東西，時間久了，落掉覺知，就變石頭。就像《聖經》的天火焚城記，上帝告訴義人羅得：告訴你的族人絕不要回頭看這兩座罪惡之城！我將要降天火焚毀它！結果羅得家族中兩個女的忍不住回頭一看，立馬變成鹽柱！這個《聖經》故事的深層意義就是要告訴我們：絕不要回顧任何過去的生命經驗，不管是痛苦的經驗尤其是美好的經驗，一回顧，一眷戀，稍有執著，就開始進入「僵化」狀態！

　　事實上，所謂好事，只能發生在當下啊！好事永遠只能發生在當下，發生在當下的，才叫好事。譬如，一場真誠的對話，一個全然的擁抱，一場愛戀，一個全然投入的行動，一場君子之爭，一趟全然放開的旅行，一次不問得失的禪坐，好好講一席話，好好聽一堂課，一個接吻，一個凝望，一場跳舞、一個花開的時刻……只有當下才會有真正的美好「發生」，而種種回憶、紀錄、照片、錄影、筆記、繪畫……都只是好事發生的屍體，其實已經是死亡氣息了。一離開當下，就不是好事，只能是好事的僵化，頂多是紀念而已。是的，美好的「發生」，過而不留，再美好，都要過去，甚至最後連成長都要放下，佛家就用了一個很好的比喻：舟筏。到達真理的彼岸，把渡船忘記吧，它曾經很重要，但已經跟你無關了，留給後來者用，你已經自由，進入一個一個的發生，同時忘掉一個一

個已然過去的發生……

筆者發現這樣的一個生命公式：

Step 1：看見老朋友、生命地雷、痛苦陰影……→

Step 2：無為的正法——delete、鍵出、取消、治療、蒸發……→

Step 3：美好經驗「發生」，在當下，但……→

Step 4：時間久了，必然會遇見「僵化」……

這個生命公式的簡化，也就是：

壞事→無為→好事→僵化

壞事未必不好，好事不會一直好下去，好與壞的界線只在有否「回去」，回去的旅途叫「無」或「無為」，回去的地方就叫「覺知」。所以呀——

誠實是拯救靈魂的唯一靈藥。

僵化是必然會遇著的深刻學習。

第十五章
家人睽蹇解

家人：六十四卦的和諧卦

　　媽媽永遠是一個家的主題，而成熟的媽媽就是一個成熟的家的主題。家人卦內容由小到大，從防患未然、到美好的食物、家中規矩、精神生活、家的「地雷」、從家道推到天下……最後回到身教，不管怎麼說，「做」好榜樣，永遠是一個家的王道。

☲☴ 離下巽上

家人，利女貞。

《彖》曰：家人，女正位乎內，男正位乎外，男女正，天地之大義也。
　　　　家人有嚴君焉，父母之謂也。父父，子子，兄兄，弟弟，夫
　　　　夫，婦婦，而家道正。正家而天下定矣。

《象》曰：風自火出，家人。君子以言有物，而行有恆。

《雜卦》曰：家人，內也。

相關資料

　　主題：治家，家道，齊家，正家，和諧之道。
　　　　孔穎達：「明家內之道，正一家之人，故謂之家人。」

◉ **卦象**：風自火出——火指一個家的內在溫度，風指一個家的對外影響。

火的點燃會生風，風又會讓火勢變大，孔穎達說：「內外相成，有似家人之義。」

一個充滿愛的家會是一座發電站，而發電站的功率愈強會愈讓人注意到內部結構的穩定安全——也是內聖外王的相互發明。

◉ **卦性**：內明外順——內明則外順，家的重要，家是力量的泉源。

主婦明，外事順。媽媽的重要。

卦辭經文註釋

◉ 家人之道，重點在女主人的正（成長、成熟）。

主婦是一家的靈魂。主婦的成熟與否，是家道的關鍵。

卦辭傳文註釋

· 女正位乎內，男正位乎外：男女是指心靈的性別，分別內外不是小事情。

· 父父，子子，兄兄，弟弟，夫夫，婦婦：鎮華老師說——父親像個父親的樣子，兒子像個兒子的樣子，哥哥像個哥哥的樣子，弟弟像個弟弟的樣子，丈夫像個丈夫的樣子，妻子像個妻子的樣子。

《易經》不說怎麼像，不能硬性規定，有很多情況。

· 正家而天下定：把一個家的成長經驗推到天下。

· 風自火出，家人，君子以言有物，而行有恆：

從風自火出，即了解由內而外的道路，身正則家道正，家道正則人生正。

一個人的成長會讓一個家成長，一個家成長會讓一整個人生成長。

　　　講話有根據（言有物），行為能堅持（行有恆）。

　　　講話像離卦（有熱力），行為像巽卦（有定向）。

爻辭經傳註釋

初九，閑有家，悔亡。

《象》曰：閑有家，志未變也。

· 家有防備，後悔消失。

　　鎮華老師說這爻反而有坤的味道——物質性、理性、謹慎。

· 閑：兩扇門中的木頭，用以關門，門柵。

　　一個家要有防備——1.物質上，煤氣、水電……要關緊。2.習慣上，好的習慣要逐漸培養，壞的習慣要防微杜漸。

· 志未變：這是一個提醒——重視感情的家，不要忘記最初的志向。

六二，无攸遂，在中饋，貞吉。

《象》曰：六二之吉，順以巽也。

· 沒有自己的成就，專志持中理家，這就是媽媽的偉大。

· 遂：成也，成就。

· 饋：酒食。中饋：家中的供養。

· 愛是一個家的靈魂，食物是一個家的節慶。

九三，家人嗃嗃，悔厲，吉。婦子嘻嘻，終吝。

《象》曰：家人嗃嗃，未失也。婦子嘻嘻，失家節也。

· 一個家，規矩太嚴有得救，終日嬉鬧會很慘。

　　家人規矩嚴整，只要能後悔太過嚴厲，還可以吉；若婦子之間避正就易，只

知終日嘻笑，沒有規矩與成長，終將束手無策，難以收拾。

過慢比過嚴嚴重。

・嗃嗃：嚴整貌。嘻嘻：笑聲。

・王弼：「行與其慢，寧過乎恭；家與其瀆，寧過乎嚴。」

六四，富家，大吉。

《象》曰：富家大吉，順在位也。

・精神與物質均富。

　　一個豐富的家，衣食日用齊備（物質充裕），精神生活豐富（愛的用心），才會大吉（富家會出大才）。

　　鎮華老師說家裡準備好多好地雷，用很「家」的東西表達。如：冰箱一定有好東西、做菜、好茶……

九五，王假有家，勿恤，吉。

《象》曰：王假有家，交相愛也。

・將家道推到天下。從齊家到治國。

　　一個王者治國有家的味道，就不用擔心政治的可怕。

・假：音訓格→正→治。

　　不是家天下，是治理天下有一家人的感覺。

・勿恤：親如家人，不用擔心伴君如伴虎。

・交相愛：為政者與人民的愛的關係。

上九，有孚威如，終吉。

《象》曰：威如之吉，反身之謂也。

・身教的誠信與威儀。

・內有誠信，外顯威儀，以此治家，長久的吉。

・有孚威如：誠於中形於外。

　　《中庸》：「禮儀三百，威儀三千，待其人而後行。」——第一句講理性行動的精細，第二句講磁性中心的複雜。但都是「身教」。

　　佛也有三十二相、八十種好。

　　基督宗教的神也有不同「工作」——耶和華創建律法時代、耶穌代表恩典時代、彌賽亞象徵終極時代。

・終吉：長久的好下去。善終流芳。

・反身之謂也：好好做人，返身修德，自我要求，不用說的。說也沒有用，身教最重要。

　　《孟子》：「身不行，道不行於妻子。」

小結：家道六原則

　　家道的物質性原則——防患（物質、規矩）

　　家道的核心性原則——母親（愛與食物）

　　家道的生活性原則——規矩（規矩要嚴正）

　　家道的均衡性原則——富家（精神、物質）

　　家道的外王性原則——天下（齊家、治國）

　　家道的終極性原則——身教（回到自己）

家人卦語錄

➤媽媽是家的靈魂。成熟的媽媽是一個成熟的家的靈魂。

➤一個人的成長會讓一個家成長，一個家成長會讓一整個人生成長。

➤愛是一個家的靈魂，食物是一個家的節慶。

➤媽媽是一個家的靈魂，爸爸是一個家的行動。

　媽媽維護好愛的基地，爸爸建立起愛的供電廠。

　教室的主題是成長，家庭的主題是愛。

　但實現兩者主題的最好方法，同樣是：身教。

睽：六十四卦的分裂卦

　　睽卦是一個大與小的界線很模糊的卦，小裡藏大，大中見小。

　　睽卦是一個很大的卦，因為在孤苦的世代要火中取栗，雨中獨行，沒有大修養、大胸襟，如何辦得到。

　　睽卦也是一個很小的卦，時代那麼離亂，學習、成熟、修身、養性才是正途，想要有大作為，想當然是不容易的。

　　當然學習成熟，也是一件大事。

　　所以在睽卦六爻中，處處看到大小正負相互穿透的二義性，睽卦六爻，際遇都不好，但處處有生路，著著表現出艱難中的正能量。這不正是在人生分裂的永夜裡將會重現久違的圓融曙光，悲辛的海洋中行將看見升起的覺性明月，的最佳寫照嗎？

　　讀完睽卦，頓覺人生沒什麼好怕的了！這個卦就是在講艱難中的正能量，敗招中的絕學。

䷥ 兌下離上

睽，小事吉。

《彖》曰：睽，火動而上，澤動而下，二女同居，其志不同。行說而麗
　　　　乎明，柔進而上行，得中而應乎剛，是以小事吉。天地睽而
　　　　其事同也，男女睽而其志通也，萬物睽而其事類也，睽之時
　　　　用大矣哉。

《象》曰：上火下澤，睽。君子以同而異。

《序卦》曰：睽者，乖也。

《雜卦》曰：睽，外也。

相關資料

　　主題：反目，違背，乖異，乖離，分裂之道。

　　　　睽之義──由反而正。懂得空虛才知道充實，懂得壞才盼望好，懂得分裂才要求和諧，懂得痛苦才需要達成。

　　　　睽卦氣度大！

◉ **卦象：**上火下澤──火上水下，水火相違，故睽。

◉ **卦性：**悅而明──光高興是不夠的，還要跟隨明的力量，才不會分裂。

◉《雜卦》說「外」，就是外在化！所以乖離、分裂。

卦辭經文註釋

◉ 心相違背，只能做好小事。

　　　　睽離的狀況，只有小事能吉。

　　　　要保守、低調、沉著、動作小些。

　　　　孔穎達：「睽者，乖異之名。物情乖異，不可大事。」

卦辭傳文註釋

・二女同居，其志不同：離為中女，兌為少女。女孩兒容易吵架。

・行說而麗乎明：行說，為了喜歡而行動。感情為出發點。

　　　　麗乎明，依附光明。

・柔進而上行：柔進，柔軟的接近──接近內在的陰性、脆弱的內心……

　　　　上行，真理的學習。

- 得中而應乎剛：呼應陽剛的心靈。

- 小事吉：畢竟是分裂狀態，只有小事能吉。

- 天地睽而其事同也，男女睽而其志通也，萬物睽而其事類也：《彖傳》
  口氣一轉，說出人生最大的學習是「違背」與「孤獨」。懂得重視、學
  習甚至利用不同，有機會得到更浩瀚壯闊的「同」。

  「異」是暫時性的，為了相合所以相異。不同之同是天地的大道。

  整體必然是多元的，甚至會複雜到矛盾。

  天地分離，物種多元，但同樣參與整體生態的運作。

  男女生命型態的差異也如天地懸隔，卻仍然無礙心志相通，共同經
  營情感與家道的成長。

  世間萬物豐富複雜但擁有相通的生命原則。

- 睽之時用大矣哉：懂得用睽的強大力量。運用相反力量的大動作。但還
  是要講究「時」。

- 君子以同而異：尊重多元。在真實的人生，同異是動態的。

　　同 ⟷ 異　　志同 ⟷ 路異　　心同 ⟷ 學異　　共性 ⟷ 個性
　　互通 ⟷ 互動　一致 ⟷ 互重　一元 ⟷ 多元　成熟 ⟷ 不隨俗

　　荀爽：「大歸雖同，小事當異。」

爻辭經傳註釋

初九，悔亡，喪馬勿逐，自復。見惡人，无咎。

《象》曰：見惡人，以辟咎也。

- 內在夠穩，自然不會高估時代的橫逆。
- 離散的時代，膽氣粗壯一點，馬丟了，會自行回來，看到惡人，也可以溝通的。
- 悔亡，不用後悔面對分裂的時代。
- 喪馬勿逐，自復：馬指陽剛的生命力。
  馬丟了，不用著急的找，「无平不陂，无往不復」，生命會自行調整。
- 見惡人，无咎：見惡人也不用怕，大膽一點，死不了的。惡人也可以溝通，不要放棄任何人的人性可能。
  讓惡人見到正人君子心裡也不會起疙瘩。這是大修養。

九二，遇主于巷，无咎。

《象》曰：遇主于巷，未失道也。

- 委屈的人生路，不起眼的小地方，遇見真人物。
  睽世，在小巷遇主，大德屈居小巷，偶然碰到了。
- 巷：不起眼的小地方。巷道，有所委曲的人生路。
- 遇：《春秋》的說法是「禮備曰會，禮不備曰遇。」

六三，見輿曳，其牛掣。其人天且劓。无初有終。

《象》曰：見輿曳，位不當也。无初有終，遇剛也。

- 雙重困難：前愆＋困境。
  無初有終——有前科，處境難，沒有美好的開始，還是有機會圓滿的結束。

車子陷住，拖不出來，牛又在前面亂拉。駕車者曾受重刑，沒有好的開始，卻可以有善的句點。

・曳：拖。掣：拉、牽制。天：鑿額。劓：削鼻。

・无初有終：這是一句當下哲學的具體行動。

　　不要管以前了，做好當下的「終極行動」。

九四，睽孤，遇元夫。交孚，厲无咎。

《象》曰：交孚无咎，志行也。

・在歪離的社會遇見大丈夫。

　　在社會上分裂孤獨，卻遇見大丈夫。彼此信任，處境雖然危險，但沒問題的。

・元就是壯大的品格。

　　孚就是準確的信任。

六五，悔亡，厥宗噬膚，往何咎。

《象》曰：厥宗噬膚，往有慶也。

・兄弟戮力打拼。

　　跟宗族的力量共同面對離散的時代。

　　《易經》很少談到血氣兄弟的感情。

・厥：其。宗：宗廟、同宗。

・噬膚：咬肉。可以一起大碗吃肉的親。

上九，睽孤，見豕負塗，載鬼一車。先張之弧，後說之弧，匪寇婚媾。往遇雨則吉。

《象》曰：遇雨之吉，群疑亡也。

・睽離孤獨太久，心無定見，疑神疑鬼，讓痛苦沖洗一下是好的。

　　睽離孤苦的時代，看到野豬在路上跑來跑去，又看到一車鬼？於是張弓想射，定神一看，發現不是真的鬼，就把弓放下了，因為不是要來搶婚的。這時，如果遇到雨沖醒一下，是好的。

· 鬼：說法很多——

　1.真鬼（疑神疑鬼）。2.鬼方。3.杜甫詩：「家家養烏鬼。」就是指豬。

　4.饋也，酒食的意思。

· 弧：弓弦。說：脫，放下，鬆開。

· 往遇雨則吉：被雨沖醒。痛苦的能量可以幫助覺知。

　自疑只能自醒自悟。

　　整個睽卦最後以「往遇雨則吉」結束，時代不好，鼓起勇氣奔赴人生下雨的日子就對了。我們不能決定時代與環境的好，但我們的心與行動，可以決定人生與當下的好。

小結

　　初爻：重起成熟，面對橫逆。（回復的力量）

　　二爻：委屈之中，遇見人物。（在野文化的力量）

　　三爻：沒有善始，可以善成。（勇氣的力量）

　　四爻：時代分裂，得遇丈夫。（生命導師的力量）

　　五爻：血性兄弟，共赴苦難。（熱血兄弟的力量）

　　上爻：自我懷疑，自我覺悟。（痛苦的力量）

睽卦語錄

➤懂得空虛才知道充實，懂得壞才盼望好，懂得分裂才要求和諧，懂得痛苦才需要達成。

➤人生最大的學習是「違背」與「孤獨」。

➤君子以同而異：了解自己與他人是一樣的，本質上，沒有一個人會比任何另外一個人好。但同時尊重他人與自己的不一樣。這，就是真正的成熟。

➤內在夠穩，自然不會高估人生的橫逆。
　放鬆與信任，原來是成熟的證人。

➤讓惡人見到正人君子心裡也不會起疙瘩。
　讓惡人見到成熟者即忘記自己是惡人。
　這就是大功夫。

➤有時候，在委屈的人生路上，會遇見大丈夫。

➤春秋：「禮備曰會，禮不備曰遇。」
　有備而來很莊嚴，但容易緊張，影響表現；不期而遇很珍貴、美麗，但無法促成。
　真正的成熟是有備而來之後的忘卻有備而來，如果自然不期而遇，心靈之矢就一箭命中了！

➤無初有終：人生沒有好的開始，但老天爺永遠留給你最後一個美好的機會。能不能把握，就看有否當下的戮力以赴了。無初有終，其實是《易經》的當下哲學。

➤時代不好，鼓起勇氣奔赴人生下雨的日子就對了。我們不能決定時代與環境的好，但我們的心與行動，可以決定人生與當下的好。

蹇：六十四卦的走不下去卦

談人生行路難的一個卦，反而是一直要我們回來的一個卦。那，回來指什麼意思呢？又要回到哪兒去呢？這就要弄懂《易經》「往來」的深層意義了。蹇卦的回來、回「家」意義深邃而豐富——回到內在、回到外在、回到儒家、回到道家、回到苦難、回到成熟……原來，一個走不下去的卦，是一趟深厚回家的旅程。

䷦ 艮下坎上

蹇，利西南，不利東北。利見大人，貞吉。

《彖》曰：蹇，難也，險在前也。見險而能止，知矣哉。蹇利西南，往
　　　　得中也；不利東北，其道窮也。利見大人，往有功也；當位
　　　　貞吉，以正邦也。蹇之時用大矣哉。

《象》曰：山上有水，蹇。君子以反身脩德。

《序卦》曰：蹇者，難也。

《雜卦》曰：蹇，難也。

相關資料

　　主題：處難，困難狀態中，人生行路難。

　⊙**卦象**：前水後山——前有險灘，後有山阻，蹇蹇難行。

　⊙**卦性**：止而險——望險卻步，難行也。

卦辭經文註釋

◉ 生命困頓、人生路難的時候，最好：回到生命基地＋遇見大德者。
　　人生路險時最需要的兩件事。
◉ 利西南，不利東北：西南，周的範圍；東北，商的地盤。
　　意思是回到生命最熟悉、最基礎、最有感覺、最方便的成長
　法門。
◉ 利見大人：最難行的人生，最需要成熟的老師。

卦辭傳文註釋

‧ 見險而能止，知矣哉：懂得停止，洞悉世情，是大智慧。
‧ 蹇之時用大矣哉：苦難是磨練一個偉大心靈的最佳時刻。
　　走不下去是很棒的經驗，不要閃躲，要應難而上。
‧ 君子以反身脩德：面對困難最好的策略是回到自己的內在工作。

爻辭經傳註釋

初六，往蹇來譽。

《象》曰：往蹇來譽，宜待也。

‧ 前往，會難行；回「家」，有肯定。
　　心靈的家，回到內在。
‧ 往來：要懂得《易經》往來的深層意義。
　往，走向外在；來，走向內在。
　往，走向人生；來，回歸心靈。

往，追尋人間的功業；來，返回心靈的成熟。

往，踏上人生征途；來，反身修德。

　　王船山：「出而行於天下曰往，退而自正曰來。」又是回到「正」。

・往蹇來譽：譽，肯定、滿足感。

・宜待：停一下，不要西瓜偎大邊，盲從人群。讓整個心停下來，會出現許多活路，有覺知的「待」不容易，這不是逃避，是熬與煉。

六二，王臣蹇蹇，匪躬之故。

《象》曰：王臣蹇蹇，終无尤也。

・努力＋無我，辛苦盡忠＋忘我任事──面對人生難行的時候。

　　這一爻不得了──兩個儒道「大」功夫。

・蹇蹇：辛苦盡忠。

・匪躬：沒有自我，忘我，不考慮自身利害。

・之故：之，往也。故，事也。之故，任事也。

・楊樹達《周易古義》引述《群書治要》點出「直言」的力量：

　　「故子從命者不得為孝，臣苟順者不得為忠。是以國之將興，貴在諫臣；家之將盛，貴在諫子。若托物以風喻，微生而不切，不切則不改，唯正諫直諫可以補缺也……易曰：王臣蹇蹇。傳曰：諤諤者昌。直諫者也。」

　　不拐彎抹角「有時候」是最快最有效的方法。

九三，往蹇來反。

《象》曰：往蹇來反，內喜之也。

・前往，會難行；徹徹底底回「家」，返回自己的心靈。

　　連「譽」都不用了──純粹的內在工作。

　　來，返的意義是一樣的。文言文叫正己，反身修德。

・內喜之也：內卦或內心。

六四，往蹇來連。

《象》曰：往蹇來連，當位實也。

・前往，會難行；回「家」，從心的力量連線多方勢力。
　　退而結眾，同心的朋友來結合、連線。

九五，大蹇朋來。

《象》曰：大蹇朋來，以中節也。

・大困頓來臨，反而大群眾來了。
・平時儲心在民，遇大事，就能發動群眾面對，甚至是自行來串連。
　　這一爻是講時機到了，一羣同道的自然聚合。
・朋：群也。
・中節：命中「時」的因素。

上六，往蹇來碩，吉，利見大人。

《象》曰：往蹇來碩，志在內也；利見大人，以從貴也。

・前往，會難行；回「家」，內在的強大出現，該有大人出世了。
　　苦難出大德，終有大人問世。
・碩：大也。內德的寬大。

小結

　　初爻：前往，會難行；回到內在工作的自我肯定。
　　二爻：努力＋無我。（最努力的一爻。）
　　三爻：前往，會難行；徹徹底底回到內在工作。
　　四爻：前往，會難行；回到心靈的連線。

五爻：心靈連線成大功。

上爻：前往，會難行；回到內在工作的成熟豐富。

蹇卦語錄

➤苦難是磨練一個偉大心靈的最佳時刻。

➤路走不下去可以是很棒的經驗。

➤「無待」是道家修養，「宜待」是儒家功夫。
　讓整個心停下來，有覺知的「待」，這不是逃避，是不容易的熬
　與煉。

➤不拐彎抹角通常是最快速、最有效的方法。

➤路難會讓生命強大。

解：六十四卦的解決問題卦

解卦沒問題就是六十四卦的「解決卦」──外在問題與內在問題的解決。卦的內容，主要在抓住那三隻狐狸，加上找到心靈神箭，更重要是進一步射下那隻最大隻的隼鳥！解決問題還是要擒賊先擒「王」的。至於其他配套像：回到生命基地、回到覺知的家、有目標的生命工作、大解放的氣勢、「無事」的修為、掙脫羈絆、得到民心……想方設法，全力奔赴，解決問題！

䷧ 坎下震上

解，利西南，无所往，其來復，吉。有攸往，夙吉。

《象》曰：解，險以動，動而免乎險，解。解，利西南，往得眾也；其
　　　　來復吉，乃得中也；有攸往夙吉，往有功也。天地解而雷雨
　　　　作，雷雨作而百果草木皆甲坼，解之時大矣哉。
《象》曰：雷雨作，解。君子以赦過宥罪。
《序卦》曰：解者，緩也。
《雜卦》曰：解，緩也。

相關資料

主題：解難，問題解決中。
　　舒緩其難謂解。《序卦》、《雜卦》皆說「緩」──回到內心的舒緩與寧謐。

休、息、止、緩、懈的含義。──需要解，是因為很久之前的鬆「懈」。

懈，稍稍滑失、閃躲。

◉**卦象：**雷雨作──解決問題的感覺像雷雨交加。

◉**卦性：**險以動──遇險要動手去解決。

卦辭經文註釋

◉解決生命的問題，最好回到生命基地，不用刻意在外有所作為，重要是回到內在的復元。如果能夠自覺的做，會更早的吉，更提前解決。

◉解決問題四方略：

1. 方便

首先回到生命基地。

回到最熟悉、方便、得到能量支援的地方。

2. 刀口

不要瞎跑。

力量用在刀口上。

3. 源頭

覺性的甦醒。

佛性、覺知還是一切的基礎。

4. 理性

有計畫的出發。

理性的作用。

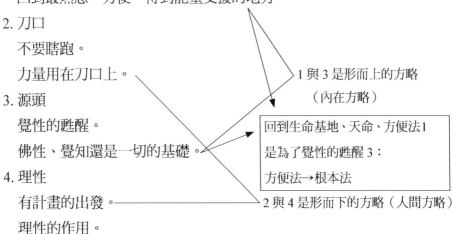

1 與 3 是形而上的方略
（內在方略）

回到生命基地、天命、方便法1
是為了覺性的甦醒3：
方便法→根本法

2 與 4 是形而下的方略（人間方略）

卦辭傳文註釋

· 天地解而雷雨作，雷雨作而百果草木皆甲坼：甲，植物的殼。坼，破裂。

　　生命力的崩發，要撐破限制。

　　解放是一種天賦的生命建制，自由是一份無法隱藏的力量。

· 解之時大矣哉：1.解決問題要等候時機。2.解放是大時代的降臨。如：

　臺灣解嚴，大陸開放……

· 君子以赦過宥罪：赦，釋放。過，無心。宥，寬減。罪，刻意。

　　在苦難中久了，懂得拒絕嚴苛，寬大的釋放、原諒他人。要有解的

　精神。

爻辭經傳註釋

初六，无咎。

《象》曰：剛柔之際，義无咎也。

· 自然年輕的生命是沒有煩惱的。

　　爽朗就是年輕。

　　解決問題的特點就是「沒事」。沒事，是沒邊沒障的心靈空間。

· 曾寫過一段「沒事文」：

　「沒事」是一種心靈狀態，用「沒事」去做事。

　《老子》五十七章說：「以無事取天下。」

　連取天下都可以無事，何況我們那一點芝麻綠豆雜七雜八的「事」。

　用無事做事，可以做好個事。

　愈當一回事，愈成不了事。

　事實上，只有「做」，沒有「事」。

天下本無事，不要當庸人。

記住！沒事。

九二，田獲三狐，得黃矢，貞吉。

《象》曰：九二貞吉，得中道也。

- 外在解釋：清君側＋得實權。

　　除刁惡，立中直。商鞅沒有除掉三狐，先要得黃矢，所以身死。

　　現代的「三狐」——生態危機、資本主義、心靈扭曲？

- 內在解釋：解決掉關鍵的地雷，就可以找到心靈的神箭了。
- 田：田獵。

　三：三指好幾個。

　狐：狐性刁惡，比喻負面的陰性能量。

　黃：中也。矢，箭，率直。

六三，負且乘，致寇至，貞吝。

《象》曰：負且乘，亦可醜也，自我致戎，又誰咎也。

- 解難後的鬆「懈」與墮落。

　　既得利益又坐車涼快，自己招來寇匪，成長的道路走到窮途了。

　　本來是一個很有使命感的人，現在發了，變得納涼、被搶、腐化。連當初的革命家都腐敗，整個社會的成長道路走不下去。

九四，解而拇，朋至斯孚。

《象》曰：解而拇，未當位也。

- 掙脫束縛＋建立信譽。
- 解而拇：解除大拇指切身的束縛與牽絆，可以放開腳步了。
- 朋至斯孚：朋友帶著信任而來。

朋至斯孚,到《論語》則變成了「有朋自遠方來,不亦樂乎?」

六五,君子維有解,吉,有孚于小人。

《象》曰:君子有解,小人退也。

- 海闊天空+廣得民心。
    更成熟的自我釋放。
- 君子維有解:一個成長者的束縛得到更大的掙脫。維,繫也。
- 有孚于小人:連一般人都開始有信任感。

上六,公用射隼于高墉之上,獲之,无不利。

《象》曰:公用射隼,以解悖也。

- 外在解釋:解決權力核心的首惡。
    大公在宮牆之上射隼鳥,命中,就萬事沒問題。
- 內在解釋:擒賊終擒王,打下生命內部最大隻的「老朋友」。
    終於清除內在最大的負能量。
- 公:三公。一般人打不掉,要公來打。因為接近權力核心。
  隼:猛禽。生命內在的主要敵人。
  高墉:宮牆。

小結

  初爻:解決問題的根本法:沒事。
  二爻:打掉三隻惡狐,找到心靈神箭。
  三爻:鬆「懈」與墮落。
  四爻:朋友來挺。
  五爻:廣得信任。
  上爻:打掉最大隻的心靈惡鳥。

解卦語錄

➤解放是一種天賦的生命建制，自由是一份無法隱藏的力量。

➤用無事做事，可以做好個事。

愈當一回事，愈成不了事。

事實上，只有「做」，沒有「事」。

天下本無事，不要當庸人。

➤解決掉關鍵的地雷，就可以找到心靈的神箭了。

第十五組：家人睽蹇解

生命的內化與外化──王假有家

家人：和諧	一個家的核心在女主人的正， 家道的終結在身教。	雜卦：家人，內也。
睽：分裂	懂得用睽道──志同路異，互相穿透。	雜卦：睽，外也。 序卦：睽者，乖也。
蹇：路險	人生行路難，兩件大事：修行與從師。	雜卦：蹇，難也。 序卦：蹇者，難也。
解：解難	解是抓住三隻狐狸＋一隻猛禽。	雜卦：解，緩也。 序卦：解者，緩也。

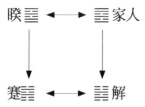

◆► 綜：對反

↓ 錯：發展

（這一組的綜錯跟別組剛好顛倒，比較雜亂。）

家人 ◆► 睽：家人內在的維護、和諧之道。

睽卦外在的災難、分裂之道。

蹇 ◆► 解：蹇，難中，難中卻壯闊。

解，解難，解難須內修。

（但從蹇到解也有發展性的關係。）

家人↓解：回到家裡比較舒緩，問題比較容易得到解決。

　睽↓蹇：人生一乖離就難行，生命一外在化就產生問題。

生命的內化與外化

從生命經驗出發，安頓好一個家，再把經驗推展到國，甚至解決天下的險難。

但生命如果外化，人生即開始乖離，蹇蹇難行。

如果發生外在化現象，必須回到內心再出發，才是根本的解決。

但內不能一直停留在內，由內而外，才是整體人生。

這四卦告訴我們一個消息：生命究竟在難中還是解難，關鍵就在「內外正乏」──反正為乏。

附文一
家道六原則

　　《易經》的家人卦就是六十四卦的和諧卦、家庭卦或媽媽卦，事實上，這個卦談論的是「家道」。六條爻辭就是家道的六項原則，整理其要義如下：

　　一、**家道的物質性原則**：家中有防備，後悔沒有了。
一個家的水電、瓦斯、鎖門、起居……種種物質性的事項要小心防患。

　　二、**家道的核心性原則**：媽媽的愛是一個家的靈魂，媽媽的食物是一個家的節慶。
家道的核心性原則就是沒有自己成就，卻專志持中理家的媽媽。

　　三、**家道的生活性原則**：規矩太嚴有得救，終日嬉鬧會很慘。
一個家要有好的規矩。

　　四、**家道的均衡性原則**：精神與物質的均衡，才稱為富家。
家人卦說「富家大吉」。

　　五、**家道的外王性原則**：將家道的經驗推擴到天下的經驗。
為政者與人民交相愛，官民間有家人的味道，就不用擔心政治的可怕了。

　　六、**家道的終極性原則**：身教是最高的家道，身教就是不言之教，身教就是自由的愛。為孩子，為學生，做好榜樣。
《易經》家道至高原則就是「身教」。當父母的好好做人，讓自己成熟，回到自己，返身修德，自我要求，不用說的，父母真實的人格熱力會打動孩子的心與志氣。

　　家道六原則分別就是物質性、核心性、生活性、均衡性、外王性、終極性原則。關鍵字分別就是防患、母親、規矩、均衡、天下、身教。

最後，下面一段話，也許正是閱讀家人卦最精要的心得吧：

媽媽是一個家的靈魂，爸爸是一個家的行動。

媽媽維護好愛的基地，爸爸建立起愛的供電廠。

教室的主題是成長，家庭的主題是愛。

但實現兩者主題的最好方法，同樣是：身教。

身教之中，「嚴厲」是最差的一種，「回到自己」是最好的一種。

回到自己，修行自己，工作自己，成長自己……

附文二
言之道——咸、艮與家人

這篇文章討論《易經》的言之道，言語哲學。也許，更精確的說，是討論《易經》的閉嘴哲學。

咸卦與艮卦談到「慎言」，到了家人卦，甚至提到「反言」。

嘴皮子運動的貧乏

咸卦上六的爻辭說：「咸其輔頰舌。」輔是嘴邊，頰指臉肉，舌即舌頭。咸卦就是六十四卦的感動卦，到了最後一爻，生命只剩下嘴巴的感動，就是嘴皮子運動啊！現在叫打嘴砲，廣東話叫「死淨把口」。這當然是諷刺之詞了——一個人終身欠缺真實感動的經驗，到老剩下一張嘴，剩下兩片嘴皮肌肉的蠕動，這當然是生命力的萎縮、感動的死亡了。

鎮華老師上課說這一爻：「無復心實。」講話不能只是講話，講話，最怕是與心靈經驗斷了線。

從言之道到心之道

關於言之道，艮卦說得更豐富。

艮卦六五爻說：「艮其輔，言有序，悔亡。」艮卦是六十四卦的停止卦，內容討論的自然就是停止哲學，而五爻又是君位——領導的位置，所以這一爻要說的就是：停下嘴巴（艮其輔）！在高位的，要懂得管好自己的嘴巴！講話要有理有序！

建安七子之一的徐幹在《中論・貴言篇》說了一個嚴重的連動關

係──一個人重視自己說出去的話，就是重視自己的人格；一個人重視自己的人格，就會自自然然重視自己的人生道路；一個人重視自己的人生道路，就會自自然然重視文化傳統。相反的，話亂講就失去人格的重量了，失去人格重量的人不會看重自己的人生道路，不看重自己人生的人又怎麼會重視文化傳統呢！瞧！這是多嚴重的人生連動啊，從好好說話開始吧！所謂亂之所由生，言語以為階。

言語要有序──面對不同的對象，什麼話該先說，什麼話該後說，什麼話該說，什麼話不該說，什麼話當輕說，什麼話當重說，什麼話得緩說，什麼話要直說。孔子說：「君子欲慎於言而敏於行。」行動當敏捷直接，說話得謹慎斟酌。

老子這句話也很有意思：「多言數窮，不如守中。」講話太多會途窮，不如守住心靈不歇的生機。將生命能量從嘴巴轉移到心靈，這是老學巧門──嘴巴笨了，心就活了。怪不得這一爻的《象傳》說：「艮其輔，以中正也。」──停下言語力，發展心之道。

從「言教」回歸「身教」

咸卦批判嘴巴層次感動的膚淺，艮卦說要停下嘴好發展心，家人卦則進一步提出「反言思想」──從「言教」回歸「身教」。

家人卦上九爻：「有孚威如，終吉。」這是在講身教的誠信與威儀。所謂內有誠信，外顯威儀，誠於中則形於外。不管親對子、師對生、上對下、友對友，身教都是最無言、溫厚、感人、自由、尊重主體性的生命教育。《象傳》補充得更清楚：「威如之吉，反身之謂也。」反身就是回到自己啊！回到自己，面對自己，了解自己，拯救自己，工作自己，戰鬥自己，開發自己！自我要求才是唯一、真正、重大的教育。說那麼多是沒有用的，我們只能回到自己、做好自己，然後自然散發出一種氣氛與能量，感動他人回到自己、做好自己。

這就是身教的唯一定義了，不用想太多，只需要：完成自己。

附文三
易道群馬──六卦五象

　　這篇文章談談《易經》裡的馬，談的因緣，是近日從《易經》馬德得到安慰。

　　基本上，《易經》的寫作手法就是「象」，通過種種動物、植物、器物、人體……的象去象徵與表達成熟之道與生命哲學。群象中，以動物的象居大宗，而其中關於「馬」的象，總共在六個卦出現過五次──所謂六卦五象，整理如下。

　　一、《易經》唯一「母馬」的象在坤卦。
坤卦母馬之德比喻人生需要長途行動的能力，公馬性烈，母馬性韌，生命成長的戰線是需要耐力的，所謂行地無疆。

　　二、賁卦用了「白馬」的象。
賁卦的白馬奔行如箭，象徵內淨外敏的心靈修為與行動功夫。

　　三、渙卦談渙散的局面，「公馬」的象了。
公馬象徵強大的生命力，奔赴困頓，遇難而上。馬寅初說：「做人做事做學問要知難而進，不要一遇挫折隨便低頭。」

　　四、大畜卦的馬象則是「良馬」。
修養自己的心要像良馬馳逐，能禦能從，進退有度，方稱良馬。
心不只要能快，更重要的是控制力。

　　五、睽卦與中孚卦的象都說「馬丟了」，什麼意思呢？
睽卦說「喪馬」，比喻喪失了陽剛的生命力，但重點是「勿逐」，不要急著找回來，不要急著追逐陽剛！任何生命的過程都有「七日來復」的自然節奏，愈急，愈不好。生命的昂與潛，總是需要一段歷程與歷練的。

　　這裡的「七日來復」與「喪馬勿逐」有觸動到筆者今年的狀況。今年是筆者的太歲年，同時碰到土星回歸，木土合冲，加上這幾年積勞，從年初開始就一直生病——暈眩、調控血壓與膽固醇、摔跤、腳底筋膜炎、免疫力降低造成皮膚過敏、失聲、咳嗽不止……哈哈，真是「訪友」不絕。當然，身、心疾病的意義就是告訴我們過去一段時間生存方式的不正確，所以疾病正是調整生活模式的訊號，但復卦的「七日來復」有給筆者帶來慰藉——任何爬坡與下坡的人生路都得經歷七、八個階段的自然節奏（今年上半年剛好轉換了七、八種小病了吧），復元，是需要時間的！加上睽卦的「喪馬勿逐」，更是讓筆者安度由病起復的自然而然，萬事萬物都有過程，心急干擾過程的行進並不見得是好事。對一向體力很好的自己來說，久病真的會消磨志氣，感謝《易經》「丟馬」的義理在背後的支援！

　　中孚卦也說人生有時會丟馬，沒有關係，不圓滿是人生的常態學習。

　　《易經》群馬之德包含了實踐力、在生命戰場長期作戰的能力、內淨外敏、強大的生命力、調控力與坦然面對生命自然漲落的修為。這個馬呀有公有母，可趨可退，能攻能藏，可陰可陽，在不同人生情境展示著不同姿態，惠我馬德！

附文四
往來蹇蹇──險路難，心路通

　　蹇卦是《易經》六十四卦的第三十九卦，這個卦的主題就是「人生行路難」，這不就是今天國家的處境嗎？先行解析一個《易經》多次出現的關鍵字與觀念，就是：「往來」。

　　原來，《易經》的往來不是普通的往來，《易經》的往來是有深層意義的。所謂往來，在《易經》，是指：

　　往，走向外在；來，走向內在。
　　往，走向人生；來，走向心靈。
　　往，走向成功；來，走向成熟。
　　往指踏上人生征途，來卻轉入內在工作。
　　往是闖蕩江湖，來是返身修德。

　　是啊！來就是回返自己生命成長的工作啊！原來，當我們決定跟這個朋友來往往來，意思是要跟他或她共赴彼此的人生與心靈啊！原來，當我們跟一個朋友說：「來我家坐坐！」意思是邀請對方走進我們的心，我們的心靈的家啊！悠悠涉遠道，感子故意長。

　　好，了解了蹇卦的主題與往來的深意之後，可以開始看看蹇卦六爻的現實意義了。

　　第一階段：往蹇來譽──人生前往路難行，回到內在有肯定。

　　世間路險，回到內心的建設與滿足吧。

　　第二階段：王臣蹇蹇，匪躬之故 ── 世間路險，辛苦盡忠＋忘我任

事。「之故」是辛苦盡忠,「匪躬」是忘我任事。

　　這一個階段調動了兩個儒家與道家的大功夫:忠誠＋忘我。也就是行動＋無為。兩個奔赴人生險路的利器良兵。

　　第三階段:往蹇來返——人生前往路難行,不二話了,直接回到自己的內在工作吧!

　　第四階段:往蹇來連——人生前往路難行,退而結眾,回到同心團伙的連結、連線、連署。(這不是很像今天的社會運動嗎?)

　　第五階段:大蹇朋來——大困頓來了,大群眾出現了!

　　不用擔心!強大的時代苦難會激發起強大的群眾能量。

　　第六階段:往蹇來碩——人生前往路難行,不只強大的群眾能量出現,強大的內在成熟也爆發了!

　　該有大人出世了。偉大的苦難,偉大的成熟。

　　原來,路走不下去可以是很棒的經驗!

　　險路難,心路通。

　　人間行路,蹇蹇難行,卻因此帶來自我肯定、行動、無為、內在工作、心靈連線、群眾能量,以及,內在的強大與成熟。

第十六章
震艮巽兌

震：六十四卦的震動卦

　　震卦主題比較是在講內在力量的爆發與成長。一個成長者利用外在的恐懼來喚醒自己、修正自己、反省自己。拿著批判的刀鋒指著自己，是最浩瀚的大動作。

　　當然，跟《易經》的很多核心觀念一樣，震與動，也有二義性——大自然的震動相對大德者的震動、外在的震動相對內在的震動、心靈的震動相對行動的震動、震動的發動相對震動的停止……而最後一爻，內容提到了震動的正用與錯用：震動必須是內在力量的爆發，但內在能量的成長會一再受到外在世界的考驗，如果能量被拉出去，震動不再是內在強大的成長，而變成外在傷人的武器，這就是震動的扭曲，整個震卦就毀了。

☳☳ 震下震上

　　震，亨。震來虩虩，笑言啞啞，震驚百里，不喪匕鬯。

《 彖 》曰：震，亨。震來虩虩，恐致福也；笑言啞啞，後有則也；震驚
　　　　　百里，驚遠而懼邇也，出可以守宗廟社稷，以為祭主也。

《 象 》曰：洊雷，震。君子以恐懼脩省。

《序卦》曰：震者，動也。

《雜卦》曰：震，起也。

相關資料

主題：震動，動態，大動作。

　　小程子：「震有動而奮發震驚之義。」

　　震卦象徵天地、人文的大動作。尤其指積壓已久、醞釀功成而爆發出來的大動作。

　　革卦民革君，震卦君革民。王者出現的態勢。

◉ **卦象**：洊雷——洊，重也。雷一個接一個，天地的大動作。

◉ **卦性**：動中之動——談動態人生。人生永遠是不消停的。

　　外在的動作中有著更核心的震動

◉《雜卦》的「起」，奮起覺醒的時候到了。

卦辭經文註釋

◉ 用內心的寧靜面對兼具恐懼與喜悅的大力量。

　　天雷震動，可以亨通。大動作初至時戒慎恐懼，卻仍然要以談笑鎮靜的態度面對。像天雷之威震驚百里，但主祭的賢者手中的祭器與香酒，紋風不動。

　　《易經要你好看》：「大自然威力的驚天動地是大動作，而內心修養的寂天寞地也是大動作，用心靈的大動作面對天地的大動作，可見震卦講的『動』是一種有著更深刻意義的動。」

◉ 震，亨：內在驚雷，震聲發聵，通向覺知的心。

◉ 虩虩：驚懼貌。

◉ 啞啞：笑聲。

◉ 匕：取酒器，一種祭器。 鬯：祭祀用的香酒。

◉ 震驚百里，不喪匕鬯：祭祀者心正意誠，面對天雷之威，不動如山。

這是心靈的大鎮靜面對自然的大威力，人文與天文壯闊的碰撞與呼應。不喪匕鬯，厲害！

卦辭傳文註釋

- 恐致福：因恐而致福。
  恐，不是恐懼的意思，是——生怕、戒慎、唯恐、凝神、如履薄冰的生命態度。
- 後有則：則，常也，常理，常則。
  接著以常理面對。
- 驚遠而懼邇：遠近都可以感受到生命力的震動。
- 君子以恐懼脩省：王船山：「君子之震非立威以加物，亦非張皇紛擾而不寧，乃臨深履薄，不忘於心。」「震於內，非震於外也。」——指一種戒慎恐懼，修身反思，回歸內心的力量。

爻辭經傳註釋

初九，震來虩虩，後笑言啞啞，吉。

《象》曰：震來虩虩，恐致福也；笑言啞啞，後有則也。

- 初震：先恐懼後歡喜的內在爆炸。
  從內在震起。
  「來」是《易經》來往的來。震來就是指心靈的震動。
- 初九經文與卦辭相同，《小象》也跟《彖》一樣。

六二，震來厲，億喪貝，躋于九陵，勿逐，七日得。

《象》曰：震來厲，乘剛也。

- 面對大震動的考驗──1.不要小氣錢，2.不要急著收割。
- 大動作來時是很嚴厲的考驗，會損耗龐大的財資，但可以藉此登上人生的高峰。
  不要急著追回錢，七個轉折後會有心得收穫。
- 來：回到心靈。
  億：大也。貝：錢財。躋：登也。
  九陵：達於九天之陵，指高陵。
  勿逐：不要追逐（錢貨）。──錢借出去了就打消別人會還的心。
  七日得：七個轉折的過程之後會有所「得」。

六三，震蘇蘇，震行无眚。

《象》曰：震蘇蘇，位不當也。

- 內在的震動會帶來心靈的甦醒。
    以震動的氣概行事，沒有人能傷害你。
    震的覺醒＋震的行動。
- 蘇：昏而復明，死而復生。

九四，震遂泥。

《象》曰：震遂泥，未光也。

- 震動的力量陷進人生的泥沼，要能夠停止。
    要知止。止之道。
- 泥：陷溺，停滯。指陷進人生的紛爭、低潮之中。

六五，震往來厲，意无喪有事。

《象》曰：震往來厲，危行也。其事在中，大无喪也。

- 內、外的考驗愈來愈嚴峻，不要放棄內在的大事。

　　震動發生時不管回到內在（來）還是奔赴外在（往）都是嚴厲的考驗，最重要的，不要喪失擁抱大事的契機與力量。

　　對內的考驗，能不能抓住覺醒的敏感時刻。

　　對外的考驗，醒覺後要如何跟這個世界打交道——考驗新生的勇氣。

- 意：1. 噫，助語詞。2. 億，大也。
- 有事：有大事發生——內在的爆炸。
- 其事在中：大事其實在心靈之中。

上六，震索索，視矍矍，征凶。震不于其躬，于其鄰，无咎。婚媾有言。

《象》曰：震索索，中未得也；雖凶无咎，畏鄰戒也。

- 震動的力量徹底外在化，震太超過了。

　　震動太超過到害怕發抖，驚疑不定的四下張望，這種時候還要踏上征途，完蛋了！不自己震動奮發，而把力量用在提防鄰國的進犯，也就只能夠沒事罷了。這種力量外在化的時刻，即使通婚也會犯嘀咕。

- 矍：鳥被手抓住雙眼左右驚視。

小結

　　卦辭：外在震動與內在震動的碰撞。

　　初爻：震的恐懼與歡喜。

　　二爻：震的耗財與淡定。

　　三爻：震的覺知與行動。

四爻：震的陷溺與知止。

五爻：震的內在與外在。

末爻：震的超過與迷途。

震卦語錄

➤內在驚雷，震聲發聵，通向覺知的心。

➤內、外的考驗愈來愈嚴峻，不要放棄內在的大事。

艮：六十四卦的靜止卦

震艮二卦談動靜之理，動中有止，止中有震，即動即止。

艮卦的靜，是在講內在的沉思與安靜。真正的靜是屬於內心的，而不是指外在環境的沒有聲音而已。

至於六爻爻辭，有談到停止血氣方剛，停止隨波逐流，停止猶豫不決，停止同流合污，停止亂說話。而其中最重大的停止，就是心性的寧靜與無為——內心一不執著，整個人間就水淨山清了。

☶ 艮下艮上

艮其背，不獲其身。行其庭，不見其人。无咎。

《彖》曰：艮，止也。時止則止，時行則行，動靜不失其時，其道光明。艮其止，止其所也。上下敵應，不相與也，是以不獲其身。行其庭不見其人，无咎也。

《象》曰：兼山，艮。君子以思不出其位。

《序卦》曰：艮者，止也。

《雜卦》曰：艮，止也。

相關資料

主題：靜止，靜態，大寧靜。

艮有二義：1.停止，靜止。2.回顧。

甲骨文——艮是「身體與眼睛相背」，回顧。

見是「身體與眼睛一致」，前瞻。

大、小畜指力量的「養」，艮卦則是力量的「歸零」。

靜與止其實是大力量。讓恆動的身與心完全靜下來，其實是一個大動作，而且大靜後會產生大動。

◉ **卦象**：兼山——因兼山路難而止步。

◉ **卦性**：止中之止 —— 在停止的動作中發現止之道，停止的哲學。

停止之中有更內在的覺知。真正的停止是一顆全然寧靜的心。

卦辭經文註釋

◉ 最深刻的停止就是無我，最堅決的離開就是靜悄悄的走。

◉ 卦辭有二解：

　1.艮其背：停下來回顧背後的真正原因。

　　不獲其身：就是「忘我」。即老子所說「吾所以有大患者，為吾有身；及吾無身，吾何有患」之意。

　　行其庭，不見其人：靜靜的走，不動聲息，不相干擾。

　　此解為內在解釋。

　2.艮其背：志向、心意與當政者相背。

　　不獲其身：不被肯定。

　　行其庭：在王庭做事。

　　不見其人：目中無當政者，或看不到同道。

　　此解為內在解釋。

卦辭傳文註釋

·時止則止，時行則行，動靜不失其時，其道光明：

　　王船山：「行而不爽其止之正，止而不失其行之機。」

　　象傳充滿動靜思想。動靜的觀念在「時」。「時」是整體性概念與行動性概念，時不是時間。

　　時的掌握要靠「德」。所以動靜是現象，時是實踐，德是成熟。

　　動靜時行，行者修德——成熟決定行動，行動穿透動靜。

・止其所也：停止在內在，停止在內在的判斷。

　　小程子：「夫有物必有則，父止於慈，子止於孝，君止於仁，臣止於敬。萬物庶事，莫不各有其所。得其所則安，失其所則悖。」

・君子以思不出其位：位要不要出，考慮——1.時。2.德。

爻辭經傳註釋

初六，艮其趾，无咎，利永貞。

《象》曰：艮其趾，未失正也。

・停止年輕的衝動，回到生命的成長。

　　止於初階，慣性不強。

　　腳趾停下來，就免禍，原則是回到成長的道路。

・未失正：停下，是為了成長。

六二，艮其腓，不拯其隨，其心不快。

《象》曰：不拯其隨，未退聽也。

・停止盲目的被動。

　　小腿肚停下來，但救不了強大的盲從，心裡也不快樂。

　　管得了腿管不了心。六二的無明力量有點嚴重。

・腓：小腿肚，象徵被動的部分。

· 隨：盲從。不管盲從「動」，盲從「靜」，都是盲從。

  勤勞的盲目與懶散的盲目——西方式的盲目與東方式的盲目。

· 未退聽：沒有退下來用心傾聽。

九三，艮其限，列其夤，厲熏心。

《象》曰：艮其限，危熏心也。

· 太猶豫與遲鈍的停止的痛苦與危險。

  到腰才停下來，連背脊肉都像要裂開，危險到熏心的程度！

  不能當機立斷的喊停，造就生命的分裂。

· 限：阻也。也指上下交接的界線。指腰部。

· 列：裂也。

· 夤：背脊肉。

· 熏心：連心靈都被黑化了。

六四，艮其身，无咎。

《象》曰：艮其身，止諸躬也。

· 整個生命停下來了。一種大力量。

· 止諸躬：人格力量的停頓。

六五，艮其輔，言有序，悔亡。

《象》曰：艮其輔，以中正也。

· 在高位，要懂得管好自己的嘴巴。

  臉頰肉停下來，講話變得有理序，連後悔都不見了。

· 輔：臉肉。

· 序：理序。

　　面對不同的對象，什麼話該先說，什麼話該後說，什麼話該說，什麼話不該說，什麼話該重說，什麼話該輕說。

- 徐幹《中論‧貴言篇》：「君子必貴其言，貴其言則尊其身，尊其身則重其道，重其道所以立其教；言費則身賤，身賤則道輕，道輕則教廢。故君子非其人則弗與之言。」嚴重的連動關係。亂之所由生，言語以為階。

- 老子：「多言數窮，不如守中。」講話會遇到窮途，心靈的生機不歇。

- 孔子：「君子欲慎於言而敏於行。」

上九，敦艮，吉。

《象》曰：敦艮之吉，以厚終也。

- 深厚的停止——無為。

　　歸零就是真正的止。

- 動靜是互相含攝的，唯有成熟能捕捉或行或止的契機。

　　成熟的動不是瞎闖，成熟的靜不是壓抑。不成熟都是。

　　能靜的動其實是守候，懂動的靜不同於死寂。

- 以厚終：完成生命的厚度。

小結

　　初爻：腳趾的停止：停下衝動，回歸成長。

　　二爻：小腿肚的停止：停止盲從。

　　三爻：腰部的停止：不能果決停下來的可怖。

　　四爻：整個人的停止：人格的力量。

　　五爻：嘴巴的停止：閉嘴！守好心。

　　上爻：深刻的停止：無為。

艮卦語錄

➤靜與止其實是大力量。

➤最深刻的停止就是無我，最堅決的離開就是靜悄悄的走。

➤動靜時行，行者修德。

　成熟決定行動，行動穿透動靜。

➤動靜是互相含攝的，唯有成熟能捕捉或行或止的契機。

　成熟的動不是瞎闖，成熟的靜不是壓抑。不成熟都是。

　能靜的動其實是守候，懂動的靜不同於死寂。

巽：六十四卦的順入卦

巽卦談「順」的問題，談到後來，卻發現太順會出毛病，到最後連自我都不見了！「不順」反而是壯大的順——六四是順太久之後的主動出擊，到了九五，對自己與民眾的要求都是不順。不是嗎？叛逆，有時候是另一種形式的隨和。

䷸ 巽下巽上

巽，小亨，利攸往，利見大人。

《　彖　》曰：重巽以申命，剛巽乎中正而志行，柔皆順乎剛，是以小亨，
　　　　　利有攸往，利見大人。

《　象　》曰：隨風，巽。君子以申命行事。

《序卦》曰：巽者，入也。

《雜卦》曰：兌見而巽伏也。

相關資料

主題：順伏、順入。
　　　這一卦談「順」的適用與危機。

◉ 卦象：隨風——兩風相隨，順從之象。

◉ 卦性：順之又順——太順會出毛病。太順會太過。

卦辭經文註釋

⊙ 太順只能小通，缺乏本身的建立。只好積極點尋訪方向與目標，追隨大德之士。

⊙ 順是心靈的低度使用，只能小亨通，兩個補救建議：
　1.生命方向。（自力）2.追隨成熟。（傳統）

卦辭傳文註釋

・君子以申命行事：古人以風象徵政令的推行。
　　申：1.重覆。2.申張。
　　百姓要怎樣順？要一直重覆政令。不能期望老百姓說一次就懂，政令一定要一再重申。

爻辭經傳註釋

初六，進退，利武人之貞。

《象》曰：進退，志疑也；利武人之貞，志治也。

・對性格太順的人得有一點武人的剛正。
・進退之際，猶豫不決，用武夫的正直對治。
・建制初期，要有嚴令，但嚴必須正——成長原則。
・志疑，志治，都是心志夠不夠堅定的問題。

九二，巽在床下，用史巫，紛若，吉，无咎。

《象》曰：紛若之吉，得中也。

・太順從，用「心」補。

‧過順到躲在床下，仰賴史（知古）巫（卜未）以通上天，禮數繁多，只要回歸心靈，可以吉，沒有災禍。

‧得中：得到心靈經驗。（小《象》的補充很重要。）

　　利用史巫振奮人心，眼花撩亂，必須回歸心的力量，才是正軌。

九三，頻巽，吝。

《象》曰：頻巽之吝，志窮也。

‧太頻繁的順，是生命力的貧乏。

　　巽卦要人不要太聽話。

‧志窮：只抓現實，骨頭太軟，忘掉初衷，志氣都沒有了。

　　　　又是「志」的問題。

六四，悔亡，田獲三品。

《象》曰：田獲三品，有功也。

‧不能順了，要主動出擊。

‧田獲三品：三品，三種。打獵打到三種野獸的肉類可以享用。

‧打下生命中的猛獸，太隨順會空手而回。

九五，貞吉，悔亡，无不利，无初有終。先庚三日，后庚三日，吉。

《象》曰：九五之吉，位正中也。

‧治己要「无初有終」：缺乏有主見與原則的開始，但不要一味的順，回到自性的道路，愈走愈坦蕩，愈走愈飽滿。

　　治眾要「先庚三日，后庚三日」：不要期待老百姓聽話，先申令三天，再申令三天，做法細緻謹慎是好的。

- 堅持生命成長的美好，就不會有後悔了，也沒有內心的不利與疙瘩，生命實踐的
  道路也許沒有自覺的開始，但會有終極的成長。至於治眾之道，一段宣導期，跟
  著一段觀察期，做法綿密一些是好的。
- 庚：王弼：「申命令謂之庚。」王船山：「庚者，更新行事之義。」

上九，巽在床下，喪其資斧，貞凶。

《象》曰：巽在床下，上窮也。喪其資斧，正乎凶也。

- 過順到卑微，躲到床底下發抖，連財資與決斷力都失去了，成長的道路當然大大
  不妙了。
- 丟掉主體陽剛的精神，錢、心兩失。
- 斧者能斷，指心靈的決斷力。

小結

　　初爻：太順，用「剛」補。
　　二爻：太順，用「心」補。
　　三爻：重複的順，生命力弱掉了。
　　四爻：主動出擊。
　　五爻：治己與治眾，都不能一味的順
　　上爻：生命主體不見了！

巽卦語錄

➤打下生命中的猛獸，太隨順會空手而回。
➤无初有終：缺乏有主見與原則的開始，但不要一味的順，回到自
　性的道路，愈走愈坦蕩，愈走愈飽滿。

兌：六十四卦的喜悅卦

跟另一個談快樂、悅樂的豫卦相比，豫卦比較是談修行而來的快樂，兌卦卻傾向在討論悅樂浮沉的自然歷程。兌卦六爻，從小孩子的喜悅、心靈的喜悅、行動的喜悅一直談到不自然的喜悅、思考喜悅的病、治療喜悅的病、到最後重回喜悅之道，頗有生命的喜悅由真變假、轉假歸真的歷程性況味。

䷹ 兌下兌上

兌，亨，利，貞。

《彖》曰：兌，說也。剛中而柔外，說以利貞，是以順乎天，而應乎人。說以先民，民忘其勞；說以犯難，民忘其死；說之大，民勸矣哉！

《象》曰：麗澤，兌。君子以朋友講習。

《序卦》曰：兌者，說也。

《雜卦》曰：兌見而巽伏也。

相關資料

主題：喜悅，亮麗。

在喜悅中保持「正」是很困難的，兌卦就是討論悅的正與不正——喜悅的成長之道。

◉ **卦象**：麗澤——麗，連也。麗澤，大海相連。

◉ **卦性**：悅中之悅——在喜悅中找到深刻的喜悅。

卦辭經文註釋

- ⊙ 喜悅,是通的力量,會有實際利益,但必須正(成長原則),才不會被誤用。如:資本主義、直銷、廣告用很多。
- ⊙ 亨:鎮華老師《黃河性情長江行》:「一個人、一件事,讓人感覺喜悅,才通。」
- ⊙ 貞:喜悅之事,一般容易被誤用。喜悅很好用,但要用得正 ── 通俗與媚俗的差別。
- ⊙ 卦辭講出悅之道的三個原則:1.用悅,事情才行得通,不能苦哈哈。2.有現實上的具體利益,大家比較有感覺。3.要回歸生命成長原則。
- ⊙ 四卦德,獨缺元?為什麼?

卦辭傳文註釋

- ·剛中而柔外,說以利貞:內心陽剛,待人柔和,所以高興,而且正。
- ·說以先民,民忘其勞;說以犯難,民忘其死:

  先民,引導百姓。用喜悅引導百姓。啟發老百姓內心的真正喜悅。
  有了內心真正的心甘情願,連死亡都變得不可怕了。
- ·說之大,民勸矣哉:喜悅的作用非常大。勸,信也。
- ·君子以朋友講習:世間有什麼事情比朋友講習、討論學問、共同實踐更快樂!

  小程子:「兩澤相麗,交相浸潤,互有滋益之象。……朋友講習,互相益也。先儒謂天下之可說,莫如朋友講習。」

  王船山:「君子之道,學之者一以聖人為歸,而博約文質本末先後之異趣,各以其質之所近而通焉。乃恐其專己而成乎私意,則取益於同

門同志之學者，相與講習，各盡其說以競相辨證。當其論難之時，若爭先求勝而不相讓，而辨之已通，則皆至於聖人之道，如麗澤不相後而務相合也。游夏曾有同遊於孔子之門，而《禮記》所載互相爭於得失，用此道也。」

爻辭經傳註釋

初九，和兌，吉。

《象》曰：和兌之吉，行未疑也。

・和諧的喜悅——像小孩子心靈的和樂。
・和諧的喜悅，當然是美好的。
　　行道而保持和諧的人際關係，這是不容易的工夫。

九二，孚兌，吉，悔亡。

《象》曰：孚兌之吉，信志也。

・誠信的喜悅——行動的準確（孚）或心靈的準確（孚）。
　　行動與心的喜悅都是無法取代的。
・心誠有信，行德有孚。
・信志：伸展生命的方向。

六三，來兌，凶。

《象》曰：來兌之凶，位不當也。

・找來的喜悅，不是自然發生的——貪歡。
・不是自然發生的悅，用找的，就有危險了。

九四，商兌未寧，介疾有喜。

《象》曰：九四之喜，有慶也。

- 思考、討論喜悅的深層意義（商兌），討論的火花彼此激發（未寧），清除生命的疾病（介疾），會出現壯大的喜樂（有喜）。
- 商：王弼：「商量裁制之謂也。」
- 未寧：蠢蠢不安，
- 介：1.隔也。隔開。2.大也。大毛病。
  介疾：有很大的反省力道，才能治病，才能有喜。
- 鎮華老師引用《詩經》：「神之格思，不可度思，矧可射思。」
  心神的正思，心靈的「思考」。
  不可度，無法審查、計算、猶豫、思考。
  心靈力道，像一支箭，發出去！

九五，孚于剝，有厲。

《象》曰：孚于剝，位正當也。

- 治病療程與相關的危險性。
- 孚于剝：孚，實實在在的做。剝，剝層皮。把喜悅的疾病剝掉。
       有厲，這樣的療程是有危險的。
- 從喜悅忽然談到治病，可見不當的喜悅會有毛病。

上六，引兌。

《象》曰：上六引兌，未光也。

- 失去喜悅之道！失去自然自明的悅，要重新引導學習。

小結

初爻：和諧的喜悅。

二爻：行動的喜悅，心靈的喜悅。

三爻：不自然的喜悅。

四爻：討論喜悅的深意與疾病。

五爻：治病！

上爻：重新學習。

兌卦語錄

➤朋友論學競合，如海流各不相讓，而互相擁抱。

第十六組：震艮巽兌

宇宙人生的基本原理——動靜入悅

震：震動	外在震動與內在震動的碰撞。	序卦：震者，動也。
		雜卦：震，起也。
艮：靜止	最深刻的停止就是無我。	序卦：艮者，止也。
		雜卦：艮，止也。
巽：順伏	有時候不聽話才是「大順」。	序卦：巽者，入也。
		雜卦：兌見而巽伏也。
兌：喜悅	喜悅的深層主題是生命成長。	序卦：兌者，說也。
	最大的喜悅是朋友之間的講習學問。	雜卦：兌見而巽伏也。

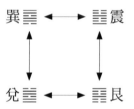

巽☴ ←→ ☳震

兌☱ ←→ ☶艮

↕ 綜：互動　　從震到艮：動中之靜，靜極生動。

　　對反　　從巽到兌：伏與見、潛與昂、低與高、收與放兩種
　　　　　　　　　　　生命狀態的互相穿透。

◆▶錯：對反　　震與巽：要改革（震）必須民順（巽）。

　　互動　　　　民間順久了（巽）會醞釀大動作（震）。

　　　　　　艮與兌：太靜了，要開心。

　　　　　　　　　　開心過頭，要懂停。

宇宙人生四個基本狀態

震卦談「動」的問題，但動有二義性——內與外、覺與過、動與止。

艮卦談「止」的問題，而最深刻的止就是心靈的寧靜與無為。

巽卦談「順」的問題，但有一種順從的名字叫主動叛逆。

兌卦談「悅」的問題，喜悅有不同面相——小孩子的喜悅、心靈的喜悅、行動的喜悅、治療的喜悅……而其中最大的喜悅就是共學論學。

乾坤是《周易》的總原理，離坎比較在談人生的明暗面，這四個基本卦進一步討論宇宙人生四種生命狀態、能量狀態。而且由於一體性原理，這四卦總是互綜互錯互通互動的。

附文一
從修行能量狀態說震艮巽兌

　　首先說明這篇小文談「震艮巽兌」並不是從這四個易卦的經、傳原文去談，而比較是從修行能量狀態的角度去探索與隨想這四卦可能隱藏的整體性修行實相。

　　先行說明這四卦的基本內涵。

震：動／震動

　　震卦的意義指內在震動或內在爆炸，這是進入靈性狀態的開端。

　　也許是由於外在事件（常常是一個外在的挫折）、也許是師傅刻意的引導（譬如獅子吼、五雷轟頂、「呸」字訣的當頭猛喝）、也許是行者本身的修行突破（譬如強烈的氣動）；不管是什麼的因，總之就是通過一個內在爆炸進入意識的斷層或空白狀態，開闢一個淨念。

艮：止／無為

　　艮的初義是停止，但最深刻的停止就是心靈上的寧靜與無我。

　　通過震開啟了一個意識斷層、空白狀態、無的精神狀態或一個淨念，然後跳進去！打進去！跳進空性，留在「裡面」，淨念相繼，冰銷春暖，無中生覺。所以震是頓功，艮指空境。

巽：入／穿透

在空境淨念之中，會漸漸浮現出覺知無微不至、無縫不入的穿透力。這股穿透的能流流向人間，即會發生像靈光乍現、發現錯誤、解決問題的靈感、增高感官的敏銳度……的種種作用，比比皆是。這「巽」的穿透力可內可外、可天可人、即心即物、蠢蠢欲出。

兌：悅／釋放

如果將這種覺知穿透的能流釋放到人間具體的事件與行動上，即會泉湧澎湃的喜悅力量，這就是兌卦的範圍了。

所以這四卦是在說明由內而外、由天而人、由無而有、一體相繼的修行能量狀態──通過一個內在爆炸或內在震動，這是一個端點，引導、跳進空性或無為，在空性或無為的禪定中，漸漸會出現靈動而強大的穿透力，接著由內至外，將穿透的能流顯相至人間具體的行動，即展現浩浩湯湯的喜悅的大威力。

事實上，震艮巽兌描繪了修行的實相，從「心靈易經」的眼睛看過去，許多易卦都是用來修行、學道與靈性成長的。《周易》四百五十條卦爻辭無一不是成道心得！《周易》六十四卦，本來就不是用來寫論文而已。

附文二

止之道，停止哲學

──人間往來，經常需要懂得停止

　　艮卦是《易經》六十四卦的「停止」卦，成熟的停止，可以是深刻的，甚至是強大的。艮卦的卦義很深，整理卦爻辭的內容，得出下列的句子，自勵，也分享。

- 有三種靜，有淺入深：
  1. 沒有聲音。（這是外境的靜止。）
  2. 冷靜思考。（這是理性的作用。）
  3. 頭腦停止。（這是修行的歸零。）
- 最重大與深刻的停止就是內在的無為與忘我。
- 我們累世以來的頭腦一直在發神經似的、沒完沒了的自言自語。
  所謂修行，就是在頭腦上加裝一個開關機制＋懂得按停止鍵的能力。
  修行的高度就表現在讓頭腦作用 stop 的能耐。
- 奧修的靜心就是透過外在、覺知的鬼吼鬼叫來停止內在、頭腦的喋喋不休。靜心其實是對頭腦作用說：閉嘴！
- 抽空自我法──將自我抽空，別人就失去攻擊的目標，自己也失去被攻擊的目標。煩惱痛苦，也就失去根源了。
- 一個成長者窮一輩子心力所要達成的，就是要想方設法讓自我變「不見」了！
- 老子：「生命沒了自我，就不會有災難了。」

- 奧修：「自我是人生最悲慘的遭遇之一。」我建議把「之一」拿掉。
- 有四個重要觀念與功夫：無、德、時、動靜。

  無是淨心，德是成熟，時是行動，動靜是人生現象。

  動靜時行，行者修德，心淨德生。

  ——清淨醞釀成熟，成熟決定行動，行動穿透動靜。
- 動靜是互相含攝的，唯有成熟能捕捉或行或止的契機。

  成熟的動不是瞎闖，成熟的靜不是壓抑。

  能靜的動其實是守候，懂動的靜不同於死寂。
- 停止盲從。

  不管盲從「動」，還是盲從「靜」，都是盲從。

  《西藏生死書》的作者索甲仁波切說有兩種盲從、慣性或懶惰——

  東方的懶惰與西方的懶惰。

  東方的懶惰就是懶惰，西方的懶惰卻是不懶惰——懶惰的不懶惰。

  東方的懶惰是好逸惡勞，西方的懶惰是無法讓自己閒下來不做事。

  也就是說，東方的懶惰是盲從「閒」，西方的懶惰是盲從「忙」。

  東方的懶惰傾向水象星座的無明，西方的懶惰傾向火象星座的無明。

  東方的懶惰是一種昏睡，西方的懶惰是一種盲目。

  但不管東方式還是西方式，都是型態不同的盲目、無明、慣性、盲從與懶惰。

  停止盲從，停下盲目，這是一種更內在、深入的停止。
- 《易經》艮卦進一步說：在高位者，要停下自己的嘴巴！管好自己的嘴巴啊！

附文三

說「順從」

「臣服」與「順從」顯然是形似卻義異的兩個狀態——前者是放下自我死心塌地去追隨深刻的東西，後者是沒有自我隨波逐流去依附表面的權威。

順從是心靈的低度使用。

一般的說法是隨和、濫好人、不得罪人、好說話……

十二星座中，個人覺得有三個星座最有順從的傾向，哪三個星座呢？——金牛座、天平座與雙魚座。下面把這三個「順從星座」的特點加以比較：

金牛座：陰性星座／保護星是金星，陰性能量行星／缺點是太過溫和。
天平座：陽性星座／保護星是金星，陽性能量行星／缺點是猶豫不決。
雙魚座：陰性星座／保護星是海王星，陰性能量行星／缺點是感情用事。

事實上，這三個星座都是女性能量星座。雖然天平座是陽性星座，但筆者一向的說法：天平座是六個陽性星座中最女性化的（相對於天蠍座是六個陰性星座中最女漢子的）。所以這三個星座都跟女性生命、藝術、美感經驗、情感的能量式樣有關。

結論是：順從基本上是女性能量的狀態。

當然女性能量本身也是中性的存在，可上達，也可能下達，但《易經》的巽卦比較是談論「順從」的負面傾向——軟弱、沒主見、濫好人、悲觀、缺乏決斷力、鑽牛角尖……等等缺點。

　　面對這種種負面女性能量的順從，《易經》巽卦說了許多意見，譬如：加強一點武人剛強的氣質，回歸心靈經驗，小心一直盲目的順從會造成生命的萎縮與災難……但其中最主要的行動智慧是：

　　不要再順從了！要主動出擊。
　　打下生命中的猛獸，太隨順會空手而回。

　　巽卦的原文是：「田獲三品。」在內在生命的獵場獵取三品心靈的美食啊！面對負能量的順從，這是一場刀鋒向內的戰爭。至於這三品的內涵是什麼？
　　是針對上述三個順從星座而發的生命境界：「成熟的金牛座是外溫卻內剛的、成熟的天平座是優雅而果斷的、成熟的雙魚座是感性但明覺的」？還是佛家所說的「佛、法、僧」三寶？還是儒家重視的「傳統、從師、行道」？
　　也許，真正珍貴的內在三品是每個人都不一樣的，細細聽聽你的內在，她必然會告訴你，屬於你的「田獲三品」是什麼？

附文四
《易經》怎麼看占星

　　這裡所說的《易經》怎麼看占星，其實是廣義的包含對命理、占卜等等玄學的態度。這個態度出自〈巽卦〉原文：

　　　　九二，巽在床下，用史巫，紛若，得中（《小象》的補充），吉，无咎。

　　這一爻經文的翻譯：「太順從順到出問題，躲在床底下哭哭不完，就想仰仗史（知古，意思指「學術」）與巫（卜未，意思指「宗教」）的力量去尋找人生答案，但拼命聽演講，用力求神明，只落得讓人眼花撩亂！只有回到心靈經驗，才是正途，才能跳出生命的災難。」

　　內在的成熟，永遠是根本大法啊！在這一卦這一爻，《易經》說出了對占卜、占星學以及所有玄學的主張：

　　　　從心靈經驗出發，占星學才可能成為良兵。
　　　　如果缺乏心靈經驗，占星學可能是生命的迷失與災難。

　　所以學易先學六十四卦，再學占卜、命理，就是從九陽真經（內力）→九陰真經（招數）的概念。這就是「先道後術」的概念──有術無道，江湖郎中；有道無術，泥古不化。

　　當然，《易經》的靈魂不是占卜，而是學道。好像是王船山說過：「三百八十四爻無不是成道之爻！」革卦也說：「未占有孚」。學習、使用

占星、占卜，記住！不要被占星、占卜捆綁！我的態度是：占星、占卜、命理、學問、文學、藝術、武術……所有的技術，都是中性的工具，從心出發，是良兵；不從心出發，往而不返，所有的工具、技術都可以成為災難。器用智慧可以是一個技術途徑，但絕不是根本途徑。內在的成熟才是關鍵，工具是無辜的。

《易經》並沒有否定占星、占卜，巽卦只是說在種種的玄學的背後，必須存在著更深刻的東西。

附文五
友道兩句話

　　朋友之道，下面兩段經書說得清楚明白，一段出自《易經・兌卦》的象傳，一段出自《論語・顏淵篇》。

　　《易經・兌卦》象傳：「麗澤，兌；君子以朋友講習。」註解一下：麗是相連的意思，澤是大海，麗澤就是大海相連。六十四卦中的兌卦講的是喜悅之道，所謂「君子以朋友講習」，意思就是有什麼事情比朋友講習、討論學問、共同學習、共同實踐更快樂呢！所以關於中國文化的友道，筆者得出第一句話：

　　　　朋友論學競合，如海流各不相讓，而互相擁抱。

　　這就是朋友精義！

　　另外，《論語・顏淵篇》記載曾子說：「君子以文會友，以友輔仁。」大概這是曾參緬懷自己在孔子門下與同窗論學時的美好時光！在這章《論語》，曾子說出了朋友相交的途徑與目的。君子是一個生命成長者，文指文化學習，仁是《論語》中的關鍵字與核心字，就是愛的真理、一體性的真理、最高真理的含義。所以關於中國文化的友道，筆者得出第二句話：

　　　　文化是朋友往來的途徑。
　　　　愛的真理卻是朋友往來最本質也最終極的目標！

　　是的，中國文化的友道是屬於論學的、是屬於文化的、是爭鋒的、是快樂的、是屬於真理的，當然，也是屬於愛與擁抱的。

第十七章
漸歸妹

漸：六十四卦的主動卦

　　漸、歸妹兩卦可說是六十四卦中談女孩兒出嫁的兩個卦，當然，用的是卦象，真正的意思是在講一個有德者如何「嫁」給這個滾滾紅塵的人生哲學。兩卦相比，漸正歸妹反，漸易歸妹險，漸順成歸妹曲折，漸是正卦，歸妹是反卦。

　　漸卦六爻，從障礙、穩定、危機、空間、成熟到回返，正是描寫那隻心靈鴻鳥自艱險到成熟、從天上返人間的生命故事。

☶艮下巽上

漸，女歸，吉，利貞。

《彖》曰：漸之進也，女歸吉也。進得位，往有功也。進以正，可以正邦也，其位剛得中也。止而巽，動不窮也。

《象》曰：山上有木，漸。君子以居賢德善俗。

相關資料

　　主題：漸進、自進、主動。
　　　　　　不能越階、躐等。

小程子：「進以序為漸。」有序才是重點，不在快慢。

◉ **卦象**：山上有木──樹木生長，循序漸進。

◉ **卦性**：止而入──停好腳步，慢慢進入。

卦辭經文註釋

◉ 漸：漸進之道。

女歸：像女子出嫁。

◉ 利貞：一個有德者獻身世道，生命成長還是關鍵原則。

◉ 人生最重要的不是快慢，而是在過程的完整。

循序漸進是為了完成一趟意義圓滿的旅行。

爻辭經傳註釋

初六，鴻漸于干，小子厲有言，无咎。

《象》曰：小子之厲，義无咎也。

・障礙

・鴻：水鳥。

・干：水畔。

・小子厲有言：小人會苛刻，會講話。

・无咎：不要理他就沒問題了。

・義无咎：被罵一罵，刺一刺，應該是沒問題的。

・剛出道的考驗──語言的攻擊。

六二，鴻漸于磐，飲食衎衎，吉。

《象》曰：飲食衎衎，不素飽也。

- 穩定
- 磐：巨石。衎衎：富饒。
- 民間領袖，人生的條件愈來愈穩。
- 不素飽：不只是吃飽而已。

九三，鴻漸于陸，夫征不復，婦孕不育，凶。利禦寇。

《象》曰：夫征不復，離群醜也；婦孕不育，失其道也；利用禦寇，順相
　　　　保也。

- 危機
- 陸：高原。
- 夫征不復：男子出征回不來。
- 婦孕不育：婦人懷孕生不出。
- 利禦寇：漸至高位，宜守成，不宜有功。
- 在高位的考驗——要沉得住氣。

六四，鴻漸于木，或得其桷，无咎。

《象》曰：或得其桷，順以巽也。

- 空間
- 桷：可棲之木，平坦的枝柯。
　　桷是需要的，桷可以是老師、真理團體、所愛、讀書養身、修行法門、一門
　熱愛或一個家……等等心靈棲身的地方。
- 面對社會考驗，人生總會有安全的天空與棲身的所在。

九五，鴻漸于陵，婦三歲不孕，終莫之勝，吉。

《象》曰：終莫之勝吉，得所願也。

- 成熟
- 陵：山之頂。
- 三歲不孕，終莫之勝：三年沒懷孕，但德很好，別人拱不下來。
- 在頂峰的考驗——經得起長時間醞釀。

上九，鴻漸于陸，其羽可用為儀，吉。

《象》曰：其羽可用為儀，吉，不可亂也。

- 教育
- 陸：飛返高原，自頂峰。
- 儀：效法、取法。鴻鳥的羽毛大而美，可用作禮儀服飾。
- 生命的鴻鳥從天空回到人間傳遞經驗。

    中國人講究超凡入聖之後的超聖入凡。

    愛情七階說：感覺的愛情→眼睛的愛情→言語的愛情→手的愛情→唇的愛情
    →身體的愛情→靈魂的愛情。

小結

    初爻：鴻漸于干——障礙。
    二爻：鴻漸于磐——穩定。
    三爻：鴻漸于陸——危機。
    四爻：鴻漸于木——空間。
    五爻：鴻漸于陵——成熟。
    六爻：鴻漸于陸——回返。

漸卦語錄

➤人生最重要的不是快慢，而是在過程的完整。

　循序漸進是為了完成一趟意義圓滿的旅行。

➤生命的鴻鳥從天空回到人間傳遞經驗。

歸妹：六十四卦的被動卦

歸妹的卦象是「嫁女兒」，比喻君子與世間交合之道。跟這個人間世打交道，容易落入放棄或受傷，所以歸妹卦告訴我們一個君子委身人間，就像女孩兒嫁到夫家──首先，嫁人得看時機，當然，女孩兒本身要具備內在的成熟，那麼，嫁過去了，就不要東計較西計較，實實在在做事就對了，行動是解決所有人間問題的不二法門。

䷵ 兌下震上

歸妹，征凶，无攸利。

《彖》曰：歸妹，天地之大義也。天地不交，而萬物不興。歸妹，人之終始也。說以動，所歸妹也。征凶，位不當也。无攸利，柔乘剛也。

《象》曰：澤上有雷，歸妹。君子以永終知敝。

《雜卦》曰：歸妹，女之終也。

相關資料

主題：交合，待用，被動。

　　歸妹，嫁女兒。王弼：「妹者，少女之稱也。」

　　漸、歸妹的卦象都是嫁女兒，漸「易」而歸妹「險」。

◉**卦象：**澤上有雷──雷震而澤動，女從男之象。

　　雷動，水上跟著有波紋。

◉**卦性：**悅而動──男動女悅，歸嫁之義。

卦辭經文註釋

- ◉強摘的瓜不甜。
  勉強、硬做是最低效的工作狀態。
- ◉嫁女兒，妄為則凶，沒什麼好處。
- ◉歸妹：象徵交合之道。指一個君子與世間的打交道。
- ◉征凶：天地人間男女陰陽的交合，最好自然的發生，一硬來，一勉
  強，就不妙。

卦辭傳文註釋

- ·歸妹，天地之大義：嫁女兒是天經地義的。
  《繫辭傳》：「一陰一陽之謂道。」
- ·永終知敝：用悠遠的心情看待結束，死亡不只是終點。用覺知的心靈面
  對破舊，殘缺可以是力量。
  一個新嫁、優質媳婦的品質？

爻辭經傳註釋

初九，歸妹以娣，跛能履，征吉。

《象》曰：歸妹以娣，以恆也。跛能履吉，相承也。

- ·與世交合初階，名位、身分最不重要，事情難辦也不要計較，「做」事才是重點，
  甚至是用力的做。
- ·娣：猶妹。古代群婚制中，女子之後生為妾者。
- ·跛能履：掰咖的（台語：瘸腿的）能走路。
  意思是名分正不正沒關係，重要是做事的能力。

九二，眇能視，利幽人之貞。

《象》曰：利幽人之貞，未變常也。

- 與世交合的孤獨。
- 眇：獨目。
- 幽人：不見用的有德者。

　　不理會他人的看法，而自覺、獨自走自己道路的成長者。
- 未變常：不改變常心常道。

六三，歸妹以須，反歸以娣。

《象》曰：歸妹以須，未當也。

- 與世交合，必須等待時機，是修養，也是智慧。
- 須：1.待也。2.猶姊。群婚制中女子之先生為妻者。
- 反：返也。
- 以娣：被嫌棄太老被退，再嫁過來，不能當正妻，只能做妾。

九四，歸妹愆期，遲歸有時。

《象》曰：愆期之志，有待而行也。

- 與世交合，時機還是硬道理。
- 愆：誤期。
- 遲歸：老大了才嫁。

六五，帝乙歸妹，其君之袂，不如其娣之袂良，月幾望，吉。

《象》曰：帝乙歸妹，不如其娣之袂良也。其位在中，以貴行也。

- 與世交合，內在能力比外在名位重要。

　　終於嫁了，積德有成。

- 帝乙：古帝稱。
- 君：寡小君。小姐、正室重德，衣尚素樸。
  　　積德於中，尚誠不尚飾。
- 袂：衣袖。
- 月幾望：接近圓滿。

上六，女承筐，无實，士刲羊，无血，无攸利。

《象》曰：上六无實，承虛筐也。

- 與世交合，沒有實力，不能真通，一切免談。
- 未嫁稱女，未娶稱士。
- 筐：竹編容器。
- 刲：宰割。

小結

歸妹三德（小三之道？）——1.實力（德），2.行動（行），3.時機（時）。

孤獨是必然經驗，名分必須不計較。

卦辭：交合之道，不能強求。

初爻：用力行動。

二爻：孤獨是終身的功課。

三爻：屈辱的時機。

四爻：行動的時機。

五爻：內在實力比外在名分重要。

上爻：沒有實力，一切免談。

歸妹卦語錄

➤強摘的瓜不甜。

勉強、硬做是最低效的工作狀態。

天地人間男女陰陽交合，最好自然的發生，一硬來，一勉強，就不妙。

➤永終知敝：

用悠遠的心情看待結束，死亡不只是終點。

用覺知的心靈面對破舊，殘缺可以是力量。

➤一個君子總是在不圓滿中行道的。

第十七組：漸歸妹

主動與被動，自進與待用——鴻漸于陸，其羽可用為儀

漸：漸進、主動、序列	鴻飛冥冥，從水畔到高峰，	序卦：漸者，進也。
	從天上返人間。	雜卦：漸，女歸待男行也。
歸妹：待用、被動、等待	勉強、硬做是低效的	
	做事方法。	雜卦：歸妹，女之終也。

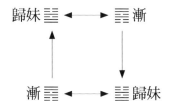

↓ 綜：發展	漸 ↓ 歸妹：從主動到被動，從成長到等待。
◄► 錯：對反	漸◄►歸妹：二卦都是用嫁女兒的象，但相反相
	成——序列與等待、獻身與委身、易與
	險、正與反、進與守。

主動與被動，自進與待用

　　主動與被動，原無定法，人間實踐，也是「不可以為典要」，兩者相互含攝，進中有待，待中有進，正是漸、歸妹二卦互為綜錯的真義。

　　《周易》好像要告訴我們：成長不是冒險，必須順時有序，才得正果。個人與世間結合猶如天地碰撞，既莊嚴重大，也同時具有危險性。

附文一
不要破壞人間秩序！

這篇文章很長，從《易經》六十四卦的漸卦談到人間秩序。人間秩序擁有共通的原則與種種的模型：

第一話：人間秩序的四點原則
第二話：模型一——愛情七階說
第三話：模型二——龍鴻相照
第四話：模型三——老子五德
第五話：模型四——行星時期

第一話：人間秩序的四點原則

漸卦可以說是《易經》六十四卦的「秩序卦」，關鍵字就是「序」，代表漸卦的成語就是循序漸進。

漸卦告訴我們：人生重要的不是快慢，而是有序。漸卦就是一個討論生命序列的卦。

序，這件事是很重要的。不管稱為理序、次第、序列，總之，不能破壞每個事件的自然節奏，不能躐等、越階。躐等就是跳樓梯，從第一階跳到第三階也許沒問題，但從第一階一下子跳到第七階，就一定摔到鼻青臉腫了！人生就是這樣：慢慢來不只比較快，也比較能夠得到完整的生命學習。

不管哪一種的人間秩序，都必然遵從下列的結構。筆者嘗試整理成四點基本原則：

（一）階段性

任何人間秩序，必然有它的階段與次第，下文所討論的幾個模型，或 step7、8、5……內涵不一，步數不同，或由淺入深，或由小而大，或從小 到老……但必然步步為營，次第推進。階段性，是人間秩序的核心靈魂。

（二）前階段未完成→還／糾纏

在任何的人間秩序中，如果前階段未完成，未竟的功課必然要在日後 的人生償還，甚至糾纏一生，以不同的扭曲形式。該發生的事件沒發生， 有可能：

1. 延誤下一個生命事件的發生。
2. 甚至使本該發生的生命事件，不發生。
3. 更可怕的不是不發生，而是扭曲與糾纏的發生！

（三）後階段過早提上日程→淹沒

後階段過早提上日程，就是所謂的「躐等」了。「躐等」出現，會淹 沒本該發生的前階段以及沿途的風景。有時，過程與風景是更重要的學 習。關於「躐等」，有兩點需要說明：

1. 小小的跨越還可以，嚴重的越階結果常常就是帶來傷害。
2. 不能躐等，更深層的理由，是前一個階段的完成會提供下一個階段的 能量，跳太多，事情愈做下去會愈感到生命能量的衰竭。事，愈做愈 怪，愈做愈不順。

（四）完整性

階段性，是人間秩序的核心靈魂；完整性，就是人間秩序的終極目標 了。生命完整了，就可能達成了。這也是中道死亡的壞處：

1. 暴死會製造驚恐，驚恐會影響死亡與輪迴的品質。
2. 中道死亡等於生命旅行未完成，未了的心願會在下一世重頭再來。

　　人間有序就是為了完整，事實上，完成完整是最聰明的直道曲成。

　　所以序列的真正意義在「完整」。

　　人生最重要的不是快慢，而是過程的完整。循序漸進就是為了完成一趟完整的旅行。譬如，死亡也是需要完整的經驗的。筆者想到海萊因的科幻名著《異鄉異客》的主角火星之子，以及盧貝松電影作品《露西》裡的超人類，都有彈指間讓對方消失的能耐，當被問到扮演上帝決定他人生死難道沒有心理負擔嗎？兩部不同的作品都回答了相似的哲學思考：「其實人類不會真正的死去。」從更宏觀的輪迴觀來說，這是真的。但這是不是說可以隨便殺掉另一個人呢？反正人不會真正的死去嘛？當然不可以，哪怕從內在的角度，殺人也是重罪，因為他殺或意外死亡最大的不道德是會引起臨終者心靈的大驚恐啊！這是會嚴重影響往生者的輪迴品質的啊！臨終前講究一心不亂，橫死真的是品質不好的死法。所以從完成生命歷程的角度著眼，死亡有兩個重點：「沒有夭折」與「沒有驚恐」的死去，是比較優質的死法。這是「死亡完整」的例子。

　　再舉一個「學習完整」的例子。占星學將十二星座分成火、土、風、水四大分類，可以解釋為四型人格對學習與經驗的完整度的不同需求。整理如下：

　　火象星座需要快的完整，
　　火象星座需要在快速中完成學習。
　　土象星座需要慢的完整，
　　土象星座需要在慢速中完成學習。
　　風象星座需要思考的完整，

風象星座需要在「思考很多」中完成學習。

水象星座需要感受的完整，

水象星座需要在「整理感覺」中完成學習。

每個人都有不同的歷程與需求，了解自己跟別人不同的歷程與需求，然後才比較能夠完成自己的歷程與需求。生命經驗的「完整」是很重要的，而達成生命完整的途徑正是人間有序。

第二話：模型一——愛情七階說

第一個提出的模型是筆者「愛情七階說」的說法：「1.感覺的愛情→2.眼睛的愛情→3.言語的愛情→4.手的愛情→5.唇的愛情→6.身體的愛情→7.靈魂的愛情。」愛情不只是愛情，基本跟著七個階段的次第行進，能夠得到完整的生命學習。

事實上，每一件事都有本身自然的生命節奏，事事有序，循序漸進，用敏銳的心去感受，用全面的行動去投入，即能得到完整而深刻的生命經驗；相反，不尊重事件內部的理序，甚至破壞生命的節奏，結果就可能引發傷害了。

這方面的例子太多了。譬如「愛情七階說」，從 1 到 7，那是富饒的愛情學習、生命學習。但時下的現象，常常是開始了 1，頂多 2，就立即跳到 6，就是所謂速食愛情了。問題是，速食愛情是不是真正的愛情呢？至少品質一定堪憂吧。其實不管男孩或女孩，年輕的心本該是柔軟、細緻的，但如果一個女孩一再的被剛認識的男生拉上床，慢慢的她就可能錯以為這是兩性交往的正常模式了。同樣的，一個男孩重複幾次直接跳到6——身體的愛情或性的愛情，慢慢的他的心就會變粗糙了，變得愈來愈容易跳過優雅、深刻的生命歷程。而且，不管女孩男孩，這樣的殘缺的愛

情一定無法達至 7，靈魂愛情的境界。

又像治病。事實上疾病的深層意義是告訴我們上一個人生階段生存方式的不正確，所以養病就是一個反省、調整、修復、改變不正確生存方式的深刻機會。這件事是需要過程的，有完整的過程，才有完整的學習與復元。如果心急治癒，用特效藥壓住病勢，或者不充分休息休養，那身與心的深層學習未完成，病根未除，即可能埋下一顆更大身、心災劫的種籽。

修行也一樣。任何功法的修行都是有次第節奏的，最後一個階段可能就是福報——修行的副產品。如果只求福報，跳掉中間的修練，這樣的修行當然是不圓滿、有後遺症、法基不穩的。

事必有序，尊重秩序，生命必然有它自然發展的節奏。

第三話：模型二——龍鴻相照

我們對照《易經》乾、漸兩個卦，體悟一下人生有序的生命歷程。

乾卦初爻是「潛龍勿用」，指保守低調的生命學習階段；漸卦初爻是「鴻漸于干」，鴻鳥飛到水畔，還沒啟程，但身旁已經有人說三道四。所以生命成長的第一個階段是「障礙／潛相」。

乾卦二爻是「見龍在田」，指民間領袖結交師友的生命成長階段；漸卦二爻是「鴻漸于磐」，鴻鳥在水邊找到一塊棲身的大石頭，利用機會好好餵飽自己，好為即將啟動的生命飛行做準備。所以生命成長的第二個階段是「穩定／吉相」。

乾卦三爻是「君子終日乾乾」，指成長者艱苦埋首的下苦功階段；漸卦三爻是「鴻漸于陸」，鴻鳥啟動旅行，飛至高處，但位高勢危，需要進一步觀察。所以生命成長的第三個階段是「危機／危相」。

乾卦四爻是「或躍在淵」，指成長者初試身手的人生冒險階段，但《易經》一貫的王者氣象是絕對尊重成長者的人生選擇的，所以經文很彈

性的只說「或」；漸卦四爻是「鴻漸于木」，鴻鳥飛至高地，找到一株可以暫時棲身的樹木，伏養生息，準備能量，再度展翼。所以生命成長的第四個階段是「空間／顧相」，意思就是暫時性的斂翼藏鋒。

乾卦五爻是「飛龍在天」，就是成熟者達成成長高峰，開始接引天下賢者；漸卦五爻是「鴻漸于陵」，也是指鴻鳥飛至峰頂，卻進入一段長時間的醞釀期。所以生命成長的第五個階段是「成熟／乾卦是大相中的覺相，漸卦是大相中的養相」。

乾卦上爻是「亢龍有悔」，是勸成長者從高峰下來，傳遞經驗智慧的晚年階段；漸卦上爻是「鴻漸于陸」，也是指鴻鳥從峰頂下返高原，向後輩展示一身美麗的羽毛，正是身教的深旨。所以生命成長的第六個階段是「回返／返相」。

這是《易經》兩個卦所描繪的成長六階段——障礙、穩定、危機、空間、成熟、回返；或稱為潛相、吉相、危相、顧相、大相、返相。不管是龍的變化，還是鴻鳥飛行，龍騰鴻逝，都需要懂得深層的生命序列。

第四話：模型三——老子五德

《老子》五十四章記載了老子五德，這一個人間秩序，描繪了一個從小我到大我的修德序列。

第一個階段：修之於身，其德乃真。
　　　　　　在「自我」的範疇上修德，生命開始變化，道家真人就是生命開始變化的人。
第二個階段：修之於家，其德乃餘。
　　　　　　在「家庭」的範疇上修德，就是面對不容易的家庭革命工作，自己的內在成熟也開始有餘滿溢了。

第三個階段：修之於鄉，其德乃長。

在「社區」的範疇上修德，在更大的他愛行動中，生命才開始真正的成長。（老子的標準是高標準！到了照顧一個社區，才算開始生命成長。）

第四個階段：修之於國，其德乃豐。

在「國家」的範疇上修德，德業大壯，生命內在的成熟可以通天了！（「豐」字就是豆器上盛著一年新收成的小麥以祭天。）

第五個階段：修之於天下，其德乃普。

在「天下」的範疇上修德，德業普遍流行。

首先要說，這個老子五德的人間秩序，也必須遵從文章最初所說的四點原則。在這個模型裡，老子告訴我們：愛的工作與內在成熟是比肩並進的──內在愈成熟，愛的能量愈大；愛的能量匱乏，就要回來面對自己的火候不夠了。

第五話：模型四──行星時期

模型四是一個占星學中的人間秩序，共分為八個行星時期。先行摘要一下：

月亮時期告訴我們：如果愛的根源缺席，愛的陰影會變成一生不容易處理的糾纏。

水星時期告訴我們：不讓孩子好好說話，他可能會演變成一生都只在說話！

金星時期告訴我們：為什麼許多人的才華、目標、事業、深度發展不出來，只因為一直被一個苦悶的愛情靈魂糾纏著。

太陽時期告訴我們：太陽時期其實是在人間秩序很中心意義的位置，人生的「意義」，就是在這個時期奠定的。

火星時期告訴我們：人生奮鬥也只是人間秩序的其中一個環節，過早發生、沒有發生、缺乏基礎的發生、扭曲的發生……都可能讓奮鬥演變成災難。

木星時期告訴我們：木星公民精力尚在，熱情慈悲，造就了天人合德、內外通透、身心整合、出入無礙的最佳生命狀態。他們自己收割了，也願意灌溉他人。

土星與三王星時期告訴我們：死亡與超越的學習是嚴峻的，需要整個生命步步經營的支援。

接下來，就是八個行星時期的詳細說明。

（一）月亮時期

月亮時期就是嬰兒階段。

月亮時期的生命主題是「擁抱與愛」。

如果這個生命主題缺席，可能會造成一生的缺乏安全感、恐懼深刻的人際關係、逃避愛的連結、性格扭曲、缺乏支持感……等等。在這個時期，媽媽是主要的施愛者，無條件的愛是重要的，擁抱是重要的。如果愛的根源缺席，愛的陰影會變成一生不容易處理的糾纏。

（二）水星時期

水星時期就是青少年階段。

水星時期的生命主題是「說話與學習」。

讓孩子好好說話、好好學習、好好表達是很重要的生命練習。如果這個生命主題缺席，會容易變成表達恐懼或言語氾濫，當然也可能會影響知性的發展。不讓孩子好好說話，他可能會演變成一生都只在說話！事實

上，不能嚴管孩子說話的內容，說話本身就具有學習的意義，過度打壓會造成知性能力的障礙。說話是學習的一部分，學習本身是一件快樂的事，快樂的能量食物。

（三）金星時期

金星時期就是國、高中到大學階段。

金星時期的生命主題是「愛情或兩性學習」。

愛情學習的內涵太豐富了，有形而上的一面，有形而下的一面，一時說不完。這個占星學秩序要說的是：在國中開始到大學這一個階段，有人早有人稍晚，愛情是這個階段的重大課題。人間最美麗、純真的愛情總是發生在這個年齡層，在這個時期，愛情能量會自然萌動。如果愛情的學習太早發生，會干擾了水星時期的知性學習。如果在這個階段愛情沒發生，愛情問題即可能成為一個人終身的追求與渴望，可問題是，沒有發生的例子比比皆是，尤其在東方國家，因為在這個階段，大人們常常強迫孩子去做一件不正確甚至荒謬的事：填鴨教育！這解釋了為什麼許多老男人一輩子都在追女人，為什麼愛情文學與電影常常是許多大齡女生最喜愛的主題，咱們這個世界很奇怪，不許愛情發生在孩子真實的人生裡，卻讓愛情在虛構的世界裡呻吟。所以，愛情學習一旦不健康的一直發生在後面的人間秩序之中，當然會妨礙到後面行星時期的進行，這也解釋了為什麼許多人的才華、目標、事業、深度發展不出來，只因為一直被一個苦悶的愛情靈魂糾纏著。

補充一點：大學生談戀愛太對了！當然要跟一個活生生的男生或女生談，但也要跟整個文化傳統或人類學術談戀愛啊！從金星時期看大學學習，不能只強調大學的理性主義，大學學習也是一種文化的愛與情懷啊！

（四）太陽時期

太陽時期就是青年到中年階段。

太陽時期的生命主題是「自我的探索與定位」。

太陽時期很長，約概括從二十幾到四十之前的人生。其實這一個階段的主題就是「自我」，但更細分，可以分為前太陽時期的「自我探索」與後太陽時期的「自我定位」。前一個主題還是屬於形上自我或內在自我的探索，後一個主題則發展到形下自我或外在自我的確立。在前太陽時期的青年階段中，人會花許多力氣去思考、探索、尋求、整理關於自我的意義、理由、型態、內涵；但到了後太陽時期的中年歲月裡，就會開始嘗試將種種意義、理由、型態、內涵落實為具體人生的主題、使命、目標、工作。總之，從形上自我的追尋到形下自我的定位，正是太陽子民的階段任務。有一個重要的相關點，中年危機也是涵蓋在太陽時期之中，事實上，中年危機的深層意義正是自我尋找的迷失、失落與崩壞。當然，太陽時期可能會被前幾個生命秩序的課題干擾，如果前面的生命學分沒修好，譬如：知識學習、愛情學習、溝通學習、甚至是愛的學習。太陽時期也可能會不出現，讓後面的生命秩序提前趕上日程，譬如：人生事業的奮鬥。如果是這樣，這樣的奮鬥是無根的，是不知為何而戰的奮鬥，是意義缺席的奮鬥。

太陽時期其實是在人間秩序很中心意義的位置，這是賦予意義、尋找價值觀、定位內在與外在的關係、發現深層自我的人生階段。人生的「意義」，就是在這個時期奠定的。

（五）火星時期

火星時期就是中、壯年階段。

火星時期的生命主題是「最後的人生奮鬥」。

　　大約五十六歲之前，強力的火星子民會使盡渾身解數完成、落實自己的人生目標，這個階段不再罣懷抽象的自我問題，念茲在茲的卻變成如何發揮影響力、如何幫助人、如何兌現自己認為重要的事情、如何達成人生目標等等的具體奮鬥。當然，人生奮鬥也只是人間秩序的其中一個環節，過早發生、沒有發生、缺乏基礎的發生、扭曲的發生……都可能讓奮鬥演變成災難。

（六）木星時期

　　木星時期就是初老年階段。

　　木星時期的生命主題是「成熟的冠冕或智慧的收割」。

　　約從五十六到六十八歲，是一個人的木星時期，木星公民代表一個生命行者可能達成的成熟、智慧、高峰、大德。我覺得有一句話形容這個時期的生命秩序很適合，就是太史公司馬遷所說的「天人之際」。木星公民還沒真的老去，精力尚在，熱情慈悲，加上內在的成熟達至相當的火候，造就了天人合德、內外通透、身心整合、出入無礙的最佳生命狀態。他們自己收割了，也願意灌溉他人。可是，如果一路過來的人間秩序沒走好──根源受傷、學養不足、連結沒好、自我迷失、事業不展……就會妨礙到木星時期的豐收歲月了。也許會一直補修前面的學分，日子過得忙亂奔波，就看不到木星公民豐盛從容的自在風采。

（七）土星時期　　（八）三王星時期

　　土星時期就是老年階段。

　　土星時期的生命主題是「學習死亡」。

　　三王星時期就是死前階段。

　　三王星時期的生命主題是「超越意識的蛻變」。

　　最後兩個占星學的人間秩序合在一起說。關於行星時期，古典占星學

結束於土星時期，現代占星學則拓展至三王星時期。沉重的土星時期代表死亡學、解脫學、臨終學，三王星則象徵超越意識的蛻變與更生，當然是跟輪迴的課題有關。生與死是一體的，從某個角度，「未知生，焉知死」的說法有相當程度的正確，所以人間秩序一路走來的月、水、金、日、火、木各個階段的學習如果能夠圓滿，當然就比較有可能達成真實的死亡歷練與超越意識的甦醒。死亡是嚴峻的，需要整個生命步步經營的支援。

天上如此，人間亦然。天上的星辰，只是反照人間秩序的一面鏡子而已。這正是真正的占星文化最可貴的地方。

附文二
生命的時機是需要等待的

生命的時機是需要等待的。

落果的時機是需要沉靜的觀察與等待的。

勉強、硬做是最低效的工作狀態。

做事要等待好時機，關係也不能硬來。

修行、做事、關係都需要等待成熟，處理寂寞也一樣。成熟的處理，寂寞可以是法器；不成熟的處理，寂寞可能只是軟弱。

漸卦是《易經》六十四卦的主動卦，歸妹卦是《易經》六十四卦的被動卦；漸卦內容在說一個君子主動的獻身世道，歸妹卦精義在說一個君子被動的委身人間；主動，要尊重生命的節奏，被動，要等待造訪的時機。

是的，生命的時機是需要等待的。

所謂強摘的瓜不甜，奧修師傅就說過一個「摘果子」的比喻，充滿深刻意義。奧修說：「果實（按：比喻生命的成長與成熟）不能硬摘，硬摘會同時在枝椏（按：比喻身與心）與未成熟的果子上留下傷口，所以所使用的方法（按：比喻法門）一定是不對了。要等待果實，要等待果實的成熟，所謂瓜熟蒂落，時機成熟了，輕輕一摘，沒有任何傷口，就可以很自然的取得成熟的果實了。而且要在一旁靜靜觀察，在果子落在地面摔爛之前，趁著最好的時機取下，即可以收穫美好的成長結果，因為如果不在最後關頭 push 一下，這一趟漫長的等待與學習又要重頭再來了。」

是的，落果的時機是需要沉靜的觀察與等待的。勉強、硬做是最低效的工作狀態。

筆者有一個「三不做」的生活心得，只要符合其中一項，就應該停步、罷手、休息、守靜，不要再勉力撐下去了。所謂「三不做」就是：

1　累了，就不要做

硬做，不只沒效果，看著電腦屏幕石化，傷腦，又傷身，累就好好休息，貪做事，其實已然無能為力，只是謀殺時間與健康而已。

2　沒感覺，就不要做

做一件事，剛開始興趣盎然，但做著做著，漸漸的沒感覺了，沒 fu 了！這代表這件事情一定是哪裡沒做好，哪裡出了問題，所以沒興趣、沒感覺，硬做下去，一定品質不會好。那，重新開始？但恐怕已經沒有能量與力氣了，所以每當失去做事的熱情，就停下來、先放手、先不做，事實上是更斷然而有智慧的選擇。

3　痛苦，千萬不要做

做這件事感到痛苦，千萬別硬做下去，否則身、心受到壓迫與傷害，將來是一定要還的，也許提早報廢，也許身心扭曲，甚至帶來災難。

做事要等待好時機，關係也不能硬著來。

記得老師說過一個關於兩性關係的概念：男女情事，不要用「追」，那是狩獵行為；不如說「遇」，才是自然而然的真心相逢。筆者則有一個常用的「毒嘴」比喻：這個女孩子如果常常遇到渣男，往往因為自己是便便，才會一直吸引蒼蠅；只要自己是鮮花，就會吸引蜜蜂蝴蝶啊！所以要增值自己「遇」的可能，要修成鮮花，也是需要一個等待的過程的，但卻是積極的等待，等待（修煉）生命的成熟！成熟是等待最終的圓融飽滿。

修行、做事、關係都需要等待成熟，處理寂寞也一樣。成熟的處理，

寂寞可以是法器；不成熟的處理，寂寞可能只是軟弱。下面是所謂的「寂寞四途」——處理寂寞的四個途徑。有朋友戲稱是獨孤四劍：

1. 一體性：就是修得佛果。這是最成熟的處理。
2. 找到寂寞的根本原因或事件：找到它，去除它。就是筆者常說的找到老朋友、拆地雷的概念。
3. 獨立：再等而下之，建立好自己獨立的人生安排與生活內容。
4. 依賴：這是最快也最不成熟的解決寂寞的方法。當然，這不是解決，這是放棄解決；這不是方法，其實是麻醉自己。

是啊！寂寞的根除也是需要積極的等待的。如果有一天，赫然發現寂寞徹底不見了！咱們才了解：原來，等待可以是一趟偉大而深刻的求道旅程！

第十八章
豐旅渙節

豐：六十四卦的豐富卦

六十四卦中標題「豐富」的一卦，從卦辭到爻辭，內容相當一貫的在討論「英雄之間的相處」的問題，從英雄之間的識重、猜忌、傷害、復信、交棒、自隱，我們看到英雄相重或君子合作這一件事本來就相當的不容易。所以，《易經》認為豐富的真正意義就是識英雄重英雄吧。

䷶ 離下震上

豐，亨，王假之。勿憂，宜日中。

《彖》曰：豐，大也。明以動，故豐。王假之，尚大也。勿憂宜日中，宜照天下也。日中則昃，月盈則食，天地盈虛，與時消息，而況人於人乎？況於鬼神乎？

《象》曰：雷電皆至，豐。君子以折獄致刑。

《序卦》曰：豐者，大也。

《雜卦》曰：豐，多故也。

相關資料

　　主題：豐富，充實感。

豐，禮器，盛小麥以祭天。但豐有歧義：

1.一豐富，馬上有疑，容易財大氣粗。

物質豐富之後，心靈的清澈反易被遮蔽。

二三四上爻都有遮蔽之象，所以《雜卦》說「豐，多故也。」

豐富了問題反而多。《序卦》講正面，《雜卦》講反面。

2.一豐富，就會遇到「配主」的問題。

懂得利用富裕，栽培多元的力量，但，如何栽培？

⦿ **卦象**：雷電皆至──天地間盛大的氣勢。

⦿ **卦性**：明以動──照清楚的感覺去做，明的力量的發動，豐富！

卦辭經文註釋

⦿ 成熟才能面對豐富。

豐富之後，最重要能通，只有王者才能做得到。不用擔心，只要能掌握「日在中天」的原則。

⦿ 假：1.至也。2.通格，正也。

王假之：成熟者才能兼顧豐富深厚與通情達理。

⦿ 宜日中：日在中天的原則。

1.遍照之義。2.明朗之義。3.透明化。4.高度。

卦辭傳文註釋

·尚大也：大是豐的精神。格局、胸襟、眼光要宏大。

·日中則昃，月盈則食，天地盈虛，與時消息：昃，西斜也。

從豐富想到匱乏，從喜悅想到憂傷，從正想到反，從順想到逆，才是真正的豐富。《蘇菲之路》之「這，也將過去」。

・君子以折獄致刑：折，斷也。致，推行。

　　以「明」的原則折獄——多聽，不要偷懶。

　　以「動」的原則致刑——使生，不為判死。

爻辭經傳註釋

初九，遇其配主，雖旬无咎，往有尚。

《象》曰：雖旬無咎，過旬災也。

・真正人格的豐富是識英雄重英雄。

　　遇見另一位領袖，跟你一樣擁有完整沒關係，這條道走下去會有成長的。

・真正的豐有二王，「天無二日，國無二主」不是《易經》原則。

　　識英雄重英雄是很難做到的，君子是很難合作的，反而小人容易因利益結合。

・配主：可匹配之主。

・旬：十也，全數之義。指配主內德的完整。

・往有尚：繼續前往，會有成長。

・雖旬無咎，過旬災也：配主跟你一樣厲害沒關係，培養另一個領袖是好的。但過度要求、責全另一個英雄就會是災難的開始了。想到兩個對照的例子——劉備孔明，曹操郭嘉。

六二，豐其蔀，日中見斗，往得疑疾，有孚發若，吉。

《象》曰：有孚發若，信以發志也。

・堆土觀天，大太陽下看見北斗星，英雄之間開始產生猜忌。

　　對配主生疑，要復信。

・蔀：1.通培，指土丘。2.覆蔽之物。3.日蔽雲中稱蔀。

・日中見斗：明明大太陽，卻看見北斗星，有毛病。

- 往得疑疾：愈走下去，信心動搖，得疑心病。
- 有孚發若：能復信，可以再出發。

九三，豐其沛，日中見沫，折其右肱，无咎？

《象》曰：丰其沛，不可大事也。折其右肱，終不可用也。

- 臨澤觀天，大太陽下還是看見小星光，終於動手搞掉另一個英雄。
  在水澤之間堆土觀天（距離更遠），還是眼睛怪怪的看到異象，生疑到斷掉自
  己的右大腿，還能夠當作沒事嗎？疑到自殘。
- 沛：1.水澤。2.日在雲下稱沛。
- 沫：小程子：「沫，星之微小，无名數者。」
- 折其右肱：殺賢去能。

九四，豐其蔀，日中見斗，遇其夷主，吉。

《象》曰：丰其蔀，位不當也。日中見斗，幽不明也。遇其夷主吉，行也。

- 又堆土觀天，大太陽下又看見北斗星，遇見另一個民間英雄，終於復信識才。
- 夷主：夷，常也，平也，平野。指民間英雄。
  主，有主體性的大德。
  起用民間英雄以渡困復豐。
- 遇其夷主吉，行也：提拔大才，重點在行動。

六五，來章有慶譽，吉。

《象》曰：六五之吉，有慶也。

- 招攬賢才，找到接班人。
- 來章：章，美也，指才德皆美之士。
  來章，指招納賢才。

・慶：从鹿从心从夂。

　　鹿，美善之獸。心，心靈。夂，行貌。

　　慶就是從美善之心做好事。

上六，豐其屋，蔀其家，闚其戶，闃其無人，三歲不覿，凶。

《象》曰：丰其屋，天際翔也。窺其戶，闃其無人，自藏也。

・硬體建設弄得美輪美奐，但不懂得豐之道，一段很長的時間竟然沒有人才！

　　豐美宮室，打好房子的地基，但從戶外窺視，空寂無人，寂天寞地，三年都看不著賢才，凶險啊！

　　沒人才！上爻是反豐之道。

・上六有二義：1.只懂弄好硬體，不懂招納賢才。2.豐盛的時代，該出頭卻被迫躲起來，也是凶。

・蔀，培土。

・闚：偷偷的看。

・闃：空寂。

・无人：沒有人才。

・三歲不覿，凶：豐美的時代一旦敗下去，會是很長的一段時間。

小結

　　卦辭：真正的豐富是大成熟的人格。

　　初爻：真正人格的豐富是識英雄重英雄。

　　二爻：英雄之間產生猜忌。

　　三爻：自毀長城。

　　四爻：遇到民間英雄。

　　五爻：找到接班人。

上爻：剩下表面的豐富。

豐卦語錄

➤成熟才能面對豐富。成熟者才能兼顧豐富深厚與通情達理。

➤從豐富想到匱乏，從喜悅想到憂傷，從正想到反，從順想到逆，
才是真正的豐富。

➤真正人格的豐富是識英雄重英雄。

旅：六十四卦的貧乏卦

　　六十四卦標題「貧乏」的這一卦，內容是在談論流浪感、飄泊感、貧乏感的人生荒涼。事實上，這一切臨時心態都是由人心的扭曲所造成的。不管人生多短暫，心中還是要有悠遠的氣度與感覺。

　　六爻的內容倒是很實際——旅途中可能遇見的種種具體問題與心境，總之，這不是一個愉快的卦，是一個討論人生負面情境的卦。旅的相反就是穩定感、長久感、安全感與內心的愛。把每一個當下都當作恆久來過，把每一個當下都當作豐富深情的人生歲月悠悠。

䷷ 艮下離上

旅，小亨，旅貞，吉。

《彖》曰：旅，小亨，柔得中乎，外而順乎剛，止而麗乎明，是以小
　　　　　亨，旅貞吉也。旅之時義大矣哉！

《象》曰：山上有火，旅。君子以明慎用刑，而不留獄。

《序卦》曰：旅而无所容。

《雜卦》曰：親寡，旅也。

相關資料

　　主題：貧乏、飄泊感。

　　　　飄泊、失根、流浪的感覺——現代人的心態。

　　　　小程子：「豐，大也。窮大者必失其居，故受之以旅。豐盛至
　　於窮極，則必失其所安，旅所以次豐也。」

豐富而日漸膚淺會變成飄泊，社會富裕卻每個人在過臨時的一生。

◉ **卦象**：山上有火——1.看到山上有火，去投宿。

　　　　　　　　　　 2.人生如旅的可怕就像火山景象。

◉ **卦性**：止明——旅中的明要懂得收斂。

　　小程子：「明不可恃，故戒于慎。」

　　連明都要止，所以只能小亨。

◉ **《雜卦》**：「親寡，旅也。」

　　1.親寡，接近貧乏的東西。

　　小程子：「困而親寡，則為旅不必在外也。」旅不一定指外在的流浪，更指內在的貧乏與萎縮。小程子說得好！

　　毓老：「人生如旅，不要淨打小主意。」

　　2.親寡，如何善用少。

卦辭經文註釋

◉ 人生如旅，處境無根，只能小通。逆旅中要有生命成長，才是美好的。

　　在短暫中學習深刻的東西。

卦辭傳文註釋

・旅之時義大矣哉：旅中要知時，不能蠻幹。

・不留獄：監獄不留人，這是最好的旅。

爻辭經傳註釋

初六，旅瑣瑣，斯其所取災。

《象》曰：旅瑣瑣，志窮災也。

· 將人生當作瑣瑣碎碎的旅途，生命的飄零感正是災難的原因。

· 取災：災難是自己找回來的。

· 旅瑣瑣，志窮災也：

人生如旅，瑣碎害道，這是「元」的反論——元叫人不要瑣瑣碎碎的過一生。

鎮華老師：「生短事繁，人糾念纏。」

把人生當作瑣瑣碎碎的旅途。現在，都是！

以作客的心情糟蹋人生。短暫心態是製造災難的真正原因。

導致志氣的貧乏，是生命的大災難。古代的例子：紂。拼命玩，把人生當短暫的旅行玩，斯其所取災。

六二，旅即次，懷其資，得童僕，貞。

《象》曰：得童僕貞，終无尤也。

· 旅行的三個物質條件：1.居所，2.資金，3.有人照顧。

旅途中落腳在飯店，荷包裡是有錢的，有人侍候，生命才能在旅行中繼續成長。（不然忙吃喝拉撒就忙不完了。）

這一爻講物質條件的重要性。

· 次：旅舍。

九三，旅焚其次，喪其童僕，貞厲。

《象》曰：旅焚其次，亦以傷矣。以旅與下，其義喪也。

- 旅途中太正直所引發的危險──房子燒了（失去安全感）＋童僕跑了（失去追隨者）。太正直會引發人生風暴。
- 九三陽剛，又處艮上，有過剛之義。故失所（旅焚）而下離（僕喪）。
- 以旅與下：以旅的心情對下面的人發脾氣。

九四，旅于處，得其資斧，我心不快。

《象》曰：旅于處，未得位也。得其資斧，心未快也。

- 三個條件的 1 與 2 都回來了，但 3 還是離去，心裡不痛快。

    生命夥伴、能量團體、同道同修的重要性。
- 處：次，暫宿。處，恆產。
- 資斧：古代旅舍不供應食物，行旅必載糧以隨。

    資，行用錢糧。斧，用以取薪。
- 我心不快：少了童僕、追隨者、夥伴。

六五，射雉一矢亡，終以譽命。

《象》曰：終以譽命，上逮也。

- 一箭命中，但猛禽帶著箭飛走，得善射美名（面子），卻無實質收穫（裡子）。所以只能小亨。

    有能力沒成果的現實人生。
- 上逮：要靠在上位者的慧眼相中。

上九，鳥焚其巢，旅人先笑後號咷，喪牛于易，凶。

《象》曰：以旅在上，其義焚也。喪牛于易，終莫之聞也。

- 用了三個象：

    像鳥的鳥巢被燒了，失家之痛，不親土，缺乏家感，真正的家是內心的穩定感。

旅人沒有土性，一直要觀光，臨時心態的極致，一定會先笑後哭。

又像牛在城郊丟了。牛，生命力的象徵。

‧易：郊域之地。

小結

初爻：瑣碎害道。

二爻：物質條件的重要。

三爻：太正直的災難。

四爻：夥伴的重要。

五爻：有能無成，有名無實。

上爻：失「家」之極痛。

旅卦語錄

➤不管人生多短暫，心中還是要有悠遠的感覺與氣度。

➤在短暫中學習深刻的東西。

➤短暫心態是製造災難的真正原因。

渙：六十四卦的渙散卦

渙卦是真正的凶卦！整個局面都散架了！所以渙卦是一個「拼」的卦，豁出去了──準備放手大幹，拉兄弟，命都不顧了，打小人，拆房子，流血流汗，拔掉心腹之患。與其說渙散卦，這一卦還真像拼命卦！

☵☴ 坎下巽上

渙，亨。王假有廟，利涉大川，利貞。

《彖》曰：渙，亨，剛來而不窮，柔得位乎外而上同。王假有廟，王乃
　　　　在中也。利涉大川，乘木有功也。

《象》曰：風行水上，渙。先王以享于帝立廟。

《序卦》曰：渙者，離也。

《雜卦》曰：渙，離也。

相關資料

主題：渙散，離亂。
　　渙卦有兩層意義：1.渙散、離散的局面。2.渙散、離散掉讓整個國家、時代民心渙散的原因。渙散、離散掉讓上下不通的梗塞物。破時代之大病。

◉ **卦象**：風行水上──風行水上，波濤翻覆，離散之貌。
　　　　　舟（木）行水上──行舟強渡波濤渙散的意象。

◉ **卦性**：險而入──在大局面渙散的險難中，要進入狀況了解真正的問題。

卦辭經文註釋

- 在渙散的時代，要回歸真理，準備面對大事。
- 在離亂的時代，仍然是有通路的。王者到祖廟祭告祖先、聚合百姓，還是可以有大作為的，但要回歸成熟原則。
- 王假有廟：假，至也。有，于也。

  小程子：「人之離散，由乎中。人心離，則散矣。治乎散，亦本於中。能收合人心，則散可聚也。故卦之義，皆主於中。利貞，合渙散之道，在乎正固也。」

  屈萬里：「廟者聚會之所。」

  廟是古代行使大事的場所——祭告祖先＋聚會之地，宗教意義＋政治意義，誠心＋聚眾，感天＋通人。

卦辭傳文註釋

- 剛來而不窮：指九二。

  局面渙散，只要剛健的君子出現，整個時代就不會窮途末路。
- 柔得位乎外而上同：指六四，上同九五。

  王船山：「舍黨去尊順上。」六四離開群小（舍黨），放棄既得利益，放下身段（去尊），跟隨真正的領袖（順上），君臣合力打破渙散的局面。
- 王乃在中：壯大的成熟安頓在終極的心靈。

爻辭經傳註釋

初六，用拯馬壯，吉。

《象》曰：初六之吉，順也。

‧在渙散的初階，要用進取的態度，準備強大的生命力。

局面剛渙散，不要退縮，要圖進取。

知難而進。馬寅初：「求學做事要知難而進。不要一遇挫折，隨便低頭。」

‧拯：《說文解字》：「上舉也。」用拯，採取進取的態度。

‧馬壯：強大的生命力。

馬，公馬，陽剛的力量。

‧順：順心？順勢？

九二，渙奔其机，悔亡。

《象》曰：渙奔其機，得願也。

‧民間領袖尋找基層的有志之士。

‧机：王弼：「机，承物者也。」

机是低下之物，九二是民間首領，訪尋、結合有志之士，聚合人心，戮力渡過渙散的局面。

六三：渙其躬，无悔。

《象》曰：渙其躬，志在外也。

‧把自己也渙散掉，戮力以赴，沒有後悔。

無我的修養。

‧渙其躬：把自己豁出去了，不計自身安危，糾合眾力，共赴時艱。

六四，渙其群，元吉。渙有丘，匪夷所思。

《象》曰：渙其群，元吉，光大也。

‧把小人的勢力打散掉，把他們的土地利益瓜分掉，這是非常手段。

‧群：小人的勢力。

- 元吉：動手竟然是壯大的吉。
- 丘：土地利益。
- 匪：不也。夷：常也。

　匪夷所思：不是平常人所能了解。

九五，渙汗其大號，渙王居，无咎。

《象》曰：王居无咎，正位也。

- 歷經辛苦，揮汗如漿，終於可以發出大政令。在艱難時期，王者連宮室都拆了，沒事的。
- 大號：小程子：「大號，大政令也。謂新民之大命，救渙之大政。」內容？
- 渙王居：1.與民甘苦，把宮室拆掉。不在乎排場與身段。

　　　　　2.古制天子分封土地予諸侯為湯沐之邑。如：楚漢之爭，漢軍困於楚，韓信使者請封假齊王於漢王劉邦。劉邦怒罵旦夕望援軍解困，卻在這個節骨眼上要脅自立為王。張良、陳平踩劉邦腳後跟，耳語之：不如善而立之，以免生變。邦悟，罵：大丈夫定諸侯，即真王，何以假為？信遂發兵助漢解困。漢楚的成敗就在項羽惜地而劉邦能封。其實項羽的才略、軍力更強，而且待人謙下，不若劉邦擅罵人。

　　　九五分封有功的六四。

上九，渙其血，去逖出，无咎。

《象》曰：渙其血，遠害也。

- 自己也受傷，但將心腹的痛病排除掉。
- 渙其血：去瘀血，療傷放血。
- 逖：1.遠離。2.憂也。

小結

初爻：進取。

二爻：結合同道。

三爻：無我。

四爻：打小人。

五爻：拆房子，分土地，出大號令。

上爻：解決心腹大患。

渙卦語錄

➤王乃在中：壯大的成熟安頓在終極的心靈。

➤面對危機，準備進取與強大，不是軟弱與保守。

節：六十四卦的節約卦

這明顯是六十四卦中關於禮節、戒律的一卦。「節」這個東西，太少了穩不住心，太多了又會壓垮主體性。看來在節與不節、放縱與壓制、出門與不出之間，必須有一個更深刻後設的存在與作用，才能中節。

䷻ 兌下坎上

節，亨。苦節，不可貞。

《彖》曰：節，亨，剛柔分而剛得中。苦節不可貞，其道窮也。說以行
　　　　險，當位以節，中正以通。天地節而四時成，節以制度，不
　　　　傷財，不害民。

《象》曰：澤上有水，節。君子以制數度，議德行。

《雜卦》曰：節，止也。

相關資料

　　主題：節制，節約，禮節，戒律。

　　　　　原義是竹節。

　　　　　六十四卦的戒律卦。

　　◉**卦象**：澤上有水──水滿溢出來了，氾濫了，需要節止的意象。

　　　　　不管修身、做事、學文、慾望，都要在氾濫之前懂節。

　　◉**卦性**：悅而陷（險）──太過高興、放縱，會有掉到陷阱的危險。

　　　　　不可縱慾主義。

　　　　　小程子：「人之所說，則不知已，遇艱險則思止，方悅而止，

為節之義。」太爽不會停，爽過頭有事了，才知止。

卦辭經文註釋

◉ 節約、規律是可以通向真理的，但太刻苦的戒律，不近人情，就不是生命成長的學問了。

不近人情，不見得是天道，而且方法也笨。

奧修：「嚴肅是精神性的癌症。」「嚴肅是一種罪惡。」

卦辭傳文註釋

‧剛得中：不管人生是收斂還是開展，內在的剛健是基本功。

中有主則內心是主人，外物是僕人。

‧其道窮：窮，沒路走。

苦節是極端的做法，《易經》不鼓勵極端。

‧中正以通：節約、戒律要通向內在真實的生命經驗，要從主體性出發，跟主體性呼應，要跟心靈成長有關。節約、戒律不能外在化。

‧節以制度，不傷財，不害民：《論語‧學而 5》：「節用而愛人，使民以時。」財資、百姓、生態的一體考慮。

‧君子以制數度，議德行：

屈萬里：「數度為事物之節，德性為修身之節。」

胡樸安：「水不可虛，亦不可溢，民不可奢，亦不可苦也。此節之義也。」

爻辭經傳註釋

初九，不出戶庭，无咎。

《象》曰：不出戶庭，知通塞也。

- 不離開自己設定的小範圍，修身養德，比較沒問題。
- 戶庭：室門曰戶，在室曰戶。指臥室前的小庭院。
    《說文解字》：「戶，護也。半門曰戶。」
- 初位者守住一個小範圍，不超過房間前的小院落。不管用世用禮用財，保守有節
    為好，最要緊是積德養才，以備大用。
    小程子：「於節之初，為戒甚嚴也。」剛開始守節持戒，要比較嚴格。

九二，不出門庭，凶。

《象》曰：不出門庭，失時極也。

- 積德到一定程度，還過度保守，那是一種危險。
- 門庭：指中庭。
- 《說文解字》：「門，聞也。從二戶。」
    《說文》的解釋真好，開一邊門，保「護」；開兩邊門，內外相「聞」。
- 內心準備到一定程度，門庭大開，內外相聞，這時如果太過保守，反而危險——
    死守戒律，保護太過。《易經》的警告是嚴厲的。

六三，不節若，則嗟若，无咎。

《象》曰：不節之嗟，又誰咎也。

- 放縱的災難。
    再不節制啊！就嘆氣嘆不完了。自己放縱招災，又怪誰呢？
- 九二應該進取，到了六三反而進取太過而失控。愈接近社會，愈容易失去初衷，
    被潮流吸過去。

六四，安節，亨。

《象》曰：安節之亨，承上道也。

・安於規律的成熟。

　　成熟到種種禮節、戒律不再構成壓力。

　　安而行之，安不是認了，是心穩穩的放在形式上。

　　內在成熟到一定程度，形式與禮從限制蛻變成助力。

九五，甘節，吉，往有尚。

《象》曰：甘節之吉，居位中也。

・甘節如飴。

・安節進一步甘節，從安而行之到樂而行之。

　　對初階的行者，戒律是限制、遵守、保護、法門。

　　對成熟的行者，戒律不再是壓力，而是營養；不再是限制，反而鼓勵前

　進──往有尚。這時已經可以自性生法，隨境生法，隨緣變法。

　　禮已經從「節」蛻變成「用」了。

・居位中：禮與戒，要放在心靈自性。

上六，苦節，貞凶，悔亡。

《象》曰：苦節貞凶，其道窮也。

・太嚴厲的戒律是不對的，那是對生命成長的傷害，連後悔都不必了。

・對待自己與他人嚴厲都是不對的。

・安節、甘節是從主體性出發，苦節則是從一個極端（放縱）擺盪到另一個極端（自

　虐）。

小結

　　初爻：不離開戒律，積德養心。

　　二爻：不離開戒律，自陷危機。

　　三爻：離開戒律，造成失控。

　　四爻：安於戒律，以戒為通。

　　五爻：樂於戒律，人生助力。

　　上爻：戒律過嚴，死在戒中。

節卦語錄

➤剛得中：不管人生是收斂還是開展，內在的剛健是基本功。

➤內在成熟到一定程度，形式與禮節從限制蛻變成助力。

第十八組：豐旅渙節

豐富與貧乏，渙散與節約──渙其躬，无咎

豐：豐富 充實感	真正的豐富是識英雄重英雄， 真正的人格豐富是尊重他人。	雜卦：豐，多故也。 序卦：豐者，大也。
旅：貧乏 漂泊感	消極的旅卦講短暫心態製造災難， 積極的旅卦講在短暫中學習深刻。	雜卦：親寡，旅也。 序卦：旅而无所容。
渙：離亂	渙卦的精神就是不怕死精神， 最大的渙散是渙散自己──無我。	雜卦：渙，離也。 序卦：渙者，離也。
節：節制	嚴格不是好方法，聰明的戒律 是在放縱與壓抑之間放風箏。	雜卦：節，止也。

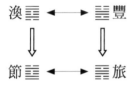

↓綜：發展	從豐到旅：豐處不好會落到旅。
	從渙到節：亂世人心渙散，要懂得節約。
◀▶錯：對反	豐與渙：盡管豐富，但不要生疑，要懂得培養接班人──正中有反。
	渙散，但挺立起不怕死精神，一樣可以強大──反中有正。
	旅與節：旅中要知節，但不可節到瑣碎志窮。
	旅的災難發生後要節，但節不能節到不近人情。

中道問題

　　豐富、貧乏、渙散、節約。這四卦在討論恰如其分的「中道」問題。

　　鎮華老師所謂「中，兩兼；不中，兩失。」似乎「中」是一條重要的線索，是否能中，是這四卦任何一卦兩兼或兩失的關鍵。「豐旅渙節」在討論如何從大本的中（心靈）到發而皆中（行動）的中道的本末體用的問題。

附文一
豐富二義

　　豐卦，《易經》六十四卦的豐富卦。

　　《易經》關於豐富的定義很不一般，不單指物質條件的豐富或精神內涵的豐富，豐卦有特殊的討論與主題：「識英雄重英雄」才是真正人格意義上的豐富！英雄相識是很難的，君子合作是很難的，相反的小人反而容易因利益而迅速結合。讀完豐卦，得到兩點結論──關於豐富的內在意義與外在意義：

　　內在的豐富，同時擁抱生命深度與人間溫度。

　　外在的豐富，懂得尊重、看重他人。
　　而懂得尊重與看重他人的前提有三：生命深厚、心中有愛與沒有自己！
　　也許，最後一項是最重要的。

附文二
《象傳》的「自」性力量

這裡所說的自性是指純淨的本性、本心或本來面目。自性不只是個體的問題，推至極致，甚至是終極本體的涵義。人心天道，本來不二。

這篇文章談的是《象傳》，《象傳》裡的「自」這個字的整理，也就是《象傳》裡關於自性力量的討論。稍稍統計了一下，《象傳》的「自」，約出現過八次，整理如下：

自強

《乾卦卦辭・象傳》：「天行健，君子以自強不息。」

自強就是內在自性的茁壯與成熟，老天爺的運行不會停止，一個君子也就從老天爺那兒學到內在工作的沒完沒了。

自失

《比卦六二・象傳》：「比之自內，不自失也。」

《小畜卦九二・象傳》：「牽復在中，亦不自失也。」

這兩卦所說的自失就是自我的迷失。擁抱內在與回歸心靈，就是結束生命迷航的最佳法門。

自災與自敬（重）

《需卦九三・象傳》：「需于泥，災在外也。自我致寇，敬慎不敗也。」

不只自失，人還會自災。這個人喔，就是會自己找自己的麻煩。

　　所有人生災難都是自我的內在召喚的。同意這句話嗎？

　　結束災難的方法就是敬重自己的獨特性與主體性，敬重自己也是最重大的自愛與忠誠。

自牧

　　《謙卦初六‧象傳》：「謙謙君子，卑以自牧也。」

　　很謙卑柔軟的牧養、降伏自我內在強大的生命猛獸啊！《謙卦》的自牧說得真好！

自考

　　《復卦六五‧象傳》：「敦復无悔，中以自考也。」

　　自牧的內在工作甚至會自己給自己考試啊！隨時考試自己、工作自己、反省自己，真是《復卦》所說的敦厚恢復。

自昭明德

　　《晉卦卦辭‧象傳》：「明出地上，晉。君子以自昭明德。」

　　自昭明德是一切的最後與開始，這是自牧的終極工作，就是讓覺性、佛性、明德、良知……自行而自然的雲開見日，自牧他牧！

最後，自藏

　　《豐卦上六‧象傳》：「豐其屋，天際翔也。闚其戶，闃其无人，自藏也。」

　　最後，豐卦提出一個提醒與警示：在一個過度開發硬體建設而嚴重忽視人格軟體的現代荒原，生命行者要懂得把自己的內在成熟藏起來啊！老子的外穿粗衣內懷寶玉的修養，就是這種「自藏」的功夫。不是嗎？一個有德者，要懂得為文化傳統留命脈。

　　從自敬、自重、自強、自牧、自考到自昭明德，這是成熟之道。

　　同時能夠避開自失、自災與懂得自藏，這是自反而正。

　　正，就是一步一履的邁向天道，也就是成長之道、成熟之道或君子之道，也就是，自正了。

　　自性成長，步步鐵漢啊！

　　本文最後，看看在《象傳》所記載的自性成長，可以達成怎麼樣的磁性中心的威與力。

　　《師卦九二‧象傳》記載：「懷萬邦也。」自性成熟，強大的磁性中心逐漸凝結，強大到可以感動萬邦啊！

　　《謙卦九三‧象傳》記載：「萬民服也。」折服天下人心！

　　《離卦卦辭‧象傳》記載：「大人以繼明，照于四方。」繼承天道的昭昭明明，朗照四方，也就是從自牧到他牧，從自愛到愛他，從內聖到外王，從自度到度人。

　　《大有卦上九‧象傳》記載：「自天祐也。」《姤卦九五‧象傳》記載：「有隕自天。」成熟自性與磁性中心是接通天人連線的！

附文三
短暫中的深刻

摘要

　　什麼是貧乏的東西呢？譬如：功利主義、投機取巧、走後門、賣弄小聰明、不紮實、金錢主義、經濟掛帥、輕視文化與教育、犧牲生態、炒短線、謊言、抹黑、霸凌、暴力、政商勾結……唉！人間盡是這些貧乏、短暫的東西啊！北宋的程頤說得好：「困而親寡，則為旅不必在外也。」人生一遇到困難就去親近這些貧乏的東西，那「旅」就不一定指外在的流浪，更指內在生命力的貧乏與萎縮了。不是嗎？人生愈困頓，就愈要接近一些深刻、悠久的學習。

　　人生是短暫的，所謂「人生如旅」。但這個生命議題有正、反兩面的意義──如果因為人生是短暫的，而懂得珍惜每一個當下，將一朝風月過得彷彿萬古長空，因為人生如旅，反而珍愛生命，那這種態度當然是正面的；但也可能因為人生是短暫的，反正什麼事情都會過去，那就能玩就玩，能撈就撈，偷雞摸魚，狗屁倒灶囉，又有什麼不敢幹了，反正人生如旅嘛，何必那麼認真？所以「人生如旅」這個生命議題可以帶出三種生命狀態──佛家要我們「豁達／放下」，儒家叫我們「珍惜／當真」，而軟弱者就有可能選擇「放縱／為非」了。《易經》六十四卦中的旅卦，就是從正、反兩面討論上述第二、三種人生態度。

　　旅卦的內容在談論流浪感、飄泊感、貧乏感、飄零感或臨時心態……就是指人生的荒涼，反正都是一些很短暫的東西。不是嗎？飄泊、失根、

流浪、貧乏的感覺，正是現代人的心態。這裡有一個三段論式：社會豐富了之後容易膚淺，心靈膚淺日久就會開始飄泊了。就是：豐富→膚淺→飄零。唉！社會富裕了卻每個人都在過臨時的一生。

《雜卦》傳說得好：「親寡，旅也。」這「親寡」二字，真是下得入木三分。「親寡」有兩個解釋：

（一）親寡，就是接近貧乏的東西

那，什麼是貧乏的東西呢？譬如：功利主義、投機取巧、走後門、賣弄小聰明、不紮實、金錢主義、經濟掛帥、輕視文化與教育、犧牲生態、炒短線、謊言、抹黑、霸凌、暴力、政商勾結……唉！人間盡是這些貧乏、短暫的東西啊！北宋的程頤說得好：「困而親寡，則為旅不必在外也。」人生一遇到困難就去親近這些貧乏的東西，那「旅」就不一定指外在的流浪，更指內在生命力的貧乏與萎縮了。不是嗎？人生愈困頓，就愈要接近一些深刻、悠久的學習。

（二）親寡，就是如何善用少的力量

這一個解釋也很好。親寡，親近少、擁抱少、善用少。在體力很差、資源困乏、條件有限的情勢下，如何利用好「少」的力量，力量如何用在刀口上，這就是修養與智慧了。

另一個「易傳」《象》則說「志窮災也」──人生如旅，瑣碎害道，瑣瑣碎碎的過一生，親近貧乏的東西，用作客的心情糟蹋生命，而導致志氣的貧乏，這是生命的大災難啊！那麼，如何解決這種臨時心態造成的困乏人生呢？其實就是下面這兩句話啊！

把每一個當下都當作豐富深情的人生歲月悠悠。

在短暫中學習深刻的東西。

　　進一步，旅卦告訴我們，在困乏的人生旅途中，有三件事是最重要的，就是六二爻所說的「旅即次，懷其資，得童僕」。這是如旅人生三個重要的物質條件：1.居所，2.資金，3.有人追隨。

　　這一爻的意思，筆者翻譯如下：旅途中落腳在飯店（旅即次），荷包裡是有錢的（懷其資），有人追隨（童，就是學生），有人侍候（僕，即照顧者），生命才能在旅行中繼續成長，不然光忙吃喝拉撒就忙不完了。但：

　　太正直會引發人生風暴。

旅卦的卦中人因為在旅途中太較真，引起了紛爭──住所燒起來，追隨者嚇跑了！雖然後來重新蓋好永久性的房子，加上錢還是不虞匱乏，但學生、弟子、追隨者沒回來啊！所以旅卦的記載是：房子有了，銀子有了，但弟子跑了──我心不快啊！在這裡凸顯出：

　　生命夥伴、能量團體、同道同修的重要性！

　　三個條件中 1 與 2 回來了，但 3 沒有回來！人生如旅，要在短暫中擁抱深刻的東西，真理夥伴、能量團體、同道同修是最重要的啊！在這裡可以清楚看出《易經》的向度。旅卦很實在的說房子與銀子當然重要，但人生在世，有比物質條件更深刻、更重要的東西。人生如旅，其實這就是一趟真理學習之旅。

附文四
逆旅行板

新冠疫情橫掃人類世界，人命朝不保夕，連世界第一強國老美也是苦人多，其他國家就可以想見了。人生如旅，處境無根，生命真是短暫得如露如電！而且這個如旅人生還是「逆旅」——逆勢行舟，人生苦海，悲辛並載！在《易經》的六十四卦中，旅卦正是談論人生如旅的一卦，也可以說是六十四卦的流浪卦或飄零卦。

至於當前人類世界的流浪、飄零或臨時心態，有三種：

1 享樂主義，或稱慾望主義

就是能吃就吃，能喝就喝，能玩就玩，能嫖就嫖。反正人生苦短，就盡情花天酒地唄。

2 金錢主義

但對有些人來說玩不重要，人生變成了能撈就撈，撈才是人生主題。那，撈啥？當然就是要撈兩票——鈔票與選票。盲目的撈錢撈權，變成了深入骨子裡的無明慣性。金錢主義的最大化就是資本主義，這正是當前人性與生態災難的元兇。

3 實用主義

實用主義，這其實是人性與文化的矮化。前幾天看到一個同行的一篇文，對裡面的一句話不勝感慨：「臺灣的大學教育只教大學生實用的東西，把大學生的志氣都教沒了！」

三大主義，協同製造了臨時心態與流浪人生！

相對的，古文化面對人生的短暫，卻不採臨時心態，而是端正好「態度」，共三種態度：

1. 佛家要我們「放下／豁達」。
2. 儒家教我們「珍惜／行動」。
3. 整合的、成熟的、太極的態度卻是──「放下後的行動」！

這是完整的人生答案與態度：陰陽中道觀。

要補充的一點是：及時行動之後又要繼續放下，因為新的行動又會產生新的「執」與「業」。所以放下是人生每一個當下的沒完沒了，放下後的行動也是人生每一個當下的沒完沒了，這是輪轉的、不停歇的、動態的……無→有→無→有→無……這有無相混的動態修行，老子就叫「玄德」，所以《道德經》第一章就總結說：「玄之又玄，眾妙之門。」

從生命往來出入的角度──好好做當下的一件事，然後放開它，好好做當下的一件事，然後放開它，好好做當下的一件事，然後放開它，好好做當下的一件事，然後放開它……

儒與佛中間微妙的差別就在：儒家稍稍將重點放在「做」，佛家稍稍將重點放在「放開」，但都沒有忘記另一端。這就是陰陽中道觀，這是共法；但不同家派的重心稍有不同，事實上，這不同，才是真正的「中庸」。所謂中庸，就是心靈的使用。

總之一句話，這三種態度，都是要我們：「在短暫中學習深刻的東西。」

看完面對人生如旅的今古對照，評說世局，卻盡多荒腔走板。

寫這篇文時，臺灣的防疫工作享譽世界，但筆者觀察臺灣的苦果可能

在後頭——從一個教育工作者的角度。不完整的教育，只偏實用主義的教育，十年？十五年後？必有大災！整體的國力必然從根基處開始動搖，教育根基不穩，整個國家的崩塌是緩慢但必然的長期性浩劫！從更宏觀的視野去看，新冠其實是一個機會——改變人類社會根本結構的機會。人性素質發展到今天仍然對一個東西一直沒辦法，那就是：物質上的富裕。從專制政體到資本主義，都沒有辦法真正的解決一件事：有錢後帶來的災難！——社會富裕了卻每個人都在過臨時的一生。不是嗎？個人的例子，像中樂透帶來的人生厄運；環境的例子，像資本主義製造的生態浩劫。人性喔，有錢了，就犯……了。人類經常蠢到忘記「那兩票」事實上是很表面的東西，並不是生命的主題；人類也經常蠢到忘記人命關天，生民疾苦，在「那兩票」跟前，都可以擺兩邊！唉！新冠能不能真成為一個結構性衝擊的力量？不忍心說，因為，如果疫情很快就進入尾聲，人性的偉大醜陋之一就是：我們是很擅長忘記歷史教訓的。

　　有錢後的災難從來沒有得到真正有效的解決，即便歷史長河中也出現過少數的大成熟者，但整體而言，仍然改變不了大局，整體人性還是……破碎扭曲，人生如旅，天地為爐！但這人生的苦，是業，也是功課，所以生命的正行就是：吃好苦頭！是的，儒家的態度正是：既然在這裡狠狠的跌跤了，不學個東西就走人，不划算。儒家就是一個要在患難人間裡修學更深刻的東西的途徑——在短暫中學習深刻的東西。咱們的地球道場雖然不是終點，但卻是一個很好的學習中繼站。要在這裡學好，態度是：玩真格的！當真才能深入，深入才會痛苦，痛苦才有機會學會深刻與成熟。

　　這逆旅人生，要活得短暫還是雋永？要活得破碎還是整合？要活得痛苦還是解脫？要選擇順從還是叛逆？還是得看如雪心腸在這寥落世道裡決定個怎麼樣的活法。對旅卦《象傳》中的一句話印象深長：「志窮災也。」——志氣沒了，災難來了！原來人生變得瑣碎、流浪、短暫的真正原因，就是胸臆中欠缺了那一點奔赴成熟的志氣，與勇氣。

第十九章
中孚小過

中孚：六十四卦的大信卦

　　中孚，就是誠信。中是心靈，孚是準確，中孚就是心靈的力量與神準。同樣的，誠是心之體，信是心之用。所以中孚就是明明白白的「誠信」的意義。

　　六十四卦中，像同人、无妄、井、中孚幾個卦都有比較清楚的宗教性或心靈性——同人卦比較在講心靈的最高境界與人間落實，无妄卦傾向討論心靈在人間的曲折，井卦偏重講心之體，中孚卦偏重講心之用。《易經》與儒家雖然是人間道法，但這幾個卦卻篤定的告訴我們：《易經》的本來面目，其實正是心靈易經。

䷼ 兌下巽上

中孚，豚魚，吉。利涉大川，利貞。

《象》曰：中孚，柔在內而剛得中。說而巽，孚乃化邦也。豚魚吉，信及豚魚也。利涉大川，乘木舟，虛也。中孚以利貞，乃應乎天也。

《象》曰：澤上有風，中孚。君子以議獄緩死。

《雜卦》曰：中孚，信也。

相關資料

主題：誠信，大信，心靈的準確。

　　孔穎達：「信發於中，謂之中孚。」從心靈發出的準頭。

　　中孚卦談誠（心靈的本體／真實）＋信（心靈的發用／準確）──心的體用二義。

　　《易經》中孚、老子玄覽、莊子坐忘、陽明見獨與致良知、禪宗頓悟、基督教靈修──同物異名。

◉**卦象**：澤上有風，有兩個解釋──1.崔憬：「流風令於上，布澤惠於下，中孚之象也。」2.風是抽象的力量，但對水面確有影響──內心誠信，必能感物。

◉**卦性**：悅而順──內心悅樂，外順天理，誠信者也。

卦辭經文註釋

◉心靈的誠信比物質的厚薄重要。

　　心的感人力量是強大的。

　　只要誠信，即使用小豬、鮮魚等薄禮祭祀，但誠能感物，仍是吉的。可以謀劃大事，幫助成長。

◉豚魚：1.豚魚，生於大海（海豚之屬），天將生風，必先知之，出海而拜──天地之誠能感物。

　　　　2.豚，小豬；魚，鮮魚──禮薄心誠。

　　　　王引之《經義述聞》：「士庶人之禮也。」「豚魚乃禮之薄者，然苟有中信之德，別人感其誠神降之福，故曰豚魚吉。」

卦辭傳文註釋

· 柔在內而剛得中：性情柔軟能容，心靈剛健豪邁。
· 孚乃化邦也：誠信是政治的根本力量。
· 乘木舟，虛也：不繫之舟，空船，自由之船——心的象徵。
· 中孚以利貞，乃應乎天也：誠信＋成長＝天命。
· 議獄緩死：有誠信的基礎才能處理刑罰的問題。
　　　《論語》的正名哲學——名正→言順→事成→禮樂興→刑罰中→民知其所。

爻辭經傳註釋

初九，虞吉，有它不燕。

《象》曰：初九虞吉，志未變也。

· 用心與私心。
　　　心靈醒察防備是好的。但有私心，就不好玩了。
　　　內在誠信，提防內心的毒蛇，不偷安。
· 虞：1.樂也，安也。2.備也，度也。用心思考。
· 它：蛇，內心有蛇，指私心。
· 燕：安也。不燕：一有私心，立即不安，立即處理——敏感的良知警報系統。

九二，鳴鶴在陰，其子和之，我有好爵，吾與爾靡之。

《象》曰：其子和之，中心願也。

· 同道之間的心靈呼應。

鶴鳥在林蔭高鳴，同道後進遙相應和。又像我有美好的心靈之杯，與你一起
分享。（很美的卦象。）

- 陰：蔭也。
- 和：呼應，共鳴。
- 靡：共也，共享的意思。

　　王弼：「不私權利，為德是與，誠之至也。故曰我有好爵，與物散之。」

　　小程子：「有孚於中，物无不應，誠同故也。至誠无遠近幽深之間，故《繫辭》
云：善則千里之外應之；不善則千里之外違之。言誠通也。」內有誠信，再遠的距
離也會有磁性中心的共鳴。

　　奧修說孔子佛陀時代的大覺醒時代：集體磁性中心的共振場效應？「二十五
世紀之前，當時全世界都有一種偉大的復興運動：在印度，有佛陀、馬哈維亞、
古霞拉克（Goshalak）、Sanjay Bilethiputta、阿吉特凱西坎保（Ajit Keshkambal）等
人，他們達到了同樣的覺醒巔峰；在中國，有孔子、孟子、老子、莊子、列子等
人；在希臘，有蘇格拉底、畢達哥拉斯、普羅提諾斯（Plotinus）、海拉克里特斯；
而在伊朗，則有查拉圖斯特拉。那是個奇怪的巧合，突然間全世界都出現了一場
意識的大洪水，而許多人都覺醒了。也許成道也是一種連鎖反應──每當有人成
道了，他們就會在別人身上喚起同樣的革命。那是每個人的潛力。一個人只需要
喚起、挑戰；當你看到許多人達到了如此美麗的優雅時，你無法停留在你所在之
處。突然間一種很大的驅動力在你身上出現。」

　　《論語》：「有朋自遠方來，不亦樂乎！」

六三，得敵，或鼓或罷，或泣或歌。

《象》曰：可鼓或罷，位不當也。

- 在複雜人間心靈準確、靈活的運用。

　　誠信處世，遇有敵人，或應戰，或罷手，或哭泣，或高歌。行無定法。

　　再君子也會有敵人。

- 敵：1.敵對。2.匹敵。與陰匹配，或墮落，或進步，很難說。

六四，月幾望，馬匹亡，无咎。

《象》曰：馬匹亡，絕類上也。

・在沉重的人間堅持心靈的真誠。

　　月亮接近十五（並未圓滿），馬丟了一匹（不良於行），沒有關係的。

・內懷誠信，初入世，不宜激進。

・絕類上：雖然不要激進，但絕不跟上面的人一國。

九五，有孚攣如，无咎。

《象》曰：有孚攣如，位正當也。

・大德者心靈的影響力。

　　誠信積德到結合友朋，不用手軟。

・攣：連結，繫聯。

・誠信到大德。磁性中心的力量。

上九，翰音登于天，貞凶。

《象》曰：翰音登于天，何可長也。

・擁有高超的心靈經驗還是要和光同塵、平易近人。

・振翅之音上登天際，虛華外揚，連正道都危險。

・翰：1.鳥飛時羽音。2.雄雞。

・王弼：「翰，高飛也。飛音者，音飛而實不從之謂也。居卦之上，處信之終，信終則衰，忠篤內喪，華美外揚，故曰翰音登於天也。翰音登天，正亦滅也。」

　　飛揚不該跋扈，漂亮不能失實。

　　心靈經驗不應擺出高姿態。

　　生命程度再高也應該使用人間有溫度的語言。

・泰戈爾《漂鳥集》：「不要把你的愛置於絕壁之上，因為那是太高的。」

‧上九已經是中孚之反。

‧「六種欺負」的說法：1.男欺負女。2.人多欺負人少。3.有錢欺負沒錢。4.有權欺負沒權。5.聰明的欺負笨的。6.心靈程度高的欺負心靈程度低的。

　中孚卦比較講的是後兩種欺負──知識分子的傲慢與修行人的隱藏性驕傲。

小結：心靈六相

　　初爻：真假。

　　二爻：呼應。

　　三爻：靈活。

　　四爻：沉著。

　　五爻：力量。

　　上爻：驕傲。

中孚卦語錄

➤心靈的誠信比物質的厚薄重要。

　心的感人力量是強大的。

➤飛揚不該跋扈，漂亮不能失實。

➤心靈經驗不應擺出高姿態。

➤生命程度再高也應該使用人間有溫度的語言。

小過：六十四卦的小信卦

　　小過卦是一個很好玩的卦。卦的內容都在談種種的小過失，而小過失「們」的根源竟然是在對美好經驗的過於執著——小信小正！小信，太古板的原則，所以不是大信；小正，不夠成熟的成長，所以會給人壓力。原來不只錯誤會製造錯誤，美好也會製造錯誤。

　　所以小過卦的問題就是「太」的問題——姿態太高、太執著自己的成長經驗、正義感太強、原則太古板、太相信自己……我們之所以會犯錯，是因為我們太過固執自己的美好經驗；我們之所以會傷人，是因為我們太過相信自己認為的正確。

　　一切都是程度問題。火候與程度沒拿捏好，就不中了。表達如此，行動如此，美好，亦如此。

☶☳ 艮下震上

小過，亨，利貞，可小事，不可大事。飛鳥遺之音，不宜
上，宜下，大吉。

《彖》曰：小過，小者過而亨也。過以利貞，與時行也。柔得中，是以
　　　　小事吉也。剛失位而不中，是以不可大事也。有飛鳥之象
　　　　焉，有飛鳥遺之音，不宜上宜下，大吉，上逆而下順也。
《象》曰：山上有雷，小過。君子以行過乎恭，喪過乎哀，用過乎儉。
《序卦》曰：有其信者必行之，故受之以小過。
《雜卦》曰：小過，過也。

相關資料

主題：小正，小信，善良的錯誤。

中孚講大信，小過講小信，因此小過有二義：

1.小正小信，只能有小成就──小小的過得去。

2.畢竟心地善良，犯錯也頂多只是小過失。太執著小正小信的小錯誤。

愈是做大事，愈不可能事事皆正，要懂權變。

《論語》：「大德不逾閑，小德出入可也。」

《淮南子》：「故小謹者無成功，訾（病也）行者不容於眾；體大者節疏，蹠（至也）距（大也）者距遠。」

◉ **卦象：**山上有雷──雷打在山上，不致大禍。人格的高峰被雷電到。

◉ **卦性：**止而動──停下來，緩緩動。摸著石頭過河。

卦辭經文註釋

◉ 因為太執正而發生的小錯誤，還是可以通的，要守住成長原則。修德小成，小正小信，只能做好小事，不要硬做大事。修德者姿態不要太高，宜下不宜上，才有壯大的美好。

◉ 小過，亨：小過二義，因為小正小信──

1.小成，但，也有 2.小錯。

在錯誤中學習與成長，才能亨通。

◉ 飛鳥遺之音，不宜上，宜下：鳥飛過，一轉頭看，飛得低，還能看見個影子，飛太高，什麼都沒有，連個屁響都聽不到。有德者一樣，不能飛太高，姿態太高會製造大過，會被宰，飛低一點，接近百姓，才會大吉。

飛太高的鳥是傲鳥，飛低親人的鳥才是好鳥。

卦辭傳文註釋

- 過以利貞，與時行也：太過講原則，討人厭，要回到成長道路，懂得「時行」的道理。
- 君子以行過乎恭，喪過乎哀，用過乎儉：都是講太善良、正直造成的分寸沒拿捏好。

爻辭經傳註釋

初六，飛鳥以凶。

《象》曰：飛鳥以凶，不可如何也。

- 剛出道，飛太高、太頂正的危險。

　　人生飛太高高到凶的程度。

　　早發的危機。

- 不可如何也：小象也不知道說什麼好。

六二，過其祖，遇其妣；不及其君，遇其臣。无咎。

《象》曰：不及其君，臣不可過也。

- 德業還是未成熟，找不到生命主題，總是差一點，誤中副車。

　　錯過男的祖先，遇見女的祖先；錯過領導，遇見他的手下，也算沒問題了。

- 臣不可過也：〈小象〉說得好。什麼是君？什麼是臣？

　細節、技巧、瑣碎、糾纏、外在知識……──這是臣。所以

　主題、修養、整體、志氣、內在改變……──才是君。

人常常在許多人生階段花費許多時間與力氣在一堆枝枝節節的事情上，卻看不見、

找不著（遇）更重要的主題。

人生的一切學習都講究君臣陰陽輔佐調和，臣不是不重要，但不能掩蓋君的運作與掌握，這就是臣不可過的涵義。臣過其君，就變成瑣碎害道了。

九三，弗過防之，從或戕之，凶。

《象》曰：從或戕之，凶如何也。

· 小信小正的危險，連誠信也可以是一種放縱，正義可以是一種任性。

不要超過，提防過度持正。一旦放縱（從），會受傷，凶險啊！

九四，无咎，弗過，遇之。往厲，必戒，勿用永貞。

《象》曰：弗過遇之，位不當也。往厲必戒，終不可長也。

· 會找到的！只要不堅持頑固的原則與正義。

沒有問題的，只要不過分持正，就會遇見更深刻的東西！相反的，太過持正而行是危險的，一定要警戒，不要使用固執的原則與價值。

· 遇：跟更深刻的東西照面。譬如，生命主題、道。

六五，密雲不雨，自我西郊。公弋取，彼在穴。

《象》曰：密雲不雨，已上也。

· 回到基礎，德業未果。

德基未廣，有期待，未有結果，回到生命基地吧！像大公射取飛鳥，但飛鳥藏身穴中，命中不易。

· 弋：有繩子的箭。

上六，弗遇過之，飛鳥離之，凶，是謂災眚。

《象》曰：弗遇過之，已亢也。

‧頂正到不可救藥，像飛鳥自投網羅。

　　沒有遇見更深刻的東西，因為自以為是到太超過了。像飛鳥自投羅網，凶險啊！這是天災？還是人禍？

‧離：罹，於網。

‧亢龍會有悔，亢鳥自投網，知進不知退。

小結：六種小信小正的小過（失）。

　　初爻：姿態太高。

　　二爻：不夠成熟，找不到生命主題。

　　三爻：放縱正義感。

　　四爻：放下固執，才會遇見更深刻東西。

　　五爻：不夠力，沒射中。

　　上爻：頂正到自己找死。

小過卦語錄

➤飛太高的鳥是傲鳥，飛低親人的鳥才是好鳥。

➤小信小正的危險，連誠信也可以是一種放縱，正義也可以是一種任性。

➤會找到的！只要不堅持頑固的原則與正義。

➤原來不只錯誤會製造錯誤，美好也會製造錯誤。

➤我們之所以會犯錯，是因為我們太過固執自己的美好經驗。

　我們之所以會傷人，是因為我們太過相信自己認為的正確。

➤一切都是程度問題。火候與程度沒拿捏好，就不中了。

　表達如此，行動如此，美好，亦如此。

第十九組：中孚小過

心靈力量的正用與錯用
──鳴鶴在陰，其子和之，我有好爵，吾與爾靡之

中孚：大信	誠能感物，但小心虛華外揚。	雜卦：中孚，信也。
小過：小信	小心誠信的放縱與危機。	雜卦：小過，過也。

中孚 ☲ ◄──► ☳ 小過

◄──► 錯：對反　中孚：大信、大正、心靈力量的正用。心靈六相。

小過：小信、小正、心靈力量的錯用。心之六陷。

　　合而言之，這兩卦在談心靈力量的正、反兩面──成熟心鶴與心靈傲鳥。

附文一
中孚卦的心靈六相

《周易》六十四卦，多談人間行道，而井與中孚二卦卻是很內在性的卦，因為這兩卦談論的主題是：心靈。基本上，井與中孚，一體一用，井卦體大而中孚精微；這篇文章，就是在整理中孚卦六爻的「心靈六相」。

前言

中指心靈，孚即準確。所以中孚的意義就是心靈的準確，就是指從心靈發出的準頭。卦象的「澤上有風」也印證了卦名的意義——風是抽象的力量（風），但對水面有確實的影響（澤），意思就是只要內心誠信，必能感物。心靈是無形的，但它的影響力是真實的。

到了卦辭，主要是兩點論述：

1.心靈的誠信比物質的厚薄重要。

2.心的感人力量是強大的。心的強大包括兩個方面：可以謀劃大事，可以幫助成長。前者外王／他愛，後者內聖／自愛。

近年讀易的方向是所謂的「心靈易經」，《周易》對生命內在性的核心部分屢有論述，中孚卦有，井卦有，同人卦有，无妄卦有，習坎卦也有……

中孚的心靈首相：真假

開始談心靈六相了。

心靈首相就是：用心與私心。

這是心的真與假。

首先，這個「用」字有大學問。心與其說「用」，不如說浮現、重現、浮升、朗照……更恰當。因為心是本體、本有、本然、本明……的，只要將遮擋祂的私心撥開，祂就……還原了。所以心的功夫其實是水落石出，是撥雲見日，是塵盡光生，是猛虎出柙。是減法，不是加法，意思就是心體無法加減（這一點在《心經》與〈井卦〉都說得很清楚），減的是擋住太陽的雲、淹沒石頭的水、汙染鏡面的塵、關住猛虎的柙。所以只要清除障礙，心靈寶石、內心太陽、心靈之光、心靈猛虎，就自然跑出來了。「用」只是一個通俗的說法，事實上心的用，是無用之用。

上一段是講用心，至於私心則是我們很熟悉，常常拜訪的老朋友吧，哈！所以中孚卦提醒，得念念提防內心的毒蛇，不要偷安，稍一偷安，私心的毒蛇可是見縫即鑽，無孔不入的。私心一進來，擋住心體，心就「用」不上來了。當然，如果一覺私心，立即不安，立即處理，這就是精良版的「良知警報系統」，心，自行穿透出來，一覺即現。

用心與私心。這個心靈首相的功夫言簡意深，功夫立見，太重要！太好用了！舉兩個例子：

一個老師心心念念學生的吸收效果、學習效果，這是用心；不然，太在意自己在課堂上表現的老師是英雄主義，這就有了私心了。陪伴孩子成長，當孩子的朋友，不要求回報的父母是用心；教養孩子後而要求孩子聽自己的話、接受自己的安排，這就是佔有慾，這就是愛的交易，這就有了私心了。看！同樣是為人師、為人親，但「心」不同，整個教學與愛的品質就天壤之別了。

中孚的心靈二相：呼應

心靈二相說的是：呼應、感應、磁性中心的出現。

　　心這個東西，確實是有影響力、呼喚力、感應力的。

　　這是磁性中心的音叉效應——心的力量累積夠，生命內在會形成磁性中心，磁性中心發出的磁場會影響、震盪、呼喚到生命波頻接近的人，因而形成同道之間的音叉效應。是的！心，是會相互呼應答和的。

　　中孚卦說：「鳴鶴在陰，其子和之，我有好爵，吾與爾靡之。」這是一個美好的卦象：鶴鳥在林蔭高鳴，同道後進遙相應和；又像我有美好的心靈之杯，與你一起分享。《周易》用的象是鶴，筆者想到的是老虎：只有猛虎能夠印證另一隻猛虎的身分，同類之間會嗅到對方兇猛的氣味。猛虎在林間踽踽獨行，猛然抬頭，心弦震動，因為他看到另一隻猛虎的存在！

　　進一步，這個鳴鶴在陰，猛獸相見，同道應和，音叉效應，會激發同道之間的成長動力，奧修說：「當你看到許多人達到了如此美麗的優雅時，你無法停留在你所在之處。突然間一種很大的驅動力在你身上出現。」

中孚的心靈三相：靈動

　　心靈的第三相是：靈動，而且準確。在複雜的人間世心靈準確、靈活的運用。

　　心靈這個東西是很靈動的，當它愈乾淨，愈靈活；愈清淨，愈準確。這叫——內淨外敏。中孚卦說誠信處世，再君子也會有敵人，而一個靈動的心靈者或應戰，或罷手，或哭泣，或高歌，行無定法。

　　內淨外敏：內在愈是水淨山清，行為愈是趨退若神。

中孚的心靈四相：沉著

　　心有靈動的一面，也有沉著的一面。這是心的陽陰二面，陽動陰靜。沉著，這是心靈的第四相。

在沉重的人間堅持真誠的心靈，是需要沉著的，是需要過程的。過程，有時候就是一種智慧。圓滿往往不是馬上兌現的，剛強常常也是有時而窮的，中孚卦跟我們說沒有關係的，不需要激進，也不需妥協，心是一股可以穩得住的力量，心是一個可以靜觀覺察的東西。

中孚的心靈五相：強大

第五相很簡單：心是強大的！當它足夠成熟。

這是講大德者心靈的影響力，也是在說磁性中心強大的共振力。從誠信者到大德者，內、外的鍛鍊證明了心靈的強大可能。

中孚的心靈六相：傲慢？

心靈的第六相是：傲慢？

是的，心本身當然不會傲慢，但鍛鍊心靈經驗鍛鍊到很高段的行者稍一失覺，即會落入傲慢的陷阱。是的，心之路，會走偏。中孚卦稱為「翰音登于天，貞凶。」振翅之音上登天際，虛華外揚，連正道都危險！

心靈經驗者不應擺出高姿態。

擁有高超的心靈經驗還是要學會和光同塵與平易近人。生命程度再高也應該使用有溫度的人間語言。印度詩哲泰戈爾《漂鳥集》說：「不要把你的愛置於絕壁之上，因為那是太高的。」

飛揚不該跋扈，漂亮不能失實。

所以中孚卦的心靈第六相是「錯相」，是一個提醒，一個警告，一個將心靈飛鳥拉回人間的動作。

對筆者而言，中孚卦的心靈六相是一份很好的《易經》禮物：

第一相「真假」是關鍵的辨別功夫。

第二相「呼應」是心性音叉效應。

第三相「靈動」是心的活潑。

第四相「沉著」是心的穩定。

第五相「強大」是心的成熟與可能。

第六相「傲慢」是一個回返的提醒。

中孚卦是《易經》六十四卦的第六十一卦，小過卦是《易經》六十四卦的第六十二卦；中孚卦談心靈的大信，小過卦談心靈的小信；中孚卦比較談心的正用，小過卦傾向談心的錯用。說完中孚的心靈六相，下文補充關於小過卦所談心的「過亢」問題，作為一個對照組。是的，心靈應該是一個有溫度的東西，一飛太高，就不對了。

心得一

中孚卦談心靈的正用，小過卦則談心靈的錯用：小信小正！

小信，太古板的原則，所以不是大信；小正，不夠成熟的成長，所以會給人壓力。

原來不只錯誤會製造錯誤，美好也會製造錯誤。

心得二

所以小過卦的問題就是「太」的問題——姿態太高、太執著自己的成長經驗、正義感太強、原則太古板、太相信自己……

我們之所以會犯錯，是因為我們太過固執自己的美好經驗；

我們之所以會傷人，是因為我們太過相信自己認為的正確。

心得三

事實上，人生一切都是程度問題。火候與程度沒拿捏好，就不中了。表達如此，行動如此，美好，亦如此。

心得四

小過卦卦辭說：「飛鳥遺之音，不宜上宜下。」鳥飛過，一轉頭看，飛得低，還能看見個影子，飛太高，什麼都沒有，連個屁響都聽不到。有德者一樣，不能飛太高，姿態太高會製造災難，會被宰，飛低一點，接近百姓，才會大吉。

飛太高的鳥是傲鳥，飛低親人的鳥才是好鳥。

心得五

放縱正義感，就是所謂的小信小正的危機。

連誠信也可以是一種放縱，正義可以是一種任性。

心得六

會找到的！只要不堅持頑固的原則與正義，就會遇見更深刻的東西！

心得七

亢龍會有悔，亢鳥自投網，知進不知退。

附文二
《易經》到底哭了幾次？

《易經》裡，有哭泣的力量。

是的，哭泣可以是一種清洗、一種釋放、一種調整、一種再生……是的，哭泣可以是一種力量。

一直記掛著《易經》到底哭了幾次？著實查了一下，六十四卦中總共有七回「淚的出擊」。

第一回哭在「屯卦」，六十四卦的「誕生卦」。

上六爻說：「乘馬班如，泣血漣如！」關鍵字是「班如」，有兩個微妙的解釋：1.盛大的排場。2.《左傳》稱脫離行列的馬為班馬，指不聽話的馬。深層意思是不聽內心真實的聲音。

所以兩個解釋合起來更好：生命失去內在的剛健，愛搞無聊的排場，不聽內心真實的呼喚，亂跑亂來，下場就是流血流淚流不完啊！

結論：虛榮會讓靈魂哭泣。

「旅卦」的哭也跟屯卦一樣，傾向負面的意味，而且是唯一「先笑後哭」的一卦。旅卦是六十四卦的「旅行卦」。

旅卦的上九爻說：「鳥焚其巢，旅人先笑後號咷，喪牛于易，凶！」上九爻用了三個象：第一個象是鳥的鳥巢被燒了，這是失家之痛、不親土、缺乏家感的象徵。事實上，真正的家是指內心的穩定感。第二個象是說旅人沒有土性，一直要觀光，臨時心態的極致，一定會造成先笑後哭的慘況。第三個象是牛在城郊丟了，牛正是生命力的象徵。所以，旅卦的哭泣是說……

結論：失根，失家，失去生命的深厚，會讓人哭到最後！

在「同人卦」又哭了一次，同人卦是六十四卦的「一體性卦」。

九五爻說：「同人先號咷而後笑，大師克相遇。」真正的同人之道是先修養自己成大德，可修身的過程歷盡艱辛，一定是先哭後笑的。真正的同人不是賣好、取寵、討巧，要經歷大艱辛、大痛苦、大流淚，才能與眾生的心形成大共識，才懂得真正的同情，才會湧現一體性。（師是眾，大師是大眾的意思。相遇指心的相遇。）

所以同人卦的哭是在講眼淚的力量、痛苦的力量。

結論：眼淚與痛苦，是與眾生共存的秘密答案、成熟答案。

「離卦」的哭，與同人卦意思相若，離卦是六十四卦的「光明卦」。

六五爻說：「出涕沱若，戚嗟若。吉！」淚流如湧，心情哀戚，但這個大哭之爻卻吉?! 意思是指大悲大慟後的清明，哭完之後才看到真理的明朗。

結論：真理之門的其中一支鎖鑰，叫哭泣。

《易經》七哭中，有兩次是「先哭後笑」──同人卦是第一次，萃卦是第二次。事實上，「萃卦」本身總共哭了兩回，都從眼淚中得到力量，而萃卦正是六十四卦的「力量卦」。

萃卦初六爻說：「有孚不終，乃亂乃萃。若號，一握為笑。勿恤，往无咎。」一個講力量的卦，初爻就哭！這一爻的意思是說：一般人德不夠徹底，有孚不終的意思就是為德不卒，所以局面分分合合人際聚聚散散是很常見的現象，這種時刻用悲辛的態度處理才能轉哭為笑，哭完之後，翻拳之間，心頭清明，不用擔心，人生的路，繼續出發。

結論：眼淚是靈魂的沐浴。

「萃卦」第二次哭哭出反省的力道。

上六爻說：「齎咨涕洟，无咎。」齎咨是哀聲嘆氣，涕是流眼淚，洟是流鼻涕。哭到眼淚鼻涕一起跑出來，深層意義就是說太過強調力量（萃卦）而引發的痛苦，要狠狠大哭一場去反省啊！徹底反省，才能免禍。

結論：眼淚是徹底自省的洪流！

到了「中孚卦」的最後一哭，更是大德者的境界了。中孚卦就是六十四卦的「心靈力量卦」。

六三爻說：「得敵，或鼓或罷，或泣或歌。」在複雜的人間世，心靈準確的發用（中孚），遇見敵人，或應戰，或罷手，或哭泣，或高歌，行無定法。到了中孚卦，眼淚變成一個成熟心靈隨機應世的其中一「相」。要補充說明的是：心歪了，裝哭也許是一種虛偽；心擺正，眼淚一樣可以是靈活的。

結論：成熟的眼淚甚至可以是一種靈活的感人。

《易經》七哭，有意思！事實上，哭泣可以是悲情，可以是哀嘆，可以是釋放，可以是力量，可以是一種消沉，也可以是一個轉機……《易經》七哭中，二負五正，總結如下：

兩種負面的哭——1.虛榮會讓靈魂哭泣。2.失根，失家，失去生命的深厚，會讓人哭到最後！

五種正面的哭——1.眼淚與痛苦，是生命一體性的秘密答案。2.真理之門的其中一支鎖鑰，叫哭泣。3.眼淚是靈魂的沐浴。4.眼淚是徹底自省的洪流！5.眼淚甚至可以是一股成熟與靈活的感人力量。

附文三
君臣輕重

　　《易經》六十四卦中的第六十二卦小過卦，講心的糾結與錯用。其中的六二爻說：「過其祖，遇其妣；不及其君，遇其臣。」就是在說人心有時太過較真，一念滑失，忘記放手，即會太抓緊眼前的枝節，而錯過更重要的東西。

　　——錯過男的祖先，遇見女的祖先；錯過領導，卻遇見他的手下。意思就是德業不夠成熟，找不著生命主題，總是差一點，誤中副車。

　　這一爻經文中的「君臣」觀念很有意思，《小象》進一步註解得好：「臣不可過也。」什麼是君？什麼是臣？為什麼臣不可過？請看下面的整理與對照：

　　‧細節、技巧、瑣碎、糾纏、專業、做事、外在知識、痛苦的了解……——這是臣。
　　‧主題、修養、整體、志氣、品格、做人、內在改變、痛苦的清除……——才是君。

　　人常常在許多人生的階段花費許多時間與力氣在一堆枝枝節節的事情上，卻看不見、找不著更重要的東西。

　　人生的一切學習都講究君臣陰陽輔佐調和，臣不是不重要，但不能掩蓋君的運作與掌握，這就是臣不可過的涵義。臣過其君，就變成瑣碎害道、文過其質、形式超過內涵了。太糾結眼前的瑣碎，即可能讓自己錯過了心頭更壯闊的呼喚。

第二十章
既濟未濟

既濟：六十四卦的「完成」卦

既濟卦與其說是「完成」卦，不如說是六十四卦的「接近完成」卦。卦的內容就是描述「完成」前後的可能狀態，這往往是最微妙、危險、敏感、艱辛、考驗、真實的人生時刻。事情快要做完，一定要「真實」，一不小心，「真實」喪失，事情立即雲散煙消。

☲☵ 離下坎上

既濟，亨小，利貞，初吉終亂。

《彖》曰：既濟，亨，小者亨也。利貞，剛柔正而位當也。初吉，柔得中也。終止則亂，其道窮也。

《象》曰：水在火上，既濟。君子以思患而豫防之。

《雜卦》曰：既濟，定也。

相關資料

主題：完成之道，完成哲學，趨向完成的奮鬥，接近完成的狀態。
　　　　文王總結殷商的歷史？盛於成湯，終於暴紂，初吉終亂？

◉**卦象：**水在火上——屈萬里：「水潤下，火炎上，二者相濟。」

水火相交之象。譬如：水火之間，加個鍋子。又像：水滅火災，
所以既濟。

- ◉ **卦性**：明而險 ── 做完一件事會明，但明了容易鬆，鬆一懈，危
  險！「初吉終亂」的意思。

卦辭經文註釋

- ◉ 事情做完，反而只有小小的亨通，局面雖定，仍然要守住成長的道
  路。局面初定時，蜜月期最美好，但得小心最終仍然會生亂。
- ◉ 亨小：凡是能做完的事情，都是很小的，所有既濟的通反而小。
- ◉ 初吉終亂：居安思危，繼續進德修業的意思。

  人生的事兒總是從蜜月期進入挑戰期。

  吉是美好，亂，也可能是創造力與挑戰。

  鎮華老師：「做完一件事並非人生的完成，否則小心初吉終
  亂。」

卦辭傳文註釋

- ·小者亨也：小地方可以通。
- ·剛柔正而位當：一三五陽爻居陽位，二四六陰爻居陰位。

  位當也不見得都沒問題。
- ·君子以思患而豫防之：完成之日就是走向衰弱之日。

  完成之日不忘居安思危。水火皆可成災，要特別小心。

爻辭經傳註釋

初九，曳其輪，濡其尾，无咎。

《象》曰：曳其輪，義无咎也。

・接近完成，初階反而辛苦，用力推動艱難的工作。

　　大車涉水，用力拖動著輪子向前，又像小狐狸過河，連尾巴都沾濕。（狐狸渡
河必翹尾巴，濡其尾，可見水深。）很辛苦，但接近成功，整個時代有可為，辛苦
點拼，沒有關係。

・曳：拖，牽引。

・濡：弄濕。

六二，婦喪其茀，勿逐，七日得。

《象》曰：七日得，以中道也。

・接近完成，會暫時有所損失，不用找，七天（一段時間）後會失而復得。

・婦喪其茀，勿逐：

　1. 茀：髮飾。指貴重的東西。

　　成功之前，會失財，不用緊張，會回來的。

　2. 茀：古代婦人外出乘車不露面，設布帳遮蔽。

　　小程子：「時已既濟，无復進，而有為矣。則於在下賢才，豈有求用之意，故二
不得遂其行也。自古既濟而能用人者鮮矣，以唐太宗之用言，尚怠於終……」

　　「茀，婦人出門以自蔽者也。喪其茀，則不可行矣。」「然中正之道，豈可廢也，
時過則行矣。逐者，從物也。從物，則失其素守，故戒勿逐。自守不失，則七日
當復得也。」成功了，踐了，失去前行與求賢的動力。

　3. 茀：婦人做事包頭的頭巾。

　　頭巾丟了，不能一直不停的做事，也許是好事，不要急著去找——整體在整體裡

面，不是在哪一個局部和本位，做完一件事要放下，不必老鑽下去。一直一直做
事也許是一種不自覺的自我膨脹與英雄主義。

　　這個解釋的「勿逐」，大有學問。

・七日得：1.到未濟的九二才回來，完成隱藏著未完成？2.易位六爻，內聖外王，七
日得──內聖外王走一遭回來。

九三，高宗伐鬼方，三年克之，小人勿用。

《象》曰：三年克之，憊也。

・最後階段，經歷漫長的熬煉才能完成，這段時間不能起用小人。

　　殷高宗武丁討伐鬼方，三年才能戰勝（商朝末期的一場大戰役，商人國力衰
弱的關鍵），非常時期，不能讓小人進來攪局。

・憊：完成之前很累的階段。

六四，繻有衣袽，終日戒。

《象》曰：終日戒，有所疑也。

・行將完成，終日戒慎。戒懼的一爻。

　　舟漏滲水，已經準備好破衣服補塞。

・袽：敗衣，或弄壞衣服的意思。

・繻：有二解──

　　1.彩衣或細密的綿衣。意思是有好的衣服不穿，整天套一件破衫──樸素、不敢
　　放縱。

　　2.繻→濡的假借→滲漏的意思。

　　舟行水上，有隙漏，隨時準備破衣塞漏，接近完成，特別小心。

九五，東鄰殺牛，不如西鄰之禴祭，實受其福。

《象》曰：東鄰殺牛，不如西鄰之時也；實受其福，吉大來也。

‧真正盛大的禮樂時代，內心是真誠的，形式是簡單的，時機是適合的。

　　東鄰祭祀殺牛，祭品豐盛，反而不如西鄰薄薄的夏祭，心誠合時，確實受到福報。

‧王弼：「牛，祭之盛者也；禴，祭之薄者也。」禴是夏祭，夏時未收成，故祭宜薄。但王弼又說：「祭祀之盛，莫盛修德。」

‧東鄰指商朝，西鄰指周朝。這是《易經》術語。

　　商紂大國，自我膨脹，祭品太豐盛到不當禮，心不誠，像在收買神，不可以把神物質化，小心形式的過度使用。不以薄廢禮，不以富失禮。

‧《小象》說「不如西鄰之時也」──禮在合時，不在厚薄。

‧九五是完成的一爻，主題在「誠」與「時」兩個因素。

上六，濡其首，厲。

《象》曰：濡其首厲，何可久也。

‧成功一鬆懈，懶得昏了頭，危險又產生。

　　小狐狸過河又弄濕自己的頭了，危險啊！

　　進入未濟卦。鬆懈會讓事情從頭再來。

‧何可久也：沒有力氣了。

小結

　　初爻：進入完成階段，用力推動。

　　二爻：接近完成階段，放鬆一些。

　　三爻：最後決戰階段，會很辛苦，防小人。

　　四爻：最後決戰階段，提防破漏。

　　五爻：最後完成階段，心誠行簡。

　　上爻：完成階段之後，一鬆，從頭再來。

既濟卦語錄

➤初吉終亂:人生的事兒總是從蜜月期進入挑戰期。

➤混亂可能是最深刻、強大的創造力。

➤一直一直做事也許是一種不自覺的自我膨脹與英雄主義。

➤鬆懈會讓事情砍掉重練。

未濟：六十四卦的「未完成」卦

　　《易經》六十四卦的最後一卦未濟卦，真是有夠「真實」的一卦。所謂真實，就是真刀真槍、很難搞定、嚴峻、複雜、必須小心處理的意思。最後一卦，還是力行不殆，行動，總是《易經》貫徹終始的靈魂吧。

☵ 坎下離上

未濟，亨。小狐汔濟，濡其尾，无攸利。

《　彖　》曰：未濟，亨，柔得中也。小狐汔濟，未出中也。濡其尾，无攸
　　　　　　利，不續終也。雖不當位，剛柔應也。

《　象　》曰：火在水上，未濟。君子以慎辨物居方。

《雜卦》曰：未濟，男之窮也。（歸妹，女之終也。）

相關資料

　　主題：未完成之道，未完成哲學。
　　　　　　既濟，做完一件事。未濟，做一件真正的事。

　◉ **卦象**：火在水上──火勢太大，撲滅不了，燒到水面上來，未濟。
　　　小程子：「火在水上，不相為用，故為未濟。」屈萬里：「火炎上，
　　　水潤下，兩者相違。」

　◉ **卦性**：險而明──未完成的時代當然有危險，但前路充滿開展的明
　　　朗。
　　　小程子：「未濟，則未窮也，未窮則有生生之義。」

卦辭經文註釋

- ⊙ 未完成，反而是通路。像小狐狸趁水乾時渡河，但大水突至，連豎起的尾巴都弄濕了。在未濟的時代，沒什麼利益。
- ⊙ 坤卦「无成有終」頗富未濟精神。

  未完成是真正的通路。一代人可以完成的恐怕不是文明的大業。
- ⊙ 亨：既濟亨小，未濟反而亨。

  未完成是人生真正的通。《易經》終於未濟，是有深意的。
- ⊙ 汔：1.《說文解字》：「水涸也。」

  2.小程子：「壯勇之狀。」「狐，能渡水。濡尾，則不能濟。其老者，多凝畏，故履冰而聽，懼其陷也。小者，則未能畏慎，故勇於濟。」

  3.幾也，近也。

  快要渡過去，但連尾巴都弄濕，不妙！

  強做會製造悲壯。

卦辭傳文註釋

- ·未出中：未出坎中。
- ·不續終：不續既濟之終。既濟之終是「濡其首」，已經挺危險，小狐狸還是不怕死，一直往前衝到初六的「濡其尾」──以為沒那麼嚴重，結果慘斃了。
- ·君子以慎辨物居方：慎，學到教訓了。

  辨物，看事情更精明。居方，做事情更有方法與方向。
- ·男之窮：陽剛、理想、熱情走到窮途。

爻辭經傳註釋

初六，濡其尾，吝。

《象》曰：濡其尾，亦不知極也。

· 保守的智慧。

連尾巴都弄濕（狐狸過河尾巴是豎起來的），再進整隻都沒有了，當然不能冒進。

· 不知極：不懂底線在哪裡。

九二，曳其輪，貞吉。

《象》曰：九二貞吉，中以行正也。

· 力負時艱的智慧。

奮力拖動大車渡河（時代的巨輪），艱辛，但對成長是好事。

民間領袖，艱難首發。

· 中以行正：用心靈走一條成長的路。

人生行道：純真＋成熟。

六三，未濟，征凶，利涉大川。

《象傳》曰：未濟征凶，位不當也。

· 矛盾的智慧。二義性的智慧。

方向要開宏，行動要保守。

在未完成的時代，大動作是危險的，大事業是合理的。

這就是功夫！似難實統。

九四，貞吉，悔亡，震用伐鬼方，三年有賞于大國。

《象》曰：貞吉悔亡，志行也。

．開展的智慧。志行的階段。

　　大開展時代的開始。軍容壯盛，征伐鬼方，三年攻克，得到大國的封賞。

　　屈萬里：「此蓋周人參戰，而有賞於殷。」

．震：軍容威武，或軍中的警戒。

．志行：渡險（坎），入明（離）。心志開始得到伸張。

六五，貞吉，无悔，君子之光，有孚，吉。

《象》曰：君子之光，其暉吉也。

．人格光輝的閃動。

　　未濟最好的一爻，重點仍在「正」。

．「无悔」比「悔亡」更沒事。

．孚：有信於百姓。

．王船山：「君子者，以位言，則守成而不邀功之令主；以德言，則希聖而不躐等之純儒。」

　　在未濟的時代，頂多是君子，王者還未能出世。

上九，有孚于飲酒，无咎。濡其首，有孚失是。

《象》曰：飲酒濡首，亦不知節也。

．好的時代剛開展，還是要小心提防危險。

　　大局初定，取信百姓，飲酒作樂，這是可以的。但取樂沒有節制，又把頭弄濕，就真的丟掉成長的原則了。

．是：1.同正。2.小程子：「失是，失其宜也。」3.此也。指「有孚於飲酒」這件事。

．亦不知節也：這是未濟卦沒有節制的一爻。

　　喝到腦袋壞掉，喝到心靈沒了。整本《易經》用「節」作結束。

・既濟小心「初吉終亂」，未濟精神「無成有終」。

小結

　　初爻：保守的智慧。怕死的智慧。

　　二爻：力負時艱的智慧。不怕死的智慧。

　　三爻：矛盾的智慧。二義性的智慧。

　　四爻：開展的智慧。志行的階段。

　　五爻：德性的光輝。

　　上爻：控制的智慧。

未濟卦語錄

➤人生行道：純真＋成熟。

➤在未完成的時代，大動作是危險的，大事業是合理的。

第二十組：既濟未濟

完成之道與未完成之道——未濟，征凶，力涉大川

既濟：完成	初吉終亂。	雜卦：既濟，定也。
未濟：未完成	無成有終。	雜卦：未濟，男之窮也。

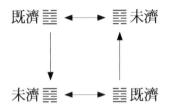

↓ 綜：發展	既濟 → 未濟：	完成之後，發現又有新問題。既濟上六小狐狸「濡其首」，到未濟初六更進而「濡其尾」。愈來愈危險。
◄► 錯：對反	既濟 ◄► 未濟：	完成與未完成、水火相交與水火不交、初吉終亂與無成有終。

完成與未完成

　　既濟未濟，談完成與未完成哲學的兩卦。

　　談「完成」的一卦，只是亨小，全卦充滿艱辛、破綻、疲憊、恐懼、危險，全卦幾無吉爻。

　　談「未完成」的一卦，反而亨，全卦充滿鼓勵、希望、光明，有三爻「貞吉」，一爻「利涉大川」。

　　《周易》完成與未完成的哲學：既濟小心「初吉終亂」，未濟卻是地道（坤卦）的「無成有終」。

附文一
從既濟、未濟二卦寫真韓國瑜

　　二〇一八高雄市長選舉選前所謂的韓國瑜旋風，筆者曾經為文分析，這裡就不贅說了。至於選後能不能再起另一波旋風，則還是筆者一貫的態度：觀察。聽其言，觀其行。但就目前所見，韓國瑜這個人有點意思，筆者懷疑他可能是政治人物中極少數有「修身相」的，這個人，可能有著內在的成長經驗。而且韓雖然是佛教徒，筆者卻反而在他身上看到一個儒家行者行世間法的姿態！下面是一些觀察心得：

　　在競選期間，韓在車上接受訪問時曾表示：「人的強大不在肌肉，人的強大在於心性。」心的力量，是真正的力量。

　　另外，觀察到一個特點——韓市長很有「彈性」。有彈性就靈活，而彈性與靈活的根源就是一顆乾淨的心。乾淨，沒成見，不頑固，心裡有空間，行為就靈活而有彈性了。筆者稱這種修為為：「內淨外敏」。譬如：他反應特別快，而且可以隨時承認錯誤。說錯了話，錯了，就認了，本來是很簡單的事兒，但一般政治人物總習慣說錯話就一直拗，……韓國瑜曾經說：「政治人物就是這樣，老虎皮一脫掉，才能恢復自己最真實的本我。」這傢伙，有修？有修心？我一直覺得跟他退出立法委員選舉後潛藏的那十幾年有關。他坦承過當年當立法委員當到後來都在混，但他不想過這樣的人生，所以藏起來，藏在自己的內心？

　　「寧可乾淨的輸掉，不要骯髒的贏得選舉。」這是胸懷。

　　「如果我們學不會『讓政治歸政治、讓經濟歸經濟』，那麼再多再亮的臺灣之光，終將會在這風雲幻變的兩岸關係裡油盡燈枯。」這是見識。

　　「選舉就像一場涅槃，這一次我比較沉得住氣，跟這十幾年的沉潛、

蹲低有關。」這是修身。

當然，這所有的「說得好」，都得看是不是「做得到」，都得看是不是真的，繼續，觀其行吧。

這兩日讀《易經》最後二卦既濟與未濟，頗寫真韓國瑜的現況，藉古老的智慧，思考新就任的韓市長問題：

第一點，既濟卦的關鍵是所謂的「初吉終亂」思想——吉是美好，但混亂也可以是深刻、強大的創造力啊！所以韓市長三不五時就摩天輪、賽馬、大機場……種種五花八門的想法脫口而出，這未嘗不是混亂不羈卻充滿創意的的才華啊！只要提出後經過縝密的計畫與落實，為什麼就不讓充滿創意的市長盡情發揮呢？而且這些是點子、創意，還不是政策啊！他說一個反對者立馬打一個，就免不了還是落入政治恩怨與選舉口水的詬病吧。何必呢？給他一段時間，觀察再說吧。筆者的意思是「亂」這個字的含義不必然是反面的，混亂可以是一種危險的才氣，混亂可以是創造性思考。《論語》記載周武王時期「有亂臣十人。」這個亂，就有才氣的意思，這裡的亂臣與後世亂臣賊子的觀念不一樣，亂臣就是能臣，很有意思吧，古人很早就知道亂是一種不受羈絆的才華，不是嗎？有兩種生命狀態是最亂的：孩子與天才。亂其實是一種秩序邊緣的天馬行空。當然，由亂入序，才氣變成實際，才是積極的亂。還是那句話：觀察。給韓市長……半年的觀察期。

第二點的思考是，既濟卦的「初吉終亂」真是命中了韓國瑜的問題。初吉終亂事實上是告訴我們：人生的事兒總是會從蜜月期進入挑戰期！選舉勝了，熱潮過了，總會漸漸出現嚴峻的考驗，韓市長當然不能例外。事實上，筆者認為這位過動市長第一個可能要面對的挑戰，就是過勞引發的健康問題。

引申下來第三點思考，既濟卦還告訴我們「勿逐」哲學——不要著急追逐，悠著點，人生所有的事情都需要過程，果子成熟了，才是採果的

時機。「勿逐」哲學的深層意義其實是一個提醒：一直一直做事也許是一種不自覺的自我膨脹與英雄主義啊！韓市長有沒有英雄主義與自我膨脹，這是心性修為的微妙問題，恐怕只有本人內心雪亮了。但過度的英雄氣必然會出狀況，英雄的毛病往往就是承擔超過自己所能承擔的重量。

　　也許，韓市長當前的處境正好是《易經》最後一卦，未濟卦六三爻所說的艱難處境：「未濟，征凶，利涉大川。」——在未完成的時代，大動作是危險的，大事業是合理的。這是一個矛盾的兩難，如何調合，就看韓市長的能耐了。

附注：本文佳句

- 韓國瑜：「人的強大不在肌肉，人的強大在於心性。」
- 韓國瑜：「政治人物就是這樣，老虎皮一脫掉，才能恢復自己最真實的本我。」
- 韓國瑜：「寧可乾淨的輸掉，不要骯髒的贏得選舉。」
- 韓國瑜：「如果我們學不會『讓政治歸政治、讓經濟歸經濟』，那麼再多再亮的臺灣之光，終將會在這風雲幻變的兩岸關係裡油盡燈枯。」
- 韓國瑜：「選舉就像一場涅槃，這一次我比較沉得住氣，跟這十幾年的沉潛、蹲低有關。」
- 內淨外敏。
- 混亂可以是深刻、強大的創造力。
- 初吉終亂：人生的事兒總是從蜜月期進入挑戰期。
- 一直一直做事也許是一種不自覺的自我膨脹與英雄主義。
- 在未完成的時代，大動作是危險的，大事業是合理的。

附文二

生命原鄉與磁性中心
──利西南，不利東北！

這篇文章談一條《易經》的中心思想。

就是，生命基地！

大約有六、七個卦出現過「利西南，不利東北」的原文。西南，就是《易經》所說的生命基地，心靈原鄉。

原文署讀

在深入討論之前，先行稍稍分析相關的原文。

坤卦卦辭說得很清楚：「利西南得朋，東北喪朋。」在西南方可以得到群眾擁戴，或者指可以影響很多人，但到了東北方就沒有了。

小畜卦卦辭說：「密雲不雨，自我西郊。」小畜卦要說的是，有積德，但未有結果，繼續停留在生命基地（西郊）工作自己吧。

隨卦上六爻則說：「王用亨于西山。」王者可以在生命基地受用天爵。

蹇卦卦辭：「蹇，利西南，不利東北。」蹇的意思是人生行路難，在這種時刻，要回到生命基地，才會得到生命能源的供給，不要去亂闖不屬於自己的場域。

解卦卦辭講得更徹底了：「解，利西南。」回到生命基地，才能真正的解決問題啊！

小過卦六五爻則說得精微：「密雲不雨，自我西郊，公弋取，彼在

穴。」意思就是：德基未廣，有期待，未有結果，回到生命基地吧！像大公射取飛鳥，但飛鳥藏身穴中，內在工作的目標不容易命中。

到了既濟卦九五爻：「東鄰殺牛，不如西鄰之禴祭，實受其福。」重點在說生命基地的內在工作是簡約樸素的，不必在乎物質條件的厚或薄。

從上列的經文可以看到，西南，這個關鍵原鄉，一再出現在《易經》的字裡行間。

歷史解釋

事實上，對西南東北這個關鍵語，可以提出兩個方面的解釋——歷史角度的詮釋與生命哲學的詮釋。從歷史的角度解釋：

商	東北指商的地盤	臨海文明	擴張性文明	商業文明	巫術文化
周	西南是周的範圍	內陸文明	向內性文明	農業文明	人文精神

所以「西南」對決「東北」，等於是一場周、商之際生活方式與意識形態的大戰，誰得天下，決定了從此以後中國文化的發展與道路，這正是一場歷史轉戾點的蝴蝶效應。

內在解釋

引而申之，「西南」也是一個象，所傳達的正是一個《易經》的中心思想。

這裡可以有很多名詞：「生命基地」，筆者又稱為「生命原鄉」，或「生命成長的國境西南」，其實，也就是「天命」的概念。所謂天命，就是天賦生命一樁最熱愛、最強悍的能耐，而每個人來到這個地球道場，其中一個重要的任務，就是要找到屬於自己的天命，有人快找到，有人慢找到，但快慢不是重點，只要找到了，就找到了一條很方便的回家途徑！請注意：

上文不是說找到家，而是說找到回家的途徑。另一個名詞與說法，《易經》的象是「猛禽」，經文出現過好幾次「田有禽」、「田无禽」──有否看到掠過心田的天命猛禽啊！筆者喜歡稱呼這隻猛禽為「小怪獸」，找到屬於自己心靈天空的猛禽或小怪獸，漸次餵養她長大，餵養的過程就叫修身養性或生命成長。漸漸的，小怪獸茁壯了，很喜歡一個對小怪獸長大的形容：「充實胸臆」。修德有成，整個生命都充滿了，筆者常講的「磁性中心」就成形、出現了。磁性中心也可以稱為「凝命」或「靈性的結晶」。

所以蹇卦說的「蹇，利西南，不利東北。」意思就是告訴我們：在生命困頓的人生時刻，要回到生命最熟悉、最基礎、最有感覺、最方便的生命基地與成長法門啊！在那裡，有最充盈的能量泉源等著我們去汲取、去滋養、去充電、去休息、去修復。就像：當遇上人生的雨天，愛畫畫的就會回去舞動畫筆，愛寫作的會回去敲打鍵盤，愛思考的會回去為自己準備好一杯沉思咖啡，禪坐者會回去打坐，靜心者會回去做靜心，習武者會回去打拳……這就是生命基地、生命原鄉、國境西南、天命、猛禽、小怪獸、充實胸臆、凝命、靈性結晶、磁性中心的修煉觀念。

磁性中心的上、下作用

磁性中心的修煉與建立是重要的，她有上、下層的具體作用：

一、先說下層作用，也就是人間作用。

磁性中心事實上是一個學習增速器，磁性中心成形、凝結後，只要她變得愈強大，即愈會發出強大的吸力──吸引更多更正確更需要更相同波頻的書籍、師友、知識、修法、學習、機遇……的一一出現。於是呈現了生命成長的正回饋：磁性中心日益壯大，生命成長腳步加快，生命成長腳步加快，磁性中心日益壯大……最後由內而外的發出震動天下的浩瀚磁場。這就是磁性中心極致的人間作用。

二、再說上層作用，也就是天道作用。

關於天道的作用，筆者只能簡約的表達（因為不容易說得清楚）：每一次回到自己的磁性中心，等於是回到最接近天道、覺知、佛性、良知的最短距離！那是本體論的問題，更簡單的說，磁性中心或生命基地是引領我們回歸天道的可能捷徑，這也是為什麼人要找到獨屬於自己的生命基地的終極理由。

生命基地大矣哉！這就是「西南」這個文化符號的甚深奧義。

記得啊！找到，然後一再回去、一再回去生命原鄉的國境西南。

附文三
三種真實與兩段步數

　　《周易》六十四卦的最後一卦未濟，是真實的一卦，或者，更精確的說，是考驗「真實」的一卦。因為未濟所討論的，就是一個未完成的局面，在未完成的世代，當然充斥許許多多還沒解決的問題，所以考驗「真實」，迎難而上，沒有退路，不得假借！

　　至於真實之義，筆者認為有三：

　　1.難搞是真實的，這就是人生。
　　2.行動是真實的，力行是大法。
　　3.修養是真實的，看開很重要！

　　關於第三點「看開」的修養的真實與重要，儒家與佛家各有說法。儒家說「無成有終」──真正重要的事都是一時做不完的，每代人的壽命卻都有結束的一天，也就是說，能夠在短時間內做好的都是芝麻綠豆的小事，成敗得失就要懂得看開啊！佛家卻說「眾生如幻」──所有人間現象都是一時、如幻、短暫、空性的存在，人生所有，都會過去！所以「看開」練習，當然是基本修為啊！

　　不管從儒義還是佛義，都在說「看開」是真實的共法。

　　這就是筆者從未濟卦領悟到的「三真實」：人生是難搞的，力行是關鍵的，看開是必須的。整理成一句話就是：難搞＋力行＋豁達。正是人生況味。

　　未濟卦的〈象傳〉接著提到兩步行道的狀態。〈象傳〉說：「中以行正也。」——懷抱純真的心靈走一條成長的道路！

　　說得真好，可以延伸出豐富的整理。學習真理，有兩段重大的步數：

　　純真＋成熟：純真即中心，行正者成熟。

　　赤子＋大人：孟子所謂的「大人者不失其赤子之心。」

　　天真者＋魔法師：天真者是未成熟的魔法師，魔法師是已成熟的天真者。

　　凡夫＋佛：凡夫是未成佛的佛，佛是已成佛的凡夫。

　　小人＋君子：小人是君子天真自然的心，君子是小人成熟講理的路。

　　從天真到成熟，行道步二，中以行正，說得真好！

外一章
繫辭與說卦

繫辭上傳白話註解

　　《繫辭傳》蠻像「易經雜文集」，很像古代「易經臉書專頁」。

　　《繫辭傳》有些文字很穿透，很有《易經》的渾然大氣；但也有部分內容有點寫得太漂亮——文奪其質、美言不信。

一

　　天尊地卑，乾坤定矣。卑高以陳，貴賤位矣。動靜有常，剛柔斷矣。方以類聚，物以群分，吉凶生矣。在天成象，在地成形，變化見矣。是故剛柔相摩，八卦相盪。鼓之以雷霆，潤之以風雨，日月運行，一寒一暑，乾道成男，坤道成女。乾知大始，坤作成物。乾以易知，坤以簡能；易則易知，簡則易從；易知則有親，易從則有功；有親則可久，有功則可大；可久則賢人之德，可大則賢人之業。易簡，而天下之理得矣。天下之理得，而成位乎其中矣。

第一章主題：「相對性」的同物異名／易簡原理

- 天：形而上系統／原理系統／終極系統。
  地：形而下系統／物質系統／人間系統。
- 動靜有常：動靜相錯，但有常道。
  動靜相錯是混沌（chaos），常道是混沌中的秩序（order out of chaos）——

「東方傾向」科學思想。

·剛柔斷矣：性情決定人生選擇。

·**天地**：比較接近整體觀念。　　**乾坤**：比較接近能量觀念。

　動靜：比較接近行動觀念。　　**剛柔**：比較接近性情觀念。

　吉凶：比較接近人事觀念。　　**尊卑**：比較接近德位觀念。

　貴賤：比較接近品格觀念。　　**象形**：比較接近知識觀念。

　　　（跟錢有關的是貧富）　　　　（象，現象。形，物質。）

·方以類聚：屈萬里：「方，事也。」

·變化見矣：《周易》中心思想之一是「變」。

　南懷瑾：第一等人領導變化，第二等人把握變化，末等人跟隨變化。

·乾道成男，坤道成女：乾是男性能量──穿透、開展。

　　　　　　　　　　　　　坤是女性能量──接納、收斂。

·「易簡原理」

　乾知大始：創生。（朱熹：「知，主也。」）坤作成物：凝聚。

　這就是「乾行坤凝」。

　乾以易知（感受性）→易知→有親→可久（歷程的縱線）→賢人之德。

　坤以簡能（行動性）→易從→有功→可大（場域的橫線）→賢人之業。

　結論是：易簡，而天下之理得矣。

　韓康伯：「天地之道，不為而善始，不勞而善成，故曰易簡。」

　勞累是低效的工作方式。

　人間本簡易，頭腦自擾之。

·成位乎其中：找到自己的心靈定位。

　中，心靈。

語錄

➤性情決定人生選擇。

➤勞累是低效的工作方式。

➤人間本簡易，頭腦自擾之。

二

聖人設卦觀象，繫辭焉而明吉凶，剛柔相推而生變化。是故吉凶者，失得之象也。悔吝者，憂虞之象也。變化者，進退之象也。剛柔者，晝夜之象也。六爻之動，三極之道也。是故君子所居而安者，易之序也。所樂而玩者，爻之辭也。是故君子居則觀其象，而玩其辭；動則觀其變，而玩其占。是以自天祐之，吉无不利。

第二章主題：關鍵概念／遊戲哲學

‧象是《易經》主要的手法。

象包括：圖（象）、意（義）、行（動）。

第六章：「聖人有以見天下之賾，而擬諸其形容，象其物宜，是故謂之象。」賾，幽深精微的道理。

‧吉凶者，失得之象也：有沒有發現顛倒？吉失凶得？

人生順遂時，當心滑失更重要的東西。

凶運造訪日，常常激發更深刻的成熟。

‧悔吝者，憂虞之象也：

悔，煩惱。憂，憂慮──愛擔心。悔是憂的結果。擔心太多會變笨。

吝，匱乏。虞，思慮──想太多。吝是虞的結果。思想太多會短路。

- 剛柔者，晝夜之象也：白天，剛的力量行進。晚上，柔的力量充滿。
  小程子註隨卦：「《禮》：君子晝不居內，夜不居外，隨時之道也。」
- 六爻之動，三極之道也：人生六個階段的變化，根源於天人地三極之道
  的綜錯。
- 玩其辭，玩其占：玩，遊戲哲學，游於藝。
  原義，弄玉，玉的元。玩原來可以很大！
  遊戲不只是遊戲，遊戲可以是一種無為清淨卻能力高強的生命修為。
- 自天祐之，吉无不利：語出大有卦上九。

語錄

➤人生順遂時，當心滑失更重要的東西。
　凶運造訪日，常常激發更深刻的成熟。
➤擔心太多會變笨。
　思想太多會短路。
➤遊戲不只是遊戲，遊戲可以是一種無為清淨卻能力高強的生命修
　為。

三

象者，言乎象者也。爻者，言乎變者也。吉凶者，言乎其失得也。悔吝
者，言乎其小疵也。无咎者，善補過也。是故列貴賤者存乎位，齊小大者
存乎卦，辯吉凶者存乎辭，憂悔吝者存乎介，震无咎者存乎悔。是故卦有
小大，辭有險易。辭也者，各指其所之。

第三章重點：名詞解釋

- 朱熹《周易本義》：「彖，謂卦辭，文王所作者；爻，謂爻辭，周公所作者。」
- 卦辭：總象。爻辭：變化。

　　吉凶：失得。（意義見上一章）

　　悔、吝：小毛病。

　　无咎：行動、修身的時機。

　　有大卦、小卦、險爻、易爻。

- 齊：列也。
- 介：斷也，辨也。
- 震：起也，動也。

四

易與天地準，故能彌綸天地之道。仰以觀於天文，俯以察於地理，是故知幽明之故。原始反終，故知死生之說。精氣為物，遊魂為變，是故知鬼神之情狀，與天地相似，故不違。知周乎萬物，而道濟天下，故不過。旁行而不流，樂天知命，故不憂。安土敦乎仁，故能愛。範圍天地之化而不過，曲成萬物而不遺，通乎晝夜之道而知，故神无方而易无體。

第四章主題：易道與天地幽明終始死生的辯證／曲成之愛

- 準：1.等也。2.相應相通故準。
- 彌綸：彌，遍也。綸，知也。
- 故知死生之說：死生不離開陰陽幽明終始反正之理。

　　《傳習錄》之「蕭惠問死生之道」——陽明說「知晝即知夜」，弟子問

「晝亦所不知乎？」陽明說「你只是夢晝。」

《四十二章經》：弟子問道？佛答道在生死之間。弟子問生死之道？佛曰道在晝夜之間。弟子問晝夜之道？佛曰道在呼吸之間。

- 精氣為物，遊魂為變：遊，遊散。

精氣為物，陰陽能量聚；遊魂為變，陰陽能量散。

中國人也知道其他眾生的存在，但不強調，只說是能量的聚與散、固體化與耗散化。

- 不違，不過，不憂，能愛：都是指易道。

不違。違，唱反調。——鬼神天地、歸伸上下都是易道，不炒作超自然的市場。

不過。過，做太多。——易道是自然的洶湧，相對的做太多、太超過，反而是人為造作了。

不憂。憂，想太多。——因為本體的安然。

能愛。愛，用真心。——指向人間的善良。

- 旁行而不流：旁，並也，遍也。不流，不流失。

- 不過：不差失，不犯錯。

- 安土敦乎仁，故能愛：談到愛的問題。愛的兩個條件：安土＋敦仁。

安土，安於斯土。對環境、大地、原鄉的信任。儒家的愛重視對鄉土的情感與穩定感——愛的環境／外在條件

敦，厚也。敦仁，修養內在良知、仁心、覺性的厚度——愛的心靈／內在條件

安土與敦仁，是愛的陰性條件與陽性條件。也是易道。

參考道家的愛：愛是沒有要求的情不自禁，情不自禁卻沒有要求。

- 曲成萬物而不遺：尊重萬物的個性、物性，所以曲成。曲成，真是好詞！直道，必須曲成。

曲成：彎曲，才能成就。曲線，經常是修身、助人、治學、做事的最佳

路線。

真理也許是直率的，但人生不會是一條鞭法。

奧修對學生說：「我知道我教你的是最快捷的途徑，但如果你選擇走曲線，我會尊重你的曲線。」

不遺就是老子的「媽媽哲學」。不遺，才不會遺漏，因為曲成。因為曲成是清淨的愛，不強制的愛，進入對方的愛，用心的愛，互換主體性的愛，曲折的愛，人間的愛。

· 通乎畫夜之道而知：從人間面相與自然節奏了解易道。

· 神无方而易无體：韓康伯：「方體著，皆係於形器者也。神則陰陽不測，易則唯變所適，不可以一方一體明。」超自然與易道都不是形式與物質所能限制的。

語錄

➤ 愛是沒有要求的情不自禁，情不自禁卻沒有要求。

➤ 曲成：彎曲，才能成就。

　曲線，經常是修身、助人、治學、做事的最佳路線。

　真理也許是直率的，但人生不會是一條鞭法。

　奧修對學生說：「我知道我教你的是最快捷的途徑，但如果你選擇走曲線，我會尊重你的曲線。」

五

一陰一陽之謂道，繼之者善也，成之者性也。仁者見之謂之仁，知者見之謂之知。百姓日用而不知，故君子之道鮮矣。顯諸仁，藏諸用，鼓萬物而不與聖人同憂，盛德大業至矣哉。富有之謂大業，日新之謂盛德。生生之謂易，成象之謂乾，效法之為坤，極數知來之謂占，通變之謂事，陰陽不測之謂神。

夫易，廣矣大矣，以言乎遠，則不禦；以言乎邇，則靜而正；以言乎天地之間，則備矣。夫乾，其靜也專，其動也直，是以大生焉。夫坤，其靜也翕，其動也闢，是以廣生焉。廣大配天地，變通配四時，陰陽之義配日月，易簡之善配至德。

子曰：「易其至矣乎！」夫易，聖人所以崇德而廣業也。知崇禮卑，崇效天，卑法地。天地設位，而易行乎其中矣，成性存存，道義之門。

第五章主題：陰陽之道

‧一陰一陽之謂道：一陰一陽的互動互攝包含了全部真理。
生命的道路與人生的學習也是由陰陽二力相激而成。例子太多了：夫妻的學習、儒佛的學習、儒道的學習、中美的學習（木星文化相對於火星文化）。
懷德海：「兩種學說的交鋒不是一場災難，而是一個好機會。」
中國文化在「動態」中談真理。
陰陽之道三點心法──
1.相對性：傾向靜態。
2.相背性：很真實，較被動，無為是關鍵。（奧修說法）
3.穿透性（跳躍性）：很動態，主動的動態。（鎮華老師說法）
兩造中的一件事情做到極至，火候成熟，跳出去，會成為對方。

鎮華老師：「大自然沒有一個東西不定——獨立，大自然沒有一個東西不活——整體。大自然既獨立又整體。」

（跳開一下聯想：至與致。

　「致」知、極「致」、「致」良知，應該就是「至」。

　至，飛箭著地，生命的穿透力。

　致，用「手」推，就弱了，還拿根「小棍子」，更刻意。

　至，就夠了。一至，就跳，跳到對反狀態。）

　　韓康伯：「道者何，无之稱也，无不通也，无不由也。況之曰道。」

執著不是道，執著不執著，也是執著。

‧繼之者善也，成之者性也。仁者見之謂之仁，知者見之謂之知。百姓日用而不知，故君子之道鮮矣：同物異名現象。

　繼承陰陽之道（易道）是美好的。

　成全陰陽之道是一種「想起」。

　仁者見之謂之仁，水象星座的成熟者。

　知者見之謂之知，風象星座的成熟者。

　不知：不自覺。

　君子之道：三道之中（成佛之道，成熟之道，成功之道）的第二道。

　鮮矣：覺知、成熟是很稀有的。

‧顯諸仁，藏諸用：陰陽之道在二人之間的互動中展現——道在人間相愛中。

　陰陽之道是隱藏在所有行動與事情背後的原理。

‧鼓萬物而不與聖人同憂：天地陰陽之道不憂，聖人還是會憂。

‧富有之謂大業，日新之謂盛德：富有是內在的，貪婪的人永遠貧窮。

　如：善財童子。

　內在的富有，就是大事業。

　盛德就是不間斷的生命成長（日新）。

- 生生之謂易：易道就是生生不息的力量。

  （南懷瑾說全世界重要的真理傳統，只有中國文化不從殯儀館看人生，
  而從「生」的一邊看人生──中國文化的獨特性。）

- 成象之謂乾，效法之為坤：坤效法乾。

- 陰陽不測之謂神：所謂神也是陰陽二力綜錯演化的效應。只是難測。很
  神！譬如夫婦之道就是沒完沒了的學習。

- 禦：止也。

- 夫乾，其靜也專，其動也直，是以大生焉。夫坤，其靜也翕，其動也
  闢，是以廣生焉：乾動坤靜，只是表面的層次。深入的說，乾坤各有動
  靜。

  專，專一，專精入神。如：老子：「專氣致柔。」

  直，直率，正直，剛直，直道。──物理世界、自然世界沒有絕對、真
  正的直線。直，不是現實的存在。直是心靈的力量與修為。

  翕，合也，起也。合羽，鳥將高舉，必先斂翼。──所以坤的靜是含藏
  動態的。靜之動。

  闢，開也。推開門戶。

  大生是氣度、精神性、內在的生。

  廣生是勢力、人間性、外在的生。

- 知崇禮卑：知崇，懂得高遠的道。

  　　　　　禮卑，禮→履→實踐。1.從手邊的小地方小事情做起。2.不
  　　　　　怕髒，從卑下處做。

  極高明而道中庸。

  也是陰陽之道：知崇，陽性面；禮卑，陰性面。

- 存存：1.在也。2.察察，著明也。3.存而又存，不已之意。

> **語錄**
>
> ➤兩造中的一件事情做到極至，火候成熟，跳出去，會成為對方。
>
> ➤道在人間相愛中。
>
> ➤富有是內在的，貪婪的人永遠貧窮。
>
> 　內在的富有，就是大事業。
>
> 　盛德就是不間斷的生命成長──日新。
>
> ➤物理世界、自然世界沒有絕對、真正的直線。
>
> 　直，不是現實的存在。直是心靈的力量與修為。
>
> ➤翕，合羽也。鳥將高舉，必先歛翼。
>
> 　真正豐富的靜是含藏動態的──靜之動。

六

聖人有以見天下之賾，而擬諸其形容，象其物宜，是故謂之象。聖人有以見天下之動，而觀其會通，以行其典禮。繫辭焉，以斷其吉凶，是故謂之爻。言天下之至賾，而不可惡也。言天下之至動，而不可亂也。擬之而後言，議之而後動，擬議以成其變化。

第六章主題：（意）象與（行）動

・聖人有以見天下之賾，而擬諸其形容，象其物宜，是故謂之象：象是《易經》主要的手法。

　象包括：圖（象）、意（義）、行（動）。

　賾，幽深精微的道理。賾是象的內涵。

- 天下之動，而觀其會通，以行其典禮：會通，連結，整體。

  典，几上的冊書。傳統的意思。禮，履也，理也。理性的行動。

  行動的定義：觀察力＋整體性＋深厚傳統＋理性行動。

  真正的行動必然是謀定而動的；真正的行動必然是顧慮周全的；真正的

  行動必然是連接源頭的；真正的行動必然是理性直率的。

- 天下之至賾，而不可惡也。言天下之至動，而不可亂也：賾，幽深難見。

  天下最深微的道理不可被混淆。

  天下最陽動的力量不能被干擾。

語錄

➤行動四義：

真正的行動必然是謀定而動的。

真正的行動必然是顧慮周全的。

真正的行動必然是連接源頭的。

真正的行動必然是理性直率的。

七

（一）「鳴鶴在陰，其子和之，我有好爵，吾與爾靡之。」子曰：「君子
居其室，出其言，善則千里之外應之，況其邇者乎；居其室，出其
言，不善則千里之外違之，況其邇者乎。言出乎身，加乎民，行發
乎邇，見乎遠。言行君子之樞機，樞機之發，榮辱之主也。言行，
君子之所以動天地也，可不慎乎。」

（二）「同人，先號咷而後笑。」子曰：「君子之道，或出或處，或默或語。二人同心，其利斷金。同心之言，其臭如蘭。」

（三）「初六，藉用白茅，无咎。」子曰：「苟錯諸地而可矣。藉之用茅，何咎之有？慎之至也。夫茅之為物薄，而用可重也。慎斯術也以往，其无所失矣。」

（四）「勞謙君子，有終，吉。」子曰：「勞而不伐，有功而不德，厚之至也。語以其功，下人者也。德言盛，禮言恭，謙也者，致恭以存其位者也。」

（五）「亢龍有悔。」子曰：「貴而无位，高而无民，賢人在下位而无輔，是以動而有悔也。」

（六）「不出戶庭，无咎。」子曰：「亂之所生也，則言語以為階。君不密，則失臣；臣不密，則失身；幾事不密，則害成。是以君子慎密而不出也。」

（七）子曰：「作易者其知盜乎？易曰：負且乘，致寇至。負也者，小人之事也。乘也者，君子之器也。小人而乘君子之器，盜思奪之矣！上慢下暴，盜思伐之矣！慢藏誨盜，冶容誨淫，易曰：負且乘，致寇至，盜之招也。」

第七章主題：讀經文心得

1　中孚卦

　　講言語的力量與慎言。

- 這裡的君子：1.指在上位者——動見觀瞻，要慎言。2.指大德者——磁性中心的影響力。
- 樞機：樞，戶樞。機，弩牙。言語樞機說。
- 動天地：動用天地的力量。

2 同人卦

講言語的力量與收發。

- 出處語默，不離其中。——好話！
- 二人同心，其利斷金。同心之言，其臭如蘭。——好話！
  同心的語言，會發出蘭花的芬芳！

3 大過卦

用柔渡險。

- 錯諸地：錯，置也。
- 而用可重也：可用於祭祀。
- 慎斯術也以往：用柔術奔赴（往）人生。

4 謙卦

謙與恭。

- 勞而不伐，有功而不德，厚之至也，語以其功，下人者也：勤勞而不自
  誇，有功卻不以為自己多了不起，生命的厚度就達成了。——這是道家
  智慧。
  講話一直提起自己的功勞，這是下作之人。
- 謙也者，致恭以存其位者也：恭是謙的靈魂。對誰恭敬呢？
  謙的真正核心意義是恭！謙虛是真正的敬重自己！

5 乾卦

德高無權。

- 貴而无位，高而无民，賢人在下位而无輔，是以動而有悔也：人品尊貴
  卻沒有相配的社會地位，學問高深卻沒有群眾支持，賢者在基層又缺乏

得力的幫助──德高無權，輕舉妄動是會有後悔的。

《繫辭傳》「德高無權」，跟另一說解釋乾卦上九「位高而不放權」不盡相同。

6　節卦

保密概念。

・亂之所生也，則言語以為階。君不密，則失臣；臣不密，則失身；幾事不密，則害成。是以君子慎密而不出也：亂講話是造亂的階梯。

用保密的含義解釋節卦。

7　解卦

諷刺世情。

・小人而乘君子之器，盜思奪之矣：小人，爛政黨？君子之器，政府公器？盜？天啊！諷刺絕了！

・慢藏誨盜，冶容誨淫：誨，誘也。

語錄

➤出處語默，不離其中──心靈是奔波、自閉、講話、閉嘴的總司令。

➤二人同心，其利斷金。同心之言，其臭如蘭。

同心的語言，會發出蘭花的芬芳！

➤恭是謙的靈魂。

謙的真正核心意義是恭！

謙虛是真正的敬重自己！

八

天一地二，天三地四，天五地六，天七地八，天九地十。天數五，地數五，五位相得而各有合。天數二十有五，地數三十，凡天地之數，五十有五，此所以成變化，而行鬼神也。大衍之數五十，其用四十有九。分而為二以象兩，掛一以象三，揲之以四以象四時，歸奇於扐以象閏。五歲再閏，故再扐而後掛。

乾之策，二百一十有六；坤之策，百四十有四，凡三百有六十，當期之日。二篇之策，萬有一千五百二十，當萬物之數也。是故，四營而成易，十有八變而成卦。八卦而小成，引而伸之，觸類而長之，天下之能事畢矣。顯道神德行，是故可與酬酢，可與祐神矣。子曰：「知變化之道者，其知神之所為乎。」

第八章主題：古代占筮之法

- 天數 1＋3＋5＋7＋9＝25
  地數 2＋4＋6＋8＋10＝30
  天地之數＝55
  南懷瑾說是「合什」之義。這一段其實無甚大義。
- 「大衍之數五十，其用四十有九。分而為二以象兩，掛一以象三，揲之以四以象四時，歸奇於扐以象閏。五歲再閏，故再扐而後掛。」，「是故，四營而成易，十有八變而成卦。」——這一段就是在講古占筮之法。
- 衍：推演，演變。
- 揲：取也。音舌。
- 扐：指間。音樂。

- 奇：餘數。
- 所謂女大「十八變」。
- 「乾之策，二百一十有六；坤之策，百四十有四，凡三百有六十，當期之日。二篇之策，萬有一千五百二十，當萬物之數也。」——這一段參考南懷瑾《易經繫傳別講上》（老古文化）頁 234-1 的註一、二、三與頁 236。

  這一段其實無甚大義，跟占筮之法也無關。
- 一根蓍草稱一策。

  後世引申為決策、計策。
- 顯道神德行：顯，神，都是動詞。
- 酬酢：酬，主人給客人敬酒；酢，賓客還敬主人。

  有斟酌、琢磨、沉思的意思。

九

易有聖人之道四焉：以言者尚其辭，以動者尚其變，以制器者尚其象，以卜筮者尚其占。以君子將有為也，將有行也，問焉而以言，其受命也如響，无有遠近幽深，遂知來物。非天下之至精，其孰能與於此。

參伍以變，錯綜其數，通其變，遂成天下之文。極其數，遂定天下之象。非天下之至變，其孰能與於此。易无思也，无為也，寂然不動，感而遂通天下之故。非天下之至神，其孰能與於此。夫易，聖人之所以極深而研幾也。唯深也，故能通天下之志。唯幾也，故能成天下之務。唯神也，故不疾而速，不行而至。子曰：「易有聖人之道四焉」者，此之謂也。

第九章主題：聖人四道

- 易有聖人之道四：《易經》提出成熟之道的四個途徑。

以言者尚其辭→言語智慧／辭／知識

以動者尚其變→實踐智慧／變／行動

制器者尚其象→器用智慧／象／應用

卜筮者尚其占→占卜智慧／孚／玄學

加一句：以心者尚其本→本體智慧／覺／心性

- 受命如響：命運的腳步聲落在人生道上，鏗鏘嘹亮。

 最浩大最真實的命運，叫當下。命就是當下！

 擁抱每一響當下的步履吧。

- 至精：1.指對聖人四道的精熟。2.也可能單指占筮。

- 參伍以變：1.參伍就是三五。2.參指思量，伍是行伍。

 意義不明。

- 易无思也，无為也，寂然不動，感而遂通天下之故。非天下之至神，其
 孰能與於此：无思，心的力量不通過思考。无為，無所執著、不要求、
 無住……

 寂然不動，不動心，井卦與《心經》都有提到的恆常本性。

 感通，心感，感知對照認知。心愈不動，愈能感通。

 故，事也。

 天下之至神，心靈力量的伸張。神，伸也。

- 極深而研幾：極深，生命深度。研幾，行動能力。研，審也。

 大成熟者就是同時掌握生命深度與行動準度的人。

- 幾：幾、微、時、中。

 幾，動之微。

 剛剛好的智慧。與逮住那隻兔子的儒門心法。

- 唯神也，不疾而速，不行而至：不就是在講大自然、天道嗎！

 你感覺不到祂的速度，你感覺不到祂的移動，祂已經變成你眼前的事
 實，毫不含糊。

> **語錄**
>
> ➤受命如響！
> 命運的腳步聲落在人生道上，鏗鏘嘹亮。
> 最浩大最真實的命運，叫當下。
> 命就是當下！
> 擁抱每一響當下的步履吧。
> ➤大成熟者就是同時掌握生命深度與行動準度的人。
> ➤不疾而速，不行而至！
> 你感覺不到祂的速度，你感覺不到祂的移動，祂已經變成你眼前
> 的事實，毫不含糊。

十

子曰：「夫易，何為者也？夫易開物成務，冒天下之道，如斯而已者也。
是故，聖人以通天下之志，以定天下之業，以斷天下之疑。」是故蓍之德
圓而神，卦之德方以知，六爻之義易以貢。聖人以此洗心，退藏於密，吉
凶與民同患。神以知來，知以藏往，其孰能與此哉！古之聰明叡知神武而
不殺者夫？

第十章主題：神與知

・冒：覆被。

・蓍之德圓而神：占筮占卜。
　感知的力量／心神／天道圓／圓神者變化無方／圓者運而不窮。

卦之德方以知：卦辭爻辭。

認知的力量／理性／地道方／方知者事有定理／方者止而有分。

圓神，圓融，神準。

方知，分類，明確。

· 六爻之義易以貢：簡易卻有貢獻。

· 聖人以此洗心，退藏於密：

洗心：1.以易道洗練心靈。2.洗，先也，引導心靈。

退藏於密：1.理論、學問的縝密。2.修學真理的「不可說明性」。

· 吉凶與民同患：真得道的人，有神通卻不用，能保身而不私，可以躲也
不躲。和光同塵，與民同患，憑什麼自己就比較高貴跟別人不一樣。這
是「應劫」的觀念。如：耶穌，二祖慧可……

· 神以知來：心神以感知未來／感性／感知／心靈／自性本體。

知以藏往：知性以記錄過去／理性／認知／知識／歷史文化。

· 古之聰明叡知神武而不殺者夫：殺有減少、降低的意思。如：殺價。

語錄

➤神是心靈的力量。

知是理性的作用。

十一

是以，明於天之道，而察於民之故，是興神物以前民用。聖人以此齊戒，
以神明其德夫！是故，闔戶謂之坤，闢戶謂之乾，一闔一闢謂之變，往來

不窮謂之通，見乃謂之象，形乃謂之器，制而用之謂之法。利用出入，民咸用之，謂之神。

第十一章重點：興神物

・興神物，前民用：修身學道就是興神物，用真理引領人民是前民用。
道就是神物。
引領人民成長，前民。照顧百姓溫飽，中民。跟著民眾欲望，後民。
・齊戒：洗心曰齋，防患曰戒。
・乾開坤闔。乾坤開闔謂之變。
・利用出入，民咸用之，謂之神：古代中國「神」的觀念很樸素——聖者取法自然（利用），斟酌損益以制器用（出入），能廣惠民生（民咸用之），就很神了（謂之神）！

語錄

➤興神物，前民用：
　修身學道就是興神物，用真理引領人民是前民用。

十二

是故，易有太極，是生兩儀，兩儀生四象，四象生八卦，八卦定吉凶，吉凶生大業。是故，法象莫大乎天地，變通莫大乎四時，縣象著明莫大乎日月，崇高莫大乎富貴。備物致用，立成器以為天下利，莫大乎聖人。探賾

索隱，鉤深致遠，以定天下之吉凶，成天下之亹亹者，莫大乎蓍龜。

是故，天生神物，聖人則之；天地變化，聖人效之；天垂象，見吉凶，聖人象之。河出圖，洛出書，聖人則之。易有四象，所以示也。繫辭焉，所以告也。定之以吉凶，所以斷也。

第十二章主題：太極兩儀四象八卦、蓍龜與其他

* 太極：整體。

  兩儀：兩個方向。

  （沒提三才，這是一個〈繫辭傳〉是戰國末漢初的證據。相對的《老子》四十二章就有提三才。）

  四象：四個狀態。

  八卦：八種現象。

* 賾：幽深難見。

* 亹亹：音偉。微妙之意。

* 探賾索隱，鉤深致遠：好厲害的八個字！

  對深刻的東西，探、索、鉤；對遠方的理想，至，不是致。

  探的古文是探索者撥開洞口雜草行進人生未知洞穴的意象。

  索，甲骨文是雙手編織繩索的象形；小篆更有意思，用繩索懸吊著兩個人下降到人生深穴中探險？

  鉤就是釣魚。真理之魚。

  至就是飛箭著地，穿透力。不需要致了，用手推又拿棍子，太著痕跡。

  不入險穴，焉得深邃──欲得深刻的生命智慧，必須探身垂降人生未知的險穴。釣到真理之魚，才能穿透遠方。（〈繫辭傳〉有時候文句寫得有點文奪其質。）

> **語錄**
>
> ➤不入險穴，焉得深邃——欲得深刻的生命智慧，必須探身垂降人生未知的險穴。釣到深邃的生命智慧，才能穿透遠方。

十三

易曰：「自天祐之，吉无不利。」子曰：「祐者，助也。天之所助者，順也；人之所助者，信也。履信思乎順，又以尚賢也。是以自天祐之，吉无不利也。」

子曰：「書不盡言，言不盡意。然則聖人之意，其不可見乎。」子曰：「聖人立象以盡意，設卦以盡情偽，繫辭以盡其言，變而通之以盡利，鼓之舞之以盡神。」乾坤其易之縕邪？乾坤成列，而易立乎其中矣。乾坤毀，則无以見易，易不可見，則乾坤或幾乎息矣。是故，形而上者謂之道，形而下者謂之器。化而裁之謂之變，推而行之謂之通，舉而錯之天下之民，謂之事業。

是故，夫象，聖人有以見天下之賾，而擬諸其形容，象其物宜，是故謂之象。聖人有以見天下之動，而觀其會通，以行其典禮，繫辭焉，以斷其吉凶，是故謂之爻。極天下之賾者，存乎卦；鼓天下之動者，存乎辭；化而裁之，存乎變；推而行之，存乎通；神而明之，存乎其人；默而成之，不言而信，存乎德行。

第十三章主題：象與乾坤

・「自天祐之，吉无不利。」出自大有卦上九爻。——這一段應該歸屬到

第七章。

順，順天命。信，磁性中心的伸張。

· 以「象」代言以「盡意」，好方法！

· 縕：淵奧。

第三段的「易」應該指「不易」之義。

解釋了「道、器、變、通、事業」。

推而行之謂之通：推出來，要真做，才算通。

從古到今，能稱得上「事業」的沒幾個人，影響到「天下之民」才算。

· 解釋了「象」──以象藏賾＋以象象形。

天下幽深難見的道理存於六十四卦。

鼓：鼓動天下。

辭：大文章。

默而成之，不言而信，存乎德行：好話！德行的特性──不言。

德的力量最「兌」──不說話就把事情做完，不多言影響力就出去，真正的力量往往藏在成熟與行動之中。

繫辭下傳白話註解

一

八卦成列，象在其中矣。因而重之，爻在其中矣。剛柔相推，變在其中矣。繫辭焉而命之，動在其中矣。吉凶悔吝者，生乎動者也。剛柔者，立本者也。變通者，趣時者也。吉凶者，貞勝者也。天地之道，貞觀者也。日月之道，貞明者也。天下之動，貞夫一者也。夫乾，確然示人易矣。夫坤，隤然示人簡矣。爻也者，效此者也。象也者，像此者也。爻象動乎內，吉凶見乎外，功業見乎變，聖人之情見乎辭。天地之大德曰生，聖人之大寶曰位，何以守位曰仁，何以聚人曰財，理財正辭禁民為非曰義。

第一章重點：名辭解釋

- 吉凶者，貞勝者也：貞，正也，指成長。

  正，從一從止，或從上從止。一步步邁向天道，或一步步邁向成長。

  貞勝，以正為殊勝，生命成長是吉凶的最高標準。

- 天地之道，貞觀者也：用成長的觀點看人與事，就是天地之道。

- 確然：篤定。隤然：柔貌。

- 爻也者，效此者也：爻是效法。此指乾坤易簡之理。

- 何以守位曰仁：以仁守住位，不是以勢力、財力守位。

  何以聚人曰財：但聖人了解聚合一般百姓還是得靠錢——物質力量。

  理財正辭禁民為非曰義：理財，財經管理。正辭，教育文化。禁民為非，法律機制。

  　　三者都具備才是一個國家的大義。

二

古者包犧氏之王天下也,仰則觀象於天,俯則觀法於地,觀鳥獸之文,與地之宜,近取諸身,遠取諸物。於是始作八卦,以通神明之德,以類萬物之情。作結繩而為罔罟,以佃以漁,蓋取諸離。包犧氏沒,神農氏作,斲木為耜,揉木為耒,耒耨之利,以教天下,蓋取諸益。日中為市,致天下之民,聚天下之貨,交易而退,各得其所,蓋取諸噬嗑。神農氏沒,黃帝、堯、舜氏作,通其變,使民不倦;神而化之,使民宜之;易窮則變,變則通,通則久;是以自天祐之,吉無不利。黃帝、堯、舜垂衣裳而天下治,蓋取諸乾坤。刳木為舟,剡木為楫,舟楫之利以濟不通,致遠以利天下,蓋取諸渙。服牛乘馬,引重致遠以利天下,蓋取諸隨。重門擊柝以待暴客,蓋取諸豫。斷木為杵,掘地為臼,臼杵之利,萬民以濟,蓋取諸小過。弦木為弧,剡木為矢,弧矢之利,以威天下,蓋取諸睽。上古穴居而野處,後世聖人易之以宮室,上棟下宇,以待風雨,蓋取諸大壯。古之葬者,厚衣之以薪,葬之中野,不封不樹,喪期無數,後世聖人易之以棺槨,蓋取諸大過。上古結繩而治,後世聖人易之以書契,百官以治,萬民以察,蓋取諸夬。

第二章主題:講諸卦的歷史連結

(這一章有點扯,個人讀書的聯想吧。)

離——狩獵文明

益——農業文明

噬嗑——商業文明

大有——人生智慧

乾坤——磁性中心

渙——水航文明

隨——陸航文明

豫——警備系統

小過——防禦系統

睽——戰爭系統

大壯——建築文明

大過——殯葬風俗

夬——文字文明

三

是故易者，象也。象也者，像也。彖者，材也。爻也者，效天下之動者
也。是故吉凶生而悔吝著也。陽卦多陰，陰卦多陽，其故何也？陽卦奇，
陰卦耦。其德行何也？陽一君而二民，君子之道也。陰二君而一民，小人
之道也。易曰：「憧憧往來，朋從爾思。」子曰：「天下何思何慮！天下同
歸而殊塗，一致而百慮，天下何思何慮！」日往則月來，月往則日來，日
月相推而明生焉。寒往則暑來，暑往則寒來，寒暑相推而歲成焉。往者，
屈也；來者，信也。屈信相感而利生焉。尺蠖之屈，以求信也。龍蛇之
蟄，以存身也。精義入神，以致用也。利用安身，以崇德也。過此以往，
未之或知也。窮神知化，德之盛也。

第三章主題：陽陰來往屈信之道

・像：法也。

　　材：通裁，斷也。

　　爻：效法。

・陽卦多陰，陰卦多陽，其故何也？：就是《易經》筆法中的「名義背反

法」——吉卦凶，凶卦吉；陽中陰，陰中陽；易卦險，險卦易。

- 陽卦奇，陰卦耦：譬如乾／坎／震／艮——陽卦。

  譬如坤／離／巽／兌——陰卦。

- 陽一君而二民，君子之道也。陰二君而一民，小人之道也：君、民，都是象，符號。

  道一術二是成長之道，道二術一是分裂之道。

  中心思想統一與中心思想分裂（譬如臺灣）的差別。

- 憧憧往來，朋從爾思：指人格學問的影響力。

- 往者，屈也；來者，信也。屈信相感而利生焉：首先，來往還是指內外的深層意義。

  奔赴人生要懂得彎曲自己，回返內心要全然信任覺知！內外功夫交相感通，真正的利益就出現了。

- 尺蠖之屈，以求信也。龍蛇之蟄，以存身也：尺蠖，毛毛蟲。信，伸也；蟄，伏也。

  毛毛蟲可以吐氣揚眉，一條龍可以蟄伏修德，人生嘛，說不準的。

- 精義入神以致用：對生命的義理精熟到入神的程度，就可以穿透用世。

  利用安身以崇德：利用天地之理安身立命，內在的成熟（德）是最重要的。

- 窮神知化，德之盛也：深懂力量的伸張——窮神，了解生命的變化——知化，成熟的力量可以到如此程度——德之盛。

語錄

➤奔赴人生要懂得彎曲自己，回返內心要全然信任覺知！

➤毛毛蟲可以吐氣揚眉，一條龍可以蟄伏修德，人生嘛，說不準的。

四

易曰：「困於石，據於蒺藜，入於其宮，不見其妻，凶。」子曰：「非所困而困焉，名必辱；非所據而據焉，身必危；既辱且危，死期將至，妻其可得見耶！」

易曰：「公用射隼於高墉之上，獲之，无不利。」子曰：「隼者，禽也；弓矢者，器也。射之者，人也。君子藏器於身，待時而動，何不利之有。動而不括，是以出而有獲，語成器而動者也。」

子曰：「小人不恥不仁，不畏不義，不見利不勸，不威不懲，小懲而大誡，此小人之福也。易曰：『屨校滅趾，無咎。』此之謂也。」善不積不足以成名，惡不積不足以滅身，小人以小善為無益而弗為也，以小惡為無傷而弗去也；故惡積而不可揜，罪大而不可解。易曰：「何校滅耳，凶。」

子曰：「危者，安其位者也。亡者，保其存者也。亂者，有其治者也。是故君子安而不忘危，存而不忘亡，治而不忘亂，是以身安而國家可保也。易曰：『其亡其亡，繫於苞桑。』」

子曰：「德薄而位尊，知小而謀大，力小而任重，鮮不及矣。易曰：『鼎折足，覆公餗，其形渥，凶。』言不勝其任也。」

子曰：「知幾其神乎！君子上交不諂，下交不瀆，其知幾乎！幾者，動之微，吉之先見者也。君子見幾而作，不俟終日。易曰：『介於石，不終日，貞吉。』介如石焉，寧用終日，斷可識矣。君子知微知彰，知柔知剛，萬夫之望。」

子曰：「顏氏之子，其殆庶幾乎！有不善，未嘗不知；知之，未嘗復行也。易曰：『不遠復，无祇悔，元吉。』」

天地絪縕，萬物化醇。男女構精，萬物化生。易曰：「三人行，則損一人；一人行，則得其友。」言致一也。

子曰：「君子安其身而後動，易其心而後語，定其交而後求。君子脩此三
　　者，故全也。危以動，則民不與也。懼以語，則民不應也。無交而
　　求，則民不與也。莫之與，則傷之者至矣。易曰：『莫益之，或擊
　　之，立心勿恆。凶。』」

第四章主題：「易經」與「孔子」的對話
──先後是困、解、噬嗑、否、鼎、豫、復、損、益等卦。

- 藏器于身：一身好功夫，器用胸中藏。
  器，專業、知識、經驗、學問、內在成熟。
  待時而動：沉住氣，敏銳觀察，掌握時機發動。
  虎伏驚起，動靜有道。
  動而不括：發動起來卻不慌張。
  成器：成大器者。
- 德薄而位尊，知小而謀大，力小而任重，鮮不及矣：「德、知、力」的
  觀念──內德、知識、能力。
  鮮不及，很少不會連累到自己。這句話不是在講某總統嗎？
- 知幾其神乎：知幾就夠神了！
  幾者，動之微：「時」觀念的精緻化。
- 吉之先見者也：好事壞事發生前會有感應的。
- 君子見幾而作，不俟終日：內淨外敏──一個君子心地純淨，手段靈
  活，抓到「幾」就動，不會拖到一天的結束。
- 介如石焉，寧用終日，斷可識矣：明快如石斷。
- 君子知微知彰，知柔知剛，萬夫之望：知微，微觀；知彰，宏觀。
  身段必須柔軟，人格卻要剛強。
  萬夫之望，磁性中心的強悍。真誠與行動會感動很多人。
- 天地絪縕，萬物化醇。男女構精，萬物化生：這一段的連結存疑？──

前四句是創生論，這句損卦是講主體性道路。

絪縕，同氤氳，從气部，指陰陽二氣交合化生。醇，同淳。

· 君子三修：

安其身而後動（人安定了才行動）vs 危以動（躁動，別人不會摻和）。

易其心而後語（心平和了才說話）vs 懼以語（胡說，別人不會理你）。

定其交而後求（關係鐵了才要求）vs 无交而求（冒昧，別人不會答應）。

益卦的原文就是說打破僵化、慣性。哪怕是成熟的慣性，一樣要揚棄。

語錄

➤一身好功夫，器用胸中藏。

➤虎伏驚起，動靜有道。

➤內淨外敏——一個君子心地純淨，手段靈活，抓到「幾」就動，
不會拖到一天的結束。

➤明快如石斷。

➤身段必須柔軟，人格卻要剛強。

➤君子三修：

人安定了才行動。躁動，別人不會摻和。

心平和了才說話。胡說，別人不會理你。

關係鐵了才要求。冒昧，別人不會答應。

五

子曰：「乾坤，其易之門邪！乾，陽物也；坤，陰物也。陰陽合德，而剛柔有體，以體天地之撰，以通神明之德。」其稱名也，雜而不越，於稽其類，其衰世之意邪！夫易，彰往而察來，而微顯闡幽，開而當名辨物，正言斷辭，則備矣。其稱名也小，其取類也大，其旨遠，其辭文，其言曲而中，其事肆而隱，因貳以濟民行，以明失得之報。

第五章主題：乾坤陰陽

- 乾坤，進入易道的門戶。
- 撰：創造。
- 越：失也。
- 稽：考也。
- 衰世之意：朱熹認為是指紂、文王之世。

  錢穆認為「三玄」（易、老、莊）是衰世之學。南懷瑾說四書五經是憂患之書。
- 其事肆而隱：肆，顯露；隱，深微。肆，直；隱，曲。
- 貳：陰陽之道。

六

易之興也，其於中古乎！作易者，其有憂患乎！是故履，德之基也；謙，德之柄也；復，德之本也；恆，德之固也；損，德之脩也；益，德之裕也；困，德之辨也；井，德之地也；巽，德之制也。履，和而至；謙，尊而光；復，小而辨於物；恆，雜而不厭；損，先難而後易；益，長裕而不設；困，窮而通；井，居其所而遷；巽，稱而隱。履以和行，謙以制禮，

復以自知，恆以一德，損以遠害，益以興利，困以寡怨，井以辯義，巽以行權。

第六章主題：憂患九卦／三陳九卦

・「憂患」確是《周易》中心思想之一。但《周易》的用語是「艱貞」。

　貞是成長，在艱難中成長。

　德，內在的成熟。

・履，德之基／和而至／以和行。

　謙，德之柄／尊而光／以制禮。

　復，德之本／小而辨於物／以自知。

　恆，德之固／雜而不厭／以一德。

　損，德之脩／先難而後易／以遠害。

　益，德之裕／長裕而不設／以興利。

　困，德之辨／窮而通／以寡怨。

　井，德之地／居其所而遷／以辯義。

　巽，德之制／稱而隱／以行權。

・一陳九卦

　履，德之基：行動當然是德的基礎。

　謙，德之柄：權柄是最高的象徵，謙是六十四卦個人最高的修為。

　復，德之本：復，當然是回到德的根本──覺知。

　恆，德之固：恆其德，德之固，堅定的心，堅持有德人間。

　損，德之脩：減法是為了內在空間，減損是為了修正行為。

　益，德之裕：內在成長是真正的富有。

　困，德之辨：在困境中會對內在的實況湧現真正的判斷，無法閃躲。

　井，德之地：井，心靈，當然是內在成熟的土地。

　巽，德之制：順道順勢順性順時，是內在成熟的機制。

‧二陳都是陰陽合德原則

履和而至：和陰而至陽。

　　和而至，正是履卦精神 ── 履虎尾，不咥人，亨。但要注意「至」，雖然和，但行動必然是到位、穿透的──至。

謙尊而光：謙柔而尊剛。

　　謙，尊而光，低頭的最尊貴。

復小而辨於物：小小而辨大。

　　辨，同遍。回到覺知的動作很細微，但覺知的足跡無不在。

恆雜而不厭：雜反而不厭正。

　　亂七八糟的事，堅持做下去，會流出甘泉！

損先難而後易：難先而易後。

　　先減而後加，先艱苦後輕安。

益長裕而不設：長裕有為而不設無為。

　　不設計、不造作的悠久與充裕？德。德是「無母」「有父」的孩子。

困窮而通：窮陰而通陽。

　　在窮途中走出通路，在困難裡品嘗成熟。（朱熹：「身困而道通。」）

井居其所而遷：居靜而遷動。

　　居於心田，擁抱變化。心不動，走跳人生。

巽稱而隱：稱陽而隱陰。

　　和順，可以被稱讚，但不能過度強調。

‧三陳九卦

履以和行：行動不是為了決裂，而是為了和平。

謙以制禮：低頭者才能承擔大事。

復以自知：自知，自性的覺知。

恆以一德：一是太極整體，德指內在成熟。

損以遠害：減法是為了消除生命毒素。

益以興利：真正的利益在成長。

困以寡怨：困境中的正途是長大，不是怨懟。

井以辯義：只有心靈能辨別正確的道路。

巽以行權：順只是權宜行事。

語錄

➤內在成長是真正的富有。

➤在困境中會對自己內在的實況湧現真正的判斷，無法閃躲。

➤和而至：和氣不是客氣，穿透不是傷害。

　　　　　和是沒有敵人，至是不會手軟。

➤謙而尊：低頭的心胸最尊貴。

➤小而遍：回到覺知的動作很細微，但覺知的足跡無不在。

➤雜而不厭：亂七八糟的事，堅持做下去，會流出甘泉！

➤難而易，減而加：減障之役，先艱苦後輕安；天人之戰，此消而
　彼長。

➤長裕而不設：德是不設計、不造作的悠久與充裕。德是「無母」
　「有父」的孩子。

➤窮而通：在窮途中走出通路，在困難裡品嘗成熟。

➤居而遷：居於心田，擁抱變化。

　　　　　心不動，走跳人生。

➤稱而隱：好脾氣可以被稱讚，但不能被膨脹。

➤困境中的正途是長大，不是怨懟。

七

易之為書也不可遠，為道也屢遷，變動不居，周流六虛，上下無常，剛柔相易。不可為典要，唯變所適。其出入以度，外內使知懼，又明於憂患與故。無有師保，如臨父母。初率其辭而揆其方，既有典常，苟非其人，道不虛行。

第七章主題：易有三義的討論──不易，簡易，變易

- 易之為書也不可遠：簡易、平易、生活性。

  整部《易經》在討論你與我的人生。

  《中庸》：「道也者，不可須臾離也，可離非道也。」

  南懷瑾引用禪宗──不可以「高推聖境」。

- 為道也屢遷：變易、變動、複雜性。

  南懷瑾解釋屢遷，即佛曰「無常」。

- 不居：不停留。

- 周流六虛：不易、廣大、普遍性。

- 上下無常，剛柔相易：變易、變動、複雜性。

  上下無常：君子小人是生命狀態，不是固定位階，隨德而遷，沒個準的。

  剛柔相易：剛柔陰陽男女主從也沒有固定答案，隨機相互穿透易位。

- 不可為典要，唯變所適：學易、讀易的原則，沒有常準，不可以標準化、規格化、簡化，也不可以硬套理論與形式。

  典要，几上陳列的重要書冊、簿書（官方文書）。代表權威感的含義。

  典，傳統；要，精準。

  要尊重生活的繁富與複雜，人生的矛盾與變化。生命是多元多層的而非平面的。

- 其出入以度，外內使知懼：經書中所談的出入進退損益增減陰陽要察情度勢。

  懼，戒慎恐懼。也是憂患之意。

  韓康伯：「遯以遠時為吉，豐以幽隱致凶，漸以高險為美，明夷以處昧利貞。此內外之戒也。」

- 無有師保，如臨父母：師，指導；保，保護。──人生的仗只有自個兒去打。

  如臨父母，像父母在側的小心服侍。──對他人的愛如愛自己的父母。

  這兩句在講奉獻者的人生態度。

- 揆：取法，效法。

- 既有典常，苟非其人，道不虛行：就算有深厚的典籍與常法，如果缺乏人的因素──好手、有德者，真理也不會白白走到你面前的。

語錄

➤易行者奉獻的人生態度：

　人生的仗只有自個兒去打，對他人的愛如愛自己的父母。

八

易之為書也，原始要終，以為質也。六爻相雜，唯其時物也。其初難知，其上易知，本末也。初辭擬之，卒成之終。若夫雜物撰德，辨是與非，則非其中爻不備。噫，亦要，存亡吉凶，則居可知矣。知者觀其彖辭，則思過半矣。二與四同功而異位，其善不同。二多譽，四多懼，近也。柔之為道，不利遠者，其要无咎，其用柔中也。三與五同功而異位，三多凶，五

多功，貴賤之等也。其柔危，其剛勝邪。

易之為書也，廣大悉備：有天道焉，有人道焉，有地道焉，兼三材而兩之，故六。六者，非它也，三材之道也。道有變動，故曰爻。爻有等，故曰物。物相雜，故曰文。文不當，故吉凶生焉。易之興也，其當殷之末世，周之盛德邪！當文王與紂之事邪！是故其辭危，危者使平，易者使傾，其道甚大，百物不廢，懼以終始，其要无咎，此之謂易之道也。

第八章重點：這一章多談及卦爻結構的問題

- 原始要終：始是天道，終指人間。
- 初難知，上易知：初爻無位而飽滿，卻動向未定。上爻退下來，雖亦無位，但一生有跡可循。
- 雜物撰德，辨是與非，則非其中爻不備：中爻就是二、五——二五為中。一在野，一在朝，都是人間之道。
- 同功異位：相同的功能，不同的位置。
  二多譽，四多懼——用柔中。三多凶，五多功——其剛勝（其柔危）。
  故後世引申——初三五爻宜陽，二四上爻宜陰。
- 悉：皆也。
- 兼三材而兩之，故六：三材，三才——三種材質、性質。兩之，六爻是三才之道的推擴。
- 吉凶的由來——物相雜：文。文不當：生吉凶。
- 《周易》成書背景的猜測。
  懼，戒慎恐懼，憂患意識。

九

夫乾，天下之至健也，德行恆易以知險；夫坤，天下之至順也，德行恆簡

以知阻。能說諸心，能研諸侯之慮，定天下之吉凶，成天下之亹亹者。是
故變化云為，吉事有祥，象事知器，占事知來。天地設位，聖人成能；人
謀鬼謀，百姓與能。八卦以象告，爻象以情言，剛柔雜居，而吉凶可見
矣。變動以利言，吉凶以情遷。是故愛惡相攻而吉凶生，遠近相取而悔吝
生，情偽相感而利害生。凡易之情，近而不相得則凶，或害之，悔且吝。
將叛者其辭慚，中心疑者其辭枝，吉人之辭寡，躁人之辭多，誣善之人其
辭游，失其守者其辭屈。

第九章主題：其他／雜論

- 乾，天下之至健也，德行恆易以知險；坤，天下之至順也，德行恆簡以
  知阻：健，堅持；順，接納。
  堅持與接納，宇宙間兩種最基本的力量。
  知險知阻，落在人間世的必然複雜。
- 能說諸心：能讓別人心悅誠服。
- 亹亹：音同偉偉。勤勉而光輝。
- 變化云為，吉事有祥，象事知器，占事知來：變是外在現象，化是內在
  能耐。擁抱外在，成就內在，才是完整的行動。
  吉事凶事一定有先兆，就看心夠不夠敏感。
  從細微的跡象，從做事的方法，就可以知道一個人的器宇。——南懷瑾
  說「李鴻章推薦三個青年給曾國藩，曾國藩說一是棟樑之材（劉銘傳），
  一是主簿之材（紀錄軍需），一個先讓他回家事奉父母（烈士性情）的
  故事」。
  占事知來，預測學與人生諮商。
- 天地設位，聖人成能；人謀鬼謀，百姓與能：大成熟者（聖人）可以達
  成天地的勢能。
  天，真理；地，大自然。人謀，看得見的變化；鬼謀，看不見的變化。

最重要是參「與」。

· 將叛者其辭慚，中心疑者其辭枝，吉人之辭寡，躁人之辭多，誣善之人
其辭游，失其守者其辭屈：
心裡對不起別人，辭色總會慚愧。古語云：「心不負人，面無慚色。」
自信不夠，心裡有鬼，講話會支離，不著邊際。
吉人之辭寡──上傳所謂「默而成之，不言而信，存乎德行。」吉人就
是積德君子。
躁人之辭多──內心不安，屁話愈多。
誣善之人其辭游──陷害好人的，講話游離、聽不懂、偏離事實。
失其守者其辭屈──道理上站不住腳的，會詞窮。
（這幾句話很「世情」──廣義的相人術。）

語錄

➤ 堅持與接納，宇宙間兩種最基本的力量。

➤ 變是外在現象，化是內在能耐。擁抱外在，成就內在，才是完整
的行動。

➤ 將叛者其辭慚，中心疑者其辭枝，吉人之辭寡，躁人之辭多，誣
善之人其辭游，失其守者其辭屈：
心裡對不起別人，辭色總會慚愧。
自信不夠，心裡有鬼，講話會不著邊際。
積德君子話不多。
內心不安的，屁話就多。
陷害好人的，講話飄來飄去、聽不懂、而且偏離事實。
道理上站不住腳的，會詞窮。

《繫辭》同心圓

第一話：大哥與小弟

這個專題是讀《繫辭傳》的心得小品。

「經」是大哥，「傳」是小弟，小弟的功能就是去執行大哥的意志，傳達大哥的指令。但如果小弟漸漸「長大」，變成熟，變得獨當一面，那小弟就不再是小弟，至少是二哥了。六十四卦是經，《繫辭》是傳，那《繫辭》是不是二哥或厲害的小弟，能不能跟《易經》六十四卦圓著同一個生命成長的夢？我的看法：同心互圓，時中，時不中。更精確的說法，二十二章《繫辭》的「小弟們」，有些已經是厲害的二哥了，有些還是停留在跑跑腿的階段，頂多代大哥說話，話說得很漂亮而已。

第二話：剛柔斷

《繫辭傳》說人生是「剛柔斷」——或剛或柔、剛柔相迭、剛勝於柔、柔勝於剛、三剛七柔、三柔七剛、剛柔參半、剛柔相害、剛中有柔、柔裡藏剛、外剛內柔、外柔內剛……

性情決定人生選擇啊！內在決定外在。準確得不得了！譬如：

白羊座決定果決的人生。所以他說：I decide.
金牛座決定慢速的人生。所以她說：I walk slowly.
雙子座決定聰明的人生。所以他說：I think.
巨蟹座決定關懷的人生。所以她說：I love.
獅子座決定榮譽的人生。所以他說：I am the boss.
處女座決定嚴謹的人生。所以她說：I analysis.

天平座決定優雅的人生。所以他說：I balance.

天蠍座決定深情的人生。所以她說：I am loyalty.

射手座決定直率的人生。所以他說：I am frank.

摩羯座決定務實的人生。所以她說：I use.

水瓶座決定自由的人生。所以他說：I resist.

雙魚座決定相信的人生。所以她說：I believe.

第三話：易簡功夫

那一晚，我仍然聽到那空谷乾坤的步履。

前晚失眠，精神不濟。到教室路上，自然而然的做些心性功夫，且看能不能隨行在每一個當下的開闔。於是三小時的課講下來，身體是乏的，心有時是覺的，有些地方講得凌亂，有些部分恰好鬆鬆的開展，連自己都聽到那份震動！震動在心弦的餘響，到此中夜仍未消停……

原來這一課是為了來說「乾行坤凝」的——心頭一清明，推窗望天，無中生有，那乾剛的覺性即自然的湧現與穿流，隨緣落到坤土世道的具體「事」與「物」上，即此相遇，啟動了下一個乾的興起與坤的達成……《繫辭傳》的聲音一直在心谷迴盪著：「乾知大始，坤作成物，乾以易知，坤以簡能……易簡，而天下之理得矣！」一體連動，同參大化流行，你、我都可能是這一個「大遊戲」中的旅人與同修。萬一一念「自我」攔道，覺知的能流中斷，祂就輕輕一笑，還歸大化，卻靜觀著咱們童貞的本心瞬間落為片片香塵，能否重歸造化，就看幾時重返朗朗乾坤。

每一個乾行坤凝就是一個續與斷，斷在思無邪，斷在無雜染，斷在沒私意，斷在抽空自我……就是斷在無，或空，然後自然湧起另一個乾坤因緣的斷與續。整理如下：

有→　　　空無→　　　有

續→　　　斷→　　　續

乾行→坤凝→　　　空無→　　　乾行→坤凝……

覺知自然的湧現與穿行→

落在人間事與物的相見→　　　空無→　　　覺知自然的湧現與穿行→

　　　　　　　　　　　　　　　　　　　　　　落在人間事與物的相見→……

　　只要一再一再回到那個斷層，一再「回家」，一再復——斷在思無邪，斷在無雜染，斷在沒私意，斷在抽空自我，斷在無裡空中，那個乾行坤凝的因緣即停也停不下來的自然展開，除非「私意」、「自我」又來悄悄攪局……所以韓康伯解釋的好：「天地之道，不為而善始，不勞而善成，故曰易簡。」這就是易簡功夫！之所以易簡，因為人間本簡易，頭腦自擾之啊！用更白話的說法：

　　勞累是低效的工作方式。

　　人間行道，愈簡單，愈快樂，愈忘我，愈在做正確的事。

　　相反，愈複雜，愈痛苦，愈自我，就愈在做著不正確的事。

　　人生啊！本來就沒那麼複雜。如今我就斷在這一個空中短文的寄語之中，我的朋友，中夜良辰，仍然聽到那課堂中乾行坤凝的空谷回音！但，我的朋友，我知道是時候了，必須忘掉這一段美好，才能趕上那斷續流行卻生生不已的步步分明。

　　　　　　　　　　　　　　——二〇二〇年三月二十八日易經課後的凌晨

第四話：吉凶，誰吉誰凶？

《繫辭傳》說：「吉凶者，失得之象也。」有沒有發現《繫辭》說得怪怪的？吉失凶得？吉是失？凶反而是得？這故意顛倒卻正是《繫辭》的微言大義：

成功經驗會是災難。
災難經驗帶來成長！
人生順遂時，當心滑失更重要的東西。
凶運造訪日，常常激發更深刻的成熟。

所以，二〇二〇年橫掃全球的新冠疫情正是上帝之劍砍向過度依賴資本主義的人類文明，讓我們有一線生機去沉思與調整過於躁動傲慢的生活方式。

第五話：兩種毛病

這一話光用白話文就看到《繫辭》犀利的智慧了：

憂慮的結果是煩惱變多了。這是「愛擔心」的毛病。
思慮的結果是生命的匱乏。這是「想太多」的毛病。
所以——擔心太多會變笨，思想太多會短路。

前者是情病，後者是理病。從防疫的角度，保持身心淨化、情理清明，讓生命能量氣清景明，自然是防疫佳態。哪個星座？哪種人？容易犯上述兩種毛病，想一想囉。

第六話：遊戲哲學

　　《繫辭傳》提到「玩其辭，玩其占。」跟經文遊戲，跟占卜遊戲。事實上，經文、占卜、遊戲都只是媒介，內在的成長與成熟才是這種種媒介的歸宿。只要心覺，遊戲之道大矣哉！好好，玩！

　　玩與弄，兩個字意義接近，原義就是弄玉，原本都是正面的概念，就是人與物（玉）的生命對話。但「玩」的意義更壯大！因為玩是玉的元，玩原來可以是很大的啊！玩是一個壯麗的遊戲，The Big Game！這就是遊戲哲學，遊戲原來不只是遊戲，遊戲可以是一門哲學、一樁修為、一項主張、一種態度：

　　遊戲不只是遊戲，

　　遊戲可以是一種無為清淨卻能力高強的生命修為。

　　筆者個人整理，遊戲哲學有四個方面的作用：

1. 遊戲助人進入無為。

　　因為玩得忘情，忘掉「我」了。

2. 遊戲可以激發能量。

　　因為興趣盎然！

3. 遊戲讓人行動準確。

　　因為真正的遊戲是沒有得失心的，玩忘了，不緊張，自然就準確。

4. 遊戲開啟高效工作。

　　因為整合身心靈，熱愛是遊戲與工作的共同能源。

　　好好玩！遊戲其實是一種高段道家的生命態度。

第七話：從《繫辭》、《傳習錄》、《四十二章經》說死生之道

《繫辭傳》第四章說：「原始反終，故知死生之說。」──還原生命的源頭，回到終極的修煉，因此了解死生的道理。死與生也不離開陰陽幽明終始反正之理。我們來看看兩段相關文獻的補充。

第一段出自明朝大儒王守仁的《傳習錄》：

蕭惠問死生之道。

先生曰：「知晝夜，即知死生。」

問晝夜之道。

曰：「知晝則知夜。」

曰：「晝亦有所不知乎？」

先生曰：「汝能知晝，懵懵而興，蠢蠢而食。行不著，習不察。終日昏昏，只是夢晝。惟息有養，瞬有存，此心惺惺明明，天理無一息間斷，才是能知晝。這便是天德，便是通乎晝夜之道而知。更有什麼死生？」

陽明先生說懂得白天與晚上，就懂得死與生的道理。學生聽了卻吐槽說難道白天也能夠不懂嗎？陽明先生就罵人說「你只是在做白日夢！──夢晝。」一般人喔，傻傻的起來，蠢蠢的吃喝，整天的昏昧，這只是在做白日夢啊！接下來陽明先生講了一段重要的「白天之道」：

每一息都養著覺知心，

每一瞬都存在在當下。

這顆心啊惺惺明明，

天理在每一個呼吸都不曾間斷！

這就是懂得白天之道，這就是天德了。

可見，陽明先生講的其實就是當下之道，就是覺知之道。這樣子活著，念念分明的活在當下，這是甚高境界啊！當然在睡夢時也是覺知狀態的延續了。這就是陽明先生所說，從晝夜之道了知生死之道的道理，其實也就是孔子所說「未知生，焉知死」的進一步申論。

另一篇文獻也說得很透澈。出自初到漢地的第一批佛經《四十二章經》中的記載，我參照經文的精神，做了一點文字的改動：

佛說性命之道：道在生死之間→道在晝夜之間
　　　　　　　　　→道在飯食之間→道在呼吸之間！

生死的奧祕隱藏在晝夜更替之間，吃飯喝茶之間，甚至是在一呼一吸之間啊！這裡的深意是什麼呢？一呼一吸，就是一個當下啊！原來這段經文更深層的意義是：性命之道與生死之祕就在當下不間斷的覺知啊！原來講的還是當下哲學，當下即道，當下即生死，覺知就存在在每一個每一個生生不已的當下呼吸。

《繫辭傳》第四章接著說：「精氣為物，遊魂為變。」精氣為物，是陰陽能量聚；遊魂為變，卻陰陽能量散。也就是說，中國人也知道其他眾生的存在，但不強調，只是說是能量的聚與散、固體化與耗散化。反正能量的聚散，生死的奧祕，就在當下一呼一吸的覺知練習之中。

第八話：愛的天人地

《繫辭傳》說出愛的兩個條件，筆者加一個。

　　第四章說：「安土敦乎仁，故能愛。」愛的兩個條件：安土＋敦仁。

　　安土是安於斯土，就是對環境、大地、原鄉與家的信任。儒家認為人必須在穩定的環境與安全感中，愛的能量才會容易出現。

　　敦是厚，生命的厚度。敦仁就是修養內在良知、仁心、覺性的厚度。仁是天賦的，敦仁則是後天的功夫。所以——

　　安土是愛的環境、愛的外在條件、愛的陰性條件。
　　敦仁是愛的心靈、愛的內在條件、愛的陽性條件。

　　容筆者再參考道家「無為」的精神去加一個條件。所謂道家式的愛，筆者有一個定義：「愛是沒有要求的情不自禁，情不自禁卻沒有要求。」最初心的愛就是一份自然流露的純淨與喜歡，但人際相處久了，稍有滑失，就不免對對方生出期盼與要求，那一顆初心就變得不純了，所以情不自禁之後要提醒自己記得沒有要求的初心，這些些提醒的動作與方法就是無為功夫。加上這個無為的愛，正是愛的天人地三義——愛的天道、人道與地道：

　　敦仁，愛的天道、愛的心靈。
　　無為，愛的人道、愛的修為。
　　安土，愛的環境、愛的地道。

　　仁，親也，從人二。原來兩個人之間互動的親愛，隱藏了天人地的三才學習。

第九話：曲成之愛

《繫辭傳》說人間的愛，一定是曲折的。

原文是「曲成萬物而不遺。」

彎曲，才能成就。曲成就是直道曲成。不遺的意思是沒有遺漏，無微不至。不遺就是不漏法。

曲成與不遺是因果關係，曲成，才能不遺。

曲成是尊重萬物的個性、物性。細緻理解對象的獨特而盡心相待，就是曲成。曲線，經常是修身、助人、治學、做事的最佳路線。

真理也許是直率的，但人生不會是一條鞭法。

曲成的愛就是清淨的愛、盡心的愛、理解的愛、同理心的愛、不強制的愛、進入對方的愛、用心的愛、互換主體性的愛、曲折的愛……曲成的愛就是人間的愛。

奧修曾經對學生說：「我知道我教你的是最快捷的途徑，但如果你選擇走曲線，我會尊重你的生命曲線。」一個真正的老師，必然是懂得曲折教學的，一百個學生，就有一百套不同的教法，高姿態與上對下一定不是正確的教學策略，一個好的老師必然懂得平心相待的潛移（放下身段悄悄的移動到對方心裡），與默化（不通過語言與教訓的身教與感動）。急不得的，教學往往是一輩子的迂迴曲折，怪不得李安的電影《臥虎藏龍》裡，李慕白對玉嬌龍說：「既為師徒，便當以性命相見。」其實不只是師生之愛，所有的人間有情，只要是好好的待另一個人，那就是一輩子的性命溝通。

是的，曲折之愛，是善巧的愛，也是深情的愛。

第十話：陰陽三道

太極不可說，三才已然是人間法度，陰陽橋樑其中，正是天人之際。

陰陽之道，是中國文化的一條主要線索。筆者曾經整理陰陽哲學的三點心法：

1. 相對性：陽與陰，永遠是相對的──男女、上下、情理、內外、有無、出入、剛柔、天人、夫婦、中美、儒佛、東西……等等。我常常說，陰陽哲學其實就是「小大哲學」，人間萬事，如果分得清個大小主從，生命能量的運作即會順暢多了。相反，爭當大會分裂，搶做小會軟弱。

2. 相背性：越想 A，越會-A；越想走-A 的道，越會朝 A 的方向發展！這是奧修說的陰陽之道，就是陰陽的相背性。相背性較消極，但很真實，無為是關鍵。只要內在修為打消了 A 與-A 對立二分的人為設想，生命能量才會自然而然的走向祂該去的地方。此之謂無心插柳柳成蔭，有心種樹樹會倒。

3. 穿透性：更動態、積極的陰陽哲學是穿透性。穿透性又可以稱為跳躍性──兩極中的一件事情做到極至，火候成熟，跳出去，會成為對方！筆者構思過一個「陰陽能量 N 型實修模型」，讓 A 發展到極至，火候成熟，到達臨界線，即會在極短的時間內瞬間跳躍成-A，反之亦然；然後另一極持續發展，帶動整個生命系統的升級。

除了提出上文的「陰陽三道」，本文的另一個重點，是分享幾句關於陰陽之道的屬害句子，在《繫辭》、《中庸》與《詩經》：

「一陰一陽之謂道。」（《繫辭傳》）
一陰一陽的互動互攝包含了全部真理！生命的道路與人生的學習也是由陰陽二力相激而成的。例子太多了：夫妻的學習、儒佛的學習、儒道的

學習、中美的學習……懷德海說：「兩種學說的交鋒不是一場災難，而是一個好機會。」中國文化是在「陰陽動態」中談論真理的。

「陰陽不測之謂神。」（《繫辭傳》）
中國文化的觀念，所謂神，也只是生命能量的「伸」張，陰陽的互動與伸張到精微奧妙的難以揣測，真神！

「故君子尊德性而道問學。」（《中庸》）
陰陽之道包含內在之學與知識之學、心性之學與口耳之學的互動。

「極高明而道中庸。」（《中庸》）
陰陽之道包含神聖智慧與世俗智慧、高度與溫度的互動。

「至廣大而盡精微。」（《中庸》）
陰陽之道包含人生的廣度與生命的深度、宏觀與微觀、天秤座能量與天蠍座能量的互動。

「鳶飛戾天，魚躍於淵。」（《詩經‧大雅》）
陰陽之道包含飛揚的生命與深刻的潛伏的互動。

「知崇禮卑。」（《繫辭傳》）
知崇是懂得高遠的道，禮卑是從卑下處開始行動。知崇是陽性面，禮卑是陰性面。陰陽之道包含高深的學習與日常的行動的互動。

　　事實上，這幾句古書上的陰陽之語也離不開上文所說的「陰陽三道」，尤其是穿透性。譬如：一個好讀書的人搞不好有一天讀書讀膩了，

心血來潮了就跑去禪修或靜心；反過來也可能，一個人修行多年，突然有一天驀感到讀經書或補強修行知識的需要。又像：一個學問很好的人卻長年苦惱於沒人聽得懂他的學問，有一天他頓悟需要發展出一套照顧他人需要與程度的語言；反之亦然，庸言庸行，日子見功了也可能發展出精深的學問。例子太多了。是的，待人可以溫和，生命成長卻必須極至，極至讓生命發生關鍵的跳躍，浩瀚的揚升就全面啟動了。

第十一話：幾句關於行、言、心

道在人間相愛中。（好暖的一句。）

行動的全定義：必然包括觀察力＋整體性＋深厚傳統＋理性行動。
真正的行動必然是謀定而動的。
真正的行動必然是顧慮周全的。
真正的行動必然是連接源頭的。
真正的行動必然是理性直率的。（好完整的一句。）

出處語默，不離其中──心靈是奔波、自閉、講話、閉嘴的總司令。（好真的一句。）

二人同心，其利斷金。同心之言，其臭如蘭。
同心的語言，會發出蘭花的芬芳！（好美的一句。）

受命如響：命運的腳步聲落在人生道上，鏗鏘嘹亮。
最浩大最真實的命運，叫當下。
命就是當下！擁抱每一響當下的步履吧。（好強的一句！）

第十二話：成熟五道

《繫辭傳》說：「易有聖人之道四。」——《易傳》提出成熟之道的四個途徑。筆者加上第五句，成了成熟五道：

1. 以言者尚其辭：這是言語智慧。
   關鍵字是「辭」。指的是知識素養。
2. 以動者尚其變：這是實踐智慧。
   關鍵字是「變」。指的是行動能力。
3. 制器者尚其象：這是器用智慧。
   關鍵字是「象」。指的是專業素養。
4. 卜筮者尚其占：這是占卜智慧。
   關鍵字是「孚」。指的是玄學學習。
5. 以心者尚其本：這是本體智慧。
   關鍵字是「覺」。指的是心性鍛鍊。

一個大成熟者（聖人），同時能在知識、做事、專業、玄學與修行的方方面面達高標。你呢？哪個是強項？哪個是弱項？偏重如何？比重怎樣？哪方面需要加強？其實，這也是一個自我檢查的很好座標。

第十三話：愛人行動與學問的奧祕原來是……

《繫辭傳》第十章講「神與知」，篇中佳句紛呈，譬如：「蓍之德圓而神，卦之德方以知。」「神以知來，知以藏往。」「聖人以此洗心，退藏于密。」而其中一句，如果匆匆讀過，容易忽略它的深層意義，事實上越往深處挖，越會發現裡面大有文章！這一句是：「吉凶與民同患。」——

與整個時代呼吸著同一口或吉或凶的憂患能量！

其實這一句《繫辭》所講的，很接近佛家「應劫」的觀念。事實上應劫的行事，每個傳統的途徑皆有，先行看看耶穌的例子。

耶穌在最後晚餐之後，預見明日十字架的酷刑，祂向天父禱告，大意是說：父啊！是不是可以免除明天的大苦啊？但如果那是您確定的旨意，就聽您的，不用聽我的。耶穌的「人性」讓他心生恐懼，因為來日大劫太痛苦、可怖了！但祂的「神性」鼓動祂勇於赴難，擁抱一個殉教的劫數與使命。

是的，真得道的人，有神通卻不用，能保身而不私，可以躲也不躲。和光同塵，與民同患，憑什麼自己就比較高貴，憑什麼自己就跟別人不一樣。與整個時代呼吸著同樣吉凶的空氣，這就是應劫的觀念。

事實上，所謂應劫，所謂吉凶與民同患，有著更深邃的意義。

筆者個人從二〇一八開始，約兩年的時間，有一個清晰的生命學習主題：參與公共事務。兩年間，先後「跑」了四個議題，介入太深，到了二〇一九的年頭開始病苦不竭：猛烈暈眩、毛囊發炎、腳底筋膜炎、摔跤、體力莫名下降、咳嗽不止、胃經失調……但人生更苦的不是身苦，而是心苦！到了二〇二〇年初，這兩年我參與的四個社會議題幾乎全以失敗告終！心，跌到了谷底。但神奇的是：大約不到一週，我全然復「元」了！身與心。──打球的體力恢復到十年前的光景、身體工作更順、人際關係更流通、修養有升級、更放得下、心情晴朗、過得更好了！（其實在二〇二〇全球疫情的時刻，這樣說是不好意思的。）為什麼會這樣呢？筆者觀察更深層的原因是在於：在這兩年的歷程中，筆者是真心參與、當真介入、用心行動、是真的吉凶與民同患啊！必須入「戲」夠深，遇到挫折才會發生真實的生命變化，然後才會看到自己那一顆心，那一顆同時完整與破碎的心！經由這兩年公共事務的參與，又一次印證了儒家生命學問的奧秘，原來儒家內聖外王之學的主題在內聖，我們做了好多事、幫了好多

人、真心參與了許多社會議題，到最後最重大的主題與收穫卻是看到自己那一顆同時完整與破碎的心啊！因為看到完整，咱們在人間鬼域中見證到人性更高的可能；因為發現破碎，咱們才會在更深層的內在障礙中繼續修補與成長啊！這就是大畜卦「有厲，利已」的意思──遇見內在嚴厲的考驗，就卻步在更深刻的生命成長工作吧！

原來「吉凶與民同患」真正的意義是在「有厲，利已」！

原來外王的深層意義在內聖。

原來他愛的最大作用是發揮更深刻的自愛。

原來儒家愛人學問的奧祕是在看到自己那一顆更深邃的心，兼具佛性與人性、完整與破碎的心。

第十四話：精義入神

很喜歡《繫辭下傳》這句話：「精義入神以至用！」

對生命的學問要精熟到入骨入心入神的程度，才可以穿透到生活之中──至用。

一定要義精仁熟──學儒道，一定要熟，用功千朝，將學問熬煉到入心入肺，才能在每一個當下的契機，用上！

學道、修行，不能只是理性的思辨，要將書本子的字字句句內化吸收、融會貫通成自己的東西，能用，能行，才是實修，才是修養。

學做人，就像練功夫。

心靈肌肉，一樣需要長期的鍛鍊。拳家練拳，一招練上百萬遍，生死往往就在一、兩個照面的手熟心活。一條線，畫上十萬遍，畫出神采飛揚。一個有志氣的球員，日日生活在地獄般的鍛鍊中，終於打出了大家風範。

苦功、基本功、築基、幼功、勇猛精進……是必需的，幫助咱們一步

一步迫近那條線，等到一天，忽然跨越過了，噢！終於看到祂了！

　　入神！

第十五話：衰世與艱貞

　　《繫辭下傳》中提到一句很堪玩味的話：「衰世之意。」意思是說《易經》的學問其實正是表達出衰世的深層意義。這話怎麼講呢？

　　有一個關於人類文明演化的說法，稱為「舉刀的兩難」。大意是這樣的：上古人類文明，不管是地球的哪一個角落，都是崇尚和平與愛的社會。但突然其中一個種族發現了「舉刀」的好處，可以迫使他人屈從自己的意志，從而得到征服的快感與搶掠的收獲。於是第一個種族舉起了刀，用武力威嚇其他種族，被威嚇的種族即一一屈服，跟著紛紛效法成為新的舉刀者，於是人類文明的黃金時代結束了，和平的盛世不再，人類進入鐵血烈烈的白銀時代。就在白銀時代的最後階段，最後幾個仍在堅持和平、愛與真理學習的種族就面對「舉刀的兩難」了──當刀鋒指向自己，不反擊就沒命了，但選擇舉刀反擊就等於和對方選擇了相同的道路：暴力主義者、舉刀者、嗜血猛獸、靈魂沉淪者！不舉刀，會死；舉刀，卻墮落！這就是所謂「舉刀的兩難」。

　　而中國先民卻思考能不能做到舉刀自衛的同時保有靈魂的純淨呢？可不可能？能不能做到？怎麼做？做的次第？內在修為要如何？外在策略又怎樣？有什麼後遺症與副作用？原則是什麼？手段怎麼做？⋯⋯如何在舉刀的尷尬中闖出一條心靈的道路，種種錯綜複雜的功夫與學問即形成了所謂的憂患之學。朱熹認為這種形勢發展的高峰就是指紂、文王之世，而《易經》，正是這個人類文明青銅時代最成熟的生命指導原則。錢穆認為「三玄」（易、老、莊）是衰世之學，南懷瑾說四書五經是憂患之書，都是這層意思。

　　所以憂患意識或憂患感正是《易經》的中心思想，但《易經》的術語稱憂患為「艱貞」——在艱難的人間道上成長。在艱難中成長的這條道，艱貞之道，我們走了幾千年了，還沒走完，看情勢，還會繼續走下去。這條道，不好走，卻有滋味，有深意。六十四卦的泰卦即說：「無平不陂，無往不復，艱貞無咎，勿恤其孚，於食有福。」稍稍翻譯如下——

沒有平坦的人生路不會變得顛簸崎嶇，

人生不管做了任何事都會以不同的形式反彈回來，

只要能在艱難中成長就不會有問題了。

不用擔心生命成長的準確性，

對心靈的糧食來說絕對會有福報的。

　　「在艱難中成長。」

　　這大概就是《易經》的主題吧。

　　心懷仁善，拔刀相向。

　　還沒成功穿透，這刀，拔？不拔？怎麼拔？拔了之後如何？兩難？尷尬！但如果有一天，生命修煉到成熟的穿透，那就是……艱難中的成熟、複雜中的純粹、鬼域裡的情操、刀叢裡的歌詩、逆流中的迎難而上、大道上的坦蕩亮堂！

第十六話：生命實相與人生實情十六字

　　最後一話的「繫辭同心圓」，分享一下筆者個人所鍾愛《繫辭下傳》裡的十六個字，分別說的是生命實相與人生實情。

　　關於生命實相的前八字：「上下無常，剛柔相易。」

　　關於人生實情的後八字：「無有師保，如臨父母。」

先說生命實相的八個字。

事實上這八個字是在講生命的變易、變動與複雜性。

「上下無常」是在講君子（上達）小人（下達）是隨時移動的生命狀態，不是固定位階。生命的品位隨德而遷，沒個準兒的。筆者常說的，辨別君子小人的兩個標準就是快樂與健康──活得快樂、健康的就是君子，活得不快樂、不健康的就是小人；所以君子是正確的生存狀態，小人是不正確的生存狀態；感到快樂、健康代表我們這一個人生階段活得很君子，感到不快樂、不健康代表我們這一個人生階段活得較小人；白天可以活得很君子，晚上可以活得很小人；剛剛可以活得很君子，心一不正就可以變得很小人；A 事可以做得很君子，B 事卻可以做得有點小人；天心挺立，小人可以立馬變君子，一落我執，君子隨時成小人……這就是「上下無常」的真義，生命到底是什麼，這是不一定的，生命沒有固定答案，咱們真正的生命身份，由咱們當下的心與行動決定，奧修就稱為「一個片刻接一個片刻的活著」。

「上下無常」講君子小人的不定，「剛柔相易」卻在講男性女性也是不定的啊！這話怎麼說呢？我從兩個方面回答。第一個回答是占星學陽／陰性星座的觀點。占星學認為每個人事實上都是心理性別的陰陽人，純男性能量或純女性能量的生命幾乎不存在，每個人出生星圖的「十星」或陰或陽，呈現出生命更複雜的生命層次與面相，像筆者個人的生命股份有限公司就是「六陽四陰」，每個人都是不一樣的，剛柔陰陽男女主從的能量分布沒有固定答案，隨機隨境會輪替出現、相互穿透、彼此易位。第二個回答則是榮格的陰陽魂理論。榮格說生理上的男性事實上隱藏著陰魂（animus），而生理上的女性事實上隱藏著陽魂（anima）。其實榮格的理論非常有可能源自中國的《易經》或道家學說──陽中有陰，謂之真陰；陰中有陽，謂之真陽；陰陽相會，大道證成。原來每一個男人與女人的生命內部都有著一股沉睡的女性能量或男性能量，所以更核心的生命工作就

是要去點燃他（她）、喚醒他（她）、擁抱他（她）、發展他（她）⋯⋯一陰一陽之謂道，陰陽的界線其實是模糊與隱藏的，這就是剛柔相易！

接著說人生實情的八個字。

這八字也是在說穩定與安靜事實上不是人生常態。

先看「無有師保」。師指老師的指導，保指父母的保護。所以這四個字是在講這人生喔，是不會一直有老師指導你的，也不會永遠有父母罩著你的，人生的路只有自己上，人生的仗只能自己去打！「無有師保」點出了這世間寂寞的本質，人生如孤島，生命成長必須是一個人獨力完成的內在工作。《易經》就稱這種願意鼓起勇氣獨行我道的成長者為「幽人」。

「如臨父母」的翻譯：像父母在側一般的小心服侍——對他人的愛就像愛自己的父親母親啊！《繫辭傳》就是這樣去要求一個成長者或有德者的。

這兩句其實在講一個奉獻者的人生態度。

好厲害的十六個字！

「上下無常，剛柔相易」在講內在生命的繁富但充滿可能。

「無有師保，如臨父母」是說外在人生的孤獨卻可能偉大。

而不管內在外在，《繫辭傳》這十六字其實是在講「變」之道！

不是嗎？生命從來是沒有標準答案的。

第十七話：變化通神！

上一話本來是最後一話了，寫完後，還有一句厲害的話：變化通神！

初步分析：

變：外在變化／表層變化／陰性變化／人生現象的學習與面對。
化：內在變化／深層變化／陽性變化／將學習與面對的經驗內化吸收。
通：通就是「變」與「化」的整合與指向→
神：神就是內與外、表與深、陰與陽、現象與內化的融會貫通！
　　《繫辭傳》就說「一陰一陽之謂道」→「陰陽不測之謂神」！

　　所以，進一步歸納：

變就是千變萬化的「變易」，象，這是地道。
化就是簡易可從的「簡易」，德，這是人道。
神就是可久可大的「不易」，道，這是天道！

　　原來「變化通神」這句話包含了易有三義與三才之道──通過地道
的學習，歸納成人道的心得，功成圓滿，火候成熟，就有看見「神」的可
能！變＋化，通→神！真神！

《說卦傳》白話述要

　　相對於經文，《說卦傳》對八卦的含義、象徵、面面觀、人格學習有進一步的整理與發揮。

　　昔者聖人之作易也，將以順性命之理。是以立天之道曰陰與陽，立地之道曰柔與剛，立人之道曰仁與義，兼三才而兩之，故易六畫而成卦。分陰分陽，迭用柔剛，故易六位而成章。

註解

- 《說卦傳》只有這一段值得注意。
- 性：先天，覺知。
  命：後天，當下。
- 天之道：陰陽。
  地之道：柔剛。
  人之道：仁義。
  ——仁柔義剛、仁陰義陽。
  仁，同體，包容性；義，準確，決斷力。
- 兼三才：三畫卦。
  而兩之：重卦。
- 六位而成章：六十四卦每一卦都是一曲生命的樂章。

《說卦傳》八卦表

	乾☰	坤☷	離☲	坎☵	震☳	艮☶	巽☴	兌☱
相對作用	天地定位：真理的序列	天地定位：人間的序列	水火不相射／相逮：衝撞力量的整合（射：傷害）	水火不相射／相逮：衝撞力量的整合（射：傷害）	雷風相薄／不相悖：動力激發思想	山澤通氣：陰靜陽動（男性女性）能量的貫通	雷風相薄／不相悖：思想推擠動能	山澤通氣：陰靜陽動（男性女性）能量的貫通
人格	乾以君之：核心價值	坤以藏之：藏器在身	離以烜之／燥萬物者莫熯乎火：熱情照亮（烜音選，照亮）（熯音漢，曬乾）	坎以潤之／潤萬物者莫潤乎水：情感滋潤	震以動之／動萬物者莫疾乎雷：行動智慧	艮以止之／終萬物始萬物者莫盛乎艮：穩定的力量，能終有始	巽以散之／橈萬物者莫疾乎風：自由思考（橈：擾動）	兌以悅之／說萬物者莫說乎澤：喜悅的能量
道路	戰乎乾	致役乎坤	相見乎離	勞乎坎	帝出乎震	成言乎艮	齊乎巽	說言乎兌
卦象	天	地	火、日、電	水	雷	山	風、木	澤
卦性	健	順	麗	陷	動	止	入	說
人倫	父	母	中女	中男	長男	少男	長女	少女
人體	首	腹	目	耳	足	手	股	口
動物	馬	牛	雉	豕	龍	狗（狗指守家之義）	雞（雞主司晨發令）	羊
方位	西北	西南	南方	北方	東方	東北	東南	西方

八卦人格的相對性學習

乾坤：定位好真理序列與人間的序列。如：蘇菲「星象」。

離坎：生命中衝撞力量的整合。如：對沖星座與宮位。

震巽：行動激發思想，思想擠壓行動。如：陽明先生知行合一。

艮兌：陰靜陽動（男性女性）能量的貫通。如：陽陰星座

八卦人格的力量

乾：做人要有「核心價值」。

坤：「藏器於身」，器主要是指做事能力與專業素養兩個方面。

離：要有「熱情人格」。

坎：人際關係要發揮「情感作用」。

震：要學習「行動智慧」。

艮：要有能始有終的「穩定力量」。

巽：培養活潑潑的「自由思考」。

兌：要發現屬於自己天命的「生命喜悅」。

八卦人格的養成道路

震：生命主宰從能量震動中出世！——帝出乎震　　　　核心／天

巽：練習如風的覺知平整散落在事事物物。——齊乎巽　　覺知／天、人

離：熱情的與人間相見。——相見乎離　　　　　　　　熱力／人

坤：人生行動是一場接一場的生命戰鬥。——致役乎坤　　行動／人

兌：知識工作滿溢著快樂能量！——說言乎兌　　　　　知識／人

乾：不會忘記「學習」是沒完沒了的人生戰場。──戰乎乾　　學習／人

坎：深情而辛勞的背負。──勞乎坎　　　　　　　　　承擔／人

艮：論定、落實為生命傳統。──成言乎艮　　　　　　傳統／文

八卦人格分析

操作說明：填寫 Step1 與 2 每一個方格的評量，每一個方格的填寫時間最好不超過二十到三十秒。

請不要先行閱讀 Step1 與 2 以下的操作步驟。

Step1：為八卦之德打上認同度 0 到 5 分

　　　　0：不認同　　　　　1：些微的認同　　　2：認同
　　　　3：中等程度的認同　　4：相當認同　　　5：完全認同）

> 【乾德】
> 對「真理序列」的了解
> 生命「核心價值」的養成
> 「學習」是沒完沒了的人生戰場

請對上述命題的認同程度評分：

> 【坤德】
> 對「人間序列」的了解
> 「做事能力與專業素養」的訓練
> 「行動」是一場接一場的生命戰鬥

請對上述命題的認同程度評分：

> 【離德】
> 生命中矛盾力量的整合
> 「熱情人格」的力量
> 熱情的與人間「相見」

請對上述命題的認同程度評分：

> 【坎德】
> 生命中矛盾力量的整合
> 「情感作用」的發揮
> 辛勞的「背負」

請對上述命題的認同程度評分：

> 【震德】
> 動能激發思想
> 要學習「行動智慧」
> 「能量震動」

請對上述命題的認同程度評分：

> 【艮德】
> 男性能量貫通女性能量
> 擁有能始有終的「穩定力量」
> 「生命心得」

請對上述命題的認同程度評分：

> 【巽德】
> 思想推擠動能
> 培養活潑潑的「自由思考」
> 練習如風的「覺知」落在事事物物

請對上述命題的認同程度評分：

> 【兌德】
> 女性能量貫通男性能量
> 發現屬於自己天命的「生命喜悅」
> 知識工作滿溢著「快樂」能量

請對上述命題的認同程度評分：

Step2：為八卦之德打上契合感 0 到 5 分

　　　0：無感　　　　　1：些微的有感　　　2：有感

　　　3：中等程度的有感　　4：相當程度的有感　　5：完全有感

【乾德】	
天	健／韌力
父	首
馬（健行）	

請對上述關鍵字的契合感評分：

【坤德】	
地	順／接納
母	腹
牛（順德）	

請對上述關鍵字的契合感評分：

【離德】	
火／日／電	麗／明亮
中女	目
雉（野性）	

請對上述關鍵字的契合感評分：

【坎德】	
水	陷／危險
中男	耳
豕（穩重）	

請對上述關鍵字的契合感評分：

【震德】	
雷	動／動態
長男	足
龍（變動）	

請對上述關鍵字的契合感評分：

【艮德】	
山	止／靜態
少男	手
狗（守家）	

請對上述關鍵字的契合感評分：

【巽德】	
風／木	入／穿透
長女	股
雞（司晨）	

請對上述關鍵字的契合感評分：

【兌德】	
澤	悅／喜悅
少女	口
羊（美善）	

請對上述關鍵字的契合感評分：

Step3：請將 Step1 與 Step2 的分數相加，最低 0 分，最高 10 分如下——

乾德：　　　　坤德：　　　　離德：　　　　坎德：

震德：　　　　艮德：　　　　巽德：　　　　兌德：

Step4：劃出八卦人格的曲線，並閱讀補充說明。

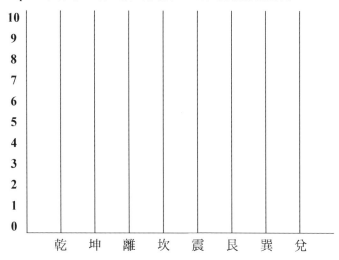

A 乾德：理想性人格（價值原型）

理想／主導／開創／理想願景／韌力／陽正

負能量：不切實際／專制／好鬥

坤德：現實性人格（價值原型）

務實／服從／包容／執行能力／接納／陰反

負能量：缺乏願景／功利／壓抑

B 離德：熱情人格（情感原型）

熱情／亮眼／人緣／生命熱力／燃燒／陰發

負能量：衝動／傷人／有欠思量

坎德：深情人格（情感原型）

深情／低調／深沉／情感潤滑／溫和／陽收

負能量：軟弱／自戀／鑽牛角尖

C 震德：動態人格（行動原型）

動態／外向／發動／提供動力／剛烈／陽動

負能量：過動／輕浮／靜不下來

艮德：靜態人格（行動原型）

靜態／內向／檢討／審慎態度／沉著／陽靜

負能量：封閉／猶豫／缺乏動力

D 巽德：左腦型人格（思想原型）

思想／文字／認知／學術文化／精細／陰外

負能量：直覺力差／知識驕傲

兌德：右腦型人格（思想原型）

心靈／圖像／感知／學道修心／豁達／陰內

負能量：知識力弱／容易被騙

Step 5：根據上面操作得到的分數與曲線，確認自己八卦人格分析的主人
格、副人格、關係人格與弱勢人格的式樣與內涵。

（1）主人格：分數最高者。

有可能出現雙主人格或多主人格的個案。表示當前的性
格或生活有呈現一個以上的主題。

（2）副人格：與主人格相差不超出3分者為副人格。譬如主人格8分，
5、6、7分者皆為副人格，如此類推。

主、副人格統稱為強勢人格。副人格所屬的八卦能量代
表對案主當前的性格或生活有著相當的影響力。

當然有可能出現副人格多頭馬車的情形，副人格愈多，
代表案主性格愈複雜多元，也可能指目前人生階段的多
管齊下。

相對的，如果一個個案只有一個主人格，欠缺副人格，
則象徵案主性格分明單一，目標導向，但也可能比較缺
乏奧援或彈性。

更重要的是，必須觀察主、副人格是否構成關係人格。

（3）關係人格：如果同一個個案的主人格與副人格中出現下列六種組
合中的一種，就形成所謂的關係人格了。

六種關係人格如下——

A　**天地合璧**：主人格與副人格同時出現乾德人格與坤德人格。

這是一個能夠兼顧理想願景與實務能力的人，負面的可能也可
以是一個理想與現實衝突、矛盾的人，就看主人格與副人格分
數的落差大（差到3分）或小（只差1分），也就是要看主、副
人格能不能分出一個大小主從。另外，乾主坤從與坤主乾從，
生命內涵的意義當然也不一樣了。

B　**火水相侵**：主人格與副人格同時出現離德人格與坎德人格。

必須說這一組情感原型的關係人格傾向負面的可能性多於傾向
正面的可能性，因為，這一種關係人格的情感包袱太沉重了。
往好處想，這一種人可以同時擁有熱情的激發與深情的背負，
但，過於強大的感情能量常常就是一項挑戰、一場考驗、一樁
學習、一趟熬煉。我想，調控與放下，正是這種關係人格最主
要的功課與修行。

C **動靜相激**：主人格與副人格同時出現震德人格與艮德人格。

　　動的力量是很重要的，它可以是發動、帶動、震動、行動；靜
的力量也是很重要的，它可以是沉默、靜穆、穩定、堅持。這
一組關係人格的組合，正能量的表現是一個能動能靜，動力與
靜思相互加分的人格狀態；負能量的表現則是一個進退失據，
過動與過宅常常衝突的人格狀態。如果整合成功，會出現一位
完整成熟的行動者。

D **腦心相繫**：主人格與副人格同時出現巽德人格與兌德人格。

　　這是一組思想原型的關係人格。思考與直觀、認知與感知、科
學與宗教、左腦與右腦、大腦與心靈、鋒銳與含容、分析與整
體、微觀與直觀、學術與修行……如果整合成功，將同時擁有
明銳的心與強大的腦，不然就可能是心與腦的矛盾與衝突了。
當然，也要同時觀察哪個是主人格，哪個是副人格，還有主、
副之間的距離。

E **動與思的結合**：主人格與副人格同時出現震德人格與巽德人
格。

　　這是行動原型與思想原型「正組合」的關係人格。行動力與思
考力的結合，是很強大的人格組合，當然，主人格是震德還是
巽德，會決定行動向度與思想向度的主次輕重。這個關係人格
整合得好，就是陽明先生說的知行合一；如果整合不好，出現

對立，就是手（腳）與腦的矛盾、衝撞了。

F　**止與心的結合**：主人格與副人格同時出現艮德人格與兌德人格。

這是行動原型與思想原型「偏組合」的關係人格。沉靜人格與心靈經驗的結合，是很深刻的人格組合，當然，主人格是艮德還是兌德，會決定靜能量與心能量的主次輕重。這個關係人格整合得好，就是內在力量的強大；如果整合不好，出現糾結，就是內在力量的過度內斂了。

（4）弱勢人格：總分相加低於3分（含3分）者即弱勢人格。弱勢人格當然要注意，因為那就是生命中的弱項與罩門。

乾德人格弱勢者缺乏理想願景。

坤德人格弱勢者缺乏實務能力。

離德人格弱勢者缺乏生命熱情。

坎德人格弱勢者缺乏背負情懷。

震德人格弱勢者缺乏行動力。

艮德人格弱勢者缺乏控制力。

巽德人格弱勢者缺乏思想力。

兌德人格弱勢者缺乏心靈力。

（5）綜合觀照：綜合觀照自己的主、副、關係與弱勢人格，當能讀出一個更深邃的生命故事。譬如：

觀察主人格是否「寡頭」──性格主題清楚分明，

觀察主、副人格是否「多頭」──複雜人格，

觀察一主一副人格的「主次」──一主一從的性格組合，

觀察分數的差距，

觀察整體組合的型態，

觀察是否有弱勢人格……等等。

（6）重做問卷：有一種情形建議重做問卷：當八卦人格的曲線表現得過
　　　於平緩，不管停留在高分區、中間區或低分區，都表示
　　　由於填寫人的個性因素造成填寫結果的不準確。建議三
　　　週後可以重做一次。
　　　這個「八卦人格分析」可以三個月至半年重做，藉以追
　　　蹤持續性的生命變化。

Step6：嘗試根據「八卦人格分析」，寫下自己的生命故事吧。

主　人　格：

副　人　格：

關係人格：

弱勢人格：

我的生命故事：＿＿＿＿＿＿＿＿＿＿＿＿＿＿＿＿＿＿＿

＿＿＿＿＿＿＿＿＿＿＿＿＿＿＿＿＿＿＿＿＿＿＿＿＿＿＿

＿＿＿＿＿＿＿＿＿＿＿＿＿＿＿＿＿＿＿＿＿＿＿＿＿＿＿

＿＿＿＿＿＿＿＿＿＿＿＿＿＿＿＿＿＿＿＿＿＿＿＿＿＿＿

＿＿＿＿＿＿＿＿＿＿＿＿＿＿＿＿＿＿＿＿＿＿＿＿＿＿＿

＿＿＿＿＿＿＿＿＿＿＿＿＿＿＿＿＿＿＿＿＿＿＿＿＿＿＿

附：尋找你的八卦人格

　　講了幾年《易經》，最後一班也講到了《易傳》了，這一天，談〈說卦傳〉。〈說卦傳〉可以說是一篇八卦專論，而且這是一篇神祕文章，用一批一批的「象」去比喻乾、坤、離、坎、震、艮、巽、兌八卦，譬如通過動物的象、人體的象、方位的象、人倫的象、自然的象、器物的象⋯⋯等等。神祕的是，許多的象頗含深意，但〈說卦傳〉的內容完全沒有說明八卦與群象的連結根據的是什麼理由？關於這個部分，以後再行文討論。

　　我擬了一個「八卦人格分析」的簡易人格類型學的軟體，利用幾分鐘的時間，跟自己的內在做一場深刻的對話——將八卦人格「乾、坤、離、坎、震、艮、巽、兌」的主題定為「理想人格、現實人格、熱情人格、深情人格、動態人格、靜態人格、思想人格、心靈人格」，而八卦人格每兩

組歸納為「價值、情感、行動、思想」四個原型。當然，每個原型與每種人格，各有相屬的題目、意義、架構與分析。

當日的課的流程大約是這樣的：填寫問卷→講解內涵→心靈書寫→心得分享。下面是我記下幾位學生講述心得、對話自我的一點紀錄：

第一位：

對「真理」兩個字從小就有感覺⋯⋯

擁有喜悅的內在是一樁非常珍貴的心情。

喜悅的心靈可以滋養「風」的失控感⋯⋯

第二位：

熱情者一直怕人來人（離）去的感覺。

第三位：

看到好大的內在感情壓力的能量！

第四位：

分析的結果反映的是階段性的生命學習。

第五位：

其實沒有很認識自己，很想知道自己是一個怎樣的人！

這是第一個需要「義精仁熟」的功夫：了解你自己！

這是一趟漫長但不會是沒有終點的旅程，只要你願意付出努力。

這個旅行從自我了解開始，卻在掙脫自己、放下自己、解除自己、不認同「自我」結束。

不是嗎？「自我」其實是一座很古老的監獄，了解它，正是越獄的 the first step。

附錄

易經劇場：陰陽分合二十回

　　從「綜」與「錯」兩種關係去看，《易經》六十四卦可以分成二十組，事實上，錯綜複雜，也就是陰陽變化。二十組易卦，就是二十個易道陰陽劇場。

　　每一班易經班，都有所得，這一次在高雄的易經四班，想寫下二十個陰陽劇場的劇情摘要。二十個陰陽劇場，就是二十場豐盈精細的生命陰陽分合觀：

　　任何事情都有兩面。
　　成熟的一面與不成熟的一面。
　　成熟的擁抱是合一、相愛，不成熟的擁抱是是箝制、傷害。
　　成熟的分是精細、準確，不成熟的分是割裂、分離。
　　成熟的合讓分成為百花齊放，因為在同一塊土地上。
　　成熟的分讓合變成如沐春風，因為精準，所以擁抱得恰當。
　　成熟的合與分是互動的，不成熟的合與分是對立的。
　　分不一定是負面的，分的作用可以是沉澱消化，彼此尊重，各自用功，就考驗咱們的努力、勇氣與成熟了。

劇場一

乾坤：天上人間，就是從這裡開始！

　　乾坤卦彷彿在說：《易經》就從這裏開始啊！

問題是：這裡是哪裡呢？

——乾坤？陰陽？龍馬？天人？動靜？正反？聖俗？行凝？……還是其他。不管叫什麼，就是指二元性。你相信嗎？二元性正是人間主題。

二元不一定是對立的，二元之間也可以彼此探觸、學習、觀察、擁抱、含攝、穿透、對話、融合！甚至，其中一元發展到極至，會「跳」過去，成為對方！天道無象，人間萬象，學習二元可以上達天道，下及人事。所以二元正是「天人之際」的樞紐，整個真理學習與人間文化就是從乾坤卦開始的。

事實上，乾坤卦是二而一元。老天爺永遠幫我們準備好兩手策略、兩面學習。重點卻是：咱們具不具備整合的能力。二元之中，象徵天道的乾卦縱有變化但一貫，所謂「時乘六龍」，儘管有六條，都還是龍。天道，畢竟沒有人道複雜。所以坤卦的卦象就不是那麼單一了，坤卦卦爻辭的內容有：不斷奔跑的母馬、結冰的河面、王道事業、藏著錐子的口袋、尊貴的衣服、決戰中的龍……人間的道，必然是充滿繁複與挑戰的。但不要低看人間學習，不要小看坤卦，管你修為再高深，不能落實，通不過現實的試煉，都不算數。

劇場二

屯蒙革鼎：一個人的成熟是正向推動個體與集體的核心力量

屯卦是六十四卦的初心卦。

一個還存在與否的往昔美好？

失去她，這是無法抹平的此生隱痛。

屯卦在告訴人們如何對話與擁抱這一生必須的纏綿，初心的夢。

你的初心呢？妳的初夢呢？是否已是曾經。

蒙卦是六十四卦的師友卦。

蒙卦告訴我們一種東方式的人際關係與連結──老師學生。

老師希望養虎成才，學生必須跟老師性命相見。

老師的成功是終於可以放心讓學生離去。

成功的學生是終於可以離開老師，成為一個跟老師不一樣，但同樣成熟的人。

乾卦九二卻說蒙卦的師與生是：一條年輕的龍磊落出見大德者！

革卦是六十四卦的蛻變卦。

關於革命這件事兒，其實有兩個方面的內涵：蛻變與革命。

蛻變是內在的，革命是外在的。

這兩件事兒必須一體連動，才是真的：少了內在的蛻變，革命會是災難；有了革命的踐履，蛻變有機會趨向終極的圓滿。

哪一件事才是主題呢？看看下面這一句話：革命原來是一場內在淬煉的終日乾乾與烽火連天！

鼎卦是六十四卦的管理卦。

關於管理這件事兒，如何用最小的力量發動最大規模的改變，所謂四兩撥千斤、四兩挑千斤。這一撥、一挑、以柔「挑」剛、以柔「撥」剛，即挑動起整個體制的正向變化，這就是使用力量到藝術與化境了。事實上，成功的管理也是必須從成熟的蛻變出發，成熟的蛻變者往往更懂得將力量用在刀口上，成熟的蛻變者才不是災難製造機。

劇場三

需訟晉明夷：內在工作充滿彈性與穿透

需卦是六十四卦的慾望卦。

從這個卦，可以看到《易經》告訴人們面對慾望的下中上三策。

下策是掌握好「不加強」的原則：加強、放縱慾望，會形成滾雪球效應的災難。

中策是「面對」法：從宏觀的人性視野磊落面對本份的慾望。

上策就是「成熟」！當慾望的背後是成熟，結果將是準確調控。

訟卦是六十四卦的爭之卦。

面對人間紛爭，內在策略是建立好「退路智慧」──有隨時能夠回去自己生命基地的能力。我們一定要有一個，隨時能回去的熟悉的心靈園地。外在策略是學會「藏賢智慧」──好好收好自己的賢能，因為賢＝險，讓人知道自己的賢，等於將自己曝露在四險之地，所以收好刀鋒，伏首養德，用成熟感動與折服他人，不爭而屈人之兵，才是最高境界的不爭之爭。

晉卦是六十四卦的好人出頭卦。

出頭卦，精華講的卻是內在智慧。

第一個是寬厚的智慧。如果我們對人寬厚，想一想，什麼東西最寬厚，就是天與地。所以我們對朋友寬厚，就是帶動整個天與地的寬與厚，去善待每一個眼前人啊！但先決條件是清空內心的雜質與障礙，心，無為了、清淨了，才能裝進整個天與地。

第二個智慧是將進取的力量指向內在，將每一支生命之箭射向同一個

方便法門上，精義入神，待得生死覺迷之際，就見真章了。

明夷卦是六十四卦的好人跑路卦。

跑路卦，精華的卻還是內在智慧。

第一個智慧是「用晦而明」：其實不管在亂世還是各種人與人間的溝通，低調與柔軟永遠是最高效的溝通方式；相反的，高姿態與強勢常常會讓人與人之間黯然無光。用晦才能明，用明就只能晦了。

第二個智慧是「明不可息」：點亮內在是不能停下來的生命工作，不管面對的是逆境順境、盛世亂世。而不停下來的方法是：純粹的做。就是：無目的性修行，清淨心修行。

劇場四

師比同人大有：一個人和這個世界的關係與連結

師卦是六十四卦的群眾運動卦。

人越多越危險，各種「場控」能力變成最關鍵的修養。

比卦是六十四卦的人際關係卦。

人間關係最重要要有根源性考量，所謂愛人以德——幫助朋友成長的愛是最深刻的愛。至於人間關係的最高境界是開放、自由、敬重、磊落的愛！《易經》稱為「顯比」——君子愛人，只取來者。

同人卦是六十四卦的一體性卦。

同人其實是「同異合分」的問題——合之後的分，這是沒有問題的分；分之後的分，這是有問題的分；或者說，合之後的分卻回不去合的分

這是分裂的分！合是初始與本源，同人卦說每個人心中都有一片無邊無際的曠野，同人于野！而在人間，回到心靈曠野的途徑，常常是徹底痛苦的力量！哭到悔，哭到醒，哭到省，哭到自覺清明！

大有卦是六十四卦的大時代卦。

在真正的大時代，有所謂大有三德：通、大與文（化）。通是人心相通，大是真理境界，文指的是優雅精緻的生活方式。三德之序：人間溫度優先，真理高度隨後，最後才是精美生活的經營。兼得真誠、修行與文化，此之謂大有天下！

這一組卦的真正主題，其實是在講人與人之間的連結：

師卦是在講一個人領導一群人。
比卦是在講一個人擁抱一個人。
同人卦是在講一個人融入一群人。
大有卦是在講一個人提升一個時代！
所以，大有卦最偉大！
同人卦最深邃。
師卦最凶險，因為群眾運動不是開玩笑的。
而比卦才是這一組卦的主題：事實上人生所有的問題都是一個人與另一個人之間的問題！

劇場五

小畜履謙豫：四純卦

小畜卦原來是一個雨之卦！

愛的滂沱。回到生命基地吧——自我西郊。下著他愛之雨吧——既雨。或者先停好雨回過頭來疼愛自己吧——既處。原來，自愛他愛是更深厚的沉澱、反思、埋頭、用功、修身與養德……相反的，輕率與不成熟的愛，只會讓自己變成人生土石流的上游。不是嗎？不管愛自己還是愛他人的最佳方法，就是讓自己趕快，長大成熟！

履卦是六十四卦的老虎卦！

跟老虎（權貴的象徵）半遊戲半當真的去玩踩尾巴的遊戲（冒犯的比喻），結果輕重、火候、時機拿捏得恰到好處，那隻大貓也不回頭咬人，這就是人生高手的能耐了！哪怕是參與社會事務，也須要學習「素履」，也要學當個「幽人」，也要小心翼翼，也要懂得回到自己的生命基地，也要知道顧及下一代的成長。對《易經》來說，他愛不是莽撞，更不能是犧牲，好人有好下場，這是一個成熟者所必須學會的素養與擔當。

謙卦是六十四卦的虛空卦。

傳統的說法，這是一個最吉祥的卦——接近六爻皆吉的結構。而吉祥的根本原因，就是《易經》認為：謙，是一個君子內在修養的最高境界——君子有終。事實上，謙的真正意義是不足感、內在的中空狀態、對學習永遠的饑渴；所以，謙其實就是最佳學習狀態。謙卦中，最尊貴的是九三爻的「勞謙」——有為＋無為、埋頭苦幹＋中空心靈、堅持＋低調、行動力＋清淨心。所以謙卦的真實身分，其實就是儒家修為與道家哲學的

混血王子！

豫卦是六十四卦的快樂卦。

事實上，快樂是一張雙面刃——正面的說，快樂是大力量與大動作；反面的說，人生往往假快樂之名設計出重重陷阱。有一個清楚的標準可以判別快樂的真或假：現在進行式的快樂是真的，過去式與未來式的快樂是假的；當下可以保鮮快樂的真味，留戀與期待都會製造快樂的幻象。

四純卦，四個純粹的修行卦：

小畜是初階的內在工作。

履卦是中階的成長工作。

謙卦是高階的修養境界。

豫卦是謙的境界所湧現的大力量，也同時是大警惕。

劇場六

泰否：對反、轉折總是硬道理

泰卦是六十四卦中一個「通」的卦。

這是一個「小往大來」的時代——心靈壯大，行動精細的泰世。這也是一個君子被啟用小人不待見的合理世代，在這樣一個世代中，我們看見心靈行者四方趴趴走。《易經》管這樣的狀態叫「中行」。但《易經》深懂人生轉折的道理，所以到了泰卦的「下半集」，美好開始漸漸變質了⋯⋯

否卦是六十四卦中一個「不通」的卦。

這是一個「大往小來」的時代──行動艱難，心靈經驗貧弱的否世。這也是一個小人得志君子不待見的不尊重人性的世代，在這樣一個世代中，我們看見豺狼橫行，但這也是一個充滿英雄氣概的時代。當然，苦難才見真英雄。《易經》管這樣的狀態叫「包承」──包容承受時代的苦難。但《易經》深懂人生轉折的道理，所以到了否卦的「下半集」，開始展現一種氣氛：只有生命的根紮得夠深，才經得起時代更張的橫逆，一切沒有根底的存在，終究只是水月鏡花。

從泰否二卦，我們清楚看到《易經》絕對是一部靈魂統一的著作。在這兩卦的背後，咱們隱隱看到一個深諳陰陽對反哲學的生命高手。

劇場七

隨蠱：潮流的盲目與傳統的沉重

隨卦是六十四卦的「跟隨」卦。

跟隨有很多層次──正隨、歪隨、隨眾、隨和、隨波逐流、跟隨天道、隨俗、隨大德……隨卦就告訴我們：隨可以是很盲目的動作，也可以是終極層次的跟從。

蠱卦是六十四卦的「整蠱」卦。

整蠱是粵語，就是惡整的意思。而蠱，就是上代留下的包袱──爸爸留下的包袱、媽媽留下的包袱、傳統留下的包袱、家庭留下的包袱、經濟的包袱、名譽的包袱……所以，蠱卦，其實正是一個「齊家」的卦。

這兩個卦在講現代的包袱與傳統的包袱，其實就是在討論自我的尋找

與釋放。

劇場八

臨觀遯大壯：知行合一，進退一如

臨卦是六十四卦的「參與」卦。

參與人生，通過不閃躲的行動。臨卦列舉了感性的行動、成熟的行動、輕率的行動、真刀真槍的行動、知人善任的行動、深厚的行動……總之，臨卦認為，下水了，玩真的，才能擁抱與穿透人生真實的答案。

觀卦是六十四卦的「觀察」卦。

也可以說，是六十四卦的「眼睛」卦。觀卦「張開」了六雙眼睛：小孩子天真的眼睛、微觀的眼睛、自觀的眼睛、宏觀的眼睛、看顧老百姓的眼睛、瞻仰大賢的眼睛。包含了俯、仰、自、他、巨、微、心、外……等等不同的視角。而其中最重要的，就是內在之眼：觀內在，不觀形式。

遯卦是六十四卦的「退」卦。

退，絕對是一門學問與修養；而遯卦，其實正是《易經》中的退學：趕快跑、不要亂動、裝渣、為了品格而退讓、具有社會意義的退、心靈修為的退、讓小人知「嚴」而退……真是，退步原來是向前，不同形式的向前。

大壯卦是六十四卦的「進」卦。

也可以說，是六十四卦的「力量」卦──力量要用在刀口上、力量要用對地方、要懂得收住力量、將力量用在生命的核心……最怕是使用力

量到迷信力量，造成力量的失控成災。一般來說，會製造這種「氾濫」的，我們稱為強權。

這一組卦，大概就是在說這個行動主題吧：知行合一，進退一如。

劇場九

噬嗑賁困井：明確與模糊，困難與心靈

噬嗑卦是六十四卦的「決斷力」卦。

這是一個很「狠」的卦。有時候，人要用狠勁與蠻力去解決問題，尤其是生命內在的問題。修行須是鐵漢，要修好，就不能對自己太好。但背後支援的必須是更深刻的東西，狠與野蠻才會狠與野蠻得有道理。

賁卦是六十四卦的「美學」卦。

內容記載了《易經》對藝術與美的種種想法。事實上，噬嗑與賁二卦相對，就是「決斷力與模糊性」的生命哲學。賁卦列舉了一系列的美學觀念——藝術的樸素性、內容決定形式、形式美的使用必須準確、藝術家純粹的心地、淡泊美學、空白美學……到最後，賁卦發現：原來美的最高境界就是美的歸零。

困卦是六十四卦的「困難」卦。

這是一個大卦！困卦告訴我們，解決困難絕對不能靠嘴巴、想像、鬥爭、欲望……這些「東西」，不會解決，只會增加困難。事實上，解決困難的不二法門絕對是：行動。更深層的意義是，困難其實是雙面刃——困難會製造大麻煩，也可能醞釀大成長。

井卦是六十四卦的「心靈」卦。

這是一個很深的卦，很修行的卦。《易經》關於學道、修行的許多看法，都記在井卦的字裡行間。關於這個卦，想提兩點意見：一、佛家說心鏡，《易經》說心井，比之鏡，井的特性是提供飲用水給人間行者解渴用的。二、從卦序上說，為什麼困卦之後是心靈卦的井卦呢？這一定有深意的。不是嗎？解鈴還須繫「心」人。

這一個劇場的四個卦：明確與模糊，困難與心靈 ── 表面各不相干，其實有著更深邃的連結。

劇場十

剝復夬姤：關於陽退、陽復、陰盡、陰生的四個卦

剝卦是六十四卦的「爛掉」卦。

事實上，這個卦在講外在世界的殞落。在一個「爛掉」的時代，要學會跟群小周旋的勇氣，要耐得住寂寞，要能夠毅然甩掉軟弱的依賴感。其實在這樣的一個時代，集體墮落是一種誘惑，要做到抽身而退，是須要一點勇氣的。

復卦是六十四卦的「回家」卦。

事實上，這個卦在講內在世界的回返。回家是大事，回家是終身的學習，回家可以看見天地之心！復卦告訴我們回家有各種狀況：不遠復、休復、頻復、中行獨復、敦復、迷復……也許回來了，也許回不來，復卦詳細討論了回家種種的可能、勇氣與智慧。

　　夬卦是六十四卦的「攤牌」卦。

　　事實上，夬卦真正的內容就是「革命」卦，種種革命的策略與細節，在這個卦，都跟人們攤牌了！革命，要有獨行遇雨的大器與氣概。

　　姤卦是六十四卦的「小人」卦。

　　姤卦告訴我們，「小人」可以有多元的詮釋：真實人生的小人是小人、負面能量與情緒也是小人、性格地雷是小人、壞習慣是小人、過去人生的陰影也可以是小人……更重要的，面對小人，兩個極端的態度都是行不通的，就是：討好與硬碰硬。

劇場十一

无妄大畜萃升：生命成長的動因與後續

　　无妄卦是六十四卦的「意外」卦。

　　无妄卦也是「真誠」卦。關於无妄卦，可以注意的就是這「兩件事」——意外與真誠。前者正是老天爺所安排對後者的考驗；事實上，這個卦也可以稱為「真實」卦。无妄之災是真實的，心地真誠也是真實的；如果經歷前者仍然能夠維持住後者，那就是更深厚、成熟的真實了。真誠與真實，必須通得過考驗，才算數。

　　大畜卦是六十四卦的「大成長」卦。

　　在這個卦中，要注意三件事。事實上，這個卦是一個關於痛苦智慧的卦——利用外在的挫折停下人生的腳步來成就內在的成熟。所以，所謂大畜三事就是：痛苦的智慧→停止的哲學→壯大的成熟。

萃卦是六十四卦的「聚集」卦。

力量的聚集是自然現象，但更重要的是回歸心性的成熟。聚集力量不見得就靠譜，更要懂得反省、認清、正視與控制力量。原來力量的問題不在力量本身，而在使用的人控制的能耐。

升卦是六十四卦的「提升」卦。

在這個卦中討論了種種的提升──提升經濟、提升公民品質、提升文化、提升整體的國力、最後最重要的是提升人性──生命的成長永遠是種種提升的後盾與主人。

劇場十二

頤大過：吃飽飽與頂硬上

頤卦是六十四卦的「養德」卦。

頤卦也可以說是六十四卦的「吃東西」卦。頤就是大快朵頤，那，吃什麼？當然是吃生命成長的德性糧食了。修行學道，就是要自己實實在在吃飽，所謂「自求口實」。至於讀經書、聽演講、瞻仰上師……都不是主題，自己「吃飽」才算數，才是實修，才是修行。同樣的，行者要不要登頂，老虎要不要出動，關鍵都在看，有沒有「吃飽」。

大過卦是六十四卦的「歪掉」卦。

也可以說是六十四卦的「頂硬上」卦。（粵語，指硬著頭皮，拼命迎戰的意思。）這個卦的象是房子的主結構歪掉，或洪水淹沒森林的凶象。這是一個大難臨頭的卦！大過卦告訴我們：面對這個凶世代，要用柔道（對抗是笨法子）、不要挑朋友了（要集合各方力量）、加強棟樑柱的基本

結構（固好國家與社會的本）……才有可能將大「過失」的卦蛻變成大「過關」的卦。

也許，吃飽與頂硬上，這一內一外的兩個動作，有著更深層的連結與意義。

劇場十三

習坎離：危險與光明都是不一定的

習坎卦是六十四卦的「危險」卦。

但習坎卦清楚告訴我們，危險有二義性：危險是真的危險，但不用害怕危險，面對它，才會通，入險才可以解險，而且可以積德；危險是真實的，但危險帶來的成熟也是真實的；面對危險，最好的態度是樸素，最糟的態度是安逸；而與危險打交道的兩大途徑是，心靈與行動。

離卦是六十四卦的「光明」卦。

離卦的光明偏重在講文明的光明。面對文明傳統的光明，最深厚的態度是「臣服」的去學習複雜的豐富，最糟糕的態度是將傳統「一筆勾銷」。這也是二義性：面對傳統的明朗，我們可以看到光，但如果缺乏勇氣，也許會聽到文明的哭聲。

危險絕對不只是危險，傳統的遺產不一定不會被糟蹋。——正是坎離奧義吧。

劇場十四

咸恆損益：情、理、減、加

咸卦是六十四卦的「感性」卦。

感知是神速的，感知不需要過程，感應力幾乎是同步發生的。而感知、感性的媽媽應該是「虛空」，因為，源自沒有成見的感性才是真正成熟的感性。

恆卦是六十四卦的「理性」卦。

認知是緩慢的，認知不需要結果，因為理性認知最珍貴之處就在孤獨思考的過程。理性的價值在過程，不在結果。事實上，《易經》認為理性深具危險性，為了排除危險，恆卦在理性的背後安排了更深刻的東西。

損卦是六十四卦的「減法」卦。

在人生操作減法，真正的目的其實是為了讓生命成熟。事實上，完整的結束正是一個強有力的開始──當我們把魯莽、欲望、過去、顧忌、陰影……等等負面的存有減得差不多時，就會隨之浮現更核心的東西了，像：主體性、成熟，甚至……

益卦是六十四卦的「加法」卦。

生命的加法事實上就是一份無法壓制的心性奔騰！所謂人生的種種加法，真正的意義當然是內在能耐的增益；但加到最後，加法必須回到減法，有為必須回到無為，這是為了避免生命經驗的僵化。

感性很快！感性很可能是心靈經驗。

理性很慢。理性的可貴就在它過程的緩慢。

生命的減法是進入道的門戶，但不能老停在門口不進屋。

生命的加法是擁抱人間的種種配備，但過度依賴配備又是一種內在能力的下降。

劇場十五

家人睽蹇解：和諧與分裂、路難與解難的辯證關係

家人卦正是六十四卦的「家庭」卦。

這個家道卦告訴我們：媽媽是一個家中的靈魂人物，規矩是生活原則，身教是家道的核心理念，生命成長卻是家中每一個成員的終極理想。

睽卦是六十四卦的「分裂」卦。

但，分裂是大力量！這是一個火中取栗、窮途有路、敗裡求德、異中求同的卦。人生高段的功夫就是如何學會在分裂中達成和諧與深刻。是的，在分裂的人生中，會遇見惡人，也會遇見大丈夫；會遇見疑惑，也會遇見覺悟。

蹇卦是六十四卦的「走不下去」卦。

蹇卦告訴我們：在走不下去的困境中，最好得有兩個回歸──回歸生命基地與回去找生命導師。原來，走不下去的道，正是一條回返靈性的道。不是嗎？路難，會讓心靈強大。

解卦當然就是六十四卦的「解決問題」卦。

解卦告訴我們兩個解決問題的高段方法：一、沒事！人生本來就沒有問題要解決啊！（這是無為學的解法。）二、解決內心最大隻的陰影怪獸。（這是治療學的解法。）這兩個方法，前頓後漸，前者是要我們回到初心，後者是去細緻治療一顆受傷的心。

劇場十六

震艮巽兌：《易經》版本的火土風水

震卦是六十四卦的「動作」卦。

形軀的動作只是低層次的動作，深層的動作包括大自然的震動、內在力量的震動、心靈的行動、反省的動盪……當然，包括更大的一種動，就是：不動！

艮卦是六十四卦的「停止」卦。

停止，絕對不只是沒有聲音與動作而已──停止衝動、停止盲動、閉嘴、停止欲望的蠢動、停止過度發展的理性……當然，最浩瀚最深層的停止就是「無我」。

巽卦是六十四卦的「順」卦。

但談論「順」的人生態度的巽卦最後卻說：順太多會順出問題！有時候，不順是最壯大的順，叛逆是最深邃的順！事實上，人生好比一場生死遊戲，太隨順會空手而回。

兌卦是六十四卦的「喜悅」卦。

事實上，喜悅有真有假，有反有正──小孩子的喜悅、心的喜悅、

行動的喜悅、思想的喜悅、討論學問的喜悅、不自然的喜悅、執著的喜悅、硬要的喜悅……

有沒有注意到：這四個卦，震艮巽兌，卦象分別是「雷山風澤」。雷山風澤？不就是占星學四象星座的火土風水嗎？雷乃火，山為土，風即風，澤是水！巧合？我想真正的原因是：不同的文化傳統都在研究生命的深層道理，雖然使用的語言系統不同，但得到有異有同的結果，其實是自然不過的現象。

劇場十七

漸歸妹：主動有序與被動見微

漸卦是六十四卦的「主動」卦。

這個卦是在講一個君子主動參與人間的故事，也是在講一隻鴻鳥從水邊飛至高原、頂峰再飛返人間的故事。主動有漸，漸中見序。主動之道，是有學問的。

歸妹卦是六十四卦的「被動」卦。

這個卦是在講一個君子委身這個複雜世界的曲折故事。被動入微，曲折成全──不勉強、不計較、不急躁、不怕苦、不怕寂寞、也不忘記成熟。被動之道大矣哉！

主動與被動、出擊與等待、冒險與保守、木星與土星……大概是一對共生互動、靈活整合的不二概念。

劇場十八

豐旅渙節：豐富、貧乏、拼命、節制

豐卦是六十四卦的「豐富」卦。

《易經》對豐富的說法很有意思，《易經》認為人間真正的豐富是：識英雄重英雄！豐富的對反是貧乏，而生命最大的貧乏就是人與人之間的猜疑了。

旅卦就是六十四卦的「貧乏」卦。

旅卦的主題就是：在貧乏中品嚐成熟，在短暫中學習深刻的東西。在這一個卦裡，貧乏有很多代名詞：瑣碎、災難、破財、挫折、失家……

渙卦是六十四卦的「渙散」卦。也是「拼命」卦！

局面渙散，該拼就拼！在渙卦中，用真理的力量拼、用進取的態度拼、尋找大才去拼、豁出去拼、跟小人拼、流汗流血的拼……好一個拼命卦！

節卦是六十四卦的「節約」卦。

節卦也可以說是《易經》的「戒律」卦。面對規矩、節制、戒律，節卦認為最好的態度是：從成熟出發，分寸拿捏適中。

豐富與貧乏都是內在的問題，而且可以彼此翻轉。

拼命與節制是一放一收的兩種力道：拼命的精神在「無我」，節制的要領在「成熟」。

劇場十九

中孚小過：正反互含的兩個心卦

中孚卦是六十四卦的「心靈力量」卦。

這個卦在討論心靈力量在人生種種的真與假、正與反、福與禍。心靈力量必須樸素與生活化，傲慢是心靈者最大的精神毒素。

小過卦是六十四卦的「心靈誤用」卦。

小過卦告訴我們：心靈誤用的根源竟然是人生的美好經驗啊！太執著美好經驗，會製造心軌的偏向。原來不只錯誤會製造錯誤，美好也會製造錯誤——飛太高、豐富到失去主題、放縱正義感、固執美好、太相信自己……都是。

這是兩個很精妙的心之卦。心是很核心的，心是很珍貴的東西，心也是須要很小心的存在。

劇場二十

既濟未濟：完成與未完成的對話

既濟卦是六十四卦的「完成」卦。

完成哲學的含義就是：事情剛做完，初吉終亂，反而是最危險的時刻。在這種時刻最不須要的是收割與鬆懈，最須要的是還原一顆真實的心。

未濟卦是六十四卦的「未完成」卦。

　　未完成哲學的含義就是：事情未完成，反而是充滿力道甚至是希望的時刻。而未濟卦的「真實」有更真實的意義：穩紮穩打的真實、不怕死的真實、人生複雜的真實、內在成熟的真實、力赴時艱的真實……未完成，其實是壯大的成長階段。

　　完成之後小心由真變假，未完成常常才是人生主題。

《周易》筆法

　　讀《易》多年，近年密集授《易》，教學相長，開始比較能夠宏觀這部古老大書的筆法、體例、寫作策略、微言大義。但《周易》是個渾然一體的存在，名義相貫，內外合一，筆法隱藏著深義，寫作策略本身其實就是種種的主張與看法。

　　筆者整理，關於《周易》筆法，共分九義，分別是：名義相背、卦上爻下、六位時乘、陽貴陰賤、無主詞句法、重複性句法、卦象多重、微言大義、劇場跳躍。

第一義　名義相背法

　　卦名與內容的含義是表面相反的，就是「名義相背法」。這是六十四卦經常使用的寫作策略，因為《周易》深深懂得：生命的複雜與寬廣，甚至包容了矛盾與對立的存在。我們活在一個在碰撞中激發深刻的世界！譬如：

　　否卦講一個「不通」的世代，但卦的內容卻處處充滿了英雄氣概！

　　隨卦的「隨」有二義性：隨可以是隨便，也可以是跟隨天道。

　　剝卦的主題是「崩落」，但剝到最後一爻卻以不剝的喜劇收場。到了絕處，往往逢生。

　　无妄卦不完全談無妄之災，反而更深邃的討論天真與天真所引發的災難。

　　萃卦談力量的聚集，但六爻都只是「无咎」！其中深意彷彿在說：力量常常不是那麼高效的東西。

坎與離卦，談危險的習坎卦好像沒那麼危險，談光明的離卦也好像沒那麼光明。人生永遠是明暗正反的。

損卦不見得都是減法，談到上爻更是「得臣无家」的壯闊胸襟！

益卦不見得都是加法，談到上爻談到了「立心勿恆」的破執功夫！

表面談嫁女兒的漸、歸妹卦，其實真正要講的是：一個君子怎樣跟這個世間打交道。

歸妹卦講女孩兒「被動」的出嫁，但六爻的內容卻充滿「主動」的精神。

豐卦不是真的談豐富，其實是在說一個英雄遇見另一個英雄的問題。

渙卦談渙散，應該是大凶卦，但六爻內容幾乎都是吉爻！

巽卦講「順從」，但六爻的精神卻指向叛逆！

這就是「名義相背法」。深層意義彷彿是在說：人間問題的表面與深層往往有著更複雜與深刻的關聯。

第二義　卦上爻下法

六十四卦的卦辭與爻辭，經常是卦上而爻下的筆法。而所謂上下的含義：或指道術、或指一多、或是簡繁、或喻理行、也許是原則與分類、也許是主題與細節……譬如：

乾卦的卦辭與爻辭：四卦德＋人生六階段。

蒙卦的卦辭與爻辭：自性教育原則＋教與學各階段的主題。

鼎卦的卦辭與爻辭：治國的「大、通」原則＋六個建國歷程。

需卦的卦辭與爻辭：面對慾望的原則＋不同程度的慾望。

晉卦的卦辭與爻辭：卦辭簡單的說好人出頭＋爻辭則細說在好人出頭
　　　　　　　　　的時代什麼應該做什麼不應該做的具體作為。

明夷的卦辭與爻辭：卦辭提出亂世原則＋六爻講六個具體歷史人物。

師卦的卦辭與爻辭：卦辭講群眾運動最重要的原則＋爻辭講運動的各個注意事項。

同人卦的卦辭與爻辭：同人的最高境界＋各種程度的善與人同。

大有卦的卦辭與爻辭：卦辭只有「元亨」二字＋爻辭講各種大有之世的「光」。

大壯卦的卦辭與爻辭：卦辭提出主原則＋六爻講各種壯大力量的使「用」。

復卦的卦辭與爻辭：卦辭講復元之理＋爻辭卻講離家愈來愈遠的狀態。

无妄卦的卦辭與爻辭：无妄二義性＋六種真實。

頤卦的卦辭與爻辭：三種學＋六種養。

大過卦的卦辭與爻辭：大失之世的主景象＋各種應對大災難的方法。

坎卦的卦辭與爻辭：渡險兩大途徑＋各種處險的具體方法。

離卦的卦辭與爻辭：「臣服」之道＋描述傳統文明的種種遭遇。

咸卦的卦辭與爻辭：感動的兩大原則＋六種正、反的感動。

睽卦的卦辭與爻辭：睽卦明顯的是卦辭簡說＋爻辭複雜討論。

震卦的卦辭與爻辭：兩種震的力量＋六種震的情況。

艮卦的卦辭與爻辭：兩點原則＋六種停止。

兌卦的卦辭與爻辭：三卦德＋六種兌。

渙卦的卦辭與爻辭：四原則＋六種渙散掉渙散時代的原因。

節卦的卦辭與爻辭：卦辭提出重點＋六爻講戶庭、門庭與四種節。

中孚卦的卦辭與爻辭：心的「感動＋感應」＋心靈六相。

第三義　六位時乘法

　　所謂六位時乘，不同的人生階段擁有不同的本命與方向。易卦六爻，一般來說：

　　初爻溫和保守，時有激語。

　　二爻以中行正。

　　三爻步履唯艱。

　　四爻劍試新鋒。

　　五爻總領時局。

　　上爻極至極端，吉少凶多。

　　六爻六位，在不同的卦，自有不同的應用。譬如：

　　乾卦六爻講六個人生階段的主題。

　　坤卦六爻講六個人生階段的行動。

　　蒙卦前三爻講老師，後三爻講學生。

　　革卦內卦傾向講外在革命，外卦傾向講內在革命。

　　鼎卦六爻講建國或公司管理的歷程，很有故事性。

　　需卦講六種程度的慾望。

　　明夷卦前三爻講三位周陣營人物，後三爻講三位商陣營人物。

　　豫卦六爻講快樂面面觀。

　　臨卦講六個人生階段的面臨與擁抱。

　　觀卦六爻講六種觀。

　　遯卦內卦三爻講凶的退，外卦三爻說吉的退。

　　困卦六爻講六種困難。

　　復卦六爻卻在講離家愈來愈遠！

夬卦講革命的六個過程。

无妄卦講六種「真實」。

萃卦六爻講「力量」面面觀。

升卦講六種「提升」，一種比一種升級。

頤卦講養德的六種情況。

離卦前二爻講傳統的「一繁一簡」，中二爻講傳統被「一棄一毀」，末二爻講傳統劫難之後的「反省與出擊」，層次分明。

咸卦通過由下而上的六個人體部位講六種感動。

家人卦六爻講家道六原則。

睽卦六爻講六種面對大裂之世的力量。

震卦六爻講六種震動與相關問題。

艮卦通過「由下而上」及「由外而內」六種人體部位講六種停止。

兌卦討論六種喜悅與相關問題。

漸卦六爻講生命鴻鳥之旅的六個階段。

六位時乘，議題六分，討論手法靈活變化。

第四義　陽貴陰賤法

陽貴陰賤，是傳統易學的意見，簡單的說，就是：陽爻是好的、吉的、正向的，而陰爻是不好的、凶的、負向的。但《周易》之所以為易，就是面對變化——尊重生命的精微與人生的曲折，就不可能是形式主義的東西。所以「陽貴陰賤」這一項，頂多是小筆法，不宜視之為這部老書的通則。所以能找到的例子就比較少了，譬如：

需卦：唯二的兩個陰爻是陷溺慾望最嚴重的爻。

比卦：唯一的陽爻九五，是最王者氣象的比。

泰、否二卦的內陽外陰與內陰外陽，確實有由吉轉凶與由凶轉吉的發展態勢。

剝卦：唯一的陽爻上九，是大剝之世中最美好的一爻。

復卦：唯一的陽爻初九，是最天然初心的一爻──不遠復。

小畜卦：唯一的陰爻是最凶爻。

大畜卦：四個陽爻一爻比一爻「厲害」，相對的兩個陰爻的吉都是「止義」。

頤卦：頤卦談「養」，初九養德九二養賢，唯二的兩個陽爻最重大。

坎卦：唯二的陽爻比較傾向吉爻。

兌卦：唯二的陰爻比較傾向凶爻。

第五義　無主詞句法

這是《周易》標準的寫法，基本上，卦、爻辭都沒有主詞，既強調易卦廣泛的適用性，也不落入固定模型與詮釋的狹隘化。譬如：

乾、坤二卦的沒主詞，這是陰陽能量的通用性。

晉、明夷二卦的沒主詞，也許這兩個易卦有它的歷史背景，但把主詞抽掉，就是尊重成長者參與的自主性。

小畜、履二卦的沒主詞，當然就更是指每一個人都可以是生命學習的成長者。

剝、復二卦的沒主詞，誰都可以是受難者與返家人。

蹇、解二卦的沒主詞，誰在行路難？誰當解難人？《周易》說無法規定，生命的行者，挺身而出吧。

震、艮二卦的沒主詞，誰發生內在爆炸？誰進入靜心狀態？

漸、歸妹二卦的沒主詞，誰又是那位委身下嫁這個滾滾紅塵的有德君

子啊？

　　《周易》的無主詞句法很有意思，深厚的經書不會去規定誰是易行者，事實上誰都可以是易行者，而每一個易行者自己去決定與書寫屬於自己的人生。

第六義　重複性句法

　　《周易》有一個很微妙的寫作策略，常常會在同一個卦中重複同樣或相似的文字，就是所謂「重複性句法」。這個寫作策略事實上跟時位思想有關，也就是說，同樣的態度或行動在不同的人生階段即會產生不同的變化；也可能是指某一個狀態或智慧是某一個問題（某一個卦、爻辭）的關鍵，但在不同的時間與位置卻會發生不同的視角與運用。就像：年輕時想太多是一種穩重，年老了還想太多就真的是想太多了。是的，一個自覺安排的重複性句子，事實上就是一個微言大義的深邃智慧。譬如：

　　乾卦九二、九五爻都出現「利見大人」──九二的大人指「高位」，其實是在講有德君子的自信（下對上）；九五的大人則是「大德」，真義是在講賢明領袖的謙卑（上對下）。

　　屯卦六二、六四、上六三個爻位都出現「乘馬班如」的字樣。簡單的說，「乘馬班如」的意思是指高姿態或大張旗鼓的含義。屯卦是六十四卦的「誕生」卦，生命的誕生就是天趣圓滿，排場、擺顯本來就是多餘的，所以對一個純真的生命來說：高姿態的虛榮會帶來災難，但有時候高姿態的決心又可以是一種勇氣的宣示，但萬一高姿態變成一種慣性的虛榮那可就是一場沒完沒了的浩劫了！是的，靈動的《周易》告訴咱們：即便是高姿態的排場就不必然一定是如何如何的⋯⋯

　　履卦出現了三次「履虎尾」──連踩三次老虎尾巴！找死啊？「履

虎尾」的意思就是在世間行道直言，得罪權貴卻不會被吃掉的行動功力！「履虎尾」，踩老虎尾巴，輕重恰到好處，老虎頂多對你齜牙裂嘴，卻不來咬你，這就是高手了；相反，被咬了！行動變成災難。所以要小心翼翼的踩，不孬種，也不冒進，才是成熟者的漂亮身姿。

謙卦的六二、上六爻都出現「鳴謙」──如果謙卑是從內在的修為所發出的人際共鳴，這是美好的謙；但，如果謙卑是一種虛偽，一種攻擊行為的偽裝與美化，那這種假謙卑是醜陋的。

泰、否二卦的重複性句法很特殊，兩卦的卦辭與初爻都出現接近的句子──泰卦卦辭「小往大來」，否卦卦辭「大往小來」；泰卦初九是「拔茅茹，以其彙，征吉」，否卦初六則是「拔茅茹，以其彙，貞吉，亨」。綜合的說，兩卦卦辭在說：愈在一個通達開放的時代，愈重視走向內在的生命工作。兩卦初爻則在講：一批批小人被逼退的時代大有可為，相反的，一批批君子被逼退的世道只能回去內在工作了。

隨卦六二、六三爻談到了「小子、丈夫」的問題。六二說「係小子，失丈夫」，六三則是相反的「係丈夫，失小子」。究竟是跟隨好大丈夫，還是跟鄉民們混日子，就是天地懸隔的人生選擇了。

蠱卦爻辭出現了三次「幹父之蠱」＋一次「裕父之蠱」＋一次「幹母之蠱」。每一個家庭都會有陰影，許多父或母都會給孩子留下困難的問題，蠱卦就是一個討論如何面對傳統、家庭、父母所留下來的包袱的卦。幹是承擔，裕是寬容；承擔才是真正與深厚的愛，寬待常常只是一念的軟弱與閃躲。

臨卦的初九、九二爻都是「咸臨」。臨卦的主題是面臨、擁抱、行動。咸是感性。初九是年輕人感情洋溢的面臨人間，九二則是練習更成熟的感情行動人生。感情，也是需要修養與成長的。

觀卦的九五爻是「觀我生，君子无咎。」上九爻則是「觀其生，君子无咎。」一字之差，但都是君子无咎。九五的「觀我生」是觀照吾國吾鄉

的生民大計——俯察民生，對一個君子來說當然沒問題，不怕太累，而且可以進一步從老百姓的生活看到自己的心。至於上九的「觀其生」卻是觀察成熟者的生命氣象——仰觀大賢，仰觀賢者的生命經驗，對一個君子來說不會構成問題——觀賢以益己德，而不是自我放棄。

大壯九三、上六爻都有「羝羊觸藩」，這一句重複性文字倒是意義相同，不管在哪個人生位置，迷信力量都會讓自己陷入尷尬，甚至災難。

頤卦六二、六四爻都出現「顛頤」，用法就比較巧妙了。頤卦談「養德」，顛頤就是顛倒了德性成長原則。六二的顛頤說：人一旦停止成長，生命就開始停滯與扭曲。到了六四的顛頤卻用上了矛盾法則：停止已經飽滿的成長，不固守自己的小範圍，跨步出去，反而是一種更壯大的養德與勇氣啊！

大過卦九二、上六爻分別出現「枯楊生稊」與「枯楊生華」。稊是新枝，華是花開，絕處轉生，終則有始，這是《周易》的陰陽哲學，這是老子的「破舊哲學」，也是禪詩所說的「笑看枯木上凌霄」。

坎卦初六、六三爻兩次強調「入于坎窞」——掉到陷阱裡！掉到陷阱的原因如果是因為年輕魯莽也就罷了，如果是因為放縱安逸！就有點嚴重了。

損卦九二與上九兩爻都出現「弗損益之」，但用法靈活，意義不一。九二的「弗損益之」是說硬幹一定凶，不用討價還價，連損益都不必了。上九的「弗損益之」則是描寫生命行者成長到更高的高度，繼續修行下去就是了，甚至可以向外發展，百無禁忌，不必刻意損益了。九二的「弗損益之」讓人沉住氣，上九的「弗損益之」卻說放手大幹吧。因時制宜，這就是重複性句法的妙用。

有時候重複性句法會出現在相對的兩個卦。損卦談生命成長的減法，益卦談生命成長的加法，但損卦的六五爻與益卦的六二爻都同樣出現「或益之，十朋之龜，弗克違」的文句——不管減法加法，都可以帶來生命的

成熟（或益之），即使面對大迷信或大財富（十朋之龜）的誘惑，也不要違背內在曠野的呼喚啊（弗克違）！

睽卦的內容談人生的分裂、違背，各出現了兩次「睽孤」與「悔亡」，意思就是一再強調人生必然會出現孤獨的情形，不用後悔去面對一個分裂的世道，因為這裡面隱藏著深刻的學習。

蹇卦談人生路難行，一連出現四次「往蹇來譽」、「往蹇來反」、「往蹇來連」、「往蹇來碩」近似的句型，不同時位當有不同意涵，但基本的主題就是：人生路難行，回到內在有活路！

震卦卦辭與初九爻辭幾乎是完全重複的：「震來虩虩，後笑言啞啞」。意思就是先恐懼後歡喜的內在爆炸。

巽卦的主題是「順從」，出現了兩次「巽在床下」——就是強調太順從到壓抑自己，失去生命的主體性，順從到躲在床底下哭泣哭不完了！

漸卦講一隻鴻鳥的飛行，六爻分別是「鴻漸于干→磐→陸→木→陵→陸」，出現了兩次「鴻漸于陸」，深意就是這隻君子鳥從人間出發，愈飛愈高，愈飛愈高，到最後還是超聖入凡，還是飛返人間大地啊！

豐卦出現兩次「豐其蔀，日中見斗」？豐卦的主軸其實是在講識英雄重英雄。豐其蔀的意思是堆土觀天，日中見斗就是在大太陽下看見北極星！可能嗎？日斗爭輝？結果第一次「豐其蔀，日中見斗」產生了疑心病，一個英雄猜忌另一個英雄；第二次的「豐其蔀，日中見斗」卻終於互相承認對方的生命光芒。這一個卦的重複性句法的深意其實是在講：人生的劇場沒有必然，器小還是磊落全在一心之間。

小過卦一直重複出現「過」、「遇」兩個關鍵字——「弗過防之」、「弗過遇之」、「弗遇過之」。小過卦談心的力量的錯用：過於持正，以至超過或錯過心的正用，這是「過」的偏執；相反的，回歸淨、靜，不再己是人非，就會遇見更深刻的東西了，這就是「遇」的射中了！

既濟、未濟二卦一直出現小狐狸的「濡其首」、「濡其尾」，這當然是

重複性句法了。這是《周易》最後兩個卦，講完成之道與未完成哲學，卦象是一隻嘗試渡過乾涸河床的小狐狸，但大水突至，形勢凶險，尾巴與頭一直被水打溼，幾乎滅頂！深意是說：未完成固然充滿各種可能，事實上完成更是深藏危機啊！

不同人生位置與情境，相同句法與做法，即產生天懸地隔的行動智慧。事實上，人生沒有真正的重複，表面重複，其實埋藏著更深刻的不重複。

第七義　卦象多重法

象，卦象，是《周易》行文的特色，通過活活潑潑的象來呈現一個深邃的世界。《繫辭傳》說象包括：圖（象）＋意（義）＋行（動）。有畫面，有意義的學習，然後付諸行動——才是一個完整的「象」。

《易經》六十四卦總共使用各種「象」一百二十九次，平均每一卦出現兩個象，其中動物的象最多三十七次，植物的象十一次，景物的象二十九次，器物的象二十七次，人物的象九次，人體的象十六次。真是一個群象世界！（詳細的整理請參考下一篇文章〈《易經》群象世界的哲思〉。）譬如：

乾卦只用了一種象——龍的一生。

坤卦卦爻用了五個象——母馬、在結冰的河面上走路、放在囊中的椎子、黃色的古代男用裙子、龍在荒野中死戰！

屯卦卦爻用了六個象。

革卦中有牛、虎、豹等動物群象。

鼎卦中，關於一口鼎的各個部位，鼎足、鼎腹、鼎耳、鼎鉉、鼎中食的象，都用上了。

明夷卦用的象，卻是豐富的歷史故事與人物。

小畜卦卦爻也至少用了五個象。

噬嗑卦主要用了兩類的象──對犯罪者的懲戒與大口吃野豬肉。

談藝術的賁卦至少也用了五、六個象。

姤卦卦爻也至少用了五個象。

大畜卦中有車、馬、牛、豬等象。

大過卦至少用了三個活活潑潑的象。

咸卦是唯二之一的卦使用人體各部位的象。

睽卦用了五、六個奇怪的象──馬丟了、惡人、來亂的牛、亂跑的野豬、鬼、下雨？

解卦講了四、五個奇怪的象──三狐、黃矢、大腳趾、隼鳥。

艮卦是另一個卦使用人體各部位的象。

中孚卦用了很多動物卦象──海豚、小豬、魚、蛇、鶴、馬、飛鳥。

小過卦用了各類不同的卦象──飛鳥、祖妣君臣、密雲不雨。

讀懂易卦群象，大概就懂了 50%的《周易》吧。請參考下表的整理：

	主題	卦象
1.乾卦	人生總藍圖的理想面	龍
2.坤卦	人生總藍圖的現實面	母馬／河面結冰
3.屯卦	初生／初心	植物初苗／大石頭壓著小草／未嫁老女／人生森林的導師／微明的油燈／排場盛大的馬隊裡的飲泣
4.蒙卦	教育	教學生像娶媳婦
49.革卦	革命／改革／內在革命／社會革命	虎／豹／皮革
50.鼎卦	建國／治國	青銅鼎

	主題	卦象
5.需卦	物質慾望／物質需要	走在各種困難的情境
6.訟卦	訴訟／紛爭／爭勝	無
35.晉卦	盛世	大老鼠
36.明夷卦	亂世	大鵬鳥／大野豬頭
7.師卦	群眾問題	無
8.比卦	人際關係	毒蛇／圍獵
13.同人卦	善與人同／一體不二	無
14.大有卦	大有天下／黃金歲月	大車
9.小畜卦	自愛／內聖	時雨時晴的畫面／大車輪軸脫落／夫妻反目
10.履卦	他愛／外王	鞋子／踩老虎尾巴
15.謙卦	謙虛	無
16.豫卦	快樂	裂石的紋路
11.泰卦	通	拔茅茹／馮河／城復于隍
12.否卦	不通	拔茅茹／苞桑
17.隨卦	隨時／跟隨潮流／時髦的問題	無
18.蠱卦	安上／整頓傳統／上代的病痛	蠱
19.臨卦	面對／面臨／行動	無
20.觀卦	觀察／觀德／知見	祭禮
33.遯卦	退隱的狀況	黃牛之革
34.大壯卦	壯大的勢力	腳趾／公羊撞籬笆／輪軸
21.噬嗑卦	斷惑／決疑／斷時代之大惑	刑具／咬野豬肉／銅箭頭
22.賁卦	形式／裝飾／美感經驗	走路／坐車／鬍鬚／白馬／搶婚／丘園

	主題	卦象
47.困卦	困難／困境	臀／株木／幽谷／金車／葛藟
48.井卦	心靈／自性	井
23.剝卦	剝落／剝蝕／剝削	床腳／床板／皮膚／大果子
24.復卦	重生／復元／甦醒	無
43.夬卦	決陰／攤牌／造反	遇雨／牽羊／拔叢生植物
44.姤卦	接陰／邂姤／陰生	煞車／瘦豬／魚／杞葉／瓜／隕石
25.无妄卦	真誠與災難	偷牛事件
26.大畜卦	壯大的養德	車子輪軸脫落／良馬馳逐／小牛角上的橫木／去勢的豬
45.萃卦	聚集（以物聚）／力量的集合	無
46.升卦	提升（以德升）／品質的提升	無
27.頤卦	頤養／養德	進食／靈龜／小山丘／老虎
28.大過卦	大失之世／嚴重錯誤	彎曲的棟樑／老夫少妻／老妻少夫／病樹出枝
29.習坎卦	現實的危險	掉入陷阱／被囚禁
30.離卦	傳統的意義	母牛／夕陽之明
31.咸卦	感性／感動	腳指頭的感動／小腿肚的感動／屁股的感動／思想學問的感動／背肉的感動／嘴巴的感動
32.恆卦	理性／理想	獵鳥
41.損卦	生命中的減法	無
42.益卦	生命中的加法	無
37.家人卦	治家／家道／和諧	無
38.睽卦	違背／乖離／分裂	馬／大車／牛／鬼／下雨
39.蹇卦	人生路難行	無

	主題	卦象
40.解卦	解決問題中	獵狐狸／射隼鳥
51.震卦	震動／動態／大動作	祭祀／打雷
52.艮卦	靜止／靜態／大寧靜	腳趾／小腿肚／腰／身體／嘴巴
57.巽卦	順伏／順入	床／打獵
58.兌卦	喜悅／亮麗	無
53.漸卦	漸進／自進／主動	飛鴻
54.歸妹卦	交合／待用／被動	嫁女兒
55.豐卦	豐富／充實感	觀天象
56.旅卦	貧乏／飄泊感	獵鳥／鳥巢／牛
59.渙卦	渙散／離亂	公馬／机／流血
60.節卦	節約／戒律	房舍庭院
61.中孚卦	誠信／大信／心靈的準確	鶴／酒／月／馬／飛鳥
62.小過卦	小正／小信／善良的錯誤	飛鳥／下雨
63.既濟卦	完成之道／完成哲學	小狐狸過河／婦人出門／大車渡河／行舟漏水／祭禮厚薄
64.未濟卦	未完成之道／未完成哲學	小狐狸過河／大車渡河／飲酒作樂

第八義　微言大義法

微言大義，或稱之為壓縮性文字，就是指通過極有限而巧妙的文字隱藏著更深刻內容的寫作策略。六十四卦的微言大義，常常是最精深與精采的文字安排。譬如：

七圓卦 ──「元亨利貞」四卦德皆備的七個卦，我稱之為「七圓卦」，有圓融、全德、圓滿、完備之義。這七個卦分別是：乾、坤、屯、隨、臨、无妄與革。討論什麼問題的卦具有「圓」義呢？理想是圓滿的

（乾），現實是人間版本的圓滿（坤），初始生命飽滿圓融可以理解（屯），但歲波逐流怎麼同樣四卦德皆備呢（隨），行動意義的圓滿是儒家教法（臨），至於天真與災難的完美就耐人尋味了（无妄），最後關於革命的圓滿完美卻另有更嚴格的設定（革）。七圓卦，等於七場關於「完美」的討論，視角不一，言微義深。

乾卦九四「或躍在淵」的「或」字，正是一字微言。乾卦的九四爻指的是人生的冒險階段，但乾卦只是說你「或」者可以冒險，意思就是你也可以選擇不要啊。「或」字用得妙，乾卦尊重每個人的選擇，冒險，只是它的一個建議。

鼎卦講建國，六五爻的「金鉉」、上九爻的「玉鉉」都是吉爻。鉉是鼎鉉，是穿過鼎耳用來挑鼎的器物，現在用輕靈的黃銅（金鉉）甚至珍貴的玉（玉鉉）做鼎鉉，去挑起厚重的鼎！這其實就是比喻治理國家舉重若輕的道理。用「象」隱藏著「義」，正是標準的《周易》微言。

明夷卦的背景應該是商末周初的故事與人物，箕子為臣卻居五爻君位，紂為君反居上爻末位！這正是微言大義、《春秋》筆法，不落一字而褒貶自見。

同人卦是《周易》的「一體性」卦或「太極」卦，卦辭立下最高的理想就是「同人于野」——在沒有框架的心靈大荒野中善與人同。一般來說，卦辭是理想或原則，六爻則是做法或次第。但在同人卦的上九爻卻是「同人于郊」，而不是「同人于野」，這樣的安排是有深意的——「同人于郊」已經是現實可能達成最高的小康境界，《周易》不主張完美主義，強推最高的標準所造成的橫逆與災難，歷史上的例子屢見不鮮。

謙卦的微言大義很微妙。號稱六爻皆吉的謙卦從初爻至上爻的評語三變——初二三爻三個「吉」，到四五爻兩個「无不利」，到上爻則變成不吉不凶。一直變「弱」的好評？這樣的文字安排的深意是——最好的局面終將轉變，最好的德性仍有不足的空間，真正謙的精神是不斷絕的虛懷若

谷，不放棄面對越加艱難的人生才是王道。

泰、否二卦的卦辭、卦象、卦性、象傳、雜卦傳、初爻、爻位陰陽吉凶等都呈現兩兩相對的文字內涵，這就是計畫性寫作策略的微言大義。

六十四卦一般的評語是「利貞」，无妄卦九四爻卻說「可貞，无咎。」一利貞，一可貞，一字之差，是作易者刻意的文字安排。无妄卦的主題是「无妄之災」，四爻是外卦第一爻，意思指剛踏入社會的人生位置——剛涉足十丈紅塵，充滿橫逆險阻，但還是「可」以成長的。也就是說，无妄卦「可貞」的深意，是說生命成長雖然是無法阻擋的，但這世道的嚴峻可真的是不容易啊！

大畜卦講深厚的成長——遇到挫折，停下腳步，好好沉澱，充分吸收，通過人生的挫敗來成就壯大的成長。六四、六五兩爻用「象」比喻止中養的含義。六四爻是小牛頭上綁的橫木（不讓牠亂頂），六五爻是圈禁野豬用的木欄（不讓牠亂跑），停下衝決的蠻力，轉化指向內在的成長。

萃卦九四爻的「大吉，无咎」也很有意思。萃卦是一個討論「力量聚集」的卦，九四爻卻說力量聚合的現象要到大吉的程度才沒問題。六十四卦的力量卦卻一再強調力量的不靠譜。

恆卦可以說是六十四卦的「理性卦」。九二爻只有「悔亡」二字，靠〈小象〉的「能久中」才較能了解經義——唯有通過心靈長期省察（能久中）的理性，後悔才會消失（悔亡），極言理性之必須慎重使用。

解卦是「解決問題卦」。初六爻只有「无咎」兩字，无咎就是沒有問題，无咎就是沒事！「沒事」其實是一種心靈修養，一種將人間萬事毅然看開的大魄力！這是解決問題的「頓法」。接著二、三、四、五、上爻繞一個圈子講解決問題的種種「漸法」。先頓後漸，无咎二字，意韻悠長。

巽卦談「順從」，但唯二的兩個陰爻卻是最不順從、最主動出擊的位置！隱喻性格順從軟弱的人，要學習在被動而且習氣深重的地方主動逆轉。

　　兌卦是六十四卦的「喜悅」卦。卦辭意簡言賅的只下四個字：「兌，亨、利、貞。」三卦德皆備，獨缺「元」？這微言大義在說什麼？喜悅之道，最需要注意的是壯大的格局？

　　漸卦卦象是一隻生命鴻鳥的飛行旅程，比喻一個君子的入世成長。三爻「鴻漸于陸」飛至高處（陸是高原），接著這隻鴻鳥持續往更高的地方飛，但到了最後的上爻又飛回「鴻漸于陸」，兩次重複，點出了中國文化超聖入凡的人間修行途徑。事實上，重複「鴻漸于陸」的深層意義就是：成熟者的生命，是一個有溫度的高度。

　　歸妹卦表面上是六十四卦中的「嫁女兒卦」，事實上隱喻一個君子如何被動的委身人間。卦辭提出「征凶」，初九爻卻立即說「征吉」——硬幹一定凶與風風火火的發動，這樣的陰陽狀態如何整合，就是歸妹卦中的微言與智慧了。

　　中孚卦九五那麼大的心靈力量卻只說「无咎」？——力量大只能免除災禍，卻未必是生命的核心與根本。

　　這一項《周易》筆法很深邃，言簡而意深，六十四卦用得靈動。

第九義　劇場跳躍法

　　最後要說的筆法是特別跟每卦的「上爻」有關。筆者注意到，上爻常常出現兩個方面的作用：

　　1.上爻常常是指人生漫長的奮鬥之後回歸教育後代、傳承經驗的位置，這是《周易》特重視文化大業的生生不已。也就是說，上爻經常是教育爻。

　　2.但有些卦的上爻也常常是在描寫過激、過偏、極端、偏鋒的做法以及所引發的災難。那麼五、上爻即經常出現一正一反的「雙結局」的寫法，頗有現代劇場開放結局、跳躍結局的藝術意味。譬如：

蒙卦上九爻是「擊蒙」──擊破啟蒙的教育。也就是說，談教育的蒙卦劇場的結局卻是學生必須離開老師！

需卦的主題是「物質慾望」，九五爻與上六爻卻出現一吉一凶兩種結局。九五爻的「需于酒食」是處理慾望最好的狀態──準確、控制、分寸、成熟。上六爻的「不速之客」卻是被慾望牽著鼻子走的最糟狀況──集體墮落！《周易》劇場的深層意義其實是在說：人生所有的事情都沒有必然答案，答案事實上是由成熟與不成熟決定的。

謙卦劇場就是六爻由盛轉衰的戲劇化安排。

談藝術之美的賁卦發展到最後兩爻卻是美的淡然與美的空白，藝術美感發展到極至卻是美感的歸零。

困卦九五陽爻充滿道家精神，相對上六陰爻卻是儒家境界。也是一道一儒兩種結局的安排。

復卦是在講回到心靈的家。六五「敦復」──深厚的回到自己，上六「迷復」──卻迷失了！外在化太嚴重以至於找不到「回家」的路。一吉一凶兩種結局，正是《周易》的雙劇場筆法。

大過卦巧妙的運用了「應」的寫法。初與四應、二與五應、三與上應，三種「應」談了三種劇情──柔道與剛道、陽接陰與陰接陽、過剛之凶與過剛之災。深富多元劇場的況味。

咸卦是六十四卦的感性卦，九五爻與上六爻又出現一正一反雙結局的況味──九五爻講的是背負他人的感動，到了上六爻卻只剩下耍嘴皮子的輕薄感覺，從壯大到膚淺，很明顯的是在說：感動、感性可正可反，關鍵在感動的背後是不是一顆成熟的心。

恆卦表面是六十四卦的理性卦，但真正的主人翁其實是德性，德性在理性的後面，隨著爻辭的發展愈來愈呼之欲出。真正的主題隱藏在生命底層，充滿哲學劇場的藝術張力。

豐卦六五爻講生命內在的豐盈，上六爻則反面的說不尊重人才的寂寞

荒涼——標準的劇場跳躍一正一反的雙結局況味。

節卦的九五爻是甘苦如飴的「甘節」，上六爻是嚴格過了頭的「苦節」，也是一正一反雙結局的含意。

小過卦六五爻與上六爻分別講心靈的準確與陷溺。一滑移閃神，正法也會變小過（失）。也是一正一反雙結局的寫法。

行無定法，事無常勢，唯變所適，存乎一心——劇場跳躍與正反結局的寫法，大概就是要表達這層意思。

名義相背法說：生命的實相不能只看表面。

卦上爻下法說：有層次的人生，有綱領，有階梯。

六位時乘法說：不同階段，不同主題；不同情勢，不同智慧。

陽貴陰賤法說：人間的高低貴賤真的有固定答案嗎？

無主詞句法說：誰當主角，誰領風雲，人生變幻，可沒個準。

重複性句法說：沒有一場人生風雨是一樣的。

卦象多重法說：這是一個森羅萬象的世界！

微言大義法說：生命奧祕藏在細節裡。

劇場跳躍法說：結局沒有一定，端看生命演員的功力與火候。

《易經》群象世界的哲思

　　《易經》是一個「象」的世界。

　　通過「象」來說「理」，通過畫面來比喻，通過具象事物來傳達生命哲學。

　　「象」可以說是《易經》一貫的寫作手法與特色。以象即事，即事言理，目的是不落虛談、形象傳神、歧義富饒、激發創力。

　　根據本文文末附表的約略統計，《易經》六十四卦總共使用各種「象」一百二十九次，平均每一卦出現兩個象，其中動物的象最多三十七次，植物的象十一次，景物的象二十九次，器物的象二十七次，人物的象九次，人體的象十六。真是一個群象世界！本文將六種象約一百二十九象次分成十八組如下：

　　第一組：龍象

　　第二組：群馬卦象

　　第三組：羣虎卦象

　　第四組：群鳥卦象

　　第五組：豬羊牛群象

　　第六組：其他動物

　　第七組：植物群象

　　第八組：被困住的景象

　　第九組：跟水有關的景象

　　第十組：跟日月有關的景象

　　第十一組：跟石頭有關的景象

第十二組：跟「禮」有關的景象

第十三組：其他景象

第十四組：跟車子有關的器物

第十五組：跟房舍有關的器物

第十六組：其他器物

第十七組：人物群象

第十八組：人體群象

　　本文研究、整理的主題是「象」，六十四卦的卦象──卦的意象。而不是每一卦、卦辭、爻辭的意義與內容。因為關於每一卦的內容討論，正是本書上文的主要部分，而這篇文章只是分類一組一組不同的象來進行討論，也許可以更新不同的眼界與看法。

第一章：動物群象

第一組：龍象──第一組象只有唯一

「龍」之象為乾卦獨用。龍，只有在乾卦出現過一次。

　　生命如龍：養出王氣＋擁抱變化＋相互敬重。

　　深意是說──每個人都是尊貴的一條龍。

　　　　　人生的功課是沒完沒了的。

　　　　　沒有誰是誰的老大，生命在本質上是真正的平等。

第二組：群馬卦象──六卦五象

（一）《易經》唯一「母馬」的象在坤卦。

坤卦母馬之德比喻人生需要長途行動的能力，公馬性烈，母馬性韌，生命成長的戰線是需要耐力的，所謂行地無疆。

（二）賁卦用了「白馬」的象。

賁卦的白馬奔行如箭，象徵內淨外敏的心靈修為與行動功夫。

（三）渙卦談渙散的局面，那就是「公馬」的象了。

公馬象徵強大的生命力，奔赴困頓，迎難而上。

（四）大畜卦的馬象則是「良馬」。

修養自己的心要像良馬馳逐，能禦能從，進退有度，方稱良馬。心不只要能快，更重要的是控制力。

（五）睽卦與中孚卦的象都說「馬丟了」，什麼意思呢？

睽卦說「喪馬」，比喻喪失了陽剛的生命力，但重點是「勿逐」，不要急著找回來，不要急著追逐陽剛啊！任何生命的過程都有「七日來復」的自然節奏，愈急，愈不好。生命的昂與潛，總是需要一段歷程與歷練的。

中孚卦也說人生有時候會丟馬，沒有關係的，不圓滿是人生的常態學習。

小結：《易經》群馬之德包含了實踐力、在生命戰場長期作戰的韌力、內淨外敏、強大的生命力、調控力與坦然面對生命自然漲落的修為。這個馬呀有公有母，可趨可退，能攻能藏，可陰可陽，不同人生情境展示著不同姿態，惠我馬德！

第三組：群虎卦象——三卦四象

（一）革卦先談「虎變」。

革卦是革命卦，大人虎變，從革命家蛻變成大德者，將大戰場經驗內化成大心靈經驗。

（二）接著說「豹變」。

從虎變到豹變，革卦的「降虎為豹」是為了「收斂王氣」，這是成不居功與顧全大局的收束住力量。避免羣虎相爭，破壞了革命成果。總要有一隻老虎帶頭，先退下來。

（三）頤卦的虎象卻是「虎視眈眈」。

虎視眈眈指內在工作可以培養出深邃堅定的老虎眼睛！

（四）履卦使用的虎象是「踩老虎尾巴」。

履卦的虎卻是反面的象，指在高位的權貴。「履虎尾」意思是指踩老虎尾巴老虎卻不咬人的能耐，就是一個得罪權貴權貴卻拿他沒辦法的高強手段。履卦講的當然是外王手段了。

小結：《易經》虎德比較關涉到外王智慧──轉外至內、收束力量、養育出深邃的靈魂、直行卻不受傷。都是不容易的大功夫啊！

第四組：群鳥卦象──八卦九象

（一）師卦、恆卦、旅卦與解卦都一一出現「獵鳥」的象。

師卦的「田有禽」指在生命的田野中打下人生兇猛的目標。這個目標可以是外在性的成就，也可以指內在性的天命！

恆卦的「田无禽」是說在心靈的土地上（田）打不到生命潛能的猛禽啊（禽）！比喻在尋覓天命的路上，有時會寂寞徬徨。

旅卦進一步說一箭射中生命猛禽，但沒射下來，那隻鳥太活蹦亂跳了，帶著箭飛走！這是指有成長沒成功的現實人生，「獵鳥」的路上，有時候是要付點代價的。

解卦的象是描繪一個大王公在高牆之上射下兇猛的隼鷹，應該是指剪除首惡的意思。但落在成長之道上，比喻打下生命內部最頑固的習氣，也是深刻的卦象。

（二）明夷卦則出現了「大鵬鳥中箭受傷」的象。

在不好的時代，心靈大鳥是會中箭的，只能垂翼悄悄飛走。

（三）不只中箭，旅卦還有「鳥巢被燒」的慘象！
短路心態所造成失家之痛的花果飄零！

（四）漸卦的鳥象是一隻「飛鴻」。
前面的鳥象都有點兇，相對從這裡開始的「鳥」比較優雅。漸卦的鴻鳥就是象徵一趟循序漸進的人生飛行學習。目的地不是一切，每個階段沿途的學習有時是更難得的生命成長。

（五）中孚卦的「鶴」象是美好的，鶴也只出現在中孚卦一次。
中孚卦：「鳴鶴在陰，其子和之。」講的是同道之間的心靈呼應，這是心靈音叉的共振效應。

（六）中孚、小過兩卦都連續出現「飛太高的鳥」，指什麼意思？
這兩卦的飛鳥象徵真理之鳥！「飛鳥遺之音，宜下不宜上。」真理的振翼聲還是要下落人間，陳義太高，欠了三分人間溫度，缺乏溫度的真理畢竟不是圓滿的真理啊！真理除了莊嚴高峻，還需要有人間姿態。

小結：易道群鳥，基本可以分成凶象與吉象。事實上真正的關鍵還是在「田有禽」或「田无禽」——有沒有在心靈的天空射中那隻命中相遇的天命之鳥啊？

第五組：豬羊牛群象——十卦十一象

講完龍、馬、虎、鳥後，將豬羊牛三牲並列一組。

（一）明夷卦出現「大野豬頭」的象。
比喻打下首要的生命目標。

（二）噬嗑卦出現的卻是「吃野豬肉」的象。
噬嗑卦的主題是決斷力。用的象是大口大口吃野豬肉，吃得連鼻子都埋進肉裡，而且要發狠咬出深藏在肉裡的毒箭頭！深意很清楚了是不——下猛

力拔掉卡在生命中的隱憂。

（三）姤卦的豬象是一隻走路搖搖擺擺的「瘦豬」。

姤卦的深層意義是講生命內在的陰影，如果不能像上兩卦那樣的毅然拿出強大、陽剛的生命力，擋下陰影的滋長，那生命陰影會抓住你，讓你的人生變成走路搖擺不定、不健康、瘦弱的豬人生。

（四）大畜卦的豬則是「去勢的豬」或「被關住的豬」。

明夷卦與噬嗑卦所講的陽剛生命力，沒用上來人生會變成瘦豬，但一旦失控了又會變成一隻暴走的豬！所以大畜卦所講的，不管是將野豬去勢或關住，意思都是指強大生命的停下與涵養。停，有時候是更深厚壯闊的強大。

（五）大壯卦講一隻「亂撞籬笆的憤怒公羊」。

大壯，壯大的力量，萬一盲目的濫用，就像一隻憤怒的公羊衝撞籬笆，卻把自己的角卡住，進退失據。是的，失控的力量不是力量，而是尷尬，甚至災難。

（六）夬卦的羊象是「羊被牽走了」。

「羊」被牽走了，其實就是「陽」被牽走了。夬卦是一個講革命歷程的卦，革命道路艱辛崎嶇，過程中陽剛生命力喪失了，是被收買？變志？還是膽怯？

（七）大畜卦的牛象是「在角上綁了根橫木的小牛」。

六十四卦的牛蠻多的，總共五隻。大畜不只提到去勢的豬或關起來的豬，也提到頭上綁根橫木的小牛，也是防止力量造成傷害的意思。應該引導力量走進成熟，而不是盲目。

（八）睽卦就是那隻「亂拉的牛」。

相對的力量用不在刀口上，不只幫不上忙，還會讓生命大車陷進泥沼中。

（九）无妄卦則是在講「牛被牽走了」。

无妄卦自然是講无妄之災，這個人生啊，確實有時候會遇上被順手牽牛的

衰事！人生沒有永遠的晴天，天上有時候真的會砸下石頭。

　　（十）旅卦也是在講「牛丟了」。

牛在城郊丟失了！喪牛，當然是生命力喪失的象徵。

　　（十一）最後離卦出現「溫馴的母牛」。

離卦是六十四卦的光明卦，事實上，離卦的光明是在講追隨、臣服傳統文明或大成熟者的光明──繼明！一個明追隨另一個明，一個內在英雄臣服另一個內在英雄。別人厲害，要立即低頭，讓自己溫馴得像一隻小母牛！

　　小結：這一組的豬羊牛象群很有意思：不管野豬、公羊還是壯牛，都是比喻強大陽剛的生命力，要挺立出這股內在的強悍去迎戰人生的種種困頓，不然陽剛不振作即會造成人生道路的搖擺難行。但，另一個面相，《易經》花了更大的力氣去警告力量的失控往往會製造傷害與災難，甚至是力量本身的喪失。所以學習卻步、調控、涵養、潛伏其實是「力量」更重大的課題。所以這一組象結束在那隻象徵柔道順德的小母牛，不是特有意思嗎？學習徹底追隨、臣服、低頭，在天道、傳統、自性跟前。

第六組：其他動物──八卦七象

　　這是最後一組動物群象──其他。

　　（一）晉卦的動物象是那隻「盜用民資的大老鼠──鼫鼠」。

《易經》中唯一的老鼠，是壞壞的。

　　（二）解卦的象是「獵下那三隻狐狸」。

解卦的狐象也是負面的意涵。外在解釋，三狐是指世道之惡，現代的「三狐」就是指生態危機、資本主義、人性扭曲嗎？內在解釋就是象徵生命內部的課題、陰影、痛苦指令、負面問題。所以解卦的「田獲三狐」即有自我了解、面對陰影的深意。

　　（三）既濟卦與未濟卦則在講一隻「小狐狸過河」的故事。

六十四卦的最後兩卦的狐象，倒不類解卦所象徵的負面問題。既濟與未濟是藉小狐狸過河但水勢太大，結果弄濕了頭與尾巴的畫面，來比喻一個凶險的環境與世道。

（四）姤卦的動物象是「魚」。

魚這個東西，好吃！但易腥。象徵人的內心所隱藏的欲望與陰影。姤卦的內容主要在討論如何與欲望打交道——面對自己內心深處的欲望，要包容、同理，要懷柔、周旋；但包容與懷柔不是放縱，事實上，面對欲望，放縱與打壓是兩種對立卻同樣是不正確的態度。

（五）比卦的象是「內心的蛇」。

比卦主題講人與人間的親愛，其中內容提到真誠的愛連「人心中的毒蛇（私欲）」都能感動啊！

另一面，動物的象也有直接的吉象的。

（六）中孚卦的象是「豚魚」。

中孚卦講心靈的神準妙用，中指心靈，孚是準確。而豚魚這個象是海中神物，海豚之屬，天將風起，必先知之，出海而拜。即是象徵心的感應與前知。

（七）頤卦的象是「靈龜」。

靈龜與豚魚意義接近。所謂靈龜，不食而壽，德能通天。也就是比喻內在的心靈啊！

小結：從欲望的災難、面對、凶險、包容、化解一直發展到內在心靈的神準妙用，最後這一組動物群象，是從反面的內在講到正面的內在吧。

第二章：植物群象

第七組：植物群象——八卦十二象

《易經》中關於植物的象遠少於動物，只整理出一組，共八卦十二象，含義多元，很難統屬，下文盡量分類。

（一）屯卦的植物象有兩個，第一個是「植物初苗」。
屯卦是六十四卦的誕生卦，屯字本身就是植物種子想突破地面很艱難的畫面。生命的出生，不管是一個嬰兒、一個風氣、一個運動乃至一個國家，都有它艱難與危險的一面。

（二）屯卦第二個象是「大石頭壓著小草」。
大石是磐，小草即桓。大石頭壓著小草，一方面指生命誕生的不易，二方面是指要像大石頭壓著小草一般謹慎、漸進的成長。

小結：所謂草創唯艱，屯卦利用兩個植物的象，都在講「誕生」這樁事兒的不容易！

（三）困卦的第一個植物象是「臀困于株木」。
這個植物卦象就是在說「坐困愁林」，事實上，這個象很深刻。困卦當然就是一個討論種種內在與外在困難的卦，初六爻的原文是：「臀困于株木，入于幽谷，三歲不覿。」其實真正的深義是在說：坐困在頭腦作用的迷霧森林，鑽牛角尖到思想的幽谷，三年看不見生命的實相。這個植物卦象就是要告訴我們：種種人生困難的第一種困難就是自己腦袋瓜想像出來的困難！困難，常常是頭腦的幻象。

（四）困卦的第二個植物象是「困于葛藟」。
葛藟是攀藤植物，「困于葛藟」就是糾纏在盤繞錯節的藤蔓之中，真正的

意思其實是指人際關係糾纏的困難——拉關係、求官位、走後門、套交情……一個團體如果充斥著種種太子幫、老臣幫、後宮幫、兄弟幫……吃閒飯的比做實事的多，處處制肘，那就啥正事都幹不了了。

小結：困卦兩個植物的卦象，第一爻的象講想太多的困難，最後一爻講關係太多的困難，一內一外，兩兩相對。

（五）姤卦的象是「以杞包瓜」。

杞是高壯的樹，瓜這個東西多子而不腥，所以「以杞包瓜」有高強挺立的人格內含富饒純淨的生命的含義，頗有剛包柔的味道。其實是相對於同是姤卦中的動物卦象「包有魚」——包容著味美卻易腐的魚肉。不是嗎？包容純淨可以是潛能，包容欲望就會是災難了。

（六）大過卦的第一個植物卦象是「白茅」。

白茅這個東西性潔而質軟，就是用「柔道」面對大過失的時代，以柔渡險的意思。

（七）大過卦的第二個植物卦象卻是「老樹出枝與開花」。

這是指在衰敗的時代萌吐出柔軟的新生命的含義。

小結：這三個植物卦象都頗有剛柔相濟的意思。是的，蠻幹硬做不是好方法，剛與柔的分寸拿捏好，才是成熟的修為與行動。

（八）泰卦與夬卦有一個植物卦象的意義很接近，泰卦是「拔叢生植物」，夬卦進一步「拔叢生植物連土塊一起挖掉！」

意思是拔掉一批一批的小人，關鍵時刻，根除惡勢力不要手軟！

（九）否卦的象同樣是「拔叢生植物」，但意義剛好相反。

否卦卻是指君子一批一批被逼退的「否」的時代。

小結：這三卦卦象的重點是「拔」——一個猛烈、斷然、果斷的動作或情勢。

（十）剝卦的象是「先不要吃大果子——碩果不食」。

先不要急著享用豐碩的成果，不好的時代才剛稍緩，著急分食大餅正好證明了內心隱藏的黑暗欲望。

十（一）否卦的象是「苞桑」。

苞是叢生植物，桑是抓地力強大的深根植物，深層意義就是：生命的根要紮得夠深，才禁得起大時代更張的橫逆。

小結：這兩個植物卦象講的是：穩得住腳跟，沉得住氣，根底要夠深厚，基本功要夠紮實。

第三章：景物群象

第八組：被困住的景象——五卦六象

分析完動物象與植物象，接著看景物的卦象。

景物群象，或自然，或人為，而其中最特別的，是這一組關於被困住的景象。

（一）需卦描繪「陷在慾望中」的種種困境。

不管是「需于沙」、「需于泥」還是「需于血」，需卦就是在描繪困在慾望之中越陷越深的情境，從「需于沙」的有點難行到「需于泥」的泥足深陷到「需于血」的付出嚴重代價，值得注意的是，需卦點出了慾望這個東西的一個特性，就是：陷溺！進去容易，出來就難了，也許要等到付出痛苦的代價，才有機會回復心頭的清明。

（二）屯卦的困是困在「排場盛大的馬隊裡飲泣」的景象。

失去初心，變得愛搞排場，「乘馬班如」，就流血流淚流不完了。當然，虛榮也是欲望的一種。

（三）困卦講困在「頭腦幽谷」的象。

困卦的困是「臀困」──屁股的困難。意思就是坐而胡思亂想卻沒有起而行的困難。事實上，大部分的困難都是人的腦袋瓜想出來或放大的。頭腦的奴隸，當然是一種生命困境。

（四）坤卦的「履霜堅冰至」其實是在說慣性的困境。

「履霜堅冰至」的重點其實是在後半的「堅冰至」。剛開始履霜會如履薄冰，心是敏銳的，態度是慎重的。但時間久了，生命容易落入一個一再出現的人性陷阱，就是：慣性。日積月累，堅冰漸至，積小成疾，回首一看，人物皆非。原來，坤卦告訴我們：習慣製造盲目，習慣是另一種形式的困境。

（五）習坎卦的象是「掉入陷阱」。

初六爻其實是在講脫困失敗的原因：經驗不足＋方法不對＝跌落人生谷底。更深入的含義：要出困不能只有外在的方法，還要有內在的蛻變。

（六）習坎卦的另一個象有提出出困的辦法，就是……

習坎卦的另一個卦象是「被囚禁」，同時提出了出困的辦法：「處險以約」。約，簡約，就是樸素，老老實實的端正態度去面對問題。是的，樸素有時候是一種逃跑智慧。

小結：這一組卦象很特別：困！人生多困：困在慾望、困在自我膨脹、困在思考、困在慣性、甚至困在外在化的迷思……被困住了，當然要想方設法出困了，但從被困到出困，事實上中間漏掉好幾步。至少痛苦是第一步前行，因為痛苦代表知困，才會有動力逃跑。然後回歸樸素是第二步，敏感諦聽生命深層的細微消息是第三步，掙脫與修正慣性模式是第四步，事實上就是從了解學到自療學的路徑了：被困→痛苦→樸素→敏聽→修行→出困。

第九組：跟水有關的景象——六卦六象

（一）泰卦「馮河」講渡河的精神。

生命行者渡河，千山萬水，是一場壯闊的遠行。

（二）泰卦「城復于隍」講災難的水象。

城復于隍就是城牆崩塌在護城河的災難，人生不可能是一直順風順水的。

（三）既濟卦的象是「行舟漏水」。

人生之河，永遠有行舟漏水的可能，《易經》說得有補漏計畫。

小結：《易》之渡水，是壯闊的生命追尋，沿途必然會有風險，要懂得防患。

（四）小畜卦與小過卦的「雨下不出來」是什麼意思？

所謂密雲不雨，指生命行者的德基未廣，有累積，未有結果，只好回去生命基地繼續修煉。基地與涵養，是重要的。

（五）小畜卦「時雨時晴」的深意。

將雨比喻作愛的能量。時雨時晴就是將愛的能量釋放出去，再回來沉澱休養，將愛的能量釋放出去，再回來沉澱休養……人生嘛，就是走走停停，愛人不要忘記自愛，愛自己愛飽了又想幫助別人。時雨時晴就是自愛他愛的靈活調整、收發由心。

（六）夬卦與睽卦「遇雨」的卦象。

這兩個卦都遇雨，但夬卦的遇雨象徵人生挫折，睽卦的遇雨則指人生挫折帶來的心靈清洗。都是挫折，但挫折的 2.0 會是什麼，就不一定了。

小結：《易》之遇雨，象徵人生的時機與挫折，但挫折也可以是深刻的生命教育。

第十組：跟日月有關的景象──三卦二象

（一）離卦的象是「夕陽之明」。

所謂「日昃之離」，比喻傳統經驗日薄西山，傳統文明被冷落與不被尊重的悲涼。

（二）小畜卦與中孚卦都有「快圓滿的月亮」？

「月幾望」，月亮接近十五，比喻修德尚未圓滿。小畜與中孚兩個卦都跟內在工作有關。

第十一組：跟石頭有關的景象──三卦三象

（一）豫卦中「石裂兩半的紋路」。

石斷如介，斷面紋路明確清晰，象徵明快的決斷力。

（二）姤卦的「天降隕石」。

所謂「有隕自天」，象徵天上飛來大大的德石。一個君子努力修德，會感、應、通、達上天的真理！

（三）頤卦的「小山丘」。

所謂「丘頤」，就是在小山丘上飽餐一頓，代表小的成就與養德。

小結：六十四卦的石象，都跟德的工作或內在工作有關。

第十二組：跟「禮」有關的景象──六卦六象

有關「禮」的易象，多有深意。禮，其實就是人與天對話的嘗試。

（一）比卦的「圍獵」卦象。

「顯比」是田獵之禮，意思就是：光明正大的與人親近。畫面是王者圍獵，用三驅之法（只圍三面，前開一路），就讓最前方強壯的鳥獸跑掉吧

（失前禽，只取來者）——願意來擁抱的就來吧，要自己向前奔跑的強勢者就去吧。好個顯比，意象開闊！

（二）巽卦的「打獵」。

巽卦的「田獲三品」，主動打下生命中的猛獸，太隨順會空手而回。

（三）觀卦中「祭禮」的做法。

所謂的「觀盥不觀薦」，就是觀德不觀形，觀內在不觀形式的意義。文化，最重要是它的意義與作用，而不是它的形式。

（四）震卦描述「在打雷中祭祀」的深意。

所謂「震驚百里，不驚匕鬯。」用內心的大寧靜面對兼具恐懼與喜悅的大自然力量。

（五）既濟卦講「祭禮厚薄」，重點也是在說：禮貴在誠心合時，不在厚薄。

（六）豐卦的「觀天之禮」卻有特殊含義：比喻在觀天象的過程中感悟到英雄猜忌的人間凶險。

小結：或講人間開放的連結、或講主動出擊的勇氣、或講形式不是重點、或講人格的大成熟、或講英雄之間的猜忌……或田獵之禮、或祭禮、或觀天之禮……《易經》借著種種「禮」的卦象，展示人文動作，是可以含藏著極大的可能性的。

第十三組：其他景象——一卦二象

（一）賁卦的「走路」景象。

六十四卦的美學卦，賁卦，初九有「舍車而徒」的卦象，通過「不坐車，只樸素的走路」，講赤足藝術家的風範。

（二）賁卦的「搶婚」景象。

六四告誡搶婚的不可行，其實是在說作品的形式不可搶奪內容。

小結：象，也可以很藝術。

第四章：器物群象

第十四組：跟車子有關的器物──九卦六象

接著動物、植物、景物的象之後，我們來看器物群象。

首先，第一組器物的象，是關於「車子」的。

（一）大有卦與睽卦都有「大車」的象。

大有卦有「大車以載」的畫面，象徵壯大的人格與通達的能力。大車，就是象徵人格者的力量。到了睽卦的大車卻陷在河中，拖不出來，當然就是在講人生的困頓時期了。

（二）小畜卦與大畜卦都進一步說「大車的輪軸脫落了」。

輪軸是輪子甚至整部車子的主結構，車子的輪軸脫落了，人生的大車就無法前行，但大畜卦的〈小象〉卻說內心沒有怨尤──借人生的挫折卻步，好好停下來仗養更強大成熟的內在能力。

（三）大壯卦的「堅固的輪軸」。

堅固的輪軸象徵成熟的人格核心力量。這當然是內在工作的關鍵，免得輪軸又再掉下來。

（四）姤卦「煞車」當然就是指生命中停止、控制的能力。力量大了，更要嫻熟煞車機制。

（五）既濟卦與未濟卦的「奮力拉動大車渡河」的卦象。

有靜有動，有陰有陽，懂得煞車，也要懂得全力以赴。

（六）到了困卦的「困于金車」，就是指被榮華富貴、權力地位困住、抓住而不得脫身的意思。整部生命大車當然就全然停擺了。

小結：可見這部「易經號」大車就是指人格的能力、停滯、修整後的再出發、核心機制、煞車系統與當機狀態。《易經》並不說人生如戲，而是去描述一個大輿人生。

第十五組：跟房舍有關的器物——七卦九象。

第二組的器物象是跟房子相關的事事物物有關。

（一）賁卦，六十四卦的美學卦，講「丘園」之美，是表達一種淡然美學。

（二）節卦出現「戶庭」、「門庭」等象，是通過房舍庭院的象來比喻人生的出入原則。

（三）井卦當然是用「井」來說心性要義。

（四）剝卦用床腳、床板的——潰爛比喻體制的腐敗是從基層一直爛上去的。

（五）巽卦的「巽在床下」，是說太過順從會讓生命處於陰影之中。

（六）渙卦用矮机代表民間有擔當之士。

（七）大過卦用彎曲的棟樑象徵整個時代主結構的彎曲變形。

小結：房子群象，有關乎藝術、品格、心靈、陰影、英雄、時危，不一而足。

第十六組：其他器物——九卦九象

（一）中孚卦的「好爵」就是指心靈美酒的分享。

（二）第二個酒的象，是未濟卦說「適當的」飲酒作樂是可以的。

（三）屯卦中「微明的油燈」，這個燈的象，是說初始的生命能量要節省著用。

（四）革卦與遯卦都是藉「皮革」的象來說牢牢的自縛，不要輕舉妄動的意思。

（五）鼎卦借「青銅鼎的各個部位」來談論管理哲學。

（六）履卦用的象是「鞋子」，就是，行動哲學。

（七）蠱卦用蠱象徵傳統文化的包袱。

（八）噬嗑卦是一個講「決斷力」的卦，其中用「刑具」的象比喻太過剛烈造成的災禍，至於「銅箭頭」卻是說通過種種災禍與挑戰之後找到心靈神箭！

小結：美酒、飲酒作樂、油燈、皮革做的繩索、鼎、鞋子、蠱毒、刑具、黃銅箭頭⋯⋯易卦群器，五花八門。

第五章：人物群象

第十七組：人物群象──七卦九象

器物之後，就是人物。通過不同的「身分」，象徵不同的深層意義。

（一）屯卦的「待嫁老女」象徵的是一個能夠面對生命獨特與寂寞的君子。

（二）歸妹卦的「嫁女」與屯卦類似，比喻一個君子與這個世界的交好之道。

（三）蒙卦卻說「教學生不能像娶媳婦」，一個好老師要懂得保護學生珍貴的主體性與叛逆性。

（四）小畜卦講的「夫妻反目」，其實是在講修行人內心的天人交戰。

（五）大過卦有提到「老夫少妻與老妻少夫」，意義其實是陰陽交合的生命哲學。

（六）既濟卦有提到「婦人出門的困難」，卻說不要驚慌、不要追逐。等待可以是一種哲學，尊重節奏可以是一種智慧。

（七）屯卦的「虞人」就是象徵人生迷霧森林的導師了

（八）「鬼」也是一個人物的卦象？睽卦上九爻的「一車鬼」？含義

很多，是指在一個分裂的時代人與人之間的疑神疑鬼？

　　小結：或待嫁女、或娶媳婦、或夫婦反目、或老少夫妻、或出門受阻、或山澤之官、或鬼？比喻人間的守候、連結、溝通、等待、指導、心結……當然，不同的「關係」，自然孕含著不同的意義。至於各卦中正面論述的君子、丈夫、有德者……就不算是「象」的範圍了。

第六章：人體群象

第十八組：人體群象──八卦十六象

　　最後一組易象是「人體」。人物講關係，人體指部位。

　　（一）大壯卦用「腳趾」講年輕或基層的力量。

　　（二）困卦卻用「屁股」比喻想像出來的假性困難。

　　（三）剝卦借「皮膚潰爛」講系統崩潰到切膚之痛了。

　　（四）渙卦用「流血」講力赴時艱，跟你拼了！

　　（五）賁卦的「鬍鬚」比喻一個道理：美感不是藝術的主題，藝術有更核心的存在，美必須像鬍鬚一樣是被動的。

　　（六）頤卦借「進食的動作」象徵養德。

　　（七）咸卦借從下到上的人體部位討論各個層次的感動──腳指頭的感動、小腿肚的感動、屁股的感動、背肉的感動、嘴巴的感動。

　　（八）艮卦的寫作結構類似咸卦，借從下到上的人體部位討論各種意義的停止哲學──腳趾的停止、小腿肚的停止、腰部的停止、整個身體的停止、嘴巴的停止。

　　小結：腳趾、小腿肚、屁股、腰部、背部、身體、臉部、嘴巴、鬍鬚、皮膚、血液……都有了。

最後，請參考下表對六大類「象」的整理：

動物的象	植物的象
龍／乾卦	
母馬／坤卦　白馬／賁卦	
良馬馳逐／大畜卦　公馬／渙卦	
馬丟了／睽卦／中孚卦	
虎變／蒙卦　虎行的動作／頤卦	植物初苗／屯卦
踩老虎尾巴／履卦　豹變／蒙卦	大石頭壓著小草／屯卦
大鵬鳥／明夷卦　獵鳥／恆卦／旅卦	
鳥巢被燒／旅卦　射隼鳥／解卦	株木／困卦　葛藟／困卦
飛鴻／漸卦	
鶴／中孚卦　飛鳥／中孚卦／小過卦	杞葉、瓜／姤卦
大野豬頭／明夷卦　吃野豬肉／噬嗑卦	白茅、病樹出枝／大過卦
瘦豬／姤卦　去勢的豬／大畜卦	
撞籬笆的公羊／大壯卦	拔叢生植物／泰卦／夬卦
羊被牽走／夬卦	拔叢生植物／否卦
牛被牽走／无妄卦　牛丟了／旅卦	
母牛／離卦	大果子／剝卦　苞桑／否卦
牛／睽卦　小牛角上的橫木／大畜卦	
獵狐狸／解卦	
小狐狸過河／既濟卦／未濟卦	
大老鼠／晉卦　毒蛇／比卦	
魚／姤卦　靈龜／頤卦	

景物的象	器物的象
走在各種困難的情境／需卦	
排場盛大的馬隊裡的飲泣／屯卦	
幽谷／困卦　河面結冰／坤卦	大車／大有卦／睽卦
掉入陷阱／習坎卦　被囚禁／習坎卦	大車輪軸脫落／小畜卦／大畜卦
	堅固的輪軸／大壯卦　煞車／姤卦
馮河／泰卦　城復于隍／泰卦	大車渡河／既濟卦／未濟卦
行舟漏水／既濟卦	金車／困卦
雨下不出來／小畜卦／小過卦	
時雨時晴的畫面／小畜卦	
遇雨／夬卦／睽卦	丘園／賁卦　房舍庭院／節卦
	井／井卦
夕陽之明／離卦	床腳／床板／剝卦　床／巽卦
快圓滿的月亮／小畜卦／中孚卦	机／渙卦
	彎曲的棟樑／大過卦
裂石的紋路／豫卦　天降隕石／姤卦	
小山丘／頤卦	好酒／中孚卦　飲酒作樂／未濟卦
	微明的油燈／屯卦　皮革／革卦／遯卦
圍獵／比卦　打獵／巽卦　祭禮／觀卦	青銅鼎的各個部位／鼎卦　鞋子／履卦
在打雷中祭祀／震卦	蠱／蠱卦
祭禮厚薄／既濟卦	刑具／噬嗑卦　銅箭頭／噬嗑卦
觀天象／豐卦	
走路／賁卦　搶婚／賁卦	

人物的象	人體的象
未嫁老女／屯卦　嫁女兒／歸妹卦 教學生像娶媳婦／蒙卦 夫妻反目／小畜卦 老夫少妻／老妻少夫／大過卦 婦人出門的困難／既濟卦 人生森林的導師／屯卦 一車鬼／睽卦 （正面論述的君子、丈夫、有德者……不算）	腳趾／大壯卦　臀／困卦 皮膚潰爛／剝卦 流血／渙卦　鬍鬚／賁卦 進食的動作／頤卦 腳指頭的感動／小腿肚的感動／屁股的感動／背肉的感動／嘴巴的感動／咸卦 腳趾的停止／小腿肚的停止／腰的停止／身體的停止／嘴巴的停止／艮卦

三種讀《易》的方法

讀《易經》，有上、中、下三法。

第一種是下法，這是能量的讀法，就是指：占卜

《易經》的前身就是占卜資料，《易經》是六經中唯一一部橫跨大傳統（經書）與小傳統（占卜）的原創性著作，《易經》當然是可以用來占卜的。事實上，易占不是迷信，而是一個深厚的參考系統，而占卜本身是一種生命能量的操作，沒錯，《易經》當然是可以占卜的。只是占卜的重點在預測或參考，而忽略了對整部經文的學習，所以將《易經》用作占卜，是讀《易》的下法，大材小用了。

第二種是中法，這是知識的讀法，就是指：《易》學

人生遇到困難與挫折，從經典上尋求答案，《易經》六十四卦，等於是六十四個人生問題與情境的討論，這種讀《易》的方法是中法，這是知識上的閱讀與探詢。但前提是，對六十四卦的內容與結構必須夠熟，才能有效尋找到人生困頓的解答，至少參考。

第三種是上法，這是覺知的讀法，就是指：觸動

當我們遇見人生的低潮與痛苦，其實這是讀經典、長智慧的甚佳時機。問題是：讀經書，要怎麼個讀法？這就是筆者馬上要講的讀《易》上法，最好的讀法，就是覺知、誠正、老實、一卦一卦的閱讀經文。因為《易經》是一個活生生的生命系統，如果閱讀者也是一個活生生的生命系統（人不一定是活生生的生命系統，如果人沒在覺知、誠正的狀態，人就

不一定算活著，人也可以是行屍走肉），兩個活生生的生命系統對話，就會出現：觸動！觸動是解決所有人生內、外問題的入口，觸動出現了，等於是讀經者更覺知的看到了問題的入口以及發展下去的通路！也就是說，讀經書的主題不是經書，而是你自己！讀所有的經書都是在讀自己，所有的經書都在討論你的人生啊！只要是兩個活生生的生命系統在對話，一定會有所觸動，觸動就是覺知的開端，覺知啟動，還有什麼問題看不清楚，還有什麼問題沒有解法呢？所以解決所有人生問題、困難、痛苦、煩惱的其實是自己的覺性，經書只是一個對話的對象，一個覺知的鎖鑰，一個觸動的媒介而已。這就是最上乘的讀《易》方法，借經觸動，觸動覺性的升起與實踐。

這就是讀《易》三法——

下法是占卜，這是能量系統的讀法；
中法是學問，這是知識系統的讀法；
上法是觸動，只是覺性系統的讀法。

《易經》占卜的原理、要領、原則與應用

　　《易經》原名《周易》，意思就是周朝人的易。也就是說，成為經世致用的學問是後代的發展，《易經》的前身其實就是卜卦用的「籤文」。所以《易經》是中國經學中唯一一部橫跨大傳統（文史哲）與小傳統（玄學）的原創性著作。是的！《易經》六十四卦是可以用來占卜的——一門預測性學問系統。但真正的占卜原理事實上是很少人理解的，真正的「易占」其實是一種反迷信的諮商途徑。

易占的原理

　　在講占卜步驟之前，筆者先行公開《易經》占卜的原理，其實就是占卜的祕密。

　　第一個祕密是主觀的祕密：心靈的神準妙用。

　　占卜之所以能夠準的第一個祕密或理由——是我們的心其實早就知道人生的答案呀！就是心神前知的能力。作為生命的根源與本體，「心」其實是很敏感、神準、靈動、覺照的東西，只是由於頭腦作用的干擾，人常常信不起或跟不上心靈的「呼喚」與「看見」。事實上當一個具體的人生情境浮現，心神即行發動，其實已經「前知」，內心已有答案，但一下子說不清楚或看不真切，所以占卜就往往只是一個導引工具，借助前賢智慧深化、導引我們重新看見、相信、啟動、接上心靈的神準妙用。這就解釋了為什麼需要放鬆、心齋，就是一個讓心靈浮現的過程。心，就是答案，占卜只是幫助我們回向祂。

　　所以「心齋」是關鍵的一步──愈澄淨，愈神準。所謂誠則明，誠則靈。這就是為什麼古代要求占卜者要齋戒沐浴，相對的。占卜失誤的原因，常常就是由於心的不純淨。卜者愈賢明，愈準！正是因為，心的關係。

　　第二個祕密是客觀的祕密：成熟的詮釋系統。

　　心靈是主觀的力量，那麼就需要一個客觀的「對應」。所謂客觀的對應就是一套成熟的占卜文字傳統，像《易經》六十四卦，像奧修禪卡。事實上，成熟的占卜文字的主要功能在諮商，而不是預測，所謂「君子問進退，不問吉凶」，卜筮是「為君子謀，不為小人謀」，也就是說「生命建議」其實是比事情怎麼發展更重要的。而一個成熟深厚的文字傳統是經過篩選、錘鍊後的定稿，擁有強大的詮釋力。事實上每一個卦，每一張牌，無不是切入人生萬象進行生命諮商的最佳入口與管道，就是，強大的文字系統，哪裡都是下手處，不管從哪裡開始說都是可以將當前問題說得「通」達的。所謂「易無達占，從變而移。」是的！成熟文字的「對應」，幫助我們更容易回到心靈的原音。

　　至於第三個祕密是終極的祕密：模擬天道演化的過程。

　　古代易占的操作就是一個模擬天地萬物創生演化的過程──所謂太極兩儀三才四象的氣場變化。

　　靈明的心神＋深厚的文字＋天道的模擬。易占將三者串聯起來，成為能夠準確命中的祕密理由。

易占的要領與戒律

　　戒律，也是要領。占卜，什麼時候當用，什麼時候不當用，古代有所謂三不占之說：「不誠不占，不義不占，不疑不占。」本文根據古書的討論，整理了下列四點。

戒律一：「易為君子謀，不為小人謀。」——宋・張載《正蒙》

所謂君子問進退，不問吉凶。占卜是生命諮商，不是利害計較。

更不問不義之事。

戒律二：真正不易委決的重大疑難才動用占卜

在《尚書》的〈洪範篇〉即記載了古代問卦的要領及詳情，跟今天我們對占卜的觀念相當不一樣。

學者相當一致的意見，〈洪範篇〉應該是後代的偽作，大約是春秋戰國時期的作品，而不是周朝初年箕子向周武王提出的建言。但文中記載的占卜要領，應該仍然是相當接近上古占卜、問卦的原義。下面即針對了〈洪範〉的文字進行了整理與分析。

・〈洪範〉：「三人占，則從二人之言。」

　第一句話即確定好兩項基本原則：1.先尋找、確定三位諮商師或占卜師都是賢士。2.少數服從多數。其實就是先質後量的原則。

・〈洪範〉：「汝則有大疑，謀及乃心；」首先發動的還是心靈的力量。

・〈洪範〉：「謀及卿士；」再來是聽取知識分子的意見。

・〈洪範〉：「謀及庶人；」再來是民意調查，聽取基層意見。

・〈洪範〉：「謀及卜筮。」

　占卜、卜筮是最後才動用的力量。所有人謀、心謀的資料都已尋找、分析、研判，仍無法委決，才藉占卜以決疑、復信。占卜是不輕用的經驗及選項。至於所謂卜筮，卜是烏龜占卜（動物占），筮是筮草占卜（植物占），簡單的說，是上古兩種占卜的方法。開始用卜筮了，〈洪範〉記

載了六種可能狀況。

•〈洪範〉:「汝則從,龜從,卿士從,庶民從,是之謂大同;身其康強,子孫其逢,吉。」

這是占卜狀況一。

問卦者、烏龜、知識分子、民意的看法相當一致,這樣的占卜結果基本上沒什麼懸念了。

•〈洪範〉:「汝則從,龜從,筮從,卿士逆,庶民逆,吉。」

這是占卜狀況二。

問卦者與烏龜、筮草的意見一致,但知識分子與民意反對,那就聽問卦者與烏龜、筮草的意見。知識分子的意見是要尊重,但不是盲從權威;百姓的聲音是要聽,但不需要屈服民粹。這都是今天可以反思的點。

•〈洪範〉:「卿士從,龜從,筮從,汝則逆,庶民逆,吉。」

這是占卜狀況三。

知識分子與烏龜、筮草的意見一致,但問卦者的本意與民意反對,那就聽知識分子與烏龜、筮草的意見。這是首領與臣下的平等性,不是頭頭(通常問卦者就是領袖)說了就算的。

•〈洪範〉:「庶民從,龜從,筮從,汝則逆,卿士逆,吉。」

這是占卜狀況四。

老百姓與烏龜、筮草的意見一致,但問卦者與知識分子反對,那就聽民意與烏龜、筮草的意見。這是政府與人民的平等性,不是政府說了就算的。

•〈洪範〉:「汝則從,龜從,筮逆,卿士逆,庶民逆,作內吉,作外凶。」

這是占卜狀況五。

問卦者(領袖)與烏龜的意見一邊,知識分子、民意與筮草的意見另一邊。意見明顯二分,甚至烏龜與蓍草打架,只好審慎。內政部的事,可;外交部的事,凶。國內事務,可;兩岸事務,就不太適合發動了。

・〈洪範〉：「龜筮共違于人，用靜吉，用作凶。」

這是占卜狀況六。

烏龜、筮草與人的意見分裂，那就宜靜不宜動。態度用緩，謹慎觀察。

從上文的分析可以看出《尚書・洪範篇》所記載的古代占卜情形是細緻、謹慎、平等而開放的。

戒律三：問卦不過三

〈蒙卦〉：「初筮，告；再三，瀆，瀆則不告。」意思是說，初心是赤誠的，一而再而三，就容易滲雜私意私念，天人交通路線就斷了。當然，如果初筮晦澀難明，可誠心再筮，兩筮合觀，當有深刻的觸發與把握，就不必再三筮問，反見駁雜。

《禮記・曲禮》也說：「卜筮不過三，卜筮不相襲。」。（襲，重也。）。

戒律四：為一人一事一時起占

問題要明確，每卦只提問一個問題，複雜的問題可分次占問。

占卜是「點」的進攻，攻一個當前罣懷的問題，一般來說，時效在七、八月到一年之間。

從幾個小故事可以窺見古人利用占卜、迷信的力量

開始介紹占卜的流程與原則之前，先看幾個歷史故事，略窺古人是怎樣的不迷信，甚至反過來利用占卜的力量。

第一個故事見於東漢王充的著作《論衡》，記載的是武王伐紂的史蹟，故事如下：周武王在盟津這個地方大會八百諸侯（筆者按：古人會不

會有點吹牛？八百諸侯？會不會那麼多？如果記載正確，搞不好帶個幾十上百號人就算一個諸侯了），諸侯爭著起閧說：「去海扁紂王。」武王卻潑冷水：「你們這些人呀未知天命，殷商有三個猛人在，還不能隨便亂扁的。」結果過了兩年，第一個猛人比干被自己的老闆紂王幹掉，連墳頭都乾了。第二個猛人微子嚇得跑路，第三個猛人箕子也被紂王關起來。機會來了！周武王阿發哥立馬大會諸侯，準備去騎馬打仗（不對，商、周時代打仗好像還不會騎馬，都是打步兵、打戰車的，那就「坐車打仗」吧），出發前就照慣例卜個卦，結果卦象不吉（也不知道卜到什麼東東），早知道就不卜了，給自己找不痛快，反正就大大不妙了！老天爺還應景搞戲劇效果，古書記載是「風雨暴至，群公盡懼。」八百諸侯都被嚇得不行！好像連周武王阿發哥都沒有聲音了？還好關鍵時刻，另一個更大的猛人出場了──姜子牙！太公駕到！在渭水之濱釣魚結果釣到一條超級大魚周文王的姜太公。太公一出場不罵紂王不罵周武王不罵政府，卻罵烏龜與筮草（就是動物占卜與植物占卜）：「爛烏龜骨頭＋一堆死到不能再死的枯草，有什麼資格說吉凶！（枯骨死草，何得而知凶！）」哈！只有太公最百無禁忌，對占卜的力量完全不管不顧，心靈的判斷才是最大最準確的占卜。結果決定：打！牧野一戰克，紂王自焚而死。

故事二：姜太公不甩占卜的結果，孔子更進一步，反過來利用占卜的力量。第二個故事也是記載在王充《論衡》之中，內容是這樣的：魯國在準備討伐越國的軍事行動，出發前占筮問卦，卻得到了鼎卦「鼎折足」的答案。這個卦好像不太妙耶！魯國高層就跑去請教孔子師生的意見。最能言善辯的子貢認為這是凶象，三足的鼎缺了腿，站也站不穩，搬又不好搬，這場仗看來是不打為好。結果孔子不爽了，老師覺得學生的功力還是差了點。孔子說：「越國是南方國家，南方打仗要打水戰，打水戰自然要坐船囉，現在鼎折足，鼎沒了腳，不就是舟船的樣子嗎？這是一個吉卦呀，這場仗打定了。」這樣解釋也行，孔子還真能掰！但魯國高層果然聽

了孔子的話，擊敗了越國。筆者個人覺得，孔子與學生應該是開過會，做過功課，研判此仗可贏，所以老臣在哉的反而利用了占卜作為達成目的的工具。強！

　　第三個故事是明代馮夢龍的著作《智囊》所記載北宋大將狄青的故事，故事的大意是這樣的：大將狄青去征討南方叛軍儂智高，南方風俗迷信，狄青就跟軍士相約，拿了一百枚制錢拜拜，等於是問卦，如果老天爺說這一仗能打贏，一百枚制錢就會全數人頭朝天。狄青的左右、師爺、幕僚全部嚇得不行，紛紛勸狄大將打消這種腦殘想法，那可能一百枚制錢全部人頭朝天？這不是自己找自己不痛快嗎？士氣被打擊，這仗可怎麼打下去。但狄青好像犯傻了完全不聽，拿起百枚錢就往上丟！《智囊》的原文是這樣記載的：「擲，萬眾聳視，百錢盡面，舉軍歡呼！聲震林野！」好像電影的慢動作鏡頭，一枚一枚錢落下來竟然全部都是人頭朝天！哪有這種事啊！見鬼了！全軍嗨到不行，就立馬抄傢伙完全沒懷疑的準備去打仗。這時候，狄大將又說話了，就說這一百枚錢太神聖了！神聖到不行，所以要用紗帳就地圍住它們，等到打贏仗了再回來取錢謝神。結果呢？最後真的打贏了，等到凱旋班師，其他人卻發現狄大將好像完全忘記取錢拜拜這件事，拍拍馬屁股頭也不回的就跑了？這可不行，對神明不敬呀！但等到拆除紗帳拿錢一看，一百枚全部都是「兩面錢」！兩面都是人頭！哇靠！這真是完完全全反過來利用迷信、占卜的例子了——人的成熟可以全然的反客為主，神明要聽人的話。

古筮法

　　古代卜筮之法記載在〈繫辭傳〉：「天一地二，天三地四，天五地六，天七地八，天九地十。天數五，地數五，五位相得而各有合。天數二十有五，地數三十，凡天地之數，五十有五，此所以成變化，而行鬼神也。大

衍之數五十，其用四十有九。分而為二以象兩，掛一以象三，揲之以四以象四時，歸奇於扐以象閏。五歲再閏，故再扐而後掛。」，「是故，四營而成易，十有八變而成卦。」

一、置器

　　準備五十策──一根蓍草或一枚棋子稱一策。

　　決策以斷疑。

二、心齋

　　澄心以起占問卦。

三、祝禱

　　「假爾泰筮有常！假爾泰筮有常！

　　某姓名，今以某某事……未知可否，爰質所疑于神于靈，吉凶得失，悔吝憂虞，惟爾有神，尚明告之。」

四、成卦法：模擬太極兩儀三才四象的宇宙演化過程

　　0.取一不動──象徵太極，創生萬物之本體，即不易之義。

　　所謂「大衍之數五十，其用四十有九。」（衍，推演，演變。）

　　　1.分兩（任意）──象徵兩儀（一營）。

　　　2.掛一（任一部分）──象徵三才（二營）。

　　　3.揲四（數數）──象徵四時（三營）。（揲，取也。音舌。）

　　　4.歸奇（餘1、2、3或4）──象徵閏時（四營）。（奇指餘數。）

　　　5.再揲四（沒有掛一的部分）。

　　　6.再歸奇（沒有掛一的部分）。

　　　　　　　　　　　　　　　　　　　　　　　　　　　一變

・以上是成卦法的一變──餘 44 或 40 策。

　　象徵偶然中的必然、文明的第一因、緣起性空。

・二變（44 或 40 策）──餘 40、36 或 32 策。

・三變（40、36 或 32 策）──餘 36、32・28 或 24 策。

・三變之餘數除以 4＝9（老陽）・可變・夏

　　　　　　　　　8（少陰）・不變・秋

　　　　　　　　　7（少陽）・不變・春

　　　　　　　　　6（老陰）・可變・冬

・所謂「四營而成易」→三變得一爻→「十有八變而成卦」

五、變卦法：本質潛能與客觀情勢的相遇

0・天地之數（天數 25＋地數 30＝55）－卦之營數（最大 54，六爻皆 9／最小 36，六爻皆 6）＝1 到 19

_____	6	7	18	19
_____	5	8	17	
_____	4	9	16	
_____	3	10	15	
_____	2	11	14	
_____	1	12	13	

「宜變之爻」

⟹　從初爻往上數，來回往復。

所謂貞我悔彼──有事情發展方向的含義。

本卦／貞卦→之卦（變卦）／悔卦

　1.六爻皆七八──本質全為不變、穩定的能量。

　　本卦卦辭斷占。如：「筮遇得 x」。

　2.六爻皆九六──本質全為變動能量，變能如洪水決堤，六爻陰陽互變。以之卦卦辭斷占。如：「筮泰之否」。

　3.六爻皆九或六（即乾坤卦）──極珍貴的能量出現。

　　「遇乾之坤」，以「用九」斷占，非用坤卦卦辭。

　　「遇坤之乾」，以「用六」斷占，非用乾卦卦辭。

難得，機率極低之故。

4. 一爻為九六

（1）如此爻為宜變之爻，則該爻陰陽互變，得出之卦，但以本卦變爻爻辭斷占——本質具有變動能量，但不強。如：「遇 x 之 y」。

（2）如此爻非宜變之爻，以本卦卦辭斷占——本質雖具有變動能量，但未遇客觀機遇（宜變之爻）。如：「遇 x 之七或八」。

（3）另一個做法，此爻直接陰陽相變，不必求宜變之爻，得出之卦，以本卦變爻爻辭斷占——孤陽（陰）出世，能量珍貴，隨變而適。如：「遇 x 之 y」。

5. 兩爻為九六

（1）如其中一爻為宜變之爻，則該爻陰陽互變，得出之卦，以本卦變爻爻辭斷占——本質具有變動能量，但不強。如：「遇 x 之 y」。

（2）如兩爻均非宜變之爻，以本卦卦辭斷占——本質可變動能量少於不變能量，又未遇客觀機遇（宜變之爻）。如：「筮得 x」。

6. 三爻為九六

（1）如其中一爻為宜變之爻，則該爻陰陽互變，得出之卦，但以本卦變爻爻辭斷占——雖逢客觀機遇，但變與不變的潛能相等，故仍以本卦變爻爻辭斷占。如：「遇 x 之 y」。

（2）如三爻均非宜變之爻，則三爻陰陽互變，得出之卦，以本卦及之卦卦辭合占——因可變能量與不變能量等值，稱「貞悔相爭」，中間變化極敏感，些微的擾動即可影響全局，故雖不遇客觀機遇，仍以兩卦卦辭綜合判斷。如：「貞 x 悔 y 皆七或八」。

7. 四爻為九六

（1） 如其中一爻為宜變之爻，則該爻陰陽互變，得出之卦，以本卦變爻爻辭斷占──變動潛能強於不變能量，又得逢客觀機遇。如：「遇 x 之 y」。

（2） 如四爻均非宜變之爻，則四爻陰陽互變，得出之卦，以之卦卦辭斷占──變動潛能強於不變能量，雖未值宜變，仍壓不住老陽老陰欲變的態勢。如：「筮遇 x 之七八是謂 x 之 y」。

8. 五爻為九六

（1） 如其中一爻為宜變之爻，則該爻陰陽互變，得出之卦，以本卦變爻爻辭斷占──強大的變動潛能得逢客觀機遇。如：「遇 x 之 y」。

（2） 如五爻均非宜變之爻，則五爻陰陽互變，得出之卦，以之卦卦辭斷占──變動潛能已難阻止，雖未值宜變，仍逕自變化。如：「筮遇 x 之七八是謂 x 之 y」。

9. 小結

A 不變之卦，以本卦卦辭斷占。

B 全變之卦，以之卦卦辭斷占。（乾坤二卦例外）

C 宜變之爻與可變之爻相遇，以本卦變爻爻辭斷占。

D 若宜變之爻與可變之爻不相遇，可變之爻又少於不變之爻，以本卦卦辭斷占。

E 若二者不相遇，可變之爻卻多於不變之爻，以之卦卦辭斷占。

F 若二者不相遇，可變之爻等於不變之爻，以本卦之卦卦辭合占（貞悔相爭）。

・宜變之爻：客觀的能量與情勢。

　可變之爻：主觀變動的潛能。

　二者相遇：客觀環境允許變動能量的發揮，一觸即發。

二者不相遇：客觀環境限制變動能量的蠢動。若變能不強，整體局面尚可穩定；若變能太強，則不管宜不宜變，人心思變自會掀起巨波。宜變之爻從天地之數而來，但人能若盛，一樣可以推翻客觀情勢，天道命定並非絕對。

G　掌握「貞我悔彼」的原則，綜合判斷，參考本卦及之卦的卦辭或變爻爻辭，藉以判斷整體情勢的變化。

H　若占筮兩次，則以前後二課綜合判斷。

六、總結

1.一曰成卦，即得本卦。

2.二曰變卦，即得之卦。

3.三曰觀筮辭，即卦爻辭。

4.四曰綜合判斷（內貞外悔），以及卦名、卦象、卦義……

5.五曰判人事。

正是錯綜複雜，為變所適。

本節「古筮法」戒律及筮法部分主要是根據──

南懷瑾《易經繫辭別講上》　　老古文化出版社

高亨《周易古經今註》　　　　北京中華書局

劉君祖《決策易》　　　　　　牛頓出版社

今筮法──簡易占卜的六步作業

好了，在這一節裡，筆者正式提出簡易版的問卦、占卜的六步功夫與步驟，就是：

一、放鬆。

二、設問。

三、心齋。

四、祈請。

五、起占。

六、解卦。

第一步是放鬆。放鬆是所有身、心修煉的前行功法。愈是放鬆身、心，愈能夠反照出真正的生命狀況與困難。一般帶團體占卜，筆者都會引導夥伴先行做一段放鬆練習。

跟著在身、心較放鬆的狀況，隨即寫下一個問題，就是第二步設問。但要注意的是，任何占卜（包括易占、塔羅……）都是有時限性的，占卜與命理不同，占卜的功能基本上是因事設問，所以占卜必須是為「一人一事一時起占」，所問的問題最好是一年內會發生的事。

第三步是心齋。所謂心齋，就是在問卦前先備好一顆清淨的心。古代講究齋戒沐浴、焚香養心，現代當然不必如此費周章，但筆者每次占卜諮商之前，都會邀請案主一同靜坐兩、三分鐘。愈是無心的狀態，愈是最佳的問卦狀態。

第四步祈請就是將剛剛設問好的題目，在心齋之後，在心中對自己參修的本尊、神祇、老天爺或真理，字字分明的默念一遍。

第五步起占就是開始問卦了。在心齋、祈請之後開始著手進行占卜了。《繫辭傳》留下的「筮草之占」過程頗為複雜，整個操作過程約需要二十至三十分鐘，筆者就不在這裡詳論。在這裡要介紹的，是筆者常用的一個簡易的起占方法，其實繁簡不是問題，只要心齋得法，解卦得體，方法縱然簡單，卻必然具有參考價值。方法如下——取六個一元銅板＋一個五元銅板，七個銅板代表一個卦的一條卦辭與六條爻辭。心齋、祈請之

後，即向上拋出銅板，從自己的方向看過去，最接近自己的銅板代表初爻，依次是二爻、三爻、四爻、五爻、上爻，離自己身體最遠的就是卦辭。人頭為陽爻，字是陰爻，依次排出一個卦，而五元銅板的位置就是代表答案的卦或爻辭。只要心齋意誠，自然心誠則靈。

最後一步解卦就是解釋答案卦爻辭的含義了。從某個角度來說，最敏感的占卜步驟已經過去了，所謂「占卦容易解卦難」，這一步就是考驗解卦人或占卜師的學養、成熟與功力了。

易占的應用與實例（上）

最後這一節，說說《易經》占卜的應用與實例。二〇一七年的夏天，在一個《易經》班上某學期最後一堂課，上了一次占卜課，帶領了放鬆、設問、心齋、祈請、起占的過程，筆者就開始解卦了。同學們總共提出了九個問題，九個問題可以分成兩大類，工作方面與情感方面的問題。先看看工作方面的五個問題。

Q1：一位女士問該不該從一個安穩的工作轉換到一個具挑戰性，但有點砍掉重練的工作？

A： 得到的解答是隨卦六二爻：「係小子，失丈夫。」這一爻的原意是為了拉住一些阿豬阿狗路人甲路人乙（小子），卻錯過了真正的大德之士（丈夫）。也就是接近成語「因小失大」的意思。隨卦的主題是「跟隨潮流」，本來就有一點盲流的意思。卦辭說「元亨利貞」四卦德皆備才能「无咎」（沒問題、可以的易卦評語），可見占卜得到隨卦是需要注意的。回到問題的解答就是不要為了小小的安穩而失去成長自己的契機，就是「係小子，失丈夫」的含義了。這個問題問得明確，《易經》的回答也清楚。但事後問及問卦的女同學，其實她

對轉工作是有疑慮的。這不是應了這一爻的說法了嗎？

Q2： 一位年輕已婚的男生問該不該轉換跑道，朝創業的目標出發？

A： 得到的解答是渙卦六三爻：「渙其躬，无悔。」渙卦是談大局面渙散的一個凶卦，但《易經》規律往往凶中藏吉、吉中藏凶。解卦前問了一下這位男同學的背景與想法，發現他其實占得一個大吉爻。「渙其躬」就是把自己渙散掉的意思，躬就是自己。事實上「渙其躬」也就是忘我、無我的意思——忘卻自己的辛勞、忘卻事情的成敗、忘卻可能的得失、忘卻痛苦與淚水……易卦的評語卻說沒有後悔的。回到問題，渙散自己、不辭勞苦、奮身實幹，這不是一個創業者的最佳狀態與建議嗎？我覺得這位男同學得到《易經》一個大大的鼓勵。

Q3： 一位女士問該在兩、三年後屆齡退休，還是繼續在關係不錯的老闆身邊繼續工作下去？

A： 得到的解答是師卦上六爻：「大君有命，開國承家，小人勿用。」事實上這個問題問得有點遠，有點違反問卦時限一年內的律則，所以回答權當參考。從師卦上六的含義來看，留下來與老闆繼續合作共事的意思應該很明顯，只是要當心小人的攪局與閒言閒語。所以我建議這位女同學兩、三年後再占卜一次，如果答案相近，那就沒有疑慮了。

Q4： 一位男士問今年夏茶比賽的勝負得失？

A： 哈哈！這個問題預測的味道很強，諮商的味道比較淡薄。得到的解答是革卦初九爻：「鞏用黃牛之革。」革卦是談「革命／改革」的一個卦，占得初爻，基本上是吉卦吉爻。「鞏用黃牛之革」的意思是用黃牛的皮革牢牢的固定起來。原義有點不要輕舉妄動的含義，回到這個問題，筆者個人覺得有加強比賽的基本功的意思，如果功夫下得夠紮實，有百分之七十以上的勝機。

Q5： 一位男士問今年七月三十一日臺股上不上得了一萬一千點？

A： 哈！這個問題有點扯，得到的解答是謙卦九三爻：「勞謙，君子有終，吉。」說扯的理由是有點違背占卜「為一人一事一時」起占的原則，因為股市是「眾人」之事，所以答案也是參考看看。謙卦是六十四卦最吉利的一卦，六爻皆吉，而九三爻是謙卦唯一的陽爻，所以是吉中之吉的一爻。勞是有為，謙是無為，如果這個問題問的是個人投資，倒是個大大的吉爻，好好做功課，這是很有斬獲的時機。但現在問的是整個股市在七月三十一的表現！得到這一爻？一萬一千點？個人覺得機會應該是有的。

易占的應用與實例（下）

另一類的問題是關於情感或關係的，共有四位提問。

Q1： 一位年輕女生問該用怎樣的態度與方法面對弟弟託管的兩隻小小嬌縱的姪子？

A： 得到的解答是夬卦初九爻：「壯于前趾，往不勝為吝。」這個易卦的回答很搞笑！夬卦是一個談如何跟惡勢力攤牌、對決的卦，頗有戰爭、革命的味道。但現在問的這個問題卻是家庭關係的問題？初九的意思是「大腳趾的強壯，第一仗一定要贏，如果該贏的第一仗輸了！士氣就大受影響了。」哈！用在這個問題的對應上，意思就是說代弟弟教養兩個姪子，首要的，姑姑的架勢一定要端起來，生活的規矩要說清楚，教養的原則要正當分明。嚴格不是好的教育方法，但執正卻可以是一種愛的教育；讓小姪子有所適從，尤其面對聰明皮皮的小朋友。

Q2： 一位已經出嫁的女兒問肝病手術後、身體轉壞的父親挺不挺得過今

年？

A： 得到的解答是大壯卦初九爻：「壯于趾，征凶，有孚。」這也是一個
預測性強於諮商性的問題。大壯卦是一個力量「很大」的卦，各爻
或吉或凶，但都不可小視。占得初九爻，筆者的第一個反應就是：
「老先生有腳腫嗎？（因為初爻說「壯于趾」！）」女同學的反應竟
然是瞪大眼睛猛點頭！其實問病勢占得大壯卦並不是太好，病勢的
大壯？從經文可以看到進一步的建議：不要用強勢或侵入性的療
法，因為「征凶」，太強勢的行動是凶險的。進一步，大壯卦是十二
月消息卦之一，代表農曆二月與一天中的卯時（清晨五到七點），這
也是可以參考留神的時刻。

Q3： 一位年輕女生問與現在男朋友的愛情發展？

A： 得到的解答是否卦上九爻：「傾否，先否後喜。」否卦當然是凶卦，
意思是「不通」。「傾否」的意思是勇敢的面對、解決、倒掉讓關係
不通的問題或障礙，「先否後喜」就是歷程痛苦結果喜悅的意思。可
見這段關係是出了問題了，但因為這位女同學的問題有點語焉不
詳，不確定關係中的「否」主要是自己性格造成或兩人要共同面對
的課題。

Q4： 另一位年輕女生問與現在男朋友的愛情發展？

A： 這個提問的特別是共占了兩個卦──問卦規則，如果第一次起問覺
得回答不清楚，可以再問一次，但不可以三問了。第一問得到的解
答是師卦初六爻：「師出以律，否臧凶。」問感情問題卻占得一個關
於領眾、群眾運動的師卦？但進一步深思，似乎是有深意的。人與
人的關係要發展出共同而內在的規律（「師出以律」），譬如性格、
看法、價值觀或人生目標的共識，如果不行（「否臧」），就危險了
（「凶」）。似乎這段感情關係缺乏了聯繫與共識。但感情問題占得師
卦總是不直接，所以二問，第二問得到的解答是未濟卦初六爻：「濡

其尾，吝。」未濟是六十四卦最後一卦，意思是「未完成」，所以二問的回應很清楚了──小狐狸過河，結果大水暴至，連豎起的尾巴都弄濕了，易卦的評語是困窘貧乏（「吝」）。可見這段感情發展不容易啊！

榮格的共時性、中國哲學與占卜

　　一九三〇年榮格首先提出「共時性（Synchronicity）」的說法來描述心理狀態與客觀事件的非因果性關聯。

　　共時性原則是關於非因果關係、平行關係，有意義的巧合（meaningful coincidence）的一種處理。共時性處理「心靈母體內部」與「外在世界」的連結，處理範圍包含夢、預言、占卜、感應、意義的尋找等等。事件之間的聯繫不是因果律的結果，其決定性因素是「意義」，意義是來自個人的主觀意識，意義連結了內心世界與外部世界、無形世界與有形世界、精神世界與物質世界之間的聯繫。

　　更特別的是，這種結合只有在沒有自我意識介入的時刻才能發生，也就是道家講的「無為」或「無我」，將「我」取消，連結就出現了。榮格強調共時性事件與觀察者的心境很有關係，事件往往在觀察者對其觀察物件有一種強烈的參與情感時才會發生，也就是上段說的「意義」。更微妙的，「沒有自我意識介入」與「強烈的參與情感」這兩個態度表面看是相反、矛盾的，實則統一的修養就是「意義」出現之後「忘掉意義」，而關於這種將 A 與-A 整合成一整體的手法，恰恰好就是中國文化最擅長的地方，所謂兩儀回歸太極、兩極合一元、無為而無不為……等等觀念，正是這層意思。這層意思，老子思想說了很多，譬如：「明白四達能無知」、「滌除玄覽」，或者佛家說的「真空妙有」，都是指兩極之間的相互作用——只要做到能無知、滌除、真空，那明白四達、玄覽、妙有就會出現了。也就是說，等這兩極的相互作用完成後，所謂共時性事件、玄覽、直觀、花果同時的非因果性關係就展示出來了。《易經》占卜的「心誠則靈」就是一種共時性，按照榮格的看法，《易經》是一種意識和無意識交流的

儀式。

也有其他論據的支持：卡普拉（Fritjof Capra）在他的著作《物理之道（The Tao of Physics）》中談到現代物理和東方哲學之間存在著密切的相似性，理論物理發現宇宙是一個和諧統一的過程，是相互聯繫的元素所組成的動力網。這正是佛教與道教哲學的根本思想。榮格也認為共時性事件就是指「一切存在形式之間的深刻和諧」，一旦體驗到這種和諧，它就變成一種超越時空的巨大意識力量。

榮格的體系與中國的陰陽思想也有著令人難以置信的對應關係。集體無意識對應於「無極」，也就是完全未分化的狀態，在這一狀態中，時間與空間尚未出現。而個體的無意識即陰，意識是陽，無意識和意識合而為太極，太極回歸無極。而榮格所說的外在世界和內在世界的同一性，則頗類似中國哲學中的「天人合一」思想。共時性亦即是陰陽兩種內涵的同時呈現，譬如我們在街上走路，突然想起某位朋友，結果在轉個彎時就遇到這位朋友，就是共時性的發生。共時性事件即內心世界與外部世界之間、無形與有形之間、精神世界與物質世界之間的聯繫。共時性經驗是普遍的，但缺乏敏銳覺察力，就會忽視它的存在。

綜合上面的論述，所謂共時性事件，可以分成三個層次來說明：

1. 無極／渾沌未分／水波不興的階段→
2. 「有意義的介入、參與」／陽／意識＋「放下有意義的介入、參與」／陰／無意識→太極狀態完成→
3. 內在世界與外在事件的共時性、玄覽、直觀、花果同時呈現／天人合一

共時性理論一方面讓心靈感應、特異功能、占卜等神秘能力獲得根據，另一方面勢將挑戰人類建構知識的基本設定──因果律。這將意味

著，除了用因果性來說明的世界的秩序外，在宇宙中還存在著另一種秩序。

　　筆者個人經歷過頗多次的共時性經驗，回想起一些比較顯著的例子，筆者稱為「錢包事件」、「火的靜心事件」、「女學生事件」、「蘇菲之路事件」、「異夢事件」以及經常執行的「占卜事件」。

　　每當筆者進行占卜諮商時，常常就進入一種微妙的共時性狀態，包括──諮商師與諮商者的共時性，以及諮商者內心答案與占卜答案的共時性。這種微妙的能量狀態往往在筆者整理的「占卜的六步作業」的第三步「心齋」就開始了，甚至更早。在共時性狀態中，筆者能夠同步感應與玄覽到諮商者本身的能量強弱、情緒的焦慮或平靜、甚至氣場的靈異性……是啊！就像上文所說的，通過心齋或靜坐，當「有意義的介入、參與」與「放下有意義的介入、參與」發生交互作用，共時性就發生了。

關於「易占」二三事

──幾、吉凶、先兆、前知、玄覽、當下、受命如響、幾微時中……

《繫辭傳》說:「以動者尚其變」──人生的行動要掌握變化的契機,契機,古書就叫「幾」。幾是什麼?用最白話的說法,就是關鍵時刻──事情演變的關鍵時刻。至於這個關鍵時刻,分兩種:

正能量的關鍵時刻,稱「吉」→趨之。
負能量的關鍵時刻,稱「凶」→避之。

這就是成語「趨吉避凶」的意思──知道正面的關鍵時刻快來,趨向它,擁抱它;預感負面的關鍵時刻要到,避開它,弱化它。也就是對人生關鍵時刻超前部署的概念。從命理的觀點:人一生大吉與大凶的關鍵時刻都不會太多,隨便說說,各十次左右吧,先行發現,超前部署,預作安排,正是命理學、占星學的作用與功能。在占星學中有個很接近的觀念,就是所謂生命週期的研究。

事實上,人生中吉或凶的關鍵時刻造訪之前,會先行出現一個微妙的「點」,稱為「兆」、「卜」、「幾」,這幾個字有意思。

事實上,兆跟卜兩個字的字形都是在畫上古烏龜占卜(動物占)火烤龜腹板,當水分烤乾腹板乾裂時所發生的裂痕──「卜!」而處於出神狀態中的巫者即在裂痕中覷見天機。而兆又有先兆之說,事情發生前一定有先兆、預兆,只是「兆」很微妙,就看能否觀察到、補捉住。至於「幾」

這個字，更有意思，幾這個字從幺從戍。《說文解字》解釋「幺」說：「小也。象子初生之形。」其實就是初生嬰兒從產道出來頭下腳上的象形，意義就是最精純最初始的生命源頭。至於「戍」，就是守衛。所以「幾」的深層意義，就是守好最精純的生命源頭啊！總的來說，兆，幾，就是指吉或凶的關鍵時刻出現之前的微妙的「點」！

而看見、抓住這個微妙的點的能力，就稱為前知、玄覽或預見。前知就是事情發生之前就先知道，玄覽就是玄妙的觀覽，這兩個詞兒都出自於《老子》，預見當然就是預測學的內涵了。另外，有一點很好玩的，老子對「前知」的能力並沒有什麼好評，這位道家大聖說「前知」是「道之華而愚之始」——真理的表面與腦殘的開始！真是難聽。事實上老子的態度與佛學是頗為一致的：前知、預測、神通，並不是修行的根本與主題，不值得強調。

回到主題，這種種可以掌握幾、先兆的前知、玄覽、預見，是怎麼做到的？可以經由不同途徑。可以通過占卜，可以通過神通，也可以通過成熟的生命修為……同樣可以達成掌握先機的能耐。事實上，只要心夠澄澈，內在夠穩定，不需要通過占卜，也可以做到前知、玄覽的——心的能力是不通過思考的，心越不動越能感通萬物。

是的，事實上不管是幾還是先兆都是發生在「當下」啊！當下就是最大的契機！如果我們的心能成熟到時時刻刻分分明明，那對每一個吉、凶的幾與兆，就自然能夠神準呼應啊！所以《繫辭傳》中有一句厲害的話：「受命如響。」——命運的腳步聲落在人生道上，鏗鏘嘹亮。是啊！最浩大最真實的命運，叫當下。命就是當下！當下是最壯大的命運。所以「受命如響」這句話的意思就是：擁抱好每一響當下的步履吧。每一隻人生的當下步履都是清晰響亮的，如果聽不見，就是咱們在裝聾作啞啊！所謂裝死的人叫不醒，逃避，信不起，失覺，閃神，就聽不到當下人生的受命如響了！

當下是最大的幾！事實上，咱們每個人「都」知道當下一步要做的是什麼──心一清淨，就知道了；心一感通，就靠過去了。我們且看看下面的整理，即清楚覷見「當下」是本體智慧與占卜智慧共同的標的物：

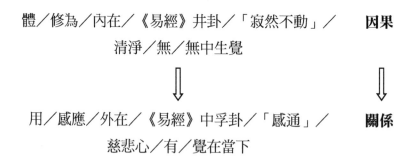

體／修為／內在／《易經》井卦／「寂然不動」／　**因果**
清淨／無／無中生覺

用／感應／外在／《易經》中孚卦／「感通」／　**關係**
慈悲心／有／覺在當下

每一個人生的幾、關鍵時刻、甚至先兆都必然發生在當下。真真實實的覺知在當下，即可以精準補捉每一個生命的幾啊！《繫辭傳》說：「聖人之所以極深而研幾也。」極深，是生命深度；研幾，指行動準度。所以一個大成熟者就是同時掌握生命深度與行動準度的人。幾是動之微，也可以說是人生行動第一個精微的出發點，在古書上，有時候稱幾、有時候稱微、有時候稱時、有時候稱中──這是四個同義的文化關鍵字。而這種研幾的「剛剛好」智慧，正是儒門心法，逮住那隻兔子──捕捉隨時跳到眼前生命情境的關鍵時刻的內在修為！幾、微、時、中，儒門獨家心法而佛老罕論。

天風海雨中夜立，風刀霜劍嚴催迫，驀然，寂然不動，無欲求，無念想，心如明井，感通四方，不管是通過占卜、神通、抑或成熟，所有人生的步履終將迴向井瀾、盡收井底，低鳴不已。

談幾個重要的功夫：生命基地、磁性中心、自愛 4.0 與天空的教育

——2018.12.7 在臺東大學通識教育中心講《易經》的部分內容

二〇一八年的歲末，在臺東大學講了一場《易經》，題目是：「《易經》的生命追尋與人生智慧」。限於時間，其實只談了題目的前半部：生命追尋。通過幾個卦的原文，稍稍整理了《易經》中幾個重要的觀念與功夫。

天命與生命基地

第一個觀念與功夫，是發現天命與生命基地。

六十四卦中的大壯卦講「壯大的力量」，爻辭說：「壯于大輿之輹。」輿是馬車，輹是車子的輪軸。因為馬車的輪軸是整部車子的受力中心，最容易損壞，而且一旦軸心壞了，整部車子（人生之車？）就無法前行了，所以這個「輹」往往都是用最好最堅固的木材去打造的。看懂了嗎？「大輿之輹」就是生命核心或內在實力的象徵。

所以這條經文是在講：力量要用對地方，強壯要強壯對地方，力量要用在刀口上。但，什麼是「對」的地方呢？「對」的地方就是每個人都會有但都不一樣的天命，或稱為生命基地！將力量用在天命或生命基地上，回到生命大車的軸，回到生命之舟的舵。

解封、想起、發現此生的初心、志、大事因緣、生命潛能、生命基

地、天命……就找到了這一趟探訪地球道場的初衷了，這一場戰役就有了打法，這一趟行旅就有了主題了。

《易經》坤卦有所謂的「利西南得朋」──回到自己的生命基地，即湧現強大的連結，去吧！回去屬於自己生命原鄉的國境西南！

心中的小怪獸與浩瀚之夢

但，天命與生命基地，是有危險性的。

師卦爻辭說：「田有禽。」田是田獵、打獵，禽就是猛禽。直接翻譯這句《易經》，就是狩獵那隻怪獸！那，這是什麼怪獸呢？就是心中的小怪獸啊！這句經文的意思就是射下「兇猛」的生命目標啊！也就是發現天命，發現生命基地的含義。

事實上每個生命都含藏著天命、生命基地或小怪獸，差別即在有沒有找到與發現；但師卦的「田有禽」進一步指出天命、生命基地是一個強大、陽剛、不好馴服、有點危險、等著你去尋找、駕馭與兌現的浩瀚之夢！

筆者常用一個電影符號，美漫英雄綠巨人浩克──平素的班納博士是一個性格有點小軟弱的科學家，但他心中的綠巨人一旦釋放出來，等於釋放出一股強大、危險、兇猛、奔放、無法預測、容易失控的生命力量。不只，還很痛快！是的，痛快。看浩克電影不能錯過李安的作品，李導演有拍出浩克在空中跳躍、飛行很 enjoy、很爽的畫面。綠巨人就是象徵每個人心中潛藏著的天命、生命基地與小怪獸，一旦得到釋放，會有危險性（事實上行道與修行都有危險的一面），但同時也會感到，痛快！所以內心小怪獸有兩個課題：釋放與調控。

在生命基地淬煉磁性中心

當生命基地日漸壯大，有一天會出現一個磁性中心，磁性中心會發出生命的磁波、影響力、感動與美。波頻接近的行者，就會感應到。

如果，我們一直在自己的天命上下功夫，一直一直回去生命基地，每天不忘餵養心中的小怪獸，日子久了，功行圓滿，就會出現磁性中心現象。《易經》記載了許多磁性中心震動天下的文字，其中很有美感的一段，是中孚卦爻辭所說的：「鳴鶴在陰，其子和之。」心靈之鶴在人生的林蔭下發出能量的振動，其他氣韻相同的夥伴感應到，即共鳴以生命的和弦！

在生命基地淬煉磁性中心！

一直回去屬於自己生命原鄉的國境西南，內在的成熟與磁場即會悠然萌動。

所以這場演講的一個系列觀念：發現天命、回到生命基地、打下那隻心靈猛禽，然後一直餵養小怪獸長大，漸漸的小怪獸變成大怪獸，逐漸形成了磁性中心，磁性中心會發出生命磁波，會被同波頻的怪獸感應到，這就是生命磁場的音叉效應。這就是《易經》所說的「鳴鶴在陰，其子和之。」只有猛獸才能認證另一隻猛獸的身分，猛獸會嗅到同類的氣味；猛獸踽踽獨行，猛然抬頭，心弦震盪，因為看到另一隻猛獸的存在。

曾經經驗一個很日常的磁性中心的領悟：某天在球場，遇見一個甲組的女生，長得普通，高挑。但一打球立馬讓人，驚豔！——拍法優美，能攻能柔，不疾不徐，大家風範！我覺得這是一個很難得的經驗，很普通很年輕的一個女生，但回到她的生命基地，立即散發生命的磁性與美感！原來人回到自己的生命基地，是最容易培植磁性中心的，真的！認真的女人最美，男人一樣——用心的做，火候到了，自然，出神！

來吧！回到屬於自己的生命基地淬煉磁性中心。

天空的教育

最後談談「天空的教育」。關於天空的教育，筆者有一張書籤：

> 觀看天空是一種不必自我懷疑的人間優雅。
> 再貧瘠的歲月都需要有仰望的堅持。

這場演講提到的天命、生命基地、小怪獸、釋放、磁性中心、音叉效應……等等，其實都是屬於天空教育的範圍。《易經》的第一個卦，乾卦的精神，就是天空的教育的精神。乾卦的「象」就是「龍」＋「天」，所以「抬頭看天」事實上是一個符號，象徵對理想的嚮往或理想性的教育，這就是我所謂的天空的教育。在古代，就是「希聖希賢／忠孝仁義」那一套。一個老師或一間學校教導孩子天空的教育是很重要的，意義正是引導學生開發每一個人都擁有但都不一樣的生命潛能──心中的小怪獸。逐漸餵養心胸中的小怪獸長大，人就開始知道自己在這個地球行星上的任務、意義、夢、重要性以及為誰而戰、為何而戰了。這就是天空的教育的意義。相反的，如果一個孩子從小沒有這一塊，他心中是空的，這麼大的黑洞就一定要有東西填補進來，而最快也最容易補進來的，通常就是，錢！這解釋了為什麼那麼多高知識分子為了錢放棄自己的專業與聲譽放棄得那麼樣的「義無反顧」，就是因為在他的成長過程中缺少了天空的教育──沒有餵養心靈天空的小怪獸。小怪獸沒機會壯大成鳳凰，就扭曲異變成一直陷在飢餓狀態的心靈黑洞了。

相反的，一個生命行者開始餵養心靈天空的小怪獸，即進入生命成長的「自愛4.0」：

　　首先，行者開始愛自己——自愛 1.0。因為有了珍愛自己的理由，小怪獸。小怪獸可能是一個夢想、一樁熱愛、一項潛能、一種天賦，一旦被發現、被餵養，行者開始寶愛他的小怪獸，就等於是自愛了。

　　自愛之後是自重，看重自己——自愛 2.0。小怪獸愈來愈茁壯與強大，行者更加確認自己的生命重量與分量。一個人開始自重，就不敢亂來，不敢亂殺時間了。

　　隨著小怪獸愈壯大，餵養他長大的能量就愈加碼，這是自牧的概念——自愛 3.0。所謂自牧，等於是生命成長的含義。

　　小怪獸愈長愈大、愈長愈大，長大成君子？賢者？大德？大成就者？……這時候，會出現自己對自己的真正敬重，自敬——自愛 4.0。自敬，敬重自己，其實就是敬重內心的天命與小怪獸，噢，不！已經是大怪獸了。自敬，是因為這個生命現象已然達到極大的可能。人格的高度，《中庸》就稱為「峻極於天」。面對這麼大的浩瀚！能不敬重嗎？西方人的握手禮是握手雙方放下戒備，中國人報拳為禮實則意義就是敬重自己。

　　所以，從實際效應來說，欠缺天空的教育，會造就滿腦子都是錢，沒有理想的空洞人，一個國家被空洞人佔據，早晚出問題。相反的，天空的教育可以襄助自愛 4.0 的生命蛻變：自愛→自重→自牧→自敬。

　　這場演講發表了幾個《易經》的重要觀念，其中重中之重，就是「生命基地」與「磁性中心」兩個觀念。這兩個觀念，其實就是：初心與成熟。在生命基地淬煉磁性中心，其實就是：在初心上成熟。

一齣莊嚴的「龍遊人生」！

退職以後，做民間教學，常常會收到老朋友、老同學、老同事、同門、舊學生種種「老關係」的召喚，去支援演講。演講與上課不同，課程像影集，還可以有第一季、第二季、第三季……所以可以有更多細節細緻的安排。但演講常常只有兩小時左右，更像一場電影或一場表演，必須在有限的時間提出完整的結構，其實有著更高的演出難度。事實上，越短的演講，越難！

昨天應一位老同事之召到「北教大」講《易經》，不到兩小時，一場小演講，也是一場難表演。我設定的題目是「淺談易經的階段哲學與縱橫智慧」──以乾卦六爻為藍本，分享《易經》階段哲學或時位思想的人生六階段：

一、潛龍／尋找獨特性：在心靈天空相遇，然後慢慢餵養生命內在獨一無二的小怪獸。

二、人龍／一段文化學習的浪漫歲月：找到能量波頻相近的共學團體。

三、勤龍／下苦功的日子：必須擁有一段埋頭苦幹的人生，那是生命內功！

四、魚龍／冒險人生：當一條冒險的魚！冒險的重點不在成功，冒險的主題是成熟。

五、飛龍／中國文化的領導哲學：當你有日飛龍在天，中國文化的領導哲學只有一個重點 ── 看見人才、提拔人才、信任人才。人才，是空中龍王唯一注目的焦點。

六、亢龍／別當驕傲的老龍：最後一個人生階段，得學會自敬又自謙

的將一生深厚的經驗，傳下去。老龍吐珠，讓年輕的小龍接著！

四點結論：

一、這六個人生學分的「理序」容或顛倒。人生模型千萬，本來就不會那麼齊平。

二、但六個學分的次第是最理想的「正型」。

三、缺了任何一個學分，都會在日後人生補修。

四、臨終前一一修好六個學分，這才是圓滿人生。甚至，有益輪迴。

臺北教育大學的這一班很溫良，但人生有時候需要一點叛逆心，祝他們早日相遇自己命中的小怪獸！回到生命基地，這是乾卦六學分第一義。

後記
最後一夜

易經一班／竹南班

《周易》六十四卦講過一遍，兩年了，四個半學期，連大學的課都沒講得那麼細，但時間真快，二〇一九年的年頭，竹南教室，最後一堂課了。竹南教室，開啟了這兩、三年的易經講學，我稱為「易經一班」，兩年來，行經一個一個卦象卦義，討論一個一個人生問題，後來臺北的二班、三班先後開學，最瘋狂的時刻曾經一週講授四個卦！這一班畢業了，但易道由終而始，即像最後一卦未濟「无成有終」的精神，課程結束了，但易經的事業與學習遠沒做完，才剛要再起步。

一月二十三這天，抱著告別的心情，走在路上，這一條路走了兩年，從最初的忐忑、探索到後來的熟悉、深刻，每一步都是回憶。卻不想走進一場嘉年華——慶生、擁抱、發書、禮物、拍照、易卦、塔羅……哈！有一個學生問今年能不能生小孩，抽到的牌直接就是「愛情夢」，頓時哄堂大笑！

跟這一班年齡參差頗大的朋友相處了兩年，當初絕沒想到會是如此相得！他們一直要我回來老子，我說也許兩年後回來的是詩經。

契闊談宴，心念舊恩！

他朝再遇，曰思無邪！

——二〇一九年一月二十三

易經三班／煮石班

兩年半的經書之會！

「煮石」易經班的好因緣。

又一班《周易》之旅的曲終道未散──

一元來復，中以行正！

義精仁熟，精義入神。

上下無常，剛柔相易；無有師保，如臨父母。

興神物而前民用，幽人貞吉素履往。

履道坦坦，獨行其願，此易行者之志也乎！

好完整的一班易經教學──概論、六十四卦、說卦、繫辭、易占、
經、傳、象、占，都講一遍了！

方罷一曲文王操，忽聞岸上踏歌行！好夥伴！抱個，再見！

──二〇二〇年六月十九日

易經二班／臺北班

三年前帶著幾個學生在微光中擎香敬師，

更真切的，是禮敬那一個在內心深處

謙虛、學習的自己吧。

時間是脆弱的。船過無痕的，

就講到既濟卦了──

完成了什麼嗎？

「完成」了完成了嗎？

已事遄往，「完成」了該完成的，

繼續奔赴每一個未完成的地久天長……

──二〇二〇年十月三日

「易經三班」第五期課表
──「抓」機「時」來，已事遄往！

這一班《易經》課進入後段內容了，目前是第五期，下一期最後一期就是「易經、易傳與易占」。盼望各位學習者繼續保持一顆活潑與深邃的心，自然與鄭重的與「易」的道、象、文、義、經、傳對話，藉著讀經整理、反思、沉澱、壯大你的心，與人生。

當然，也歡迎新來者「抓」機「時」來，已事遄往！

本期的卦

· 《易經》第十五組──關於和諧與分裂的一組卦

七月十二日：家人卦

一個人的成長會讓一個家成長，一個家成長會讓一整個人生成長。

七月十九日：睽卦

時代不好，鼓起勇氣奔赴人生下雨的日子就對了。我們不能決定時代與環境的好，但我們的心與行動，可以決定人生與當下的好。

八月二日：蹇卦

路走不下去可以是很棒的經驗。路難會讓生命強大。

八月九日：解卦

解決掉關鍵的地雷，就可以找到心靈的神箭了。

· 《易經》第十六組──屬於基本八卦的一組卦

八月十六日：震卦

內在驚雷，震聾發聵，通向覺知的心。

八月二十三日：艮卦

最深刻的停止就是無我，最堅決的離開就是靜悄悄的走。

八月三十日：巽卦

打下生命中的猛獸！太隨順會空手而回。

九月六日：兌卦

朋友論學競合，如海流各不相讓，而互相擁抱。

· 《易經》第十七組——關於探尋與結合的一組卦

九月二十日：漸卦

人生最重要的不是快慢，而是在過程的完整。循序漸進是為了完成一趟完整的旅行。

十月四日：歸妹卦

強摘的瓜不甜。勉強、硬做是最低效的工作狀態。

· 《易經》第十八組——關於「短暫」如何造成與如何面對的一組卦

十月十一日：豐卦

真正人格的豐富是識英雄重英雄。

十一月八日：旅卦

短暫心態是製造災難的真正原因。

十一月十五日：渙卦

面對危機，準備進取與強大，而非軟弱與保守。

十一月二十二日：節卦

內在成熟到一定程度，形式與禮從限制蛻變成助力。

那一夜，我們一起問的卦

　　行將四年的《易經》課，最後一班也進入尾聲了，二〇二〇年的十二月，一連上了四週「易占課」。徒弟們學得不錯，於是興起辦一場「古制易經占卜會」的念頭，根據《尚書·洪範篇》的記載：「三人占，則從二人之言。」剛好六個徒弟兩個三人組，邀請了六位朋友，一方面是實驗古制占卜的效應，另方面是給徒弟們練習手感的機會。結果當晚現場反應甚佳，解卦酣暢，氣感流動，讓我油然想到：也許可以在每年年終辦個「大畜易占雅集」！亦心靈之盛宴也！下面是這幾週的一些問卦紀實。

　　筆者起了一課二〇二一年的國運卦，筮遇得解，解卦卦辭曰：「解，利西南，无所往，其來復，吉。有攸往，夙吉。」卦義述要：明年中華民國的問題是可以得到解決的，最好回到臺灣最熟悉最基本的產業結構去尋求解決，也許一時失去方向，但會回到正途的（個人判斷是第三季），如果政府能夠挺立出更明確的施政方針，就會早一點回到美好的日子。

　　另外一組徒弟幫老師起了一課年運卦（重點在問教學與寫作工作），共參考了五個卦，也很有意思。

　　其一是中孚與漸的貞悔相爭，中孚卦卦辭曰：「中孚，豚魚吉，利涉大川，利貞。」漸卦卦辭曰：「漸，女歸，吉，利貞。」

　　其二筮遇得蒙，蒙卦卦辭曰：「蒙，亨。匪我求童蒙，童蒙求我。初筮告，再三，瀆，瀆則不告。利貞。」

　　其三筮遇得萃之豫，萃卦九五爻辭曰：「九五，萃有位，无咎，匪孚。元永貞，悔亡。」

　　吉象紛呈，加上一直出現「貞」，貞者，正也，正，正是生命成長的意義，又出現蒙卦這一個教育卦，加上中孚卦講心靈相感，漸卦講人生次

第⋯⋯卦義中節，耐人參悟。

有摩羯座爸爸問父女情緣，易卦建議當更主動溝通父女心事；有老師問教學工作，易卦建議可以更積極去面對與行動；有媽媽問女兒婚事，易卦指出了一些未來小夫妻該想想的問題；有女孩兒問感情何去何從，易卦建議吉凶並陳，現場能量感觸，案主潸然淚下；另一位媽媽問幼子的特殊體質與相關教養問題，易卦建議曲折卻一再相應⋯⋯事實上，六十四卦是一個很強力很成熟的生命詮釋系統，諮商的內涵多於預測的性質，四百五十條卦爻辭無一不是生命行動的傳送門與入手處啊！

看到徒弟占卜師們解卦時臉上的成熟穩重，看到他們回答時溫暖的語氣與眼神，看到討論卦義的閭闔在理，然後妻子對我說「你教得很好！」⋯⋯原來，年輕的徒弟往往不了解師傅看著他們下山的背影時內心的沉醉與激動！那一夜，我們一起問的卦⋯⋯

那一夜，妻子攝影玩家也幫我們留下了許多影像紀錄，筆者還是喜歡標了抬頭的那一張——與這個易經班堅持到最後的六個徒弟無拘無束的合影，師友輔仁，共學論道，最終，人間本該還歸一派自在從容！

二〇二〇年十二月二十七日

昌明文叢·三玄四書叢刊 A9900A01

易經心註——心靈與白話註解

作　　者	鄭錠堅
責任編輯	林以邠
校　　對	宋亦勤

發 行 人	林慶彰
總 經 理	梁錦興
總 編 輯	張晏瑞
編 輯 所	萬卷樓圖書股份有限公司

臺北市羅斯福路二段 41 號 6 樓之 3
電話 (02)23216565
傳真 (02)23218698

出　　版	昌明文化有限公司

桃園市龜山區中原街 32 號
電話 (02)23216565

發　　行	萬卷樓圖書股份有限公司

臺北市羅斯福路二段 41 號 6 樓之 3
電話 (02)23216565
傳真 (02)23218698
電郵 SERVICE@WANJUAN.COM.TW

ISBN 978-986-496-627-1
2022 年 11 月初版一刷
定價：新臺幣 1200 元

如何購買本書：

1. 劃撥購書，請透過以下帳號
   帳號：15624015
   戶名：萬卷樓圖書股份有限公司
2. 轉帳購書，請透過以下帳戶
   合作金庫銀行　古亭分行
   戶名：萬卷樓圖書股份有限公司
   帳號：0877717092596
3. 網路購書，請透過萬卷樓網站
   網址 WWW.WANJUAN.COM.TW

大量購書，請直接聯繫，將有專人為您服務。(02)23216565 分機 610

如有缺頁、破損或裝訂錯誤，請寄回更換

國家圖書館出版品預行編目資料

易經心註 – 心靈與白話註解/鄭錠堅著. -- 初
版. – 桃園市：昌明文化有限公司出版；臺北
市：萬卷樓圖書股份有限公司發行, 2022.11
　面；　公分. -- (昌明文叢；A9900A01)
ISBN 978-986-496-627-1(平裝)
1.CST: 易經　2.CST: 注釋

121.12　　　　　　　　　　　　111019434